«Más en las obras
que en las palabras»

Colección
«PRINCIPIO Y FUNDAMENTO»
-8-

James Martin, SJ

«Más en las obras
que en las palabras»

Una guía ignaciana para (casi) todo

6.ª edición

2018

Título del original en inglés:
The Jesuit Guide to (Almost) Everything:
A Spirituality for Real Life

© 2010 by James Martin, SJ
Publicado por HarperOne,
an imprint of HarperCollins Publishers. New York

La traducción al español
se ha realizado con la mediación
de la Agencia Literaria Carmen Balcells, S.A.

Traducción:
Milagros Amado Mier

Diseño de cubierta:
María Pérez-Aguilera
www.mariaperezaguilera.es

© Editorial Sal Terrae, 2018
Grupo de Comunicación Loyola
Polígono de Raos, Parcela 14-i
39600 Maliaño (Cantabria) - España
Tfno.: +34 944 470 358
info@gcloyola.com
gcloyola.com

© Ediciones Mensajero, 2018
Grupo de Comunicación Loyola
Padre Lojendio, 2
48008 Bilbao - España
Tfno.: +34 944 470 358
info@gcloyola.com
gcloyola.com

Imprimatur:
✠ Vicente Jiménez Zamora
Obispo de Santander
15-03-2011

Depósito Legal: BI-1847-2012
Impreso en España. Printed in Spain

Impresión y encuadernación:
Grafo, S.A. Basauri (Vizcaya)

ÍNDICE

1
Un modo de proceder
(¿Qué es la espiritualidad ignaciana?)

¿Quién es san Ignacio de Loyola y por qué habría de interesarte?

La respuesta breve es que san Ignacio de Loyola fue un soldado del siglo XVI que se transformó en místico y fundó una orden religiosa católica, llamada «Compañía de Jesús», conocida también como «los jesuitas». Y a ti te importa (o, más cortésmente, te interesa saber acerca de él), porque su modo de vida ha ayudado a millones de personas a descubrir el gozo, la paz y la libertad y, no precisamente por casualidad, a experimentar a Dios en su vida cotidiana.

El «modo de proceder» de san Ignacio, por utilizar una de sus expresiones favoritas, ha llevado a la gente, durante más de cuatrocientos cincuenta años, a vivir una vida más satisfactoria. Lo cual, en definitiva, no es un mal resultado.

El modo de proceder de Ignacio consiste en encontrar la libertad; la libertad para ser la persona que estás llamado a ser, para amar y para aceptar el amor, para tomar buenas decisiones y para experimentar la belleza de la creación y el misterio del amor de Dios. Y se basa en un enfoque que se encuentra en sus propios escritos, así como en las tradiciones, prácticas y conocimientos transmitidos por los sacerdotes y los hermanos jesuitas de generación en generación.

Aunque estas tradiciones, prácticas y conocimientos espirituales han guiado a los miembros de la orden jesuítica desde su fundación en 1540, Ignacio quería que sus métodos estuvieran al alcance de todo el mundo, no solo de los jesuitas. Desde el primer día de existencia de su orden, Ignacio exhortó a los jesuitas a compartir esas ideas, no solo con otros sacerdotes, religiosos y religiosas, sino también con los laicos, hombres y mujeres. La «espiritualidad ignaciana» está dirigida a la audiencia más amplia posible de creyentes y personas en proceso de búsqueda.

Puede que sea oportuno hacer otra pregunta antes de continuar: ¿qué es la «espiritualidad»?

Dicho brevemente, una espiritualidad es un modo de vivir en relación con Dios. Dentro de la tradición cristiana, todas las espiritualidades, sea cual sea su origen, tienen el mismo centro de atención: el deseo de unión con Dios, su insistencia en el amor y la caridad, y la fe en Jesús como Hijo de Dios.

Pero cada espiritualidad subraya diferentes aspectos de la tradición: una acentúa la vida contemplativa, otra la vida activa. Esta acentúa el gozo; esta otra, la libertad; aquella, la consciencia; aquella otra, el sacrificio; la de más allá, el servicio a los pobres... Todos estos énfasis son importantes en todas las espiritualidades cristianas, pero se subrayan de manera diferente en cada «escuela» espiritual.

Los jesuitas son prácticos

Los jesuitas siguen el ejemplo de Ignacio en cuanto a que su espiritualidad es práctica. Se cuenta que un franciscano, un dominico y un jesuita están diciendo misa juntos cuando, de repente, la iglesia se queda sin luz. El franciscano se congratula por tener la oportunidad de vivir más sencillamente. El dominico pronuncia una docta homilía acerca de cómo Dios trae la luz al mundo. Y el jesuita baja al sótano a arreglar los plomos.

En su libro *La espiritualidad de la Compañía de Jesús,* que yo leí durante mis primeras semanas como jesuita, Joseph de Guibert, un jesuita francés, presenta una interesante analogía elaborada en la Edad Media.

Una espiritualidad es como un puente. Todos los puentes hacen en realidad lo mismo: llevarte de un lugar a otro, a veces sobre terreno peligroso, o un río, o grandes alturas. Pero lo hacen de modos diferentes. Pueden estar hechos de cuerda, madera, ladrillo, piedra o acero; y pueden tener arcos, pilares o ser puentes suspendidos. «Por ello –dice el padre de Guibert–, habrá una serie de tipos diferentes, cada uno de los cuales presenta ventajas y desventajas. Cada tipo es adaptable a determinados terrenos y contornos y no a otros; no obstante, cada uno logra a su modo el propósito común: proporcionar un acceso mediante una combinación equilibrada y orgánica de materiales y formas».

Cada espiritualidad te ofrece un «acceso» característico a Dios.

Muchas de las espiritualidades más conocidas en la tradición cristiana tienen su origen en órdenes religiosas: benedictinos, franciscanos, carmelitas, cistercienses...; cada orden ha desarrollado a lo largo de los siglos sus propias tradiciones espirituales, algunas procedentes directamente de su fundador, otras que han surgido meditando sobre la vida y las prácticas del fundador. Los miembros actuales de esas órdenes religiosas viven lo que el padre de Guibert llama una «tradición familiar».

Si se pasa un tiempo con los franciscanos, por ejemplo, se percibe enseguida su amor a los pobres y a la naturaleza, pasión compartida por su fundador, san Francisco de Asís. Si se vive unos días en una comunidad benedictina, se percibe pronto su gran espíritu acogedor, transmitido por san Benito, en absoluto sorprendente en alguien que decía: «Todos los huéspedes deben ser acogidos como Cristo». Las órdenes religiosas llaman a esto el «carisma», o espíritu fundacional, transmitido por el fundador. (*Carisma* procede de la palabra latina para «don»).

Análogamente, si se pasa un tiempo con un sacerdote o hermano jesuita, se comienza a experimentar la espiritualidad característica de san Ignacio de Loyola y de la orden jesuítica, que pronto describiremos. La suma total de las prácticas, métodos, énfasis, acentos y aspectos más destacables del modo de vida cristiano procedente de san Ignacio es conocida como «espiritualidad ignaciana».

Esa espiritualidad ha ayudado a la Compañía de Jesús a hacer algunas cosas notables en su variopinta historia. A mí me resulta imposible hablar de los logros jesuitas sin dar la impresión de ser demasiado orgulloso (algo de lo que se nos acusa continuamente), así que dejaré que lo haga el historiador inglés Jonathan Wright. Este breve texto procede de su maravilloso libro *God's Soldiers: Adventure, Politics, Intrigue, and Power–A History of the Jesuits:*

«Han sido corteses cortesanos en París, Pekín y Praga, y han dicho a los reyes cuándo casarse y cuándo y cómo ir a la guerra; han servido como astrónomos a los emperadores chinos o como capellanes al ejército japonés que invadió Corea. Como cabía esperar, han dispensado sacramentos y homilías y han proporcionado educación a hombres tan variados como Voltaire, Castro, Hitchcock y Joyce. Pero también han sido propietarios de ganado ovino en Quito, hacendados en México, viticultores en Australia y propietarios de plantaciones en los Estados Unidos anteriores a la Guerra de Secesión. La Compañía ha florecido en el mundo de las letras, las artes, la música y la ciencia, teorizando acerca de la danza, la enfermedad y las leyes de la electricidad y la óptica. Jesuitas han afrontado los desafíos de Copérnico, Descartes y Newton, y treinta y cinco cráteres de la luna llevan el nombre de científicos jesuitas».

En los Estados Unidos, los jesuitas probablemente son mejor conocidos como educadores, y en la actualidad poseen veintiocho universidades (incluidas Georgetown, Fordham, Boston College y todos los «colleges» que llevan el nombre de Loyola), docenas de centros de enseñanza secundaria y, más recientemente, colegios en barrios marginales.

Dado que Ignacio quería que sus jesuitas fueran hombres prácticos que pudieran hablar a la gente con claridad, no es de extrañar que a lo largo de los años los jesuitas hayan resumido su espiritualidad en unas cuantas frases fáciles de recordar. Ninguna definición refleja por sí sola la riqueza de la tradición; pero, juntas todas ellas, estas frases proporcionan una introducción al modo de proceder de Ignacio. Por lo tanto, he aquí cuatro sencillos modos de entender la espiritualidad ignaciana. Pensemos en ellos como los arcos bajo ese puente del que hablábamos.

Cuatro modos

Solía decirse que la formación jesuítica estaba tan unificada que, si hacías a cinco jesuitas de diferentes lugares del mundo la misma pregunta, obtenías la misma respuesta de los cinco. En nuestros días, los jesuitas son más independientes, y probablemente obtendrías cinco respuestas distintas... o seis... Los jesuitas italianos tienen un dicho: «*Tre gesuiti, quattro opinioni*», tres jesuitas, cuatro opiniones.

Pero hay una pregunta que produciría una respuesta similar de esos cinco hipotéticos jesuitas. Si se les pidiera que definieran la espiritualidad ignaciana, lo primero que saldría de sus labios sería muy probablemente: *encontrar a Dios en todas las cosas.*

Esta frase, engañosamente simple, fue en otro tiempo considerada revolucionaria. Significa que nada se considera al margen del alcance de la vida espiritual. La espiritualidad ignaciana no está confinada a los muros de la iglesia. No es una espiritualidad que considere que únicamente temas «religiosos», como la oración y los textos sagrados, forman parte de la vida espiritual de la persona.

Sobre todo, no es una espiritualidad que diga: «Bueno, *eso* –ya sea trabajo, dinero, sexualidad, depresión, enfermedad...– es algo que hay que evitar al hablar de la vida espiritual».

La espiritualidad ignaciana considera que *todo* es un elemento importante en tu vida. Lo cual incluye las ceremonias religiosas, la Sagrada Escritura, la oración y las obras de caridad, por supuesto, pero también incluye a los amigos, la familia, el trabajo, las relaciones, el sexo, el sufrimiento y el gozo, así como la naturaleza, la música y la cultura pop.

Contaré una historia para ilustrar lo que digo; procede de un sacerdote jesuita llamado David Donovan, que aparecerá frecuentemente en este libro. David fue sacerdote diocesano en Boston antes de ingresar en la Compañía de Jesús a los treinta y nueve años. Era un bostoniano orgulloso «por nacimiento y por elección», como le gustaba decir.

Una vez jesuita, David pasó décadas estudiando las tradiciones espirituales de Ignacio de Loyola, y durante muchos años fue responsable de la formación de los jóvenes jesuitas. Era un hombre bastante alto que lucía una barba blanca. David se formó también como director espiritual, es decir, como alguien que ayuda a otras personas en su vida de oración y de relación con Dios.

Nos conocimos el día en que yo ingresé en el noviciado de los jesuitas en Boston. Durante los dos años siguientes, David fue mi director espiritual y me guió por el camino hacia Dios, en conversaciones que solían abundar en risas y en lágrimas.

Debido a su amplia formación, David estaba siempre muy solicitado por casas de ejercicios, seminarios, parroquias y conventos de todo el mundo. Después de trabajar en el noviciado jesuita, pasó cuatro años como director espiritual del prestigioso North American College, la residencia donde los sacerdotes diocesanos norteamericanos más prometedores vivían durante sus estudios de teología en Roma. Hace unos años, David murió súbitamente de un ataque al corazón, a los sesenta y cinco años de edad. A su muerte, la hermana de David estimaba que estaba ejerciendo la labor de director espiritual de unas sesenta personas. Mucho de lo que yo aprendí sobre la oración se lo debo a él.

Una tarde, estaba yo debatiéndome con la noticia de unos problemas familiares, pero evitaba sistemáticamente el tema, porque no tenía nada que ver con mi «vida espiritual». David estaba sentado en su mecedora bebiendo a sorbos su sempiterna taza de café y escuchando atentamente. Después de unos minutos, posó la taza y me dijo: «¿Hay algo que no me hayas contado?».

Tímidamente, le conté lo preocupado que estaba por mi familia. Pero ¿no debíamos hablar de cosas *espirituales*?

«Jim –me dijo–, *todo* forma parte de tu vida espiritual. No puedes poner parte de tu vida en una caja, meterla en una estantería y hacer como si no existiera. Tienes que abrir esa caja y confiar en que Dios te ayudará a examinar lo que hay dentro».

La imagen de David ha permanecido conmigo. En la espiritualidad ignaciana no hay nada que tengas que poner en una caja y ocultarlo. No hay que tener miedo a nada. No hay nada que ocultar. Todo puede abrirse ante Dios.

Por eso este libro se subtitula *Una guía ignaciana para (casi) todo*. No es una guía para comprenderlo todo acerca de todo (de ahí el *casi*), sino que es una guía para descubrir cómo puede encontrarse a Dios en todas las dimensiones de la vida; cómo puede encontrarse a Dios en todo; y también en todo el mundo.

He aquí el tipo de preguntas propias de la espiritualidad ignaciana y que veremos en los capítulos siguientes:

¿Cómo saber lo que debo hacer en la vida?
¿Cómo saber lo que debo ser?
¿Cómo tomar buenas decisiones?
¿Cómo vivir una vida sencilla?
¿Cómo ser un buen amigo?
¿Cómo afrontar el sufrimiento?

¿Cómo ser feliz?
¿Cómo encontrar a Dios?
¿Cómo orar?
¿Cómo amar?

Todas estas cosas son propias de la espiritualidad ignaciana, porque todas son propias del ser humano.

Después de «encontrar a Dios en todas las cosas», la segunda respuesta que probablemente obtendrías de esos cinco hipotéticos jesuitas es que la espiritualidad ignaciana consiste en ser *contemplativo en la acción*.

Con esta idea se identifica hoy mucha gente. ¿Cómo te gustaría que fuera una vida más contemplativa o, simplemente, más pacífica? ¿Te gustaría desconectar de las distracciones que suponen –y aquí que cada cual elija– el teléfono móvil, el fax, el correo electrónico, la mensajería instantánea, los iPods, iPhones y BlackBerrys... aunque no fuera más que por un rato? Aunque te gusten todos esos aparatos de moda, ¿no desearías un tiempo de descanso?

Pues bien, una de las intuiciones de la espiritualidad ignaciana es que, aunque la paz y el silencio son esenciales para alimentar nuestra vida espiritual, la mayoría de nosotros no vamos a dejar nuestro trabajo e irnos a un monasterio a pasar la vida en oración constante. Y, por cierto, incluso los monjes trabajan duro (algunos incluso tienen ya correo electrónico).

De modo que, aunque Ignacio aconsejaba siempre a los jesuitas que encontraran tiempo para orar, se esperaba de ellos que llevaran una vida activa. «El camino es nuestra casa», decía Jerónimo Nadal, uno de los primeros compañeros de Ignacio. Pero eran personas activas que adoptaban una postura contemplativa, o meditativa, hacia el mundo. Eran «contemplativos en la acción».

La mayoría de nosotros llevamos una vida atareada, con poco tiempo para la oración y la meditación. Pero haciéndonos conscientes del mundo que nos rodea –en medio de nuestra actividad– podemos permitir que una postura contemplativa informe nuestros actos. En lugar de ver la vida espiritual como algo que únicamente puede existir entre los muros de un monasterio, Ignacio te pide que veas el mundo como *tu* monasterio.

La tercera manera de entender el modo de proceder de Ignacio es una *espiritualidad encarnada*.

La teología cristiana sostiene que Dios se hizo humano, o se «encarnó», en la persona de Jesús de Nazaret. (La palabra *encarnación* procede de la raíz latina *caro*, «carne»). Más en general, una espiritualidad encarnada significa creer que a Dios puede encontrársele en los acontecimientos cotidianos de nuestra vida. Dios no se limita a estar *ahí fuera*. Dios también está justamente aquí. Si estás buscando a Dios, mira a tu alrededor. Hasta el momento, una de las mejores definiciones de la oración es la de Walter Burghardt, teólogo jesuita del siglo XX, que la calificaba de «mirada larga y amorosa a la realidad». La espiritualidad encarnada se refiere a la realidad.

En última instancia, no podemos conocer por completo a Dios, al menos en esta vida. San Agustín, el teólogo del siglo IV, decía que si puedes comprenderlo, entonces no puede ser Dios, porque Dios es incomprensible. Pero ello no significa que no podamos *empezar* a conocer a Dios. De manera que, aunque la espiritualidad ignaciana reconoce la trascendencia o alteridad de Dios, es también encarnada, por lo que reconoce la inmanencia, o cercanía, de Dios a nuestra vida.

Finalmente, la espiritualidad ignaciana consiste en *libertad y desapego.*

Ignacio era muy consciente de qué era lo que le impedía a él, y a otros, llevar una vida de libertad y gozo. En gran parte, sus *Ejercicios Espirituales,* escritos entre 1522 y 1548, estaban dirigidos a ayudar a la gente a encontrar libertad para tomar buenas decisiones. El título original era: *Ejercicios espirituales para vencer a sí mismo y ordenar su vida, sin determinarse por afección alguna que desordenada sea.* La mayoría de los jesuitas lo llaman «los Ejercicios Espirituales» o, simplemente, «los Ejercicios».

Tan largo título encierra una serie de ideas importantes. Una de ellas está al final: «afección desordenada», que es su modo de describir lo que nos impide ser libres. Cuando Ignacio dice que debemos estar «desapegados», se refiere a no estar atados a cosas sin importancia.

Veamos un ejemplo rápido. ¿Qué sucede si tu preocupación dominante en la vida es hacer dinero? Pues que en ese caso podrías no estar dispuesto a dedicar tiempo a personas que no hagan avanzar tu carrera. Podría ser menos probable que te tomaras tiempo libre. Podrías incluso empezar a ver a los demás como herramientas –o, peor aún, obstáculos– en tu búsqueda de movilidad ascendente. Poco a poco, podrías empezar a verlo todo girando alrededor de tu trabajo, tu carrera y tu deseo de hacer dinero.

Ahora bien, el trabajo es parte de la vocación de todo el mundo en la vida. Pero si, con el tiempo, ves que estás sacrificando todo lo demás a ese único fin, podrías descubrir que el trabajo se ha convertido para ti en una especie de «dios».

Cuando la gente me pregunta si alguien puede infringir el primer mandamiento («No tendrás otros dioses fuera de mí»), suelo decir que, aunque pocas personas creen hoy en múltiples dioses, como en el pasado, son muchas las que creen en nuevos «dioses». Para algunas personas su «dios» es su carrera. O el dinero. O el *status*.

¿Qué diría san Ignacio acerca de esto?

Muy probablemente, fruncirá el ceño y diría (en vasco, castellano o latín, por supuesto) que aunque debes ganarte la vida, tienes que procurar no permitir que tu carrera se convierta en una «afección desordenada» que te impida ser libre para conocer nueva gente, pasar tiempo con las personas a las que quieres y ver a las personas como fines, no como medios. Es una «afección», porque es algo que te atrae. Es «desordenada», porque no está ordenada hacia algo vivificante.

Ignacio te invitaría a avanzar hacia el «desapego». Una vez que lo hicieras, serías más libre y más feliz.

Por eso Ignacio aconsejaba a la gente que evitase las afecciones desordenadas, porque bloquean el camino hacia el desapego, hacia el aumento de libertad, el crecimiento como persona y la aproximación a Dios. Si esto suena sorprendentemente budista, es porque lo es: este objetivo concreto ha formado desde siempre parte de muchas tradiciones espirituales.

De manera que, si alguien te pide que definas la espiritualidad ignaciana en pocas palabras, podrías decir que consiste en:

1. Encontrar a Dios en todas las cosas.
2. Ser contemplativo en la acción.
3. Mirar el mundo de manera encarnada.
4. Buscar la libertad y el desapego.

Podrías decir cualquiera de estas cosas o todas ellas, y tendrías razón. En este libro hablaremos en profundidad de todas estas respuestas, y también veremos cómo cada una de ellas se relaciona con... todas las cosas.

Para comprender la visión ignaciana es útil conocer al hombre. Como todos los maestros espirituales, las experiencias de Ignacio influyeron en su cosmovisión y en sus prácticas espirituales. Además, la historia de san Ignacio de Loyola es un buen recordatorio de que la vida de toda persona –ya sea un místico del siglo XVI o una persona actual en proceso de búsqueda– es fundamentalmente un peregrinaje del espíritu.

En primer lugar, proporcionaré al lector un breve esbozo de su vida. Después, a lo largo del libro, volveré sobre unos cuantos episodios para poner de relieve varios temas y perspectivas. Y el lector podría sorprenderse al descubrir que, como muchas personas actuales, Ignacio no fue siempre «religioso», ni siquiera, por emplear el término más popular, «espiritual».

Una (muy breve) vida de Ignacio de Loyola

Íñigo de Loyola nació en el País Vasco (norte de España) en 1491 y pasó gran parte de su juventud preparándose para ser cortesano y soldado. El joven vasco fue un tanto mujeriego y, según algunas fuentes, bastante pendenciero. La primera frase de su autobiografía nos dice que «fue hombre dado a las vanidades del mundo» que tenía fundamentalmente «un grande y vano deseo de ganar honra».

En otras palabras, era un presuntuoso interesado por el éxito mundano. «Tiene costumbre de ir por ahí en coraza y cota de malla –escribió un contemporáneo acerca del Ignacio de veinte años–, con el cabello por los hombros, un jubón bicolor acuchillado y un vistoso sombrero».

Como muchos santos, Íñigo (cambió su nombre al más latino de Ignacio más adelante) no siempre fue «santo». John W. Padberg, historiador jesuita, me contó hace poco que Ignacio puede haber sido el único santo con antecedentes penales por una pendencia nocturna con intención de causar serio daño.

Durante una batalla en Pamplona en 1512, una bala de cañón destrozó la pierna al ambicioso soldado, que necesitó varios meses de penosa recuperación. La operación inicial de la pierna fue una chapuza, e Íñigo, que quería que su pierna quedase bien con las calzas de moda en su época, se sometió a una serie de horripilantes operaciones, pero le quedaría una cojera para el resto de su vida.

Cuando estaba convaleciente en el castillo de su familia en Loyola, la mujer de su hermano le dio un libro sobre la vida de Jesús, y otro sobre las vidas de los santos. Aquellos libros eran lo último que

Íñigo quería leer. El soldado en ciernes prefería las apasionantes novelas de caballería, en las que los caballeros realizaban galantes hazañas para impresionar a las mujeres nobles. «mas en aquella casa no se halló ninguno de los que él solía leer», escribió en su *Autobiografía*. (En su autobiografía, dictada posteriormente a uno de sus amigos jesuitas, Ignacio, probablemente por modestia, se refiere a sí mismo como «él» o «el peregrino»).

Cuando hojeaba perezosamente las aparentemente aburridas vidas de los santos, sucedió algo sorprendente: Íñigo comenzó a preguntarse si él podría emularlos. Surgió en él un extraño deseo: ser como los santos y servir a Dios. Escribía: «Santo Domingo hizo esto; pues yo lo tengo de hacer. San Francisco hizo esto; pues yo lo tengo de hacer». En otras palabras, *«¡Yo podría hacerlo!»*.

He aquí un hombre normal, sin demasiado interés anterior por la observancia religiosa, dando por hecho que él podría emular a dos de los grandes santos de la tradición cristiana.

¿Cambió Ignacio su ambición en la vida militar por su ambición en la vida espiritual? David, mi director espiritual en el noviciado jesuita, lo expresaba de distinta manera: Dios utilizó incluso el presuntuoso orgullo de Ignacio para bien. Porque no hay nada en una vida que no pueda ser transformado por el amor de Dios. Incluso aquellos aspectos de nosotros que consideramos sin valor o pecaminosos pueden volverse valiosos y santos. Como dice el proverbio, Dios escribe derecho con renglones torcidos.

Esto dio comienzo a la transformación de Íñigo. En lugar de querer apuntarse hazañas militares heroicas para impresionar a «una señora», como él mismo escribía, sentía un ardiente deseo de servir a Dios, igual que habían hecho sus nuevos héroes, los santos.

Hoy, en Loyola, el castillo familiar está a escasa distancia de la colosal iglesia que conmemora la conversión del santo. A pesar de los añadidos, el castillo tiene un aspecto muy similar al del siglo XVI, con sus muros defensivos de piedra de dos metros de espesor en los pisos inferiores y enladrillado rojo en los superiores, que servían de vivienda familiar.

En el cuarto piso se encuentra el dormitorio donde convaleció Ignacio. Es una habitación espaciosa con muros encalados y el techo sostenido por fuertes vigas de madera. Un polvoriento dosel de brocado está suspendido sobre la ubicación del lecho de Íñigo. Bajo el baldaquín hay una imagen de madera policromada del santo enca mado, sosteniendo un libro con la mano izquierda y mirando hacia el cielo. En dorado sobre un soporte horizontal está escrita la frase: *Aquí se entregó a Dios Íñigo de Loyola.*

Después de recuperarse, Íñigo consideró las mociones espirituales que había recibido y, a pesar de las protestas de su familia, decidió abandonar su vida de soldado y entregarse enteramente a Dios. De manera que en 1522, a los treinta y un años de edad, fue en peregrinación a la abadía benedictina de Montserrat, España, donde, con un dramático gesto, fruto de sus amados libros de caballería, «despojándose de todos sus vestidos, los dio a un pobre». Después depositó su armadura y su espada ante una imagen de la Virgen María.

A continuación, pasó casi un año viviendo en una pequeña ciudad cercana llamada Manresa, embarcado en una serie de prácticas ascéticas: ayuno e interminables horas de oración, y dejó que el cabello y las uñas le crecieran, como modo de renunciar a su anterior deseo de tener buena apariencia. Fue un periodo oscuro de su vida, durante el cual experimentó una gran aridez espiritual y se preocupó obsesivamente por sus pecados e incluso estuvo tentado de cometer suicidio.

La dificultad de lo que se disponía a hacer –tratar de vivir como un santo– le hizo sentir la tentación de la desesperación. ¿Cómo podría cambiar su vida tan radicalmente? «¿Y cómo podrás tu sufrir esta vida setenta años que has de vivir?», parecía decirle una voz en su interior. Pero él rechazó esos pensamientos como no procedentes de Dios. Con la ayuda de Dios, decidió, *podría* cambiar. Por lo tanto, superó la desesperación.

Poco a poco, fue moderando sus prácticas extremas y recobrando su equilibrio interior. Posteriormente, en Manresa tuvo una serie de experiencias místicas en la oración que le convencieron de que era llamado a una relación más profunda con Dios.

Para Íñigo fue un tiempo de aprendizaje en la vida espiritual. Haciendo una conmovedora analogía, escribió: «le trataba Dios de la misma manera que trata un maestro de escuela a un niño, enseñándole».

Un día, caminando a orillas del cercano río Cardoner en profunda oración, Íñigo experimentó una sensación mística de unión con Dios. El pasaje de su autobiografía que describe esta experiencia fundamental merece ser citado completo.

«Yendo así en sus devociones, se sentó un poco con la cara hacia el río, el cual iba hondo. Y estando allí sentado se le empezaron abrir los ojos del entendimiento; y no que viese alguna visión, sino entendiendo y conociendo muchas cosas, tanto de cosas espirituales, como de cosas de la fe y de letras; y esto con una ilustración tan grande, que le parecían todas las cosas nuevas.

Y no se puede declarar los particulares que entendió entonces, aunque fueron muchos, sino que recibió una grande claridad en el entendimiento; de manera que en todo el discurso de su vida, hasta pasados sesenta y dos años, coligiendo todas cuantas ayudas haya tenido de Dios, y todas cuantas cosas ha sabido, aunque las ayunte todas en uno, no le parece haber alcanzado tanto, como de aquella vez sola».

El tiempo que pasó en Manresa le formó de nuevo. También la ayudó a formar las ideas que un día recogería en los *Ejercicios Espirituales*. Empezó a «notar algunas cosas en su libro, que llevaba él muy guardado, y con que iba muy consolado».

Después de varios falsos comienzos, incluida una peregrinación a Tierra Santa (donde le resultó imposible recibir permiso oficial para trabajar), Íñigo decidió que podía servir mejor a la Iglesia recibiendo educación y siendo ordenado sacerdote. De manera que el orgulloso bravucón recomenzó su educación en dos universidades españolas, después de haber pasado sumisamente por el nivel inferior de clases para estudiar latín con muchachos que tenían dificultades de aprendizaje. Finalmente, fue a la Universidad de París, donde pidió limosna para poder sobrevivir.

Estando en París, reunió en torno a sí a varios nuevos amigos que se convertirían en los «compañeros» originales o primeros jesuitas. Entre ellos se incluyen hombres como Francisco Javier, que posteriormente sería un gran misionero. En 1534, Íñigo y los seis amigos hicieron juntos voto comunitario de pobreza y castidad.

Posteriormente, Ignacio (como se llamaba ahora a sí mismo, pensando erróneamente que Íñigo era una variante de este nombre latino) decidió que su pequeño grupo podría hacer mayor bien si recibían aprobación del papa. Mostrando ya su «desapego», harían lo que el papa considerara mejor, dado que, presumiblemente, él tenía más idea de dónde podían hacer mayor bien.

Finalmente, Ignacio y sus compañeros pidieron al papa la aprobación formal para crear una nueva orden religiosa, la *Compañía de Jesús*. Pasaron por tiempos difíciles antes de obtener la aprobación.

En 1526, cuando Ignacio estaba estudiando en la ciudad española de Alcalá, sus nuevas ideas sobre la oración suscitaron sospechas, y fue encarcelado por la Inquisición. «Diecisiete días estuvo en la prisión, sin que le examinasen ni él supiese la causa dello», escribió Ignacio.

La idea de ser «contemplativos en la acción» a muchos en el Vaticano les pareció herética. Algunos clérigos prominentes consideraban que los miembros de las órdenes religiosas debían estar enclaustrados tras los muros de un monasterio, como los cistercienses o los carmelitas, o al menos llevar una vida apartada de las «locuras del mundo», como los franciscanos. Que un miembro de una orden religiosa pudiera estar «en el mundo» sin reunirse con sus hermanos para orar cada cierto número de horas, era chocante. Pero Ignacio permaneció firme: sus hombres iban a ser contemplativos *en la acción,* llevando a los demás a encontrar a Dios en todas las cosas.

Algunos encontraban arrogante hasta el nombre escogido. ¿Quiénes eran esos desconocidos para afirmar que eran la Compañía de Jesús? El nombre de «jesuitas» se les aplicó inicialmente de manera burlona poco después de la fundación de la orden, pero después fue asumido como un honor. Hoy lo empleamos con orgullo. (Hay quien dice que con demasiado orgullo).

En 1537, Ignacio y algunos otros compañeros fueron ordenados sacerdotes. El ahora humilde Ignacio pospuso más de un año la celebración de su primera misa, para prepararse espiritualmente para tan destacado acontecimiento, y puede que con la esperanza de celebrarla en Belén. Cuando se vio que esto era imposible, dispuso celebrar la misa en Santa María la Mayor, en Roma, donde se creía que se conservaba el «auténtico pesebre» de Jesús.

Con el tiempo, Ignacio se ganó a sus críticos explicando cuidadosamente los propósitos de su grupo y también guiando a algunos de sus detractores por medio de los *Ejercicios Espirituales.* En 1540, la Compañía de Jesús fue aprobada oficialmente por el papa Pablo III. El propósito de los jesuitas era a la vez simple y ambicioso: no, como se pensaba habitualmente, «contrarrestar» la Reforma protestante, sino «ayudar a las almas». Esta es la frase que aparece más a menudo en los primeros documentos de la Compañía de Jesús.

Ignacio pasó el resto de su vida en Roma como superior de los jesuitas, escribiendo las *Constituciones,* enviando hombres a todos los rincones del globo, carteándose con las comunidades jesuitas, prosiguiendo su asesoramiento espiritual, creando el primer orfanato de

Roma, abriendo el Colegio Romano (un colegio para niños que pronto se convirtió en Universidad) e incluso fundando una casa para prostitutas reformadas, llamada «Casa Santa Marta». Ignacio prosiguió hasta su muerte su trabajo en las _Constituciones_ y su dirección de la orden religiosa, que era cada vez más numerosa.

Al final, sus años de ascetismo le pasaron factura. El último año de su vida sufrió problemas de hígado, altas fiebres y agotamiento físico, además de los problemas estomacales que le habían atormentado toda su vida. Finalmente, se vio confinado en su habitación. En sus últimos días, el enfermero jesuita que estaba a cargo de los enfermos informó haber escuchado al «Padre Ignacio» suspirar durante su oración y decir suavemente _«¡Ay, Dios!»_. Murió el 31 de julio de 1556.

Ignacio entre las estrellas

«[Ignacio] se subía a la azotea por la noche, de donde se descubría el cielo libremente; allí se ponía en pie, y sin moverse estaba un rato con los ojos fijos en el cielo; luego, hincado de rodillas, hacía una adoración a Dios; después se sentaba en un banquillo, y allí se estaba con la cabeza descubierta, derramando lágrimas hilo a hilo, con tanta suavidad y silencio, que no se le sentía ni sollozo, ni gemido, ni ruido, ni movimiento alguno del cuerpo».

– DIEGO LAÍNEZ, SJ, uno de los primeros jesuitas

Puede que hoy san Ignacio de Loyola no suscite el mismo cálido afecto que muchos otros santos como, por ejemplo, san Francisco de Asís o Teresa de Lisieux, la «Pequeña Flor». Y puede que esto se deba al austero tono de su Autobiografía. O puede que sea porque sus cartas se ocupan de materias prácticas, incluida la petición de dinero para los nuevos colegios jesuitas. O tal vez porque algunos retratos le muestran no como un joven alegre, sino como un serio administrador sentado a su escritorio, aunque el retrato de Pedro Pablo Rubens, actualmente en el museo Norton Simon de California, le representa mirando hacia el cielo, con vestiduras rojas de ricos brocados y con lágrimas de gozo deslizándose por su rostro. Rubens, que tuvo una intuición de Ignacio mejor que la mayor parte de los artistas, pertenecía a un grupo de laicos católicos organizado por los jesuitas.

Textos contemporáneos retratan a Ignacio como un hombre afectuoso, dado a la risa y frecuentemente movido a derramar lágrimas durante la misa o durante la oración. Sin embargo, algunos jesuitas actuales insisten en verlo como un padre severo. Un anciano jesuita me dijo en cierta ocasión a propósito de la perspectiva del cielo: «No tengo problema con que Jesús me juzgue. ¡Es *Ignacio* el que me preocupa!».

Pero su habilidad para reunir a seguidores devotos muestra que debía de ser tremendamente cálido. Su profunda compasión también le permitió soportar a algunas personalidades difíciles en la Compañía de Jesús. Uno de sus contemporáneos escribió: «Es manso, amistoso y afable, así que habla con doctos e indoctos, con personas importantes y pequeñas, con todas del mismo modo; un hombre digno de todo elogio y reverencia».

> «En todas las cosas, acciones y conversaciones contemplaba la presencia de Dios y experimentaba la realidad de las cosas espirituales, por lo que fue un contemplativo en la acción (algo que él solía expresar diciendo que hay que encontrar a Dios en todas las cosas)».
>
> – JERÓNIMO NADAL, SJ, uno de los primeros jesuitas

El fundador de la compañía de Jesús era ambicioso, trabajador y práctico. «San Ignacio era un místico –escribió el filósofo norteamericano William James–, pero su misticismo hacía de él una de las personas más poderosamente prácticas que han existido jamás». En toda circunstancia luchaba por la Compañía de Jesús. Pero también era flexible. Gracias a sus prácticas espirituales, Ignacio gozó de una notable libertad interior: se consideraba «desapegado» incluso de la orden jesuítica. En cierta ocasión dijo que, si el papa ordenaba a los jesuitas que se disolviesen, él necesitaría tan solo quince minutos de oración para pacificarse y ponerse en camino.

Sin embargo, probablemente fue bueno que hubiera fallecido hacía ya tiempo en 1773, cuando la Santa Sede disolvió de hecho a los jesuitas. Un pot-pourri de poderes políticos europeos forzó al papa a suprimir la Orden, principalmente porque pensaban que su universalidad y su devoción al papado chocaban contra su soberanía. El papa Clemente XIV emitió formalmente un documento de «supresión» aboliendo la Compañía de Jesús. (La emperatriz Catalina la Grande, que no simpatizaba con Clemente, se negó a promulgar el decreto en Rusia, manteniendo así legalmente vivos a los jesuitas). Después de cuatro décadas, los vientos políticos cambiaron, y los jesuitas, muchos de los cuales se habían mantenido en estrecho contacto en aquellos años, fueron oficialmente «restaurados» en 1814. No todo el mundo se sintió feliz con la restauración de la Compañía de Jesús. Dos años después, John Adams escribió temeroso a Thomas Jefferson: «No me gusta la reciente resurrección de los jesuitas: ¿no tendremos muchos de ellos aquí en tantas formas y disfraces como un rey de los gitanos adoptaría?».

Los *Ejercicios Espirituales* y las *Constituciones*

Mientras estaba ocupado escribiendo las *Constituciones,* Ignacio estaba también dando los toques finales a su texto clásico, los *Ejercicios Espirituales,* su manual para un periodo de meditación de cuatro semanas sobre la vida de Jesús, publicado por primera vez en 1548. Y para entender lo que sigue en este libro, el lector tiene que saber algo acerca de los *Ejercicios Espirituales,* el primer don de Ignacio al mundo. (En lo sucesivo, las referencias al texto de los *Ejercicios Espirituales* aparecerán en cursiva, y las referencias a la experiencia general de los mismos se dejarán en redonda).

Los Ejercicios Espirituales

Los Ejercicios están organizados en cuatro distintas secciones, que Ignacio llama «semanas». Una versión de los mismos exige que la persona se aparte de la vida cotidiana durante cuatro semanas de meditación, con cuatro o cinco periodos de oración diarios. Hoy esta versión se hace normalmente en una Casa de Ejercicios, donde el ejercitante es guiado por un director espiritual. Por lo tanto, los *Ejercicios Espirituales* se hacen normalmente en el transcurso de un mes. (A menudo oirá el lector a los jesuitas referirse a los «Ejercicios de mes»).

Pero Ignacio quería que pudiera aprovecharse de los Ejercicios el mayor número de gente posible, de manera que incluyó en su texto varias notas, o anotaciones, para que hubiera flexibilidad. Algunas

personas pueden no estar preparadas para los Ejercicios completos
–escribió Ignacio–, de manera que pueden hacerlos únicamente en
parte. Otros pueden beneficiarse de que se les enseñen las *mociones*
de los Ejercicios. En su décimo novena anotación sugiere que quienes se encuentren inmersos en «cosas públicas o negocios convenien-
tes» pueden hacer los Ejercicios a lo largo de un periodo extenso
mientras prosiguen con sus responsabilidades ordinarias. En lugar de
orar durante un mes entero, pueden orar una hora al día y extender
el retiro a lo largo de varios meses. Hoy esto se denomina «Ejercicios
de la Décimo Novena Anotación» o «Ejercicios Espirituales en la Vida Diaria».

Como dice el eminente historiador jesuita John O'Malley en su
estudio de los primeros años de la Compañía, *Los primeros jesuitas,*
«la enseñanza más fundamental de Ignacio era que los individuos tienen que encontrar el sistema que les resulte más conveniente».

Los Ejercicios siguen un cuidadoso plan basado en el camino de
progreso espiritual que Ignacio notó en sí mismo y, más tarde, en
otros. La *Primera Semana* se centra primero en la gratitud por los dones de Dios en tu vida, y después en tu pecaminosidad. A veces se revela un pecado profundo, como el egoísmo. Al final, normalmente te
ves llevado a caer en la cuenta de que eres un pecador (o ser humano
defectuoso) que, no obstante, es amado por Dios.

La *Segunda Semana* consiste en una serie de meditaciones tomadas directamente del Nuevo Testamento y centradas en el nacimiento, la juventud y el ministerio de Jesús de Nazaret. Aquí sigues a Jesús en su predicación, sus curaciones y milagros, que te ponen en
contacto, de manera imaginativa, con Jesús en su ministerio público.

La *Tercera Semana* se centra en la Pasión: la entrada final de Jesús
en Jerusalén, la Última Cena, su juicio, crucifixión, sufrimiento en la
cruz y muerte.

La *Cuarta Semana* se basa en los relatos evangélicos de la Resurrección y, de nuevo, en el amor de Dios por ti.

A lo largo del camino, a la manera de jalones, Ignacio incluye
meditaciones específicas sobre ideas como la humildad, la toma de
decisiones y la elección entre el bien y el mal.

Algunas obras clásicas de espiritualidad están destinadas a ser
leídas contemplativamente. Los *Ejercicios Espirituales* son diferentes.
Están destinados a ser experimentados, no leídos. Francamente, leídos son más un tedioso manual de instrucciones que un conmovedor

tratado sobre la oración. Por ejemplo: «Después de la oración preparatoria y de los tres preámbulos, aprovecha el pasar de los cinco sentidos de la imaginación por la primera y segunda contemplación, de la manera siguiente». (Cabezada).

En cierto sentido, los Ejercicios son como una danza. Si el lector quiere aprender a danzar, no puede limitarse a leer un libro de danza; tiene que danzar. O al menos contar con alguien que le ayude a hacerlo. Lo que yo trataré de hacer en este libro es proporcionar algunas ideas de los Ejercicios, es decir, hablar al lector un poco acerca de qué sucede en esa danza. Y animarle a empezar a danzar por sí mismo.

Cuando los jesuitas piensan en los Ejercicios, suelen pensar en un estilo particular de oración que Ignacio recomienda a menudo: utilizar la imaginación como ayuda en la oración, como modo de representarse pasajes específicos de la Escritura. De manera que los Ejercicios no son únicamente un programa de oración; también encarnan un *modo* de orar. Y una cierta cosmovisión. (Más adelante nos extenderemos más acerca de todo esto).

En conjunto, los *Ejercicios Espirituales* son uno de los elementos principales para comprender el método de Ignacio: qué conduce a Dios, qué suscita mayor libertad y qué ayuda a vivir una vida plena de sentido.

Las Constituciones

Durante sus años en Roma, Ignacio pasó gran parte de su tiempo escribiendo las *Constituciones* de la Compañía, la serie de directrices que gobiernan la vida jesuítica —en las comunidades, en los variados trabajos que desempeñamos y en el modo de relacionarnos unos con otros— en casi todos los aspectos. Ignacio trabajó en las *Constituciones* hasta su muerte y, como en el caso de los Ejercicios, estuvo siempre retocándolas. Es otra fuente para comprender su espiritualidad característica.

Todas las órdenes religiosas tienen algo similar a las *Constituciones*. Normalmente se llama «regla», como la *Regla de san Benito,* que gobierna la vida de la orden benedictina. Toda regla es una ventana hacia la espiritualidad subyacente, o «carisma», de la orden religiosa. Se puede aprender mucho acerca de los benedictinos leyendo su *Regla.* Y se puede aprender mucho de la espiritualidad ignaciana leyendo las *Constituciones*. (Técnicamente, nuestra «regla» incluye también los documentos papales originarios de los papas Pablo III y Julio III estableciendo a los jesuitas).

Para los jesuitas, si los Ejercicios tratan de cómo vivir la vida, las *Constituciones* tratan de cómo vivir la vida con los demás. Los Ejercicios tratan de ti y de Dios; las *Constituciones,* al menos para los jesuitas, tratan de ti, de Dios y de tus hermanos jesuitas.

En las *Constituciones,* Ignacio volcó sus ideas respecto del modo de formar a los jesuitas, cómo deben vivir unos con otros, cómo deben trabajar juntos, qué trabajos deben emprender, cómo deben comportarse los superiores, cómo se debe cuidar a los enfermos y qué hombres deben ser admitidos en la orden; en suma, todas las facetas de la vida jesuítica en las que pudo pensar. Buscando guía, oraba fervientemente a propósito de cada aspecto antes de ponerlo por escrito.

En este proceso consultó el mejor método de actuación con algunos de sus primeros compañeros, por lo que las *Constituciones* son resultado de su propia experiencia y oración y del consejo de amigos de confianza. Por lo tanto, reflejan una espiritualidad eminentemente sensata. El jesuita belga André de Jaer dice que encarnan «un realismo espiritual, preocupado siempre por lo concreto y práctico».

He aquí un ejemplo de ese espíritu práctico: aunque las *Constituciones* establecen normas precisas para la vida en las comunidades jesuíticas, Ignacio reconocía la necesidad de flexibilidad. Después de una extensa descripción de lo que se requiere para la vida comunitaria, añadió una salvedad, porque sabía que las circunstancias imprevistas requieren siempre flexibilidad: «Y si en algún particular conviniese estudiar también otras cosas –escribe a propósito de los jesuitas que estudian un curso académico particular–, quedará a la discreción del superior verlo y dispensar también para ello». La flexibilidad es un signo distintivo de este documento.

Gran parte de las *Constituciones* está dedicada al funcionamiento cotidiano de la orden, pero también se encuentran sugerencias acerca de cómo llevar un estilo de vida sencillo, tomar decisiones, trabajar con los demás en la consecución de un objetivo común y confiar en los amigos. De manera que es un gran recurso, no solo para los jesuitas, sino para todas las personas interesadas por el método ignaciano.

Cartas, actividades, santos, reglas vivientes y expertos

La *Autobiografía,* los *Ejercicios Espirituales* y las *Constituciones* son tres de las principales fuentes de la espiritualidad jesuítica, pero no las únicas. Otras fuentes pueden ayudarnos a comprender el método de Ignacio.

La primera es su vasta serie de *cartas.* A lo largo de su vida, Ignacio escribió la asombrosa cifra de 6.813 cartas a un amplio abanico de hombres y mujeres. Fue uno de los escritores de cartas más prolíficos de su época; escribió más que Martín Lutero y Juan Calvino juntos, y más que Erasmo, uno de los grandes escritores de cartas de su tiempo. Entre dirigir una nueva orden religiosa, abrir colegios a un ritmo impresionante, recibir a funcionarios vaticanos y embajadores europeos, pedir permisos a las autoridades eclesiales y estatales, orar y celebrar misa, así como cartearse con hombres y mujeres –sacerdotes jesuitas, religiosas, hombres y mujeres laicos, miembros de familias reales...– de todo el mundo, Ignacio debía de ser capaz de desempeñar múltiples tareas simultáneamente.

Y no se trataba de correos electrónicos escritos sobre la marcha, sino que algunas de sus cartas son obras maestras del género, pues combinan el estímulo, el consejo, las noticias y promesas sinceras de apoyo y cariño. Como muchas figuras públicas del siglo XVI, Ignacio consideraba un arte la escritura de cartas. Y como muchas figuras religiosas, lo veía como un ministerio. Aconsejaba a jesuitas en puestos oficiales, particularmente misioneros, que escribieran dos cartas a la vez: la primera, proporcionando información para el consumo público, historias «edificantes» para los demás jesuitas y el resto de la gente. La segunda, conteniendo noticias más personales. A estas últimas se refería con la palabra española *hijuela.* Y en estas cartas se podía escribir rápidamente de la abundancia del corazón.

De este modo, Ignacio se mantenía en contacto con personas de todos los sectores sociales a lo largo y ancho de Europa (y más tarde con los misioneros de ultramar), considerando sus preguntas y problemas y respondiéndolos con cuidado. Sus cartas eran un modo de amar y servir a los demás. Y en ellas podemos también espigar algunos aspectos de su espiritualidad.

Otra fuente para comprender el método ignaciano son las *actividades* jesuíticas. En *Los primeros jesuitas,* John W. O'Malley, SJ, dice que para entender la espiritualidad ignaciana es importante no fijarse únicamente en lo que escribían los jesuitas, sino también en lo que *hacían*. «Esa fuente no es un documento –dice O'Malley–; es la historia social de la orden, en especial en sus primeros años».

¿Qué significa SJ?

Después del nombre de cada jesuita vienen las letras SJ. Abreviaturas de este tipo son un modo tradicional de identificar a los miembros de una orden religiosa. Los benedictinos utilizan OSB para la Orden de San Benito. Los franciscanos, OFM para la Orden de los Frailes Menores. Los jesuitas utilizamos SJ para la Compañía de Jesús, o *Societas Jesu*. Una designación alternativa procede de una mujer que escribió una carta un tanto airada a la revista *America* quejándose de algo que yo había escrito. «En su caso –decía– SJ obviamente significa *Stupid Jerk* ["estúpido asno"]».

Saber, por ejemplo, que los primeros jesuitas emprendieron tan gran variedad de empresas como colegios para niños y casas para prostitutas reformadas, al mismo tiempo que servían de consejeros a los papas y a los concilios ecuménicos, proporciona un sentido de apertura a nuevos ministerios de un modo distinto que la lectura de las *Constituciones*. Y leer acerca de su primera labor educativa subraya el énfasis que Ignacio puso en la razón, el aprendizaje y la cultura académica.

La historia de los *santos* jesuitas que siguieron a Ignacio es otra fuente para comprender este método. Aquellos hombres aplicaron sus propias iluminaciones al método ignaciano, tanto en lo cotidiano como en entornos extremos. Ya estuvieran trabajando entre los pueblos hurones e iroqueses en la «Nueva Francia» del siglo XVII, como san Isaac Jogues y san Juan de Brébeuf, o atendiendo secretamente a los ingleses católicos del siglo XVI durante la persecución de la corona, como san Edmundo Campion, o sobreviviendo en un campo de trabajo soviético en los años cuarenta, cincuenta y sesenta del pasado siglo, como Walter Ciszek, o trabajando junto a los pobres, como los jesuitas salvadoreños que fueron martirizados en los años ochenta del siglo XX. La vida de cada uno de estos santos subraya una faceta específica de la espiritualidad ignaciana.

Pero la santidad no se reduce al pasado. En las dos últimas décadas, yo he conocido a muchos jesuitas santos que me han entregado el don de su ejemplo.

En muchas órdenes religiosas, a los miembros cuya vida encarna los ideales de su orden se les llama «regla viviente». Si la comunidad llegara a perder su regla o constitución, no tendría más que fijarse en esos hombres o mujeres para recuperarla. Esas *reglas vivientes,* cuya historia relataré, son otra fuente de conocimiento de la espiritualidad ignaciana.

Finalmente, está la fuente constituida por los *expertos* que han hecho del estudio de la espiritualidad ignaciana la obra de su vida. Afortunadamente, no se limitan a ser sacerdotes o hermanos jesuitas. Religiosas, sacerdotes y hermanos católicos de otras órdenes religiosas, clérigos y laicos de otras confesiones cristianas, y hombres y mujeres de otras tradiciones religiosas, en un proceso que habría encantado a Ignacio –que daba la bienvenida a todos a su camino espiritual–, han abrazado el método de Ignacio. Y algunos se han convertido en agudos analistas de su espiritualidad.

El camino de Ignacio

El camino de Ignacio ha sido recorrido por cientos de miles de jesuitas, a lo largo de los últimos 450 años, en todos los lugares del mundo y en casi cualquier situación concebible, en muchos casos llena de peligros.

Las ideas de Ignacio inspiraron al jesuita italiano Matteo Ricci a vivir y vestir como un mandarín, a fin de tener acceso a la corte imperial china en el siglo XVII. Animaron a Pierre Teilhard de Chardin, jesuita, paleontólogo y teólogo francés, a emprender en China unas revolucionarias excavaciones arqueológicas en los años veinte del pasado siglo. Impulsaron a John Corridan, científico social norteamericano, a trabajar por la reforma laboral en la Nueva York de los años cuarenta. (Su historia inspiró en parte la película *On the Waterfront*). Consolaron al jesuita alemán Alfred Delp cuando fue encarcelado y esperaba su ejecución por ayudar al movimiento de resistencia aliado contra los nazis. Confortaron a Dominic Tang, un jesuita que, comenzando a finales de los cincuenta, pasó veintidós años en una cárcel china por su lealtad a la Iglesia católica. Motivaron a Daniel Berrigan, activista norteamericano por la paz, en sus protestas de los años sesenta contra la guerra de Vietnam.

Y miles de jesuitas menos conocidos han encontrado en la espiritualidad ignaciana una guía para su vida cotidiana. El profesor de secundaria que lucha por conectar con los chicos de barrios marginales. El médico que trabaja en un remoto campo de refugiados. El capellán de hospital que habla con un paciente moribundo. El pastor que conforta a un fiel afligido. El capellán militar que acompaña a los soldados que tratan de encontrar sentido en medio de la violencia... Esta lista es más próxima a mí, porque he conocido a todos estos hombres.

Añadamos a la lista a los millones de hombres y mujeres laicos que han entrado en contacto con la espiritualidad ignaciana en colegios, parroquias o Casas de Ejercicios –maridos, esposas, padres, madres, hombres y mujeres solteros, de todos los sectores sociales y de todo el mundo– que han encontrado un camino hacia la paz y el gozo, y al lector que comienza a atisbar el notable vigor de esta tradición antigua pero viva.

En suma, la espiritualidad ignaciana le ha funcionado a personas de una enorme variedad de épocas, lugares y circunstancias. Y me ha funcionado a mí. Me ha ayudado a pasar, de sentirme atrapado en la vida, a sentirme libre.

Este libro es una introducción al método de san Ignacio de Loyola, al menos tal como yo lo he conocido en mis veintiún años de jesuita. No está concebido como una obra excesivamente intelectual o académica, sino como una agradable introducción para el lector medio. Tampoco está concebido como algo exhaustivo. No pueden resumirse casi cinco siglos de espiritualidad en unas páginas, y cada uno de estos capítulos podría fácilmente generar cuatro o cinco libros. Por lo tanto, no tocaré todos los aspectos, por ejemplo, de los *Ejercicios Espirituales* o de las *Constituciones,* sino únicamente las áreas que considere de mayor interés y más útiles para el lector medio.

Pero la espiritualidad ignaciana es tan amplia que incluso una introducción tocará un gran espectro de temas: tomar buenas decisiones, encontrar un trabajo pleno de sentido, ser un buen amigo, vivir con sencillez, preguntarse por el sufrimiento, profundizar en la oración, esforzarse por ser mejor persona y aprender a amar.

El método de Ignacio supone que no hay nada en nuestra existencia que no forme parte de nuestra vida espiritual. Por emplear la imagen doméstica de David, todas esas «cajas» que el lector podría sentir la tentación de mantener cerradas –dificultades matrimoniales, problemas en el trabajo, una enfermedad grave, la ruptura de una relación, preocupaciones económicas...– pueden ser sacadas de la oscuridad de la caja y expuestas a la luz de Dios.

Veremos cómo encontrar a Dios en todas las cosas, y a todas las cosas en Dios, y trataremos de hacerlo con sentido del humor, elemento esencial en la vida espiritual. No hay necesidad de ser mortalmente serio en lo que respecta a la religión o la espiritualidad, porque la alegría, el humor y la risa son dones de Dios. De manera que no se sorprenda el lector por el humor ocasional, en especial a mi costa. (Tampoco se sorprenda por la ocasional broma jesuítica).

Y veremos también algunos modos claros y sencillos de incorporar la espiritualidad ignaciana a la vida cotidiana. La espiritualidad no debe ser compleja; por eso ofreceré unas prácticas sencillas y ejemplos de la vida real.

Otra digresión, final pero importante: no hay que ser católico, cristiano, religioso, ni siquiera espiritual, para beneficiarse de algunas de las ideas de san Ignacio de Loyola. Cuando describo a personas no creyentes las técnicas de Ignacio para tomar una buena decisión, por ejemplo, se sienten invariablemente encantadas con los resultados. Y cuando explico a ateos por qué tratamos de vivir con sencillez, reconocen el valor de la sabiduría de Ignacio.

Pero sería descabellado negar que para Ignacio «ser espiritual» y «ser religioso» era lo más importante del mundo. Igualmente descabellado sería separar a Dios o a Jesús de la espiritualidad ignaciana. Haría que los textos de Ignacio fueran absurdos. Dios estaba en el centro de la vida de Ignacio. El fundador de los jesuitas tendría mucho que decir –muy probablemente en una larga carta– a propósito de quien tratara de separar sus prácticas de su amor a Dios.

Pero Ignacio sabía que Dios se encuentra con las personas allí donde están. Todos estamos en puntos diferentes de nuestro camino hacia Dios. Y también en caminos diferentes. El propio Ignacio recorrió una ruta tortuosa y reconocía que la actividad de Dios no puede limitarse a las personas que se consideran «religiosas». Por lo tanto, la espiritualidad ignaciana abarca a todos, desde el creyente devoto hasta la persona inmersa en una búsqueda vacilante. Por emplear una de las expresiones favoritas de Ignacio, su camino es un «modo de proceder» en el camino hacia Dios.

De manera que yo haré todo lo posible por lograr que la espiritualidad ignaciana resulte comprensible, útil y utilizable por todo el mundo, prescindiendo de su lugar en la vida; pero también trataré de ser muy claro acerca de la centralidad de Dios en la cosmovisión ignaciana... y en la mía propia.

No se preocupe el lector si no se siente ni se ha sentido nunca cerca de Dios, ni si tiene dudas a propósito de la existencia de este, ni siquiera si está razonablemente seguro de que Dios no existe. Limítese a seguir leyendo.

Dios se ocupará del resto.

2
Los seis caminos

(Espiritual, religioso, espiritual no religioso y todos los intermedios)

Dado que sigue usted leyendo este libro, supongo que, además de estar interesado en tomar buenas decisiones, encontrar sentido a su trabajo, disfrutar de relaciones sanas y ser feliz en la vida, estará al menos *ligeramente* interesado en las cuestiones religiosas. Empecemos, pues, por una cuestión difícil.

Puesto que el método ignaciano se fundamenta en la creencia de que hay un Dios, y que ese Dios desea estar en relación con nosotros, es importante pensar primero acerca de Dios. De ese modo, todo cuanto venga a continuación al menos parecerá fácil comparativamente.

Lo cual no significa que tenga usted que creer en Dios para encontrar útiles las ideas de Ignacio. Ahora bien, para que esto ocurra tiene que entender dónde encaja Dios en la cosmovisión de Ignacio.

Por lo tanto, ¿cómo encontrar a Dios?

Esta pregunta marca el punto de partida de todas las personas en proceso de búsqueda. Pero, sorprendentemente, muchos tratados de espiritualidad minimizan o ignoran su importancia. Algunos parten de la base de que el lector ya cree en Dios, que ya ha encontrado a Dios o que Dios forma parte ya de su vida. Pero es ridículo no abordar la pregunta en un libro como este. Sería como escribir un libro acerca de la natación sin hablar primero de cómo flotar.

Para empezar a responder esa pregunta –¿cómo encontrar a Dios?–, comencemos con algo más familiar. Examinemos los diversos modos que tiene la gente de buscar a Dios.

Aun cuando hay tantos caminos hacia Dios como personas sobre la tierra, por razones de claridad reduciré esa infinidad de caminos a seis más abarcantes y amplios.

Cada uno de ellos tiene sus ventajas... y sus trampas. Una persona puede encontrarse en varios caminos diferentes durante su vida e incluso puede tener la sensación de estar en más de un camino al mismo tiempo.

Seis caminos hacia Dios

El camino de la fe

Para quienes se encuentran en este camino, la fe en Dios ha formado siempre parte de su vida. Nacieron en familias religiosas o fueron introducidos en la religión a temprana edad. Se mueven por la vida más o menos confiados en su fe en Dios. La fe ha sido siempre un elemento esencial en su vida. Oran regularmente, asisten con frecuencia a las celebraciones religiosas y se sienten cómodos hablando de Dios. Su vida, como la de cualquiera, no está exenta de sufrimientos, pero la fe les permite encajarlos en una estructura de significado.

La infancia de Walter Ciszek, jesuita norteamericano que pasó veinte años en cárceles y campos de trabajo soviéticos comenzando en los años cuarenta, refleja este tipo de educación. En su autobiografía, *With God in Russia,* publicada después de su regreso a los Estados Unidos, Ciszek describe su educación en el seno de una devota familia católica de Pennsylvania cuya vida estaba centrada en la parroquia: misas dominicales, festividades especiales, confesión semanal... De manera que no es de extrañar que Ciszek diga en el primer capítulo de su libro: «Debió de ser gracias a las oraciones y el ejemplo de mi madre como yo decidí en octavo grado, bajo un claro cielo azul, que sería sacerdote».

Lo que para mucha gente sería una decisión difícil, para el joven Walter Ciszek fue la cosa más natural del mundo.

Los beneficios de transitar el camino de la fe son muy claros: la fe da sentido tanto a las alegrías como a las dificultades de la vida. La fe en Dios supone que sabes que nunca estarás solo. Conoces y eres conocido. La vida en una comunidad que se distingue por su religiosidad proporciona compañía. En tiempos difíciles, la fe es un ancla.

Y la fe cristiana ofrece también la promesa de una vida más allá de la vida terrena.

Esta forma de fe sostuvo a Walter Ciszek durante sus años en los campos de trabajo soviéticos y le permitió, cuando por fin salió de Rusia en 1963, bendecir al país cuyo gobierno le había causado tanto sufrimiento físico y mental. En ocasiones se debatía con su fe –¿quién no lo habría hecho en tales condiciones?–, pero en último término su fe permaneció firme. *With God in Russia* finaliza con estas inolvidables palabras que describen lo que hizo Ciszek cuando su avión despegó: «Lenta y cuidadosamente, hice la señal de la cruz sobre la tierra que estaba abandonando».

A veces las personas que recorren el camino de la fe provocan envidia. «Si yo pudiera tener fe como tú...», suele decirme un amigo. Aunque comprendo sus sentimientos, esa perspectiva hace que la fe parezca algo que se *tiene,* en lugar de tener que trabajar por conservarla. Es como si hubieras nacido con una fe incuestionable, como cuando se nace con el cabello pelirrojo o con los ojos marrones. O como si la fe fuera como llegar a una gasolinera y llenar el depósito.

Ninguna metáfora es adecuada. En última instancia, la fe es un don de Dios. Pero la fe no es algo que te limitas a tener. Puede que una metáfora mejor sea que la fe es como un jardín: aunque puede que ya tengas lo básico –tierra, semillas y agua–, tienes que cultivarlo y nutrirlo. Al igual que el jardín, la fe requiere paciencia, persistencia e incluso esfuerzo.

Si el lector envidia a quienes recorren el camino de la fe, no se preocupe, porque muchas personas atraviesan periodos de duda y confusión antes de conocer a Dios, y a veces durante largo tiempo. Ignacio aceptó finalmente la presencia de Dios a una edad en la que muchas otras personas habían formado una familia y alcanzado el éxito económico.

Ninguno de estos seis caminos está libre de peligros. Una trampa para quienes recorren el camino de la fe es la incapacidad de entender a quienes recorren otros caminos y la tentación de juzgarlos por sus dudas o su falta de fe. La certeza impide a algunos creyentes ser compasivos, empáticos o incluso tolerantes con quienes no están tan seguros de su fe. Su arrogancia hace de ellos unos elegidos impasibles que, consciente o inconscientemente, excluyen a otros de su cómodo mundo creyente. Esta es la religiosidad desagradable, carente de alegría y mezquina, contra la cual hablaba Jesús; es ceguera espiritual.

Hay un peligro más sutil para este grupo: la complacencia, que hace que la relación con Dios se estanque. Algunas personas se aferran a modos de entender su fe aprendidos en la infancia que pueden no funcionar cuando uno es adulto. Por ejemplo, puede uno aferrarse a una noción infantil de un Dios que no deja que nunca ocurra nada malo. Cuando se presenta la tragedia, dado que la imagen de Dios no refleja la realidad, puede que se abandone al Dios de la infancia, o puede que se abandone a Dios, sin más.

Una vida adulta requiere una fe adulta. Que el lector lo vea de este modo: nadie se consideraría equipado para afrontar la vida con unas nociones de matemáticas de tercero de primaria. Sin embargo, la gente suele esperar que la instrucción religiosa de su infancia le sostenga en el mundo adulto.

En su libro *A Frienship Like No Other*, el jesuita William A. Barry invita a los adultos a relacionarse con Dios de manera adulta. Del mismo modo que un hijo adulto debe relacionarse con sus padres de manera nueva –dice Barry–, también el creyente adulto debe relacionarse con Dios de un modo nuevo al madurar. De lo contrario, permanecerá atrapado en una visión infantil de Dios que le impedirá abrazar plenamente una fe madura.

Como todos los caminos, tampoco el camino de la fe carece de obstáculos.

El camino de la independencia

Quienes recorren el camino de la independencia han tomado la decisión consciente de separarse de la religión organizada, pero siguen creyendo en Dios. Puede que encuentren las celebraciones eclesiales faltas de sentido, ofensivas, aburridas... o las tres cosas al mismo tiempo. Puede que se hayan sentido heridos por su iglesia. Puede que les haya insultado (o haya abusado de ellos) un sacerdote, pastor, rabino, ministro o imán. O que se sientan ofendidos por determinados dogmas o por la religión organizada. O que consideren que los líderes religiosos son unos hipócritas.

O puede que, simplemente, estén aburridos. Créame el lector: yo he oído un montón de homilías que me han dejado dormido, a veces literalmente. Como dijo en cierta ocasión el sacerdote católico y sociólogo Andrew Greeley, algunas veces la pregunta no es por qué tantos católicos se van de la Iglesia, sino por qué se quedan.

Los católicos pueden rechazar las enseñanzas de la Iglesia en una cuestión moral concreta, o su postura sobre un tema político, o el escándalo de los abusos por parte del clero. Por consiguiente, aunque siguen creyendo en Dios, ya no se consideran parte de la Iglesia. A veces se les llama católicos «lapsos», «apóstatas» o «alejados»; pero, como dijo un amigo mío después de la crisis de los abusos sexuales: «Yo no me he alejado de la Iglesia; ella se ha alejado de mí».

Aunque mantienen una distancia de las iglesias, sinagogas o mezquitas, muchas de estas personas siguen siendo firmes creyentes. A menudo encuentran solaz en las prácticas religiosas aprendidas en la infancia. Y también a menudo anhelan un modo más formal de dar culto a Dios en su vida.

Un punto fuerte de este grupo es su sana independencia, que les permite ver las cosas de un modo nuevo, algo que su comunidad religiosa a menudo necesita desesperadamente. Los que están «fuera», los que no están ligados por las restricciones usuales respecto de lo que es «apropiado» o «inapropiado» decir en la comunidad, muchas veces pueden hablar más sinceramente.

El principal peligro de este grupo, sin embargo, es un perfeccionismo que ninguna religión organizada puede ofrecerle.

No hace mucho, un amigo mío dejó de acudir a la iglesia de su familia. Mi amigo es un hombre inteligente y compasivo que cree en Dios y cuyos padres son profunda y tradicionalmente episcopalianos. Pero él consideraba que su iglesia local estaba demasiado alineada con las clases acomodadas. Por lo tanto, decidió buscar una comunidad que reconociera el lugar de los pobres en el mundo.

Después de dejar su iglesia, jugó con la idea de unirse a la iglesia católica de la zona, a la que había observado que acudían muchos pobres los domingos. Pero mi amigo no está conforme con la prohibición de ordenar a las mujeres, por lo que rechaza el catolicismo.

A continuación, experimentó con el budismo, pero le resultó imposible conciliar su fe en un Dios personal y su devoción a Jesucristo con la cosmovisión budista.

Por último, hizo un intento con la iglesia unitaria de la zona, que al principio pareció encajar bien con él. Le gustaba su espiritualidad cristiana abierta y su compromiso con la justicia social, así como su acogida a la gente que no se sentía bien acogida en otras iglesias. Pero, con el tiempo, tropezó con un problema: los unitarios no poseen un sistema de creencias claro, en opinión de mi amigo. Al final, decidió no pertenecer a ninguna iglesia. Ahora los domingos se queda en casa.

La experiencia de mi amigo me recordó que la búsqueda de la comunidad religiosa perfecta es inútil. Como decía el monje trapense Thomas Merton en *La montaña de los siete círculos,* «la primera y más elemental prueba de la vocación de la persona a la vida religiosa –ya sea como jesuita, franciscano, cisterciense o cartujo– es la voluntad de aceptar la vida en una comunidad en la que todo el mundo es más o menos imperfecto». Y esto es aplicable a cualquier organización religiosa.

Lo cual no supone excusar todos los problemas, imperfecciones e incluso pecados de las organizaciones religiosas, sino que es un reconocimiento realista de que, en cuanto humanos, somos imperfectos. Es también un recordatorio de que para quienes se encuentran en el camino de la independencia –creyentes que han abandonado la religión organizada– la búsqueda de una comunidad religiosa perfecta puede no acabar nunca.

El camino de la increencia

Quienes recorren el camino de la increencia no solo consideran que la religión organizada no les atrae (aunque a veces les consuelen sus celebraciones y ritos), sino que han llegado también a la conclusión intelectual de que Dios tal vez no exista, o no existe de hecho, o no puede existir en absoluto. Con frecuencia buscan pruebas de la existencia de Dios y, al no encontrar ninguna o al topar con el sufrimiento, rechazan por completo la cosmovisión teísta.

El beneficio fundamental de este grupo es que no dan por sentado ninguno de los blandos consuelos de la religión. A veces estas personas han reflexionado más acerca de Dios y de la religión que algunos creyentes. Asimismo, a veces las personas más caritativas de nuestro mundo son ateas o agnósticas. Algunos de los cooperantes más trabajadores que he conocido en la época en que trabajé en con los refugiados en el África oriental eran no creyentes. El «santo secular» es una realidad.

También tienen un talento natural para detectar la hipocresía, el fingimiento o las respuestas sin explicaciones; una especie de detector de camelos religiosos. Dile a una persona de este grupo que el sufrimiento es parte del plan misterioso de Dios y debe ser aceptado sin cuestionamientos, y te desafiará, como es lógico, a que te expliques. Uno de mis amigos de la universidad practica su ateísmo religiosamente; sus preguntas llevan treinta años manteniéndome alerta. Intenta hablarle de la «voluntad de Dios», y te soltará un incisivo discurso sobre la responsabilidad personal.

El principal peligro de este grupo es que a veces esperan que la presencia de Dios se pruebe únicamente de manera intelectual. Cuando sucede algo profundo en su vida emocional, algo que les afecta profundamente, rechazan la posibilidad de que pueda ser un signo de la actividad de Dios. Su intelecto puede convertirse en un muro que cierre su corazón a las experiencias de presencia de Dios. También pueden no estar dispuestos a atribuir a Dios cosas que el creyente puede ver como un ejemplo obvio de presencia de Dios.

Es como la historia del ateo atrapado en una inundación. El hombre piensa que la inundación que amenaza su casa es la oportunidad de probar concluyentemente si Dios existe. De manera que se dice a sí mismo: «*Si hay un Dios, le pediré ayuda, y él me salvará*». Cuando oye una advertencia en la radio aconsejando a los oyentes que vayan a zonas más elevadas, la ignora «*Si hay un Dios, él me salvará*», piensa. A continuación, un bombero llama a su puerta para decirle que evacue la casa. «*Si hay un Dios, él me salvará*», le dice al bombero. Cuando las aguas ascienden aún más, el hombre sube al segundo piso. La guardia costera se presenta en su ventana y le ofrece el rescate. «*Si hay un Dios, él me salvará*», dice el hombre, que rechaza la ayuda de la guardia costera.

Finalmente, llega al tejado, con las aguas a su alrededor. Un helicóptero de la policía sobrevuela su casa y lanza una cuerda para que ascienda. «*Si hay un Dios, él me salvará*», grita en medio del estruendo de las hélices del helicóptero.

De repente, una ola gigantesca lo arrastra, y el hombre se ahoga y se despierta en el cielo. Cuando Dios acude a recibirlo, el ateo primero se queda sorprendido y luego se muestra furioso: «¿Por qué no me has salvado?», pregunta.

«¿De qué hablas? –dice Dios–. Te envié al bombero, a la guardia costera y a la policía... ¡y no hiciste ni caso!».

El camino de regreso

Este camino está cada vez más concurrido. Lo normal es que la gente perteneciente a este grupo empiece su vida en una familia religiosa, pero alejada de la fe. Después de una infancia en la que fueron animados (o forzados) a asistir a las celebraciones religiosas, estas les resultan aburridas o faltas de interés, o ambas cosas a la vez. La religión es para ellos algo distante, aunque extrañamente atrayente. Entonces algo reaviva su curiosidad por Dios. Puede que hayan alcanzado el éxito económico o profesional y se pregunten: «¿Es esto todo lo que hay?». O que, después de la muerte de un progenitor, empiecen a preguntarse por su propia mortalidad. O que sus hijos les pregunten por Dios, despertando preguntas que habían estado latentes en ellos durante años. «¿Quién es Dios, mami?».

Así comienza el regreso indeciso a su fe, aunque no puede ser la misma fe que conocieron de niños. Puede que una nueva tradición les resulte más clara. O quizá vuelvan a su religión original, pero de un modo distinto y más comprometido que cuando eran jóvenes.

No tiene nada de extraño. Como ya he dicho, no puede uno considerarse un adulto culto si finaliza su formación académica en la infancia. Sin embargo, muchos creyentes ponen fin a su educación religiosa siendo niños y esperan que les sirva en la edad adulta. La gente de este grupo suele ver que necesita reeducarse para entender su fe de manera adulta.

Cuando yo era niño, por ejemplo, pensaba en Dios como el Gran Solucionador de Problemas que resolvería todos los míos simplemente con que rezara lo suficiente. Que me pongan un diez en sociales. Que me vaya bien en matemáticas. Mejor aún, que mañana nieve...

Si Dios era tan bueno, razonaba yo, respondería a mis plegarias. ¿Qué razón podía Dios tener para *no* responderlas?

Cuando me hice mayor, el modelo de Dios como el Gran Solucionador de Problemas se vino abajo, fundamentalmente porque Dios no parecía interesado en resolver todos mis problemas. Yo rezaba y rezaba, y mis problemas seguían sin resolverse. *¿Por qué no?*, me preguntaba yo. ¿No se preocupa Dios por mí? Mi narcisismo adolescente me suscitó serias dudas que me llevaron a considerar la posibilidad de que Dios no existiese.

Aquel tibio agnosticismo se recrudeció cuando estudiaba en la Universidad de Pennsylvania. En mis dos primeros años en Penn, mis amigos y yo pasábamos muchas noches discutiendo de religión (normalmente, después de demasiadas cervezas o marihuana). Aquellas sesiones nocturnas suscitaron dudas a propósito del Dios al que yo había rezado cuando era más joven. Pero en aquella época eran simplemente dudas ocasionales y preguntas inconexas.

Que convergieron cuando mi compañero de estudios de primer año murió en un accidente automovilístico durante su último curso. Brad era uno de mis amigos más íntimos, y su muerte me resultó casi imposible de soportar.

En el funeral de Brad, un húmedo día de primavera en un barrio acomodado de Washington, DC, me senté en una elegante iglesia episcopaliana junto a la familia de Brad, que estaba destrozada, y a mis amigos, que también lo estaban, y pensé en lo absurdo que era creer en un Dios que había permitido aquello. Cuando acabó el funeral, ya había decidido yo no creer en un Dios que actuaba tan cruelmente. El Gran Solucionador de Problemas no los resolvía, sino que los creaba.

Aquel ateísmo mío recién encontrado era estimulante. No solo me sentía como una persona con un intelecto de primera fila, sino que estaba orgulloso de haber rechazado algo que, obviamente, no había funcionado. ¿Por qué creer en un Dios que no podía o no quería impedir el sufrimiento? El ateísmo no solo era intelectualmente respetable, sino que además ofrecía ciertas ventajas de carácter práctico: ahora mis mañanas de domingo estaban libres.

De manera que emprendí firmemente el camino de la increencia. Este trayecto prosiguió unos meses, hasta que tuve una conversación con una amiga mía que también lo había sido de Brad. Jacque procedía de una pequeña ciudad a las afueras de Chicago y era lo que mis amigos burlonamente llamaban una «fundamentalista», aunque no teníamos demasiada idea de lo que aquello significaba. (Significaba que su fe informaba su vida). Jacque había vivido en la misma residencia que Brad y yo durante el primer año, y aunque era enormemente distinta de Brad en cuanto a puntos de vista e intereses, se hicieron muy amigos.

Un día, después de la clase de contabilidad, bajo una nevada en el exterior de nuestra residencia de primer año, le dije a Jacque lo enfadado que estaba con Dios y cómo había decidido no volver a la iglesia. Le lancé mis comentarios como un desafío. *Tú eres creyente* –pensé–: *explica esto.*

«Bueno –me dijo suavemente–, yo he dado gracias a Dios por la vida de Brad». Aún me acuerdo de estar en medio de aquel frío y quedarme sin respiración por su respuesta. En lugar de argumentar acerca del sufrimiento, Jacque me decía que había otros modos de relacionarse con Dios distintos del que yo había practicado con el Gran Solucionador de Problemas.

La respuesta de Jacque me empujó suavemente al camino de retorno. No había respondido a mi pregunta acerca del sufrimiento, sino que sus palabras me recordaron que la pregunta por el sufrimiento (o el «misterio del mal», como dicen los teólogos) no es la única pregunta acerca de Dios. Su respuesta me decía que se puede vivir con la pregunta por el sufrimiento y seguir creyendo en Dios, del mismo modo que un niño puede confiar en su padre aun cuando no entienda plenamente el comportamiento de este. Aquello me recordó también que hay otras preguntas que son igualmente importantes, como «¿Quién es Dios?». No poder responder una pregunta no significa que otras no sean igualmente válidas. Su respuesta me abrió una ventana a otra visión de la fe.

No obstante, yo seguía atascado en la gran pregunta: si Dios no era el Gran Solucionador de Problemas, ¿quién era el Dios de mi infancia?

Cuando entré en los jesuitas y empecé a oír hablar de otra clase de Dios –un Dios que está *contigo* en tu sufrimiento, un Dios que tiene un interés personal por tu vida, aunque no veas que te resuelve todos los problemas–, la vida empezó a tener más sentido. Lo cual no significa que encontrara una respuesta enteramente satisfactoria al misterio del sufrimiento o al porqué de la muerte de mi amigo con tan solo veintiún años. Pero me ayudó a entender la importancia de estar en relación con Dios incluso en tiempos difíciles.

Siendo yo novicio, uno de mis directores espirituales citó al filósofo escocés John Macmurray, que contraponía la «religión verdadera» a la «religión ilusoria». La máxima de la «religión ilusoria» es la siguiente: «No temas; confía en Dios, y él se ocupará de que ninguna de las cosas que temes te sucedan». La «religión verdadera», decía Macmurray, se rige por una máxima diferente: «No temas; es muy probable que te sucedan las cosas que temes, pero no hay por qué temerlas».

El camino de la exploración

Hace unos años, trabajé con una compañía de teatro independiente que estaba produciendo una nueva obra acerca de la relación entre Jesús y Judas titulada *The Last Days of Judas Iscariot*. Después de reunirme varias veces con el actor que interpretaría a Judas, así como con el autor y el director, me invitaron a ayudar al elenco a

2. Los seis caminos 45

comprender mejor el tema. Y posteriormente me pidieron que fuera el «asesor teológico» de la obra. Esto no es tan extraño como puede parecer: los jesuitas, históricamente, han estado activos en el teatro, que han utilizado ampliamente en sus colegios desde los primeros tiempos. (Más adelante me referiré más extensamente al tema del teatro y los jesuitas).

Durante seis meses, me encontré hablando con los actores, no simplemente de Jesús y de Judas, sino también de su vida espiritual, respondiendo a preguntas surgidas en nuestras conversaciones acerca de los Evangelios, el pecado y el perdón, y la fe.

Varios de los actores habían pasado de una tradición religiosa a otra, buscando algo que «encajara» con ellos. Una actriz, llamada Yetta, que interpretaba a María Magdalena, me contó que su madre (católica) y su padre (judío) habían decidido dejarla elegir su propia religión cuando fuera mayor. «Pero —me dijo Yetta— aún no he elegido». (A propósito, cuando cito a la gente en este libro o cuento su historia, lo hago con su permiso).

El tiempo que pasé con aquellos actores no fue solo de descubrimiento del teatro, sino también de encuentro con unas personas que estaban recorriendo un camino por el que nunca antes habían pasado. Estaban en el camino de la exploración.

Dada su profesión, no era de extrañar. A menudo, un buen actor se prepara para un nuevo papel pasando un tiempo en compañía de una persona con unos determinados antecedentes y circunstancias. Un actor que se prepara para un papel en un drama policíaco, por ejemplo, se relacionará con verdaderos policías. Así que la idea de «exploración» es natural para ellos. Meterse en la piel de otra persona durante un tiempo no es tan distinto de entrar en otra tradición religiosa durante un tiempo.

Otras personas —no solo actores— más asentadas en sus creencias religiosas suelen pensar que sus prácticas espirituales se enriquecen mediante la interacción con otras tradiciones religiosas. Hace unos años, me quedé asombrado por la riqueza de mi oración una mañana de domingo en un centro de reunión cuáquero cercano a la casa de mis padres en Philadelphia. Aunque yo ya tenía amplia experiencia de oración contemplativa y de culto en comunidad durante las misas católicas, la «reunión de silencio» (orar silenciosamente *juntos*) era un tipo de contemplación que nunca antes había imaginado. Su tradición enriqueció la mía.

> «Me he adentrado libremente en tradiciones místicas que no son religiosas y me han influido profundamente. Es a mi propia Iglesia, sin embargo, adonde vuelvo siempre, porque ella es mi hogar espiritual».
>
> – ANTHONY DE MELLO, SJ (1939-1987)

La exploración es algo natural para los norteamericanos en particular y es un tema celebrado no solo en la historia de los Estados Unidos, sino en nuestras grandes obras literarias: Huckleberry Finn es un explorador. También lo son los héroes y heroínas de las novelas de Jack London y Willa Cather, por no hablar más que de dos de mis autores favoritos. Nuestros escritores religiosos nacionales –en especial los trascendentalistas Ralph Waldo Emerson y Henry David Thoreau– eran exploradores de la interioridad. «A pie y despreocupado tomo el camino abierto –escribía Walt Whitman–, sano y libre el mundo ante mí, / el largo camino pardo ante mí, que lleva adonde yo decida».

La exploración es algo natural también en la fe norteamericana. Decepcionados por su fe de la infancia o por los fallos de la religión organizada y faltos de formación religiosa profunda, muchos norteamericanos que desean encontrar una religión que «encaje» con ellos se embarcan en una búsqueda que, en sí misma, es una metáfora espiritual.

Los beneficios que conlleva recorrer el camino de la exploración son muy claros. Después de una búsqueda seria, puedes descubrir una tradición que encaje magníficamente con tu idea de Dios, con tus deseos de una comunidad e incluso con tu personalidad. Análogamente, volver a tu comunidad original puede proporcionarte un aprecio renovado por tu «hogar espiritual». Los exploradores pueden estar también más agradecidos por lo que han encontrado, y es más probable que valoren a sus comunidades. El peregrino más agradecido es aquel que ha finalizado el viaje más largo.

El peligro de este camino es similar al del camino de la independencia: no encontrar adecuada ninguna tradición, porque ninguna es perfecta. Un peligro incluso mayor para los exploradores es el de no encontrar adecuada ninguna tradición religiosa, porque ninguna encaja con ellos. En tal caso, Dios puede convertirse en lo que un autor ha llamado un «Dios de bolsillo», lo bastante pequeño para ponerlo en el bolsillo cuando no te conviene (por ejemplo, cuando la Escritura dice cosas que prefieres no oír) y sacarlo del bolsillo únicamente cuando te conviene.

Otro peligro es la falta de compromiso. Tu vida entera puede ser de exploración, probando constantemente, experimentando espiritualmente. Y cuando el camino, en lugar de Dios, se convierte en el objetivo, la persona puede, en último término, encontrarse insatisfecha, confusa, perdida y hasta puede que un poco triste.

El camino de la confusión

Este último camino se cruza con los otros en distintos puntos. Las personas que se encuentran en el camino de la confusión no saben qué pensar de la fe de su infancia: en ocasiones les resulta relativamente fácil creer en Dios, mientras que otras veces les parece casi imposible. No han «abjurado», pero tampoco han permanecido conectados. Claman a Dios en la oración y después se preguntan por qué no parece haber respuesta. Intuyen la presencia de Dios en momentos importantes, y puede que incluso durante las celebraciones religiosas, pero les desazona la cuestión de pertenecer a una iglesia, sinagoga o mezquita. Puede que recen de vez en cuando, en particular cuando tienen alguna necesidad, y puede que acudan a las celebraciones religiosas de las festividades más destacadas.

Pero para este grupo encontrar a Dios es un misterio, una preocupación o un problema.

La principal ventaja de este camino es que con frecuencia ayuda a la gente a mejorar su enfoque de la fe de su infancia. A diferencia de quienes se consideran claramente religiosos o claramente no religiosos, estas personas aún no han tomado una decisión, y por eso están constantemente depurando sus ideas respecto del compromiso religioso.

Pero la confusión puede degenerar en pereza. Evitar las celebraciones religiosas a causa de una determinada crítica puede llevar a abandonar por completo la religión organizada, porque supone demasiado trabajo o porque consume muchas energías el pertenecer a un grupo que exige practica la caridad y el perdón.

Gran parte de mi vida adulta antes de entrar en los jesuitas la pasé en este camino. Crecí en una familia cariñosa y con una tibia for-

mación católica. Mi familia iba a la iglesia regularmente, pero no teníamos las prácticas que caracterizaban a los católicos más religiosos:
dar gracias en las comidas, hablar habitualmente de Dios, rezar juntos antes de acostarnos y asistir a colegios católicos. Y en la Universidad me fui sintiendo cada vez más confuso acerca de Dios.

Después de que la misteriosa respuesta de Jacque me impulsara a
dar a Dios otra oportunidad, volví a la iglesia, pero sin gran entusiasmo. No estaba seguro de en qué o en quién creía exactamente.
Durante varios años, el Dios Solucionador de Problemas se vio re-
emplazado por un concepto espiritual más amorfo: Dios Fuerza Vital, Dios el Otro, Dios Distante... Aunque se trata de imágenes de
Dios válidas, no tenía ni idea de que Dios pudiera ser cualquier cosa
que no fuera una de esas ideas abstractas. Y suponía que las cosas se-
guirían así hasta el final de mis días.

Y cuando tenía veintiséis años, llegué una noche a casa después
del trabajo y encendí la televisión. Después de terminar mis estudios
universitarios, conseguí trabajo en la General Electric, pero estaba
empezando a sentirme insatisfecho. Después de seis años trabajando
hasta bien entrada la noche y durante los fines de semana, había empezado a desarrollar problemas de estómago propios del estrés y me
preguntaba cuánto más podría aguantar.

Aquella noche daban en televisión un documental acerca de Thomas Merton, un hombre que había dado la espalda a una vida diso-
luta para entrar en un monasterio trapense a principios de los años
cuarenta. Algo en la expresión de su rostro me resultó elocuente: su
semblante irradiaba una paz que a mí me parecía desconocida o,
cuando menos, olvidada. El programa era tan interesante que al día
siguiente compré y empecé a leer la autobiografía de Merton, *La
montaña de los siete círculos*.

Poco a poco, fui descubriendo en mí un deseo de hacer algo similar a lo que Thomas Merton había hecho; puede que no encerrar-
me en un monasterio (dado que soy demasiado hablador), pero sí algo que me llevase a una vida más contemplativa, más religiosa. Esa
experiencia me ayudó a salir del camino de la confusión y a entrar en
el de la creencia, que acabó llevándome a los jesuitas.

Estos son los seis caminos que muchos parecen recorrer. ¿Qué tiene
que decir san Ignacio a la gente que recorre esos caminos acerca del
encuentro con Dios? La respuesta es: mucho.

El camino de Ignacio es una invitación a quienes han creído siempre en Dios, a los que creen en Dios pero no en la religión, a quienes han rechazado a Dios, a los que están regresando a Dios, a quienes están explorando y a los que están confusos. El método de Ignacio conecta contigo en tu camino y te lleva más cerca de Dios.

Espiritual, pero no religioso

Antes de abordar la cuestión de cómo encontrar a Dios, hagamos una digresión a propósito de dos importantes ideas: la religión y la espiritualidad. Todo el mundo parece ser espiritual en estos tiempos: desde tu compañero de habitación de la Universidad, pasando por la persona que se sienta junto a ti en la oficina, hasta las distintas celebridades que vemos entrevistadas en los medios. Pero si lo de «espiritual» está de moda, no así lo de «religioso». Esto suele expresarse del siguiente modo: «Soy espiritual, pero no religioso». Incluso se hace referencia a ello con las siglas EPNR.

Hay tanta gente que se describe como EPNR que yo a veces me pregunto si los jesuitas no podríamos atraer a más gente promoviendo los *Ejercicios Espirituales pero no religiosos*.

La idea que subyace es la siguiente: ser religioso significa acatar unas normas arcanas y unos dogmas obsoletos, así como ser instrumento de una institución opresiva que no te permite pensar por ti mismo (lo que habría sorprendido a muchos pensadores creyentes, como santo Tomás de Aquino, Moisés Maimónides, Dorothy Day o Reinhold Niebuhr). La religión es estrecha de miras y perjudicial –prosigue ese pensamiento– y sofoca el crecimiento del espíritu humano (lo que habría sorprendido a san Francisco de Asís, al rabino Abraham Joshua Heschel, a santa Teresa de Jesús, a Rumi y a Martin Luther King).

O peor aún, como sostienen varios autores contemporáneos, la religión es el más despreciable de los males sociales, responsable de todas las guerras y conflictos que hay en el mundo.

Desgraciadamente, la religión es responsable de muchos males del mundo moderno y de otros males que ha habido a lo largo de la historia, entre ellos la persecución de los judíos, las interminables guerras de religión y la Inquisición, por no mencionar la intolerancia religiosa y el fanatismo que conducen al terrorismo.

Puede añadirse a ello esta lista de cosas más pequeñas: tu vecino censurador, que te cuenta a gritos con cuánta frecuencia ayuda en la iglesia; tu pariente farisaico, que pregona con cuánta frecuencia lee la Biblia; o ese compañero de trabajo tan molesto, que no para de decirte que creer en Jesús te proporcionará un asombroso éxito económico. Hay un lado humano y pecador de la religión, dado que las religiones son organizaciones humanas y, por tanto, proclives al pecado. Y, francamente, la gente que integra las organizaciones religiosas sabe esto mejor que quienes están fuera de ellas.

Algunos dicen que, considerando todos los factores, la religión resulta deficiente. Sin embargo, yo contrapondría los aspectos positivos: tradiciones de amor, perdón y caridad, así como algo más tangible: el desarrollo de miles de organizaciones basadas en la fe que cuidan de los pobres, como las organizaciones benéficas católicas o la amplia red de hospitales y colegios católicos que se ocupan de los pobres y de la población inmigrante. Pensemos también en hombres y mujeres tan generosos como san Francisco de Asís, santa Teresa de Jesús, santa Catalina de Siena, la Madre Teresa y Martin Luther King. Hablando del Dr. King, se puede añadir la abolición de la esclavitud, el sufragio femenino y los movimientos pro-derechos civiles, todos los cuales fueron fundados sobre principios religiosos explícitos. Sumemos a esta lista los miles de millones de creyentes que han encontrado en su tradición religiosa no solo consuelo, sino también una voz moral que les urgía a vivir una vida sin egoísmo y a cuestionar el status quo.

Y Jesús de Nazaret. ¿Te acuerdas de él? Aunque desafiaba a menudo las convenciones religiosas de su tiempo, era un hombre profundamente religioso (aunque esta es una afirmación que se queda muy corta y no le hace justicia en absoluto).

A propósito, el ateísmo no tiene en este aspecto un historial perfecto. En su libro *No One Sees God: The Dark Night of Atheists and Believers,* Michael Novak dice que, aunque muchos pensadores ateos nos urgen a cuestionárnoslo todo, en especial la historia de la religión organizada, los ateos no suelen cuestionarse su propia historia. Pensemos en la crueldad y las masacres perpetradas, solo en el siglo XX, por regímenes totalitarios que profesaban el «ateísmo científico». Espontáneamente nos viene a la memoria la Rusia estalinista.

Considerados todos los factores, yo creo que la religión sale ganando. Y cuando pienso en los efectos maléficos de la religión, recuerdo al novelista inglés Evelyn Waugh, un escritor deslumbrante que era en muchos aspectos una persona realmente odiosa. (Escribió una vez a su esposa: «Sé que ahora llevas una vida aburrida... Pero no hay motivo para que tus cartas sean tan aburridas como tu vida... Por favor, compréndelo»). Una de las amigas de Waugh, Nancy Mitford, se asombró en cierta ocasión de que pudiera ser tan mezquino y cristiano. «No te haces idea –dijo Waugh– de cuánto peor sería si no fuera religioso».

Sin embargo, no es de extrañar que, dados todos los problemas con la religión organizada, muchas personas digan: «Yo no soy religioso», y añadan: «Me tomo en serio el vivir una vida moral, puede incluso que centrada en Dios, pero yo soy yo, y punto».

Espiritual, por otro lado, se entiende en el sentido de que, libre de dogmas innecesarios, puedes ser tú mismo ante Dios. El término puede implicar también que has probado una variedad de creencias religiosas que has integrado en tu vida. Meditas en el templo budista (lo que es magnífico); participas en Seders con amigos judíos en la Pascua (magnífico igualmente); cantas en un coro «gospel» en la iglesia baptista de tu barrio (no menos magnífico); y acudes a la Misa del Gallo en Nochebuena en la iglesia católica (magnífico también, sin duda).

Encuentras lo que te va bien, pero no te integras en ninguna iglesia, porque eso supondría confinarte en exceso. Además, no hay ningún credo que refleje exactamente lo que tú crees.

Pero hay un problema. Aunque «espiritual» es obviamente bueno, «no religioso» puede ser otro modo de decir que la fe es algo entre tú y Dios. Y aunque la fe es cuestión tuya y de Dios, no es *solo* cuestión tuya y de Dios. Porque eso supondría que tú te relacionas con Dios a solas, lo cual significa que no hay nadie que te diga cuándo puedes haberte desviado del camino.

Todos tendemos a pensar que estamos en lo correcto en la mayoría de las cosas; y las cuestiones espirituales no son una excepción. No pertenecer a una comunidad religiosa supone una oportunidad menos de ser desafiado por una tradición de fe y experiencia. Y supone también una oportunidad menos de ver que estás desencaminado, que solo ves una parte de la realidad o incluso que estás totalmente equivocado.

Pensemos en una persona que quiere seguir a Jesucristo por su cuenta. Puede que haya oído que, si sigue a Cristo, gozará de éxito económico, idea que se ha hecho popular hoy. Si se integrara en una corriente de la comunidad cristiana, se le recordaría, sin embargo, que el sufrimiento forma parte de la vida incluso de los cristianos más devotos. Sin la sabiduría de una comunidad, puede gravitar hacia una visión sesgada del cristianismo. Y cuando se encuentre en dificultades económicas, por ejemplo, puede abandonar a Cristo, que ha dejado de satisfacer sus necesidades personales.

A pesar de nuestros mejores esfuerzos por ser espirituales, cometemos errores. Y cuando lo hacemos, resulta útil contar con la sabiduría de una tradición religiosa.

Esto me recuerda un pasaje de un libro titulado *Hábitos del corazón,* escrito por el sociólogo de la religión Robert N. Bellah y otros colegas, en el que entrevistan a una mujer llamada Sheila a propósito de sus creencias religiosas. «Yo creo en Dios –dice esta mujer–. No soy una fanática religiosa. No puedo recordar la última vez que fui a la iglesia. Mi fe me ha sostenido largo tiempo. Es "sheilaísmo". Solo mi propia y pequeña voz».

Más problemáticas que el «sheilaísmo» son las espiritualidades enteramente centradas en el yo, sin espacio para la humildad, la autocrítica o el sentido de la responsabilidad con respecto a la comunidad. Algunos movimientos de la *New Age* tienen como objetivo no a Dios, ni siquiera un mayor bien, sino la autosuperación, un objetivo valioso que puede, sin embargo, degenerar en egoísmo.

La religión puede suponer un freno para mi tendencia a pensar que soy el centro del universo, que tengo todas las respuestas, que sé más que nadie acerca de Dios, y que Dios habla más claramente a través de mí.

De la misma manera, las instituciones religiosas deben ser llamadas a rendir cuentas. Y aquí los profetas entre nosotros, que son capaces de ver los fallos, las debilidades y la vieja y evidente pecaminosidad de la religión institucional, desempeñan un papel fundamental. Al igual que los individuos que nunca son cuestionados, las comunidades religiosas con frecuencia pueden equivocarse trágicamente, convencidas de estar cumpliendo la «voluntad de Dios». (Pensemos en la caza de brujas de Salem, entre otros ejemplo). Podrían incluso animarnos a complacernos en nuestros juicios. La religión irreflexiva puede a veces incitar a la gente a cometer errores incluso *peores* que los que cometerían por su cuenta. Por tanto, esas voces proféticas que llaman a su comunidad a la autocrítica continua son siempre difíciles de escuchar por la institución, a pesar de lo cual son del todo ne-

cesarias. San Ignacio, por ejemplo, ejerció un papel profético al pedir
a los jesuitas que no buscaran los altos cargos clericales de la Iglesia,
como los de obispo, arzobispo o cardenal. De hecho, los jesuitas hacen promesa de no «ambicionar» los altos cargos ni siquiera dentro
de su propia orden. De este modo, Ignacio no solo trató de impedir
el «carrerismo» entre los jesuitas, sino que además fue una voz profé-
tica en medio de la cultura clerical rampante en la Iglesia católica de
su tiempo.

Se trata de una tensión sana: la sabiduría de nuestras tradiciones
religiosas nos proporciona un correctivo para nuestra propensión a
pensar que tenemos todas las respuestas; y los individuos proféticos
moderan la propensión natural de las instituciones a resistirse al cambio y al crecimiento. Como en muchos otros aspectos de la vida espiritual, hay que encontrar la vida en la tensión.

Isaac Hecker –un converso al catolicismo que vivió en el siglo
XIX, se hizo sacerdote y fundó la orden religiosa norteamericana de
los *paulinos*– no podría haberlo resumido mejor: la religión te ayuda
a «conectar y corregir». Eres invitado dentro de una comunidad a conectar con los demás y con la tradición. Al mismo tiempo, eres co-
rregido cuando necesitas serlo. Y puedes ser llamado a corregir a tu
propia comunidad mediante la forma especial de discernimiento y
humildad que se requiere en esos casos.

La religión puede inducir a la gente a hacer cosas terribles. Pero
en su mejor faceta la religión modifica nuestra tendencia natural a
creer que tenemos todas las respuestas. Por lo tanto, y a pesar de lo
que dicen muchos detractores y de la arrogancia que infecta a veces
a los grupos religiosos, la religión en su mejor aspecto introduce la
humildad en tu vida.

La religión refleja también la dimensión social de la naturaleza
humana. Los seres humanos desean de manera natural estar juntos, y
ese deseo se extiende al culto. Es natural querer dar culto juntos, reunirse con otras personas que comparten tu deseo de Dios y trabajar
con otros para satisfacer los sueños de tu comunidad.

Experimentar a Dios es posible también a través de las interacciones personales en la comunidad. Claro está que Dios se comunica en momentos privados e íntimos –como en la oración o la lectura de textos sagrados–, pero Dios entra también en relación con nosotros a través de los demás en una comunidad de fe. Encontrar a
Dios suele tener lugar en medio de la comunidad, con un «nosotros»

tan a menudo como con un «yo». Para muchas personas, esta comunidad es una iglesia, sinagoga o mezquita. O, dicho de manera más general, la religión.

Finalmente, la religión implica que tu interpretación de Dios y de la vida espiritual puede trascender más fácilmente tu interpretación e imaginación individual. ¿Imaginas a Dios como un juez? Eso está bien si te ayuda a ser una persona más moral y buena. Pero una tradición religiosa puede enriquecer tu imaginación espiritual de un modo que tal vez no serías capaz de descubrir por ti mismo.

Veamos un ejemplo: una de mis imágenes favoritas de Dios es la del Dios de las Sorpresas, que descubrí por primera vez en el noviciado. Mi idea de Dios en aquella época se limitaba al Dios Lejano, de manera que me resultó bastante liberador oír hablar de un Dios que sorprende, que espera de nosotros cosas magníficas. Es una imagen de Dios festiva y hasta divertida, pero yo no habría logrado llegar a ella por mí mismo. Me la proporcionó David Donovan, mi director espiritual, que la había encontrado en un libro del mismo título de un jesuita inglés llamado Gerard W. Hughes, el cual, a su vez, la había tomado de un ensayo del jesuita alemán Karl Rahner.

La imagen se amplificó cuando leí la conclusión de una de las grandes novelas espirituales modernas, *Mariette in Ecstasy*. Ron Hansen, un autor de éxito que es además diácono católico, escribió la historia de las experiencias religiosas de una joven monja a principios del siglo XX, basándose libremente en la vida de la carmelita francesa santa Teresa de Lisieux. Al final de la historia, Mariette, que ha dejado el monasterio muchos años antes, escribe a la que fue su directora de novicias y afirma que Dios sigue comunicándose con ella.

«Nosotras tratamos de ser formadas y sostenidas y guardadas por él, pero él nos ofrece la libertad. Y ahora que trato de conocer su voluntad, su bondad me inunda, su gran amor me anonada, y le oigo susurrarme: "Sorpréndeme"».

La imagen del Dios que sorprende y del Dios que espera sorpresas llegó a mí a través de tres sacerdotes jesuitas y la imaginación religiosa de un escritor católico.

En otras palabras, esa idea me la proporcionó la religión.

En conjunto, tanto el ser espiritual como el ser religioso forman parte del estar en relación con Dios. Ninguna de ambas cosas puede realizarse plenamente sin la otra. La religión sin espiritualidad puede convertirse en una árida lista de declaraciones dogmáticas divorciadas de la vida del espíritu. Contra esto previno Jesús. Y la espiritualidad sin religión puede convertirse en una complacencia centrada en uno mismo, divorciada de la sabiduría de una comunidad. Contra esto estoy previniendo al lector.

Para san Ignacio de Loyola, ambas cosas iban de la mano. (En cualquier caso, Ignacio fue criticado por ser demasiado espiritual, porque a algunas personas les parecía que su método no se centraba lo bastante en la Iglesia). Su método comprende la importancia de ser *tanto* espiritual *como* religioso.

Hallar a Dios en todas las cosas

Después de la conversión de Ignacio, su vida se centró en Dios. La introducción de los *Ejercicios Espirituales* dice: «El hombre es criado para alabar, hacer reverencia y servir a Dios nuestro Señor y, mediante esto, salvar su ánima». Dios, dice Ignacio, es el centro de todo y da sentido a nuestra vida.

Otro modo de entender esta cosmovisión lo constituyen unas palabras de Pedro Arrupe, SJ. El padre Arrupe fue la cabeza visible de la orden jesuítica de 1965 a 1981, periodo de cambio volcánico en la Iglesia Católica. Puede que sea más conocido por recordar a los jesuitas que una parte de su trabajo original Ha de desarrollarse con los pobres y marginados. En los años setenta, un periodista hizo al padre Arrupe esta pregunta: ¿quién es Jesucristo para usted?

Cabe imaginar al periodista esperando una respuesta estándar, como «Jesucristo es mi Salvador» o «Jesucristo es el Hijo de Dios».

Pero el padre Arrupe dijo: «¡Para mí, Jesucristo es todo!», lo cual es un perfecto resumen de cómo veía Ignacio a Dios.

Pero no todas las personas que lean este libro tendrán ese tipo de relación con Dios. Puede que muy pocas la tengan. Para quienes recorren el camino de la independencia, la increencia, la exploración o la confusión, la cuestión no tiene tanto que ver con entregarse a Dios por entero, cuanto con algo distinto: con la pregunta con que se inició nuestra exposición: ¿cómo encontrar a Dios?

Aquí es donde podemos recurrir a una importante intuición de Ignacio: Dios puede hablar directamente con la gente de modos asombrosamente personales. Esto puede llevar a Dios incluso a los dudosos, confusos y perdidos. La clave, el salto de fe requerido, es creer que esas experiencias íntimas son modos que Dios tiene de *comunicarse* contigo.

En sus *Ejercicios Espirituales*, Ignacio escribió que el Creador trata «inmediate... con la criatura, y la criatura con su Criador». Dios se comunica con nosotros. Como personas en proceso de búsqueda, pues, debemos ser conscientes de la variedad de modos que tiene Dios de comunicarse con nosotros, de hacer que su presencia sea conocida.

En otras palabras, el comienzo del camino para encontrar a Dios es la consciencia. No simplemente la consciencia de los modos en que puedes encontrar a Dios, sino la consciencia de que Dios desea encontrarte.

Esto nos lleva al primer momento importante en la vida de Ignacio: su conversión. Centrándonos más cuidadosamente en este incidente particular, puede ver el lector cómo Dios puede hacer uso de todo para encontrarlo. Volvamos, pues, a ese acontecimiento y examinémoslo con mayor detenimiento.

Poco a poco

Íñigo de Loyola, como ya he dicho, tenía treinta años cuando una bala de cañón le destrozó una pierna durante el sitio a un castillo por el ejército francés en Pamplona, en el año 1521. Este incidente clave, que podría haber tenido un desenlace meramente trágico para otra persona, marcó el inicio de la nueva vida de Ignacio.

Después de estar varios días en Pamplona, sus captores franceses, que le trataron «cortés y amigablemente», lo llevaron al castillo de su familia, donde los médicos colocaron el hueso en su lugar. Para hacerlo tuvieron que romperle la pierna. «Hízose de nuevo esta carnecería», escribe Ignacio en su *Autobiografía*. Su situación empeoró, y quienes lo rodeaban, preocupados por la posibilidad de que muriera, dispusieron que se le administraran los últimos sacramentos.

Finalmente, se recobró. Sin embargo, Ignacio notó algo preocupante: el hueso de debajo de la rodilla había sido mal encajado y le acortaba la pierna. «Quedaba allí el hueso tan levantado, que era cosa fea». Entonces su vanidad se impuso: «lo cual él no pudiendo sufrir –escribe Ignacio–, porque determinaba seguir el mundo...». No podía soportar la idea de que le encontraran poco atractivo.

A pesar del dolor que ello implicaba, pidió a los cirujanos que cortaran el hueso. Echando la vista atrás, el Ignacio ya mayor reconocía su desatino. «Y todavía él se determinó martirizarse por su propio gusto», escribe a propósito de aquella decisión. Durante la convalecencia subsiguiente, Ignacio no pudo disponer de los libros con cuya lectura más disfrutaba: las historias de aventuras y los relatos de caballería. Los únicos disponibles eran una vida de Jesús y vidas de santos. Y, para su sorpresa, descubrió que disfrutaba con estas últimas. Pensar en lo que los santos habían hecho le daba la sensación de «hallar en sí facilidad de ponerlas en obra».

Sin embargo, se sentía atraído por los ideales del servicio caballeresco y, cuando estaba leyendo la vida de Cristo o las vidas de los santos, imaginaba realizar grandes hazañas por «una señora». Aunque su estado era más elevado que el de una condesa o una duquesa, Ignacio estaba obsesionado por ganársela con acciones atrevidas. En este aspecto no era muy distinto de algunos hombres de nuestro tiempo... o de cualquier tiempo, en realidad.

De manera que pasaba de una cosa a otra, pensando en hacer cosas heroicas por la noble señora y hacer también cosas heroicas por Dios.

Entonces sucedió algo extraño, algo que influiría no solo en Ignacio, sino en la vida de todos los jesuitas y de todos cuantos han seguido el método de Ignacio.

Ignacio fue cayendo en la cuenta, poco a poco, de que los efectos secundarios de aquellos pensamientos eran diferentes. Después de pensar en impresionar a «una señora» con hazañas en el campo de batalla, se sentía de una manera. Y después de pensar en hacer grandes cosas y afrontar adversidades por Dios, se sentía de otra.

Dejemos que lo describa él en uno de los más conocidos pasajes de su *Autobiografía*:

«Había todavía esta diferencia: que cuando pensaba en aquello del mundo, se deleitaba mucho; mas cuando después de cansado lo dejaba, hallábase seco y descontento; y cuando en ir a Jerusalem descalzo, y en no comer sino yerbas, y en hacer todos los demás rigores que veía haber hecho los santos; no solamente se consolaba cuando estaba en los tales pensamientos, mas aun después de dejado, quedaba contento y alegre.

Mas no miraba en ello, ni se paraba a ponderar esta diferencia, hasta en tanto que una vez se le abrieron un poco los ojos, y empezó a maravillarse desta diversidad y a hacer reflexión sobre ella, cogiendo por experiencia que de unos pensamientos quedaba triste, y de otros alegre, y poco a poco viniendo a conocer la diversidad de los espíritus que se agitaban, el uno del demonio, y el otro de Dios».

Ignacio empezó a comprender que tales sentimientos y deseos podían ser otros tantos modos de comunicarse Dios con él. Lo cual no significa que Ignacio viese a Dios y a las mujeres en oposición, sino que comenzó a ver que sus deseos de adquirir fama impresionando a otros lo alejaban de Dios, mientras que sus deseos de entregarse a un modo de vida más generoso y caritativo lo conducían a Dios. Lo que los autores religiosos llaman «gracia» no era simplemente que *tuviera* esas mociones, sino que las *interpretara como provenientes de Dios.*

Como resultado de su experiencia, Ignacio empezó a comprender que Dios quiere comunicarse con nosotros. Directamente.

Esta idea ocasionaría problemas a Ignacio con la Inquisición y acabaría conduciéndolo a la cárcel. (Ignacio tuvo en ocasiones sus propios problemas con la «religión»). Algunos críticos sospechaban que Ignacio trataba de obviar a la Iglesia institucional. Si Dios podía tratar con la humanidad directamente, se preguntaban, ¿qué necesidad tenía entonces de la Iglesia?

Como ya he mencionado, la religión faculta a las personas para encontrarse con Dios de manera profunda en su vida. Pero Ignacio reconocía que Dios no podía ser confinado dentro de los muros de la Iglesia, que Dios era más grande que la Iglesia.

Hoy, la noción ignaciana de que el Creador trata directamente con los seres humanos es menos controvertida. La dan por hecho quienes emprenden el camino «espiritual pero no religioso». La idea más controvertida en la actualidad es la de que Dios nos hable a través de la religión.

Pero la intuición de Ignacio es hoy tan liberadora como lo fue en su tiempo. Y aquí es donde la espiritualidad de Ignacio puede ayudar a encontrar a Dios incluso a quienes tienen dudas.

Algunos agnósticos o ateos esperan una argumentación racional o una prueba filosófica que demuestre la existencia de Dios. Otros no creerán hasta que alguien les muestre cómo puede el sufrimiento coexistir con la fe en Dios. Y no faltarán quienes esperen un «signo» físico incontrovertible que les convenza de la presencia de Dios.

Pero Dios habla a menudo de modos que van más allá de nuestro intelecto o nuestra razón, es decir, más allá de las pruebas filosóficas. Aunque muchas personas pueden ser llevadas a Dios mediante la mente, otras tantas lo son mediante el corazón, donde Dios suele hablar más suavemente, más sosegadamente, como hizo durante la convalecencia de Ignacio. En esos momentos de sosiego, Dios suele hablar con mayor fuerza.

Veamos unos ejemplos de esos momentos de nuestra vida sosegados y profundos.

Tienes en brazos a un niño, tal vez hijo tuyo, que te mira con los ojos abiertos de par en par, y tú tienes una sorprendente sensación de gratitud o reverencia. Te preguntas: *¿De dónde provienen estos sentimientos tan fuertes? No los había sentido nunca antes.*

Vas caminando por la playa con los ojos fijos en el horizonte, lleno de una sensación de paz desproporcionada con respecto a lo que cabría esperar. Te preguntas: *¿Por qué me siento tan sensible en esta playa?*

Estás en medio de una relación sexual con tu marido o tu mujer, o en un momento íntimo con tu novia o tu novio, y te asombras de tu capacidad de gozo. Te preguntas: *¿Cómo puedo ser tan feliz?*

Has salido a cenar con un amigo y sientes un súbito contento, y reconoces lo afortunado que eres por haber sido bendecido con su amistad. Te preguntas: *¿Es esta una noche ordinaria? ¿De dónde proviene este sentimiento tan profundo?*

Has conseguido finalmente aceptar la tragedia en tu vida, una enfermedad mortal, o recibes el consuelo de un amigo y te sientes perfectamente en calma. Te preguntas: *¿Cómo es que estoy finalmente en paz en medio de tanta tristeza?*

La gratitud, la paz y la alegría son maneras de comunicarse Dios con nosotros. En esos momentos sentimos una conexión real con Dios, aunque inicialmente podríamos no identificarla como tal. La idea clave es aceptar que son modos de comunicarse Dios con nosotros. Es decir, que el primer paso implica una mínima confianza.

Por otro lado, en los momentos de estrés, duda, pesar e ira, también podemos experimentar la comunicación de Dios.

Acompañas a un buen amigo o a un familiar que lucha contra una terrible enfermedad, o tal vez seas tú quien está enfermo. Piensas: *¿Cómo puede suceder esto?* Y sientes una necesidad desesperada, un anhelo urgente de consuelo y conexión.

Estás enormemente estresado y te preguntas cómo podrás superar el día. Entonces alguien dice algo que te llega directamente al corazón, consolándote de manera desproporcionada, y te sientes apoyado y amado. Piensas: *¿Cómo esas pocas palabras han podido ayudarme?*

Estás en un funeral y te preguntas por el sentido de la vida humana. O estás cansado y agobiado por el peso de tu vida y te preguntas cuánto más podrás soportar. Piensas: *¿Hay alguien ahí que sepa de mí, que me esté buscando?*

En todos esos momentos –felices o infelices, consoladores o confusos, íntimos o agobiantes– sucede algo especial, algo que es más que una mera «proyección» emocional. El exceso de sentimiento parece desproporcionado con respecto a la causa, o puede que resulte difícil ver alguna causa obvia. También se da una cierta expansión del alma, una pérdida de inhibición, y puede que incluso un aumento de los sentimientos de amor y generosidad. (El psicólogo social Abraham Maslow llamaba a esto «experiencias cumbre»). Puede darse incluso un cambio en la perspectiva de la vida y una gran sensación de paz o de alegría.

Lo que yo creo es que en esos momentos estás experimentando la atracción innata que sientes por Dios. Estás sintiendo lo que en el siglo IV san Agustín describía diciendo: «Señor, nuestro corazón está inquieto hasta que descanse en ti». La atracción que te arrastra hacia Dios procede de Dios.

Ahora tenemos que hablar de la atracción desde otro ángulo y utilizando otro término. Vamos a hablar de algo que Ignacio consideraba que se hallaba en el centro mismo de la vida espiritual. Puede que te sorprenda.

Vamos a hablar del deseo.

3
¿Qué quieres?

(Deseo y vida espiritual)

Dos de los cuatro evangelios incluyen el pasaje, engañosamente sencillo, del encuentro de Jesús de Nazaret con un mendigo ciego. En el evangelio de Marcos se le da un nombre: Bartimeo, que en hebreo significa «hijo de Timeo» (véase Marcos 10,46-52). Bartimeo está sentado al borde del camino pidiendo limosna cuando Jesús y sus discípulos van de paso. Los evangelios dicen que «una gran muchedumbre» sigue a Jesús, de modo que debió de producirse una gran conmoción. Es fácil imaginarse al ciego preguntando qué está ocurriendo.

Cuando Bartimeo se entera de quién es el que pasa por allí, grita: «¡Jesús, hijo de David, ten compasión de mí!». Hay aquí una cierta ironía: de todo el evangelio de Marcos se desprende que la gente, en general, no tiene ni idea de quién es Jesús. La verdadera identidad de Jesús como Mesías se mantiene oculta a la mayoría (los teólogos lo denominan el «secreto mesiánico»). El ciego, sin embargo, ve.

La muchedumbre trata de hacer callar a Bartimeo, pero él insiste y grita de nuevo. El ciego, que probablemente ha sido ignorado la mayor parte de su vida, quiere que Jesús repare en él. El hombre no visto quiere ser visto.

Finalmente, Jesús le oye y le invita a acercarse. Con una técnica narrativa que tiene todos los visos de verosimilitud, los amigos de aquel hombre, que previamente habían querido hacerle callar, le dicen ahora: «¡Ánimo, levántate! Te llama». Y él, en un gesto de libertad, se desprende de su manto y se acerca a Jesús.

Jesús le dice a Bartimeo: «¿Qué quieres de mí?».
«Maestro –dice él–, ¡haz que vea de nuevo!».
«Recobra la vista –dice Jesús en el evangelio de Lucas–. Tu fe te
ha salvado». Bartimeo es curado y sigue a Jesús por el camino.

Cuando, siendo novicio, escuché por primera vez esta historia, me
dejó desconcertado. ¿Por qué le preguntó Jesús a Bartimeo qué quería? Jesús veía que aquel hombre era ciego. Por otra parte, ya había
realizado varias curaciones, de manera que sabía no solo que el enfermo quería ser curado, sino que él *podía* curarlo.

Entonces, ¿por qué hacer esa pregunta? Y poco a poco fue sur-
giendo en mí una respuesta: Jesús preguntó a Bartimeo qué quería,
no tanto por sí mismo cuanto por el propio Bartimeo. Jesús estaba
ayudando a aquel hombre a identificar su *deseo* y a ser claro con respecto al mismo.

El deseo tiene mala reputación en los círculos religiosos. En general, cuando la gente oye esa palabra, suele pensar en dos cosas: deseo sexual o deseo de satisfacer las carencias materiales, y ambos deseos son a menudo condenados por algunos líderes religiosos. El primero es uno de los mayores dones de Dios a la humanidad, sin el cual
la raza humana dejaría de existir. El segundo es parte de nuestro deseo natural de una vida saludable, es decir, de nuestra necesidad de
alimentarnos, vestirnos y tener un lugar donde cobijarnos.

Para algunas personas, el deseo puede ser difícil de aceptar en su
vida espiritual. Uno de los mejores libros sobre el método de Ignacio
es *The Spiritual Exercises Reclaimed,* escrito por Katherine Dyckman,
Mary Garvin y Elizabeth Liebert, tres religiosas católicas, según las
cuales algunas dinámicas de la espiritualidad ignaciana pueden presentar obstáculos para las mujeres y tener necesidad de ser re-imagi-
nadas. El deseo es una de ellas. «Muy a menudo, las mujeres piensan
que prestar atención a sus deseos es egoísta y que no deben satisfa-
cerlos si quieren ser verdaderamente generosas con Dios». Las auto-
ras animan a las mujeres a «percibir» y «nombrar» sus deseos.

¿Por qué este énfasis en el deseo? Porque el deseo es un importante
modo que tiene Dios de hablarnos.

Los deseos santos son diferentes de los deseos superficiales, como:
«Quiero un coche nuevo» o «Quiero un ordenador nuevo». Yo estoy
hablando de nuestros deseos más profundos, los que configuran
nuestra vida: deseos que nos ayudan a saber en qué vamos a convertirnos y qué vamos a hacer. Nuestros deseos profundos nos ayudan a

conocer los deseos de Dios para nosotros y cuánto desea Dios estar con nosotros. Y Dios, creo yo, nos anima a percibir y nombrar esos deseos, del mismo modo que Jesús animó a Bartimeo a expresar su deseo. Reconocer nuestros deseos supone reconocer el deseo de Dios para nosotros. Ilustremos esto con una historia dramática, al menos para mí.

¿Padre? ¿Padre? ¿Padre?

Unos meses antes de ser ordenado diácono (el paso final antes del sacerdocio), empecé a padecer migrañas casi todas las semanas. En aquella época estaba estudiando teología en Cambridge, Massachusetts. Mi vida era solo moderadamente estresante, y yo había padecido migrañas anteriormente, pero nunca de tanta intensidad. De modo que decidí ir al médico.

Después de algunas pruebas, el médico me dijo que había visto una «mancha» en los resultados de mis pruebas y sospechaba que podía tratarse de un pequeño tumor bajo mi mandíbula que había que extirpar.

En aquella época, yo era un tanto hipocondríaco, así que, aunque mi padre había pasado por la misma operación hacía treinta años y se había recuperado, estaba aterrorizado. ¿Y si era cáncer? ¿Y si quedaba desfigurado? ¿Y si...?

Afortunadamente, mi amigo Myles es jesuita y médico (lo que no significa que sea un médico que se ocupe únicamente de los jesuitas, sino que es un médico que además es jesuita). Myles se ofreció a hacer Las gestiones para que me operasen en el hospital católico de Chicago donde él trabajaba, y que el cirujano fuera un médico a quien él conocía bien. Para convencerme me invitó a quedarme en su comunidad durante el periodo de convalecencia. ¡Qué alivio! Yo le estaba agradecido por su amistad, su ayuda profesional y su compasión.

Hasta entonces nunca había pasado por una operación quirúrgica de cierta importancia. Sentía una mezcla de miedo y de autocompasión. Sin embargo, cuando vi a otras personas en la sala de espera del hospital unas semanas antes de la operación, comprendí que era verdad lo que Myles me había dicho: cuando te comunican el diagnóstico, te preguntas: «¿Por qué yo?». Cuando ves a otras personas que sufren, te preguntas: «¿Por qué no yo?».

La mañana de la operación, tumbado sobre una fría camilla de hospital, con los brazos conectados a una serie de tubos, estaba muerto de miedo. Myles entró con su bata de cirujano y me presentó como jesuita a los médicos y enfermeras que estaban en el quirófano. Después de decirme unas palabras de ánimo y prometerme que rezaría por mí, se marchó.

Una enfermera clavó una aguja en mi brazo, me puso una mascarilla sobre la cara y me pidió que contara hacia atrás desde cien. Yo había visto esto montones de veces en el cine y en la televisión. De pronto, de lo más profundo de mí surgió un increíble deseo. Era como un chorro de agua brotando de las profundidades del océano hasta su superficie. Pensé: *Espero no morir, porque quiero ser sacerdote.*

La energía de la vida misma

«Tendemos a pensar que, si deseamos algo, probablemente se trata de algo que no deberíamos querer o tener. Pero pensemos en ello: sin deseo no nos levantaríamos por la mañana. No nos aventuraríamos más allá de la puerta de la calle. No leeríamos ningún libro ni aprenderíamos nada nuevo. Que no haya deseo significa que no hay vida ni crecimiento ni cambio. El deseo es lo que hace que dos personas creen una tercera. El deseo es lo que hace que el azafrán brote de la tierra a finales del invierno. El deseo es energía, la energía de la creatividad, la energía de la vida misma. Así que no seamos demasiado duros con el deseo».

— MARGARET SILF, *Wise Choices*

Nunca lo había sentido tan fuertemente. Claro que había pensado en el sacerdocio desde el mismo día en que entré en el noviciado, y me había sentido atraído por la vida de sacerdote en mi formación jesuítica. Pero en ninguna otra ocasión había sentido ese deseo tan ardientemente. Puede que algo así fuera lo que Bartimeo sintió cuando pasaba Jesús.

Cuando desperté horas después, fue como si solo hubiera estado dormido unos momentos. En mi estado de confusión, oí débilmente cómo alguien decía mi nombre. Como Myles había dicho a los médicos y enfermeras que yo era jesuita, dieron por hecho que ya había sido ordenado (lo cual no era cierto). De modo que lo primero que escuché, aparentemente justo después de haber experimentado aquel intenso deseo de ser sacerdote, fue a una enfermera diciendo suavemente: «¿Padre? ¿Padre? ¿Padre?».

Para mí fue una sorprendente confirmación de mi deseo por parte del Dios de las Sorpresas. Durante mi recuperación comprendí otra razón por la que Jesús pudo preguntar a Bartimeo qué quería. Nombrar nuestros deseos nos aclara quienes somos. En el hospital aprendí algo acerca de mí que me ayudó a liberarme de dudas a propósito de lo que quería hacer y de quién quería ser. Decir «*Esto* es lo que yo deseo en la vida» es liberador. Nombrar nuestros deseos nos hace también más agradecidos cuando, finalmente, se cumplen nuestras expectativas.

Expresar estos deseos nos lleva a una relación más íntima con Dios. De lo contrario, sería como no comunicar nunca a un amigo los pensamientos más íntimos. El amigo se mantendría distante. Cuando le expresamos a Dios nuestros deseos, nuestra relación con él se hace más profunda.

El deseo es un modo primordial que utiliza Dios para llevar a las personas a descubrir quiénes son y qué están destinadas a hacer. En el nivel más obvio, el hombre y la mujer sienten un deseo mutuo de carácter físico, emocional y espiritual, y de esta manera descubren su vocación al matrimonio. La persona se siente atraída por la posibilidad de ser médico o abogado o profesor, y así descubre su vocación. Los deseos nos ayudan a encontrar nuestro camino. Pero primero tenemos que conocerlos.

Los anhelos profundos de nuestro corazón son nuestros santos deseos. No solo deseos de curación física, como pidió Bartimeo (y como tantas personas piden hoy), sino también deseos de cambio, de crecimiento y de una vida más plena. Y nuestros deseos más profundos, que nos hacen ser quienes somos, son los deseos de Dios para nosotros. Son la manera que tiene Dios de hablarnos directamente; un modo, como dice Ignacio, de tratar el Creador con la criatura. Y son también el modo en que Dios hace realidad sus propios sueños con respecto al mundo, llamando a las personas a realizar determinadas tareas.

Unas semanas después de mi operación, hablé de todo esto con Myles, que es un experto en combinar la oración con la jovialidad.

Myles estuvo de acuerdo en que haber hecho ese descubrimiento había sido una gracia, pero después me dijo riendo: «¿No habría sido genial que no hubieras tenido que operarte para caer en la cuenta?». (Y resultó que el tumor era benigno y que no tenía nada que ver con las migrañas).

Riéndome yo a mi vez, le respondí que, si no hubiera pasado por la operación, probablemente nunca habría caído en la cuenta. No es que Dios quisiera que yo estuviera enfermo ni que me provocara la enfermedad para que, de ese modo, pudiera reconocer su presencia. Como tampoco causó Dios la ceguera de Bartimeo. Sino que, cuando mis defensas estuvieron bajas, pude ver las cosas más claramente.

Estas son algunas de las razones por las que Ignacio, en los *Ejercicios Espirituales,* nos pide que oremos por nuestros deseos. Al principio de cada oración, Ignacio recomienda pedir a Dios «lo que quiero y deseo». Por ejemplo, si estás meditando sobre la vida de Jesús, pides un conocimiento más profundo de Jesús. La práctica te recuerda la importancia de pedir cosas de la vida espiritual y de caer en la cuenta de que todo cuanto recibes es don de Dios.

El deseo desempeña un importantísimo papel en la vida del jesuita. A un joven jesuita que sueñe con trabajar allende los mares, o con especializarse en la Sagrada Escritura, o con dedicarse a dar Ejercicios, se le animará a prestar atención a sus deseos. Análogamente, los superiores jesuitas respetan esos deseos cuando toman decisiones a la hora de «destinar» a un determinado jesuita. Esto forma parte del proceso de toma de decisiones conocido por los jesuitas como «discernimiento». (Más adelante hablaremos más detenidamente al respecto).

A veces el jesuita puede encontrarse sin deseo de algo que él *querría desear.* Supongamos que vives en una confortable comunidad de jesuitas y apenas tienes contacto con los pobres. Puedes decir: «Sé que *se espera de mí* que desee vivir con sencillez y trabajar con los pobres, pero no tengo deseo alguno de tal cosa». O puede que sepas que *deberías* desear saber cómo perdonar a algún miembro de la comunidad, pero no lo deseas. ¿Cómo puedes orar por ello con sinceridad?

Para responderte, Ignacio te preguntaría: «Tienes *deseo de este deseo?».* Aunque no lo quieras, ¿quieres quererlo? ¿Deseas ser la clase de persona que lo quiere? Incluso esto puede ser visto como una invitación de Dios. Es un modo de entrever la invitación de Dios incluso en el más mínimo rastro de deseo.

A algunas personas les resulta difícil identificar sus deseos profundos. ¿Qué hacer en tal caso? Margaret Silf, autora de libros de espiritualidad, directora de Ejercicios y conferenciante muy popular, proporciona una respuesta en su libro *Inner Compass: An Invitation to Ignatian Spirituality*. Silf sugiere dos modos de llegar a conocer los deseos ocultos. Uno es «de fuera adentro»; el otro, «de dentro afuera». El método «de fuera adentro» considera los deseos ya presentes, que pueden apuntar a los más profundos. Deseos como «Quiero un nuevo trabajo» o «Quiero trasladarme» pueden suponer un anhelo de mayor libertad en general.

El método «de dentro afuera» utiliza relatos arquetípicos como «postes indicadores» de nuestros deseos. ¿Qué cuentos de hadas, mitos, historias, películas o novelas te gustaban cuando eras joven? Lo mismo podría preguntarse a propósito de los relatos de la Sagrada Escritura. ¿Te atrae la historia de Moisés liberando a los israelitas esclavizados? ¿O la de Jesús sanando al ciego? ¿Por qué? ¿Podrían estas historias reales contener las claves de tus santos deseos?

El deseo es un elemento clave de la espiritualidad ignaciana, porque es un importante y significativo modo de escuchar la voz de Dios en nuestra vida. Y, en último término, nuestro deseo más profundo, sembrado en nuestro interior, es el deseo de Dios.

Experiencias del deseo de Dios

Tal vez te sorprenda la idea de que todo el mundo tiene un deseo innato de Dios. Si eres agnóstico, tal vez lo creas en el plano intelectual, aunque no lo hayas experimentado por ti mismo. Si eres ateo, puede que no lo creas en absoluto.

Por lo tanto, para los no creyentes, los que tienen dudas y los curiosos (y para todos, en realidad), conviene ver *cómo* se manifiestan esos santos deseos en la vida de cada día. ¿Cómo son? ¿Cómo se experimentan? ¿Cómo nos hacemos conscientes de nuestro deseo de Dios?

He aquí algunos de los modos más comunes en que se revelan nuestros santos deseos. Cuando los lea, el lector podría dedicar unos momentos a considerar cuáles de ellos se hallan presentes en su vida.

Incompleción

Muchos de nosotros tenemos la sensación de que, aunque hayamos conseguido tener éxito y obtener una cierta felicidad, hay algo que nos falta en la vida. En los años sesenta, Peggy Lee cantaba: «*Is That All There Is?*» («¿Es esto todo lo que hay?»). Y en los ochenta, U2 cantaba: «*I Still Haven't Found What I'm Looking For*» («Aún no he encontrado lo que ando buscando»). Todos sentimos esa inquietud, esa molesta sensación de que tiene que haber en la vida algo más que nuestra existencia cotidiana.

La sensación de incompleción puede reflejar insatisfacción con nuestra vida diaria y apuntar a algo que necesita ser rectificado. Si nos sentimos atrapados en un trabajo miserable, en una relación sin futuro alguno o en una situación familiar enfermiza, tal vez haya llegado el momento de pensar en un verdadero cambio. La insatisfacción no tiene por qué ser soportada estoicamente, sino que puede llevar a una decisión, a un cambio y a una vida más plena.

Por más dichosa que sea nuestra vida, nunca desaparecerá del todo esa inquietud, que, de hecho, es un atisbo de nuestro anhelo de Dios. «Nuestro corazón está inquieto hasta que descanse en ti», como escribió Agustín 1.500 años antes que Peggy Lee y Bono. Este anhelo es un signo del anhelo de Dios que siente el corazón humano. Es uno de los modos más profundos que tiene Dios de llamarnos. En el eco de nuestra inquietud se deja oír la voz de Dios.

A veces estos sentimientos son más fuertes que la mera incompleción y se perciben más como un tremendo vacío. Un autor ha denominado este vacío en nuestro corazón el «agujero a la medida de Dios», el espacio que solo Dios puede llenar.

Hay quienes tratan de llenar ese agujero con dinero, con *status* o con poder. Piensan: *Si tuviera más, sería feliz*. Un mejor trabajo, una casa más confortable... Sin embargo, aun después de conseguir esas cosas, pueden seguir sintiéndose incompletos, como si estuvieran persiguiendo algo que nunca logran alcanzar. Y emprenden la huida hacia adelante, tratando por todos los medios de alcanzar la meta de la plenitud, que, sin embargo, siempre parece atormentadoramente fuera de su alcance. El premio de esa plenitud es esquivo. El vacío persiste.

Esta fue mi experiencia en mi carrera empresarial. Después de licenciarme en Ciencias Empresariales, pensé que, una vez que encontrara un buen empleo, engordara mi cuenta corriente y llenara de trajes elegantes mi armario, sería feliz. Pero incluso con un buen trabajo, con dinero y con los mejores trajes que podía permitirme, no me sentía satisfecho. Me faltaba algo. Y tardé varios años en averiguar lo que era. Una de las mejores reflexiones que he leído sobre este asunto es de Henri Nouwen. Nouwen, sacerdote y psicólogo católico holandés, es autor de un libro sumamente intuitivo y perspicaz, titulado *El estilo desinteresado de Cristo*, donde examina este incesante esfuerzo por llenar el vacío que hay en nuestra vida. Y observa que quienes se precipitan apresuradamente a llenar dicho vacío no tardan en descubrir que es un esfuerzo inútil.

«En lo más profundo de nuestro corazón sabemos que el éxito, la fama, la influencia, el poder y el dinero no nos dan el gozo y la paz interiores que anhelamos. Incluso podemos sentir una cierta envidia de quienes se han desprendido de toda falsa ambición y encuentran una satisfacción más profunda en su relación con Dios. Sí, podemos incluso percibir gustar algo de ese misterioso gozo en la sonrisa de quienes no tienen nada que perder».

En su obsesión por llenar ese vacío, algunos se ven impulsados a adoptar comportamientos adictivos, algo que pueda llenarlo: drogas, alcohol, juego, consumo, actividad sexual, bulimia... Pero tales adicciones conducen únicamente a una mayor sensación de desintegración, a un vacío aún más tenebroso y, finalmente, a la soledad y la desesperación.

Ese agujero en nuestro corazón es el espacio desde el que llamamos a Dios. Es el espacio en el que Dios desea encontrarnos. Nuestro anhelo de llenar ese espacio procede de Dios. Y es el espacio que únicamente Dios puede empezar a llenar.

Anhelos y conexiones comunes y corrientes

A veces experimentas el deseo de Dios en situaciones muy normales: permaneciendo en silencio en un bosque nevado en un día de invierno, llorando de emoción mientras vemos una película, reconociendo una extraña sensación de conexión durante una celebración religiosa..., sintiendo un inexpresable anhelo de saborear tal sensación y comprender su naturaleza.

Durante los primeros años después de que mi hermana diera a luz a mi primer sobrino, a menudo me sentía desbordado de cariño cuando estaba con él. Allí estaba aquel precioso niño, una persona que antes no existía, entregada libremente al mundo. Un día fui a su casa y me sentí tan lleno de amor que lloré de agradecimiento, de alegría y de asombro. Y al mismo tiempo deseé ardientemente conectar aún más con aquella misteriosa fuente de gozo.

Los anhelos comunes y corrientes y las conexiones profundamente sentidas son modos de tomar conciencia del deseo de Dios. Deseamos con toda el alma comprender unos sentimientos que parecen proceder de fuera de nosotros. Experimentamos lo que san Juan de la Cruz, el místico español del siglo XVI, denomina el deseo de «un no sé qué».

Muchos de nosotros hemos tenido experiencias de este tipo. Sentimos que estamos a punto de ver cómo sucede algo importante, de experimentar algo que está más allá de nosotros. Experimentamos asombro. Entonces, ¿por qué no oímos hablar más acerca de tales momentos?

Porque muchas veces los ignoramos, los rechazamos o los negamos. Les restamos importancia diciendo que estábamos abrumados, sobreexcitados o excesivamente emotivos. Puede que nos digamos a nosotros mismos: «¡Bah!, simplemente me estaba comportando como un tonto». O no se nos anima ni se nos invita a hablar de tales momentos como experiencias espirituales. De manera que tratamos de ignorar ese anhelo que sentimos cuando la primera brisa de la primavera acaricia nuestro rostro después de un largo y oscuro invierno, porque nos decimos (u otros nos dicen) que simplemente estamos siendo demasiado emotivos. Esto les sucede incluso a quienes tienen bastante práctica en la vida espiritual: a menudo, después de una intensa experiencia de oración durante unos Ejercicios, se sienten tentados a desestimarla como algo que, simplemente, «ha ocurrido».

O no reconocen, sencillamente, que es muy posible que tales momentos tengan su origen en Dios.

«Yo no creo en Dios, pero lo echo en falta»: así comienza *Nada que temer,* las memorias de Julian Barnes, aclamado autor de numerosos libros, entre ellos *El loro de Flaubert.* (Más adelante volveremos sobre tan inusual pájaro). Barnes aborda el tema de su irresistible miedo a la muerte. Y escribe: «Echo en falta al Dios que inspiró la pintura italiana y las vidrieras francesas, la música alemana y las salas capitulares inglesas, así como esos ruinosos montones de piedras en los promontorios celtas que en otro tiempo fueron faros simbólicos en medio de la oscuridad y la tormenta».

Barnes echa en falta a Dios. ¿Quién puede decir que ese «echar en falta» no brota del deseo mismo de Dios, que no proviene de Dios? Una amiga, que se describe a sí misma como una obsesa del trabajo y que llevaba años sin pisar la iglesia, asistió al bautismo del hijo de un amigo. De pronto, se sintió sobrecogida por unos fuertes sentimientos, el principal de los cuales era el deseo de vivir una existencia más pacífica y centrada. Y se echó a llorar, aunque no sabía por qué. Me dijo que sintió una intensa paz mientras se hallaba en la iglesia y veía cómo el sacerdote vertía el agua sobre la cabeza del niño.

A mí me pareció evidente lo que le sucedió: en esos momentos, en que no se encontraba a la defensiva, había experimentado el deseo de Dios por ella. Y tiene sentido que una experiencia religiosa tenga lugar en el contexto de una ceremonia religiosa. Pero ella se rió y lo descartó: «Supongo que estaba siendo demasiado emotiva», me dijo. Y eso fue todo.

Es una reacción natural. En la cultura occidental hay muchos elementos que tratan de reprimir o negar esas experiencias naturalmente espirituales y explicarlas en términos puramente racionales, atribuyéndoselas a algo que *no sea* Dios.

Análogamente, podemos descartar esos hechos considerándolos demasiado comunes y corrientes como para proceder de Dios. Mike, un jesuita que es profesor de secundaria, predicó en cierta ocasión una breve homilía en nuestra capilla doméstica. La lectura del día era un relato del Antiguo Testamento, 2 Reyes 5,1-19, acerca de Naamán el sirio. Naamán, comandante del ejército real sirio, sufre lepra y es enviado por el rey a pedir la curación al profeta Eliseo. En respuesta, Eliseo le dice que haga algo muy simple: bañarse en el río Jordán siete veces.

Naamán se enfurece. Él pensaba que el profeta le pediría que se bañara en algún *otro* río, en un río más *importante*. Su sirviente le dice: «Si el profeta te hubiera mandado una cosa difícil, ¿no la habrías hecho?» (v. 13). En otras palabras, ¿por qué buscas una tarea espectacular? Haz lo sencillo. Naamán lo hace y queda curado.

Mike dijo que nuestra búsqueda de Dios suele ser como la de Naamán. Buscamos algo espectacular para convencernos de la presencia de Dios. Sin embargo, es en las cosas sencillas, en los aconte-cimientos y anhelos comunes y corrientes, donde puede encontrarse a Dios.

También se puede tener *miedo* a aceptar esos momentos como sig-nos de la llamada divina. Si aceptas que tienen su origen en Dios, puedes tener que aceptar también que Dios desea estar en relación contigo o que está comunicándose contigo directamente, lo cual es una idea que atemoriza.

El miedo es una experiencia habitual en la vida espiritual. Con-frontarse con una indicación de que Dios está cerca de ti puede ser alarmante. Pensar que Dios quiere comunicarse con nosotros es algo que muchos preferirían evitar.

Por eso muchos pasajes bíblicos acerca de hombres y mujeres que se encuentran con la divinidad comienzan con las palabras «No te-mas». El ángel que anuncia el nacimiento de Jesús a María le dice: «No temas» (Lucas 1,30). Nueve meses después, la víspera del naci-miento de Jesús, el ángel saluda a los pastores con un «No temáis» (Lucas 2,10). Y cuando Jesús realiza uno de sus primeros milagros de-lante de san Pedro, el pescador cae de rodillas, sobrecogido y asusta-do: «¡Aléjate de mí!», dice Pedro. Y Jesús dice de nuevo: «No temas» (Lucas 5.10).

El miedo es una reacción natural ante la divinidad, ante el *myste-rium tremendum et fascinans,* como dice el teólogo Rudolf Otto, el misterio que a la vez nos fascina y nos deja temblando.

A menudo, las experiencias religiosas se descartan, no porque se dude de que sean reales, sino por temor a que, después de todo, lo *sean.*

Anhelos poco comunes

En la amplia categoría de los anhelos hay que incluir también expe-riencias más intensas. A veces experimentamos una sensación casi mística de anhelar a Dios o de estar en conexión con Dios, que pue-de ser desencadenada por circunstancias inesperadas.

El misticismo suele descartarse como una experiencia privilegiada y reservada únicamente a los «supersantos». Pero el misticismo no es algo exclusivo de los santos. Ni cada experiencia mística tiene tam-poco que reproducir exactamente las que los santos describen en sus escritos.

En su libro *Guidelines for Mystical Prayer,* la religiosa carmelita Ruth Burrows dice claramente que el misticismo no es algo simplemente reservado a los santos: «Porque ¿qué es la vida mística, sino Dios que viene a hacer lo que nosotros no podemos hacer; Dios que toca las profundidades de nuestro ser, donde el ser humano queda reducido a su elemento básico?». Karl Rahner, el jesuita y teólogo alemán, hablaba del «misticismo cotidiano».

¿Qué significa tener una experiencia mística?

Una definición es que la experiencia mística es aquella en la que te sientes lleno de la presencia de Dios de un modo intenso e inconfundible. O te sientes por encima del modo normal de ver las cosas. O sobrecogido por la sensación de Dios de un modo que parece trascender tu entendimiento.

Ni que decir tiene que estas experiencias son difíciles de expresar con palabras. Es como si trataras de describir la primera vez que te enamoraste, o que sostuviste entre tus brazos a tu hijo recién nacido, o que viste el mar...

Durante el tiempo que pasó meditando en Manresa, Ignacio describió su experiencia de la Trinidad (el Padre, el Hijo y el Espíritu Santo de la fe cristiana) como tres teclas que interpretan un acorde musical, distinto pero unificado. A veces decimos que hemos estado a punto de romper a llorar, incapaces de contener el amor o la gratitud que sentimos. Hace poco, un joven me describía la experiencia de sentirse casi como un jarrón de cristal, lleno del agua del amor de Dios a punto de desbordarse. Según él, había tenido la experiencia de ser «llenado».

Aunque tal vez no sean hechos cotidianos, las experiencias místicas no son tan raras como algunos piensan. Ruth Burrows dice que no son el «camino privilegiado de unos pocos».

Tales momentos se dan con sorprendente frecuencia, no solo en la vida de los creyentes, sino también en la literatura actual. En su libro *Cautivado por la alegría,* el escritor británico C.S. Lewis describe una experiencia que tuvo de niño:

«Me hallaba yo un día de verano junto a un arbusto plagado de grosellas cuando de pronto surgió en mí –sin previo aviso y como si brotara de las profundidades no de los años, sino de los siglos– el recuerdo de la primera mañana en la antigua casa, cuando mi hermano había llevado su jardín de juego a las habitaciones de los niños. Es difícil encontrar palabras lo bastante fuertes para describir la sensación que me sobrecogió; la "enorme placidez" del Edén de Milton (con el pleno y antiguo significado de «enorme») se aproxima algo a ella. Fue una sensación, por supuesto, de deseo; pero ¿deseo de qué?... Antes de que supiera lo que deseaba, el deseo había desaparecido, el atisbo se había retirado, el mundo volvía a ser de nuevo un lugar común, o únicamente conmovido por el anhelo del anhelo que acababa de cesar».

Es una buena descripción del «deseo de más». Yo no sé cómo es un arbusto de grosellas, pero sí sé cómo es el deseo. Puede ser difícil identificar exactamente lo que quieres, pero en tu corazón anhelas el cumplimiento de todos tus deseos, que es Dios.

Esto tiene mucho que ver con la sensación de sobrecogimiento que el rabino Abraham Joshua Heschel identificaba como el modo clave de encontrarse con Dios. «El sobrecogimiento... es algo más que una emoción; es un modo de comprender. Es en sí mismo un acto de percepción de un significado mayor que nosotros... El sobrecogimiento nos faculta para percibir en el mundo revelaciones de la divinidad, para sentir en las pequeñas cosas el comienzo de un significado infinito, para sentir lo último en lo común y lo simple».

En mi propia vida, yo he experimentado estos sentimientos unas cuantas veces. Permítaseme referir una de ellas.

Siendo joven, solía usar la bicicleta para ir a la escuela por la mañana y regresar a casa por la tarde. A veces iba a la escuela con un bullicioso grupo de amigos de mi vecindario. Salíamos temprano por la mañana, después de alinear cuidadosamente nuestras bicicletas frente a la casa de un vecino, compitiendo todos por ocupar la primera posición.

Pero algunas mañanas iba a la escuela yo solo. Pocas cosas me hacían disfrutar más que descender la colina del vecindario por las aceras vacías, pasar por delante de las casas nuevas de comienzos de los sesenta, deslizarme bajo los árboles poblados de hojas, iluminado por el sol anaranjado de la mañana, con el viento silbándome en los oídos.

Cerca de nuestra escuela había un pequeño trecho de cemento entre dos casas del vecindario; la escuela se encontraba en el otro extremo de ese camino, detrás de una parcela bastante grande. Al final del camino había un grupo de seis escalones, lo cual significaba que tenía que apearme de la bicicleta y subir las escaleras, al final de las cuales se hallaba uno de mis lugares preferidos en este mundo, cuyo recuerdo, aunque han pasado más de cuarenta años desde entonces, todavía me resulta estimulante. Era un amplio terreno, bordeado a la izquierda por altos robles, y a la derecha por un campo de béisbol. Y en todas las estaciones del año estaba precioso.

Las mañanas de otoño, vestido con mi cazadora de pana, pedaleaba en mi bicicleta por el sucio y accidentado camino, atravesando un campo de crujientes hojas marrones, hierbas resecas y cardos cubiertos de escarcha. En invierno, cuando no iba a la escuela en bicicleta, sino caminando, el terreno aquel era a menudo un paisaje cubierto de silenciosa nieve en la que se hundían mis botas de agua mientras mi aliento formaba nubes algodonosas ante mí. Pero en primavera el tal terreno estallaba de vida. En esos días yo me sentía como si estuviera repitiendo uno de los experimentos que hacíamos en el colegio en clase de ciencias. Grandes saltamontes saltaban entre las margaritas y las rudbeckias bicolores. Los saltamontes se ocultaban entre la hierba y las hojas caídas. Las abejas zumbaban sobre el perifollo verde y las altas cabezas de dragón púrpura y rosa. Los cardenales y los petirrojos brincaban de rama en rama. El aire era fresco, y el campo estaba rebosante de vida.

Una mañana de primavera, cuando yo tenía unos diez u once años, me detuve a recobrar el aliento en medio del campo. La cesta metálica de la bici, en la que llevaba los libros, se torció bruscamente hacia un lado, y a punte estuve de perder mis deberes entre los saltamontes. De pie y a horcajadas sobre la bicicleta, pude contemplar cuanto me rodeaba: tanto color, tanta actividad, tanta *vida...*

Mirando hacia la escuela situada en lo alto de la colina, experimenté una felicidad desbordante. Me sentía enormemente feliz de estar vivo. Y me invadió un fantástico deseo: poseer y, a la vez, formar parte de cuanto me rodeaba. Aún puedo verme de pie en aquel campo, rodeado por la creación, con mayor claridad que la mayoría de los restantes recuerdos de mi infancia.

En esos inusuales deseos, ocultos a plena luz en nuestra vida, Dios nos llama.

Exaltación

Similares a estos deseos son los momentos que como mejor pueden describirse no es como deseos inefables o conexiones profundas, sino como momentos en los que uno se siente estimulado o experimenta una sensación de exaltación o de felicidad. Diferente del deseo de saber de qué se trata exactamente, lo que sientes es que te encuentras muy cerca o a punto de encontrarte con el objeto de tu deseo. Sientes la cálida satisfacción de estar cerca de Dios. Estás en plena oración, o en plena celebración litúrgica, o escuchando una pieza de música, y de pronto te sientes sobrecogido por sensaciones de belleza o de claridad. Te sientes estimulado y deseas más.

Belleza multicolor

Gerard Manley Hopkins (1844-1880) fue un jesuita inglés, sacerdote y poeta famoso en el mundo literario por su creativo uso del lenguaje. En el mundo religioso fue también conocido por su deseo de encontrar a Dios en todas las cosas. En su poema *Pied Beauty*, Hopkins pone de manifiesto su amor a Dios, a la naturaleza y al juego de palabras. Es una oración de exaltación.

«Gloria a Dios por las cosas variopintas,
por los cielos bicolores como una vaca moteada;
por los lunares rosa, todo un dibujo puntillista,
[sobre la esquiva trucha;
por las vivas brasas de madera de castaño;
[las alas de los pinzones;
el paisaje ajedrezado, aparcelado, los apriscos,
[los barbechos y aradíos;
y las faenas todas, aperos y pertrechos.
Todo lo contrastado, original, raro y extraño;
todo lo moteado, salpicado (¿quién sabe cómo?)
con lo veloz, lo lento; lo dulce, lo amargo; lo
[deslumbrante, lo opaco;
Él, de belleza inmutable, lo engendra todo:
alabadlo».

Una tarde, el poeta inglés W.H. Auden reunió a sus colegas, los profesores de la Downs School, cuando le sucedió algo inesperado y que él describe en la introducción a un libro editado por Anne Fremantle titulado *The Protestant Mystics:*

«Una hermosa noche de verano de junio de 1933, después de cenar, me hallaba sentado sobre la hierba con tres compañeros, dos mujeres y un hombre. Los cuatro nos caíamos muy bien, pero no éramos amigos íntimos ni teníamos ningún interés sexual en ninguno de los demás. Digamos, de paso, que no habíamos probado el alcohol. Estábamos hablando informalmente de cuestiones cotidianas cuando, de pronto e inesperadamente, sucedió algo. Me sentí invadido por un poder que, aunque no le opuse la menor resistencia, lo cierto es que era irresistible y, desde luego, no era mío. Por primera vez en mi vida supe exactamente –porque, gracias a aquel poder, lo estaba haciendo– lo que significa amar al prójimo como a uno mismo... Mis sentimientos personales hacia ellos no habían cambiado –seguían siendo compañeros, no amigos íntimos–, pero percibí su existencia como de un valor infinito, y me regocijé por ello».

Auden parece haber satisfecho prácticamente el deseo de su corazón, haber encontrado justamente lo que estaba buscando; pero cuando llegó al lugar, casi de inmediato le fue arrebatado. Experiencias tan poderosas incrementan nuestro apetito de una relación con Dios en el futuro, aun cuando nunca experimentemos de nuevo la presencia de Dios de una manera tan clara.

La belleza como vía de acceso a Dios es una experiencia similar y se presenta en la ficción casi tan a menudo como en la vida real. En la novela *Retorno a Brideshead,* de Evelyn Waugh, que trata sobre una familia católica en la Inglaterra de los años veinte y treinta del pasado siglo, uno de los personajes, Sebastian Flyte, joven aristócrata, confiesa que le atraen las hermosas historias de los evangelios. Su amigo Charles Ryder, que es agnóstico, protesta. No se puede –dice Charles– creer en algo simplemente porque es hermoso.

«Pero yo *sí* puedo –dice Sebastian–. Así es como yo creo».

Claridad

Una tira humorística del *New Yorker* representa a un hombre amojamado, con aspecto de monje, inclinado sobre un libro enorme. Levanta la vista y se dice: «¡Dios santo, de pronto, por un instante todo tenía sentido!».

A veces nos parece que estamos increíblemente cerca de entender con precisión qué sentido tiene el mundo. El día de mi ordenación en Chestnut Hill (Massachusetts), fui a la iglesia unas horas antes del comienzo de la misa. El coro estaba ensayando, y de pie en el fondo de la iglesia vacía, que no tardaría en llenarse de amigos y familiares, pensé: *Aquí es precisamente donde debo estar.* La sensación de claridad puede ser muy parecida a la sensación de exaltación. De hecho, muchos de los sentimientos que estamos analizando pueden solaparse. En algunos de los casos descritos en este capítulo, podríamos también experimentar lo que Ignacio en los *Ejercicios Espirituales* denomina «consolación sin causa precedente», una sensación de que Dios se comunica con nosotros directamente y nos da ánimos. «Cuando la consolación es sin causa, no hay engaño en ella –dice Ignacio–, por ser de solo Dios nuestro Señor».

Isak Dinesen hablaba de este tipo de claridad en sus *Memorias de África,* donde escribe acerca del «arrebatador placer» de ser llevada en un aeroplano por su amigo Denys Finch-Hatton. «En otras ocasiones, puedes volar lo bastante bajo como para ver a los animales de las planicies y sentirte con respecto a ellos como Dios cuando los creó y antes de encargar a Adán que les pusiera nombre». Los cinéfilos recordarán esta escena de la película de 1985 del mismo título, en la que Meryl Streep pronuncia las palabras del siguiente pasaje escrito por Dinesen:

«Cada vez que he ido en avión y he mirado hacia abajo, he comprendido que estaba libre del suelo, he tenido conciencia de un nuevo y gran descubrimiento: "Ya veo –he pensado–. Esta era la idea. Y ahora lo comprendo todo"».

Deseos de seguimiento

Los deseos de seguir a Dios son más explícitos. No es un deseo de «un no sé qué», sino de algo que sé exactamente lo que es. Y puede identificarse como deseo de Dios.

En la Primera Semana de los *Ejercicios Espirituales,* los ejercitadores suelen invitarte a meditar sobre los dones que Dios te ha dado, y a continuación, tal como sugiere Ignacio, sobre tus propios pecados. Lo cual no es tan formulario como puede parecer. Después de pasar un tiempo pensando en las bendiciones con que la vida les ha agraciado, la gente suele sentirse, en cierto modo, indigna de lo que han recibido. No es que se consideren malas personas, sino que más bien se preguntan: *¿He hecho yo algo para merecer todo esto?*

En este punto de los *Ejercicios,* tus faltas pueden saltar a un primer plano. Como me dijo en cierta ocasión Bill Creed, un director espiritual jesuita, «bajo la brillante luz del amor de Dios comienzan a emerger tus sombras».

Esto puede llevarte a caer en la cuenta de que, como decimos los jesuitas, eres un «pecador amado»; imperfecto, pero amado por Dios. Lo cual suele provocar un agradecimiento que te hace sentir el deseo de responder. Puedes sentirte tan abrumado por el amor que Dios te tiene, incluso en tu «imperfecta» condición, que sientas el deseo de decir: «¡Gracias! ¿Qué puedo yo hacer a cambio?».

Para los cristianos, esto suele adoptar la forma de un deseo de seguir a Cristo. La respuesta a ese impulso llega en la Segunda Semana de los *Ejercicios:* una serie de meditaciones sobre la vida de Cristo. En la Segunda Semana, el deseo es más explícito que un «no sé qué». Es deseo de un modo concreto de vida que consiste en seguir a Cristo.

No hay que estar haciendo los *Ejercicios Espirituales* para que se manifieste este tipo de deseo. Puedes estar, simplemente, leyendo un libro sobre religión o espiritualidad, y pensar: *Seguir este camino es lo que yo siempre he deseado.* Puedes estar asistiendo a una celebración litúrgica, oír hablar de Jesús y pensar: *¿Por qué no le sigo yo?* Puedes recordar lo que sentías a propósito de Dios cuando eras pequeño y preguntarte: *¿Qué ocurriría si volviera yo a ese camino?* En este caso, tus deseos están más formados. Eres capaz de identificar claramente tu deseo de seguir un camino concreto, o de seguir a Dios. Este es otro modo que tiene Dios de llamarnos.

Deseos de santidad

La atracción que ejercen los ejemplos de santidad es otro signo del deseo de Dios. Es algo que puede producirse al menos de dos maneras: primera, aprendiendo acerca de los santos del pasado; y segunda, conociendo a personas santas de hoy.

En el primer caso, un ejemplo famoso de esta experiencia es el de Ignacio, que yacía enfermo leyendo vidas de santos cuando, de pronto, empezó a pensar: *Yo podría hacer algo así...* Su vanidad se sentía atraída por las grandes hazañas de tales santos, pero una parte más auténtica de sí mismo se sentía atraída por su santidad.

Este es un modo que tiene Dios de llamarte a la santidad: valiéndose de la profunda atracción que ejercen los hombres y mujeres santos y de un deseo auténtico de emular sus vidas.

Pero la santidad no solo reside en los santos canonizados, como Ignacio, sino también en los santos que se encuentran entre nosotros, lo cual incluye al padre que cuida solícitamente de sus hijos pequeños, a la hija que atiende a sus ancianos padres, o a la madre que trabaja duramente por sacar adelante a su familia. La santidad tampoco significa perfección: los santos fueron siempre seres humanos imperfectos y limitados. La santidad tiene siempre su sede en la humanidad. Por eso podemos sentirnos atraídos por modelos de santidad tanto del pasado como del presente. Aprender de los ejemplos de santidad del pasado y conocer a personas santas de hoy nos hace desear, a menudo, *ser* como ellos. La santidad en otras personas es atractiva por naturaleza, porque es uno de los modos que tiene Dios de atraernos hacia Él. Experimentar el atractivo de la santidad hoy nos permite además comprender por qué Jesús de Nazaret atraía a grandes multitudes allí adonde iba. La santidad ajena despierta lo que de santo hay en nosotros. «Lo profundo llama a lo profundo», como dice el Salmo 42,7.

Algo de esto tenía en mente Marilynne Robinson, autora de la novela *Gilead,* cuando escribió en un artículo: «Lo que yo llamaría "santidad personal" no es, en realidad, sino apertura a la percepción de lo santo en la existencia misma y, sobre todo, en los demás».

Vulnerabilidad

He aquí una afirmación frecuentemente mal entendida e interpretada: muchas personas se sienten atraídas por Dios en momentos de sufrimiento.

Con ocasión de una enfermedad grave, una crisis familiar, la pérdida de un empleo o la muerte de un ser querido, muchas personas dirán que se vuelven a Dios de un modo nuevo. Los más escépticos pueden atribuirlo a la desesperación, diciendo que esas personas no tienen adónde acudir, y por eso se vuelven a Dios. A esta luz, se ve a Dios como un recurso para los necios, un refugio para los supersticiosos.

Pero, en general, no nos volvemos a Dios en el sufrimiento porque de pronto nos hayamos vuelto irracionales, sino que, más bien, Dios puede alcanzarnos porque nuestras defensas están bajas. Las barreras que hemos erigido para mantener a Dios aparte –por orgullo, por miedo o por falta de interés– se alzan, intencionadamente o no. No es que seamos menos racionales; es que estamos más abiertos. ¿Recuerda el lector lo que he referido acerca de cómo, tendido sobre la mesa de operaciones, comprendí con cegadora claridad mi deseo de ser sacerdote? Ese es un reflejo del mismo fenómeno. El deseo siempre estuvo ahí, del mismo modo que estaba la llamada de Dios en ese deseo; pero mis defensas se redujeron, y fue mucho más fácil verlo.

Cuando aún no había cumplido los sesenta años, mi padre perdió un buen empleo. Al cabo de un tiempo, encontró un nuevo trabajo, aunque no fuera muy de su gusto. Como muchas personas saben, es difícil encontrar trabajo y comenzar de nuevo a una edad en la que muchas personas ansían ya jubilarse. Aquello fue muy duro tanto para él como para mi madre.

Su trabajo suponía una hora de viaje desde nuestra casa en las afueras de Philadelphia. Una oscura noche, en el aparcamiento de su oficina, muy lejos de casa, mi padre tuvo un mareo, perdió el equilibrio y cayó al suelo. Acabó en el hospital. Las pruebas que le hicieron mostraron lo que todos temíamos: cáncer. Un cáncer de pulmón había producido metástasis en el cerebro, y eso fue lo que había provocado su caída. (Mi padre había sido un fumador impenitente durante casi toda su vida).

Durante nueve meses, el estado físico de mi padre fue deteriorándose progresivamente, a pesar de la quimioterapia. Pronto tuvo que guardar cama y empezó a depender de mi madre para que le atendiera en sus necesidades físicas. El último mes de su vida, cuando mi madre ya no podía ayudarle a levantarse de la cama, mi padre dijo: «Creo que debería ir a un hospital». De modo que lo trasladamos a un centro de cuidados paliativos.

Ahora bien, aunque su estado físico era cada vez peor, su estado anímico parecía mejorar día a día.

Cuando se acercaba el final, mi padre comenzó a hablar más frecuentemente de Dios, lo cual constituyó una absoluta sorpresa. Aunque había recibido una formación católica, había estudiado en colegios católicos y asistía a misa en las festividades importantes, nunca había sido abiertamente religioso.

Pero al acercarse la hora de su muerte pidió a mis amigos jesuitas que oraran por él, guardaba cuidadosamente las estampas que la gente le enviaba, hablaba de cómo deseaba ver en el cielo a los miembros de la familia ya fallecidos, me preguntaba cómo pensaba yo que sería Dios, e hizo una serie de sugerencias acerca de sus exequias. Por otra parte, mi padre se volvió más amable, más dispuesto a perdonar y más emotivo. A mí, aquellos cambios me consolaban y, a la vez, me tenían desconcertado.

Una de las últimas personas que le visitaron fue mi amiga Janice, una religiosa católica que había sido profesora mía cuando yo estudiaba teología. Después de la muerte de mi padre, le comenté a Janice cómo parecía haberse abierto más a Dios. Y ella me repuso algo que yo jamás había oído, pero que me pareció ya conocido.

«Sí –dijo Janice–. Morir no es otra cosa que hacerse más humano».

Lo cual era cierto, al menos en dos aspectos. En primer lugar, «hacerse más humano» significó para mi padre reconocer su innata conexión con Dios. Todos estamos conectados con Dios, aunque lo ignoremos, lo neguemos o lo rechacemos durante toda nuestra vida. Pero al reducirse casi al mínimo las defensas de mi padre, Dios pudo llegar a él de un nuevo modo. Fueran cuales fuesen las barreras que habían mantenido a Dios a distancia, ya no existían.

Esta, y no la desesperación, es la razón de que haya tantas y tan profundas experiencias espirituales cuando ronda la muerte: la persona es más capaz de permitir a Dios abrirse paso.

Pero hay un segundo aspecto en el que tiene sentido lo que decía la hermana Janice. Mi padre estaba haciéndose más humano porque estaba abriéndose más al amor. El acercarnos a Dios nos transforma, porque cuanto más tiempo le dediquemos a alguien a quien amamos, tanto más nos asemejaremos a quien es objeto de nuestro amor. Paradójicamente, cuando más humanos somos, tanto más divinos nos hacemos.

Lo cual no significa que Dios desee que suframos, sino, más bien, que cuando se reducen nuestras defensas, se revela nuestra conexión última. Por eso, la vulnerabilidad es otro modo en que podemos experimentar nuestro deseo de Dios.

ESTAS EXPERIENCIAS, QUE MUCHOS de nosotros hemos tenido –sensaciones de incompleción, deseos y conexiones comunes y corrientes, anhelos desacostumbrados, exaltación, claridad, deseos de seguir a Jesús, deseos de santidad, vulnerabilidad…– son otras tantas maneras de adquirir conciencia de nuestro deseo innato de Dios.

Cualquiera, en cualquier momento y en cualquiera de estas maneras, puede ser consciente de su deseo de Dios. Además, encontrar a Dios y ser encontrado por Él son una misma cosa, porque tales expresiones del deseo tienen a Dios como origen y también como meta. Por eso, el comienzo del camino hacia Dios es la confianza, no solo en que estos deseos los ha puesto Dios en nosotros, sino en que Dios nos busca del mismo modo que nosotros le buscamos a Él. Esta es otra maravillosa imagen de Dios: la del Buscador. En el Nuevo Testamento, Jesús suele emplear esta imagen (véase Lucas 15,3-10). Jesús compara a Dios con el pastor que pierde a una de las cien ovejas que tiene y deja a las otras noventa y nueve para buscar a la que se ha perdido; o con la mujer que pierde una moneda y barre toda la casa hasta encontrarla. Ese es el Dios que busca.

Pero mi imagen favorita pertenece a la tradición islámica y describe a Dios buscándonos a nosotros más de lo que nosotros lo buscamos a Él. Es un *hadith qudsi,* que los estudiosos musulmanes traducen como un dicho divino revelado por Dios al profeta Mahoma: «Y si [mi siervo] se acerca a un palmo de mí, yo me acerco aún más a él, penetro en él como una sonda; y si él viene a mi caminando, yo voy hacia él corriendo».

Dios quiere estar contigo. Dios desea estar contigo. Más aún, Dios desea entablar una relación contigo.

Dios te encuentra allí donde estés

Cuando ingresé en el noviciado de los jesuitas, no tenía muy claro lo que significaba tener una «relación» con Dios. Los novicios oíamos frecuentemente hablar de ello. Pero ¿qué se suponía que tenía yo que *hacer* para relacionarme con Dios? ¿Qué significaba aquello?

Mi mayor error consistía en creer que tenía que cambiar antes de acercarme a Dios. Al igual que muchos principiantes en la vida espiritual, me sentía indigno de acercarme a Dios. Por eso me parecía absurdo tratar de orar. Y así se lo confesé a David Donovan. «¿Qué tengo que hacer antes de poder relacionarme con Dios?», le pregunté.

«Nada –me respondió David–. Dios te encuentra allí donde estés».

Aquella fue una idea liberadora. Aunque Dios está siempre llamándonos a una conversión y un crecimiento constantes, y aunque nosotros somos seres imperfectos y a veces pecadores, Dios nos ama

tal como somos *ahora*. Como decía el jesuita indio Anthony de Mello: «No tienes necesidad de cambiar para que Dios te ame». Esta es
una de las principales intuiciones de la Primera Semana de los Ejercicios Espirituales de san Ignacio: eres amado incluso en tus imperfecciones. Dios *ya* te ama.

Los cristianos podemos verlo con toda claridad en el Nuevo Testamento. Jesús llama frecuentemente a la gente a convertirse, a dejar
de pecar, a cambiar su vida; pero no espera a que lo hagan para acercarse a ellos, sino que entra en relación con ellos allí donde los encuentra. Se encuentra con ellos allí donde ellos están y tal como son.

Pero hay otro modo de entender esto. No solo es que Dios desee estar en relación contigo ahora, sino que su manera de relacionarse contigo depende a menudo del momento de tu vida en que te encuentres.

Por eso, si es ante todo en las relaciones donde encuentras la felicidad, este puede ser el modo en que Dios desea encontrarse contigo.
Busca a Dios a través de la amistad. Si eres padre, Dios puede encontrarse contigo en tu hijo o en tu hija (o en tu nieto o en tu nieta). Hace muy poco, un hombre me dijo que le resultaba difícil sentir agradecimiento. Cuando le pregunté dónde encontraba preferiblemente a
Dios, su rostro se iluminó de inmediato y me dijo: «¡En mis hijos!».
Fue fácil para él encontrar a Dios una vez que supo dónde mirar.

¿Disfrutas con la naturaleza? Busca a Dios en el mar, en el cielo,
en los bosques, los campos y los ríos. ¿Sintonizas con el mundo a través de la acción? Busca a Dios en tu trabajo. ¿Disfrutas con el arte?
Acude a un museo, o a un concierto, o al cine, y busca allí a Dios.

Dios puede encontrarnos en cualquier lugar. Uno de mis más íntimos amigos jesuitas es George, un capellán de prisiones que recientemente empezó a dar los Ejercicios Espirituales a los internos de una
cárcel de Boston. No hace mucho, uno de dichos internos le dijo a
George que estaba a punto de arrearle un puñetazo en la cara a un tipo cuando, de pronto, sintió que Dios estaba dándole «un tiempo»
para reconsiderarlo. Y decidió no practicar la violencia. Allí estaba
Dios encontrándose con un preso en su celda de la cárcel.

> «Busca la gracia en las cosas más pequeñas, y encontrarás
> también la gracia de realizar las cosas mayores, creer en ellas
> y esperarlas».
>
> — BEATO PEDRO FABRO, SJ, uno de los primeros jesuitas

Dios también se encuentra contigo de modos que tú puedes *comprender*, de unos modos que para ti tienen sentido. A veces Dios se encuentra contigo de maneras como las que acabo de describir, y a veces de una manera tan personal, tan adaptada a las singulares circunstancias de tu vida, que es casi imposible explicárselo a los demás.

Uno de mis ejemplos favoritos al respecto, en el terreno de la ficción, figura en el luminoso y breve relato de Gustave Flaubert «Un corazón sencillo», escrito en 1877, que refiere la historia de una pobre sirvienta llamada Félicité.

Durante muchos años, Félicité, una joven de buen corazón, soporta pacientemente a su antipática y cruel señora, la intransigente Madame Aubain. En un determinado momento del relato, Madame Aubain le regala a su trabajadora sirvienta un loro de brillantes colores llamado Loulou, que es en realidad la única cosa extraordinaria que Félicité ha poseído jamás. (Este loro es el que da nombre a *El loro de Flaubert*, de Julian Barnes, el autor inglés que «echa en falta a Dios»).

Entonces estalla el desastre: su querido Loulou se muere. Desesperada, Félicité envía el pájaro a un taxidermista, que lo diseca. De regreso a la casa, Félicité lo coloca encima de un gran armario, junto con otras reliquias que conserva y que son sagradas para ella. «Cada mañana –escribe Flaubert–, al despertar, lo veía con la primera luz del día, y después recordaba sin pesar, con absoluta tranquilidad, los días pasados y los pequeños detalles de acontecimientos sin importancia».

Después de la muerte de su señora, Félicité envejece y se retira a una sencilla vida de piedad.

«Transcurrieron muchos años», dice Flaubert.

Finalmente, en el momento de su propia muerte, a Félicité se le concede una extraña y hermosa visión: «Cuando exhala su último suspiro, cree ver cómo los cielos se abren y cómo un gigantesco loro sobrevuela por encima de ella».

Dios viene a ti de modos que tú puedas comprender.

Permítaseme referir un ejemplo de mi propia vida. En una etapa de mi formación como jesuita, pasé dos años en Nairobi (Kenia) trabajando en el Servicio Jesuita a Refugiados, donde ayudaba a los refugiados del África oriental que se habían instalado en la ciudad para crear pequeños negocios con los que ganarse la vida. Al comienzo de mi estancia, alejado de mis amigos y de mi familia en los Estados

Unidos, sentí una soledad aplastante. Después de unos meses de duro trabajo, enfermé de mononucleosis, lo cual supuso dos meses de recuperación. Fueron días muy duros.

Afortunadamente, trabajaba con personas generosas, incluida Uta, una laica alemana con amplia experiencia de trabajo con refugiados en el sureste asiático. Una vez recuperado de mi enfermedad, nuestro trabajo prosperó: con el tiempo, Uta y yo ayudamos a los refugiados a crear veinte negocios, incluidos talleres de costura, varios pequeños restaurantes, una panadería e incluso una pequeña granja de pollos. Juntos creamos también una pequeña tienda en un suburbio de Nairobi donde vendíamos la artesanía de los refugiados.

Fue un cambio notable: de estar enfermo en la cama, exhausto, preguntándome por qué había ido allí, angustiado por la posibilidad de tener que tener volver a casa fracasado, desconcertado con respecto a lo que podría hacer..., a estar enormemente ocupado trabajando con refugiados del África oriental, llevando un pequeño y floreciente negocio y plenamente consciente de que me sentía más feliz y más libre de lo que jamás me había sentido. Muchos días eran difíciles; pero también muchos días pensaba: *¡No puedo creerme cuánto me gusta este trabajo!*

Un día, regresaba a casa después de cerrar la pequeña tienda. El largo trayecto comenzaba en una iglesia cercana, en el límite de la barriada, que estaba situada en lo alto de una colina desde la que se divisaba un amplio valle. Desde allí, el accidentado camino descendía a través de un terreno plagado de hojas de banano, enormes ficus, lirios anaranjados, altísimas hierbas y campos de maíz. Camino del valle, me cruzaba con gentes que trabajaban silenciosamente en sus parcelas de tierra, alzaban la vista y me saludaban al pasar. El canto de pájaros de brillantes colores se dejaba oír por todas partes. En el fondo del valle había un riachuelo, y tuve que cruzar un frágil puente para pasar al otro lado.

Cuando ascendía por el lado opuesto de la colina, me volví a mirar atrás. Aunque eran aproximadamente las cinco de la tarde, el sol ecuatorial alumbraba intensamente el verde valle, iluminando el largo camino, el riachuelo, a la gente, los bananos, las flores y la hierba.

De pronto me sentí invadido de felicidad. *Soy feliz de estar aquí*, pensé. Después de la soledad, la enfermedad y las dudas, sentí que estaba justamente donde debía estar.

Fue una experiencia sorprendente. Allí estaba Dios, hablándome justamente donde yo me encontraba –física, emocional e intelectualmente– y ofreciéndome lo que necesitaba en aquel día.

¿Era claridad, un anhelo poco habitual, un deseo normal, pura exaltación...? Es difícil de decir. Tal vez un poco de todo ello. Pero era especialmente significativo para mí allí donde me encontraba en aquel momento.

Dios nos habla de modos que podemos comprender. Dios empezó a comunicarse con Ignacio durante su recuperación, cuando era vulnerable y estaba más dispuesto a escuchar. En cuanto a mí, aquel día en Nairobi Dios me habló a través de la visión de aquel pequeño valle.

Dios puede también encontrarse contigo en cualquier momento, por más descabelladas que las cosas puedan parecer. No necesitas tener una vida diaria perfectamente organizada para experimentar a Dios. Tu casa espiritual no tiene necesidad de estar impecable para que Dios entre en ella.

En los evangelios, Jesús se encuentra a menudo con gente que anda atareada: Pedro arreglando sus redes a la orilla del lago, Mateo sentado en su tenderete de recaudador de impuestos... Y con parecida frecuencia se encuentra con gente en sus peores momentos: una mujer adúltera a punto de ser lapidada, otra mujer que lleva enferma muchos años, un hombre poseído y cuya mente no razona... En cada una de tales situaciones, Dios dice a esas personas atareadas, estresadas, preocupadas, aterradas: «*Estoy dispuesto a encontrarme contigo si tú lo estás a encontrarte conmigo*».

Si Dios te encuentra allí donde tú estás, entonces el lugar en el que estás es un lugar para encontrarte con Dios. No tienes que esperar a que tu vida se estabilice, o a que los hijos se vayan de casa, o a encontrar la vivienda perfecta, o a recuperarte de esa larga enfermedad... No tienes que esperar a superar tu comportamiento pecaminoso, o a ser más «religioso», o a orar «mejor»...

No tienes que esperar nada de eso.

Porque Dios está dispuesto ya.

4

Ayeres hermosos

(Encontrar a Dios
y dejar que Dios te encuentre)

Para Ignacio y sus amigos, encontrar a Dios significaba a menudo percatarse de dónde ya estaba Dios activo en sus vidas. Y nosotros podemos percibir a Dios no solo en momentos cumbre como los que acabamos de examinar, sino también en los acontecimientos diarios, en que la presencia de Dios suele pasarse por alto. Dios está siempre invitándonos a encontrar lo trascendente en lo cotidiano. La clave consiste en darse cuenta de ello.

Esta idea –que encontrar a Dios tiene que ver con percatarse de su presencia– ayuda a la persona en proceso de búsqueda de dos maneras. Primera, hace que la búsqueda sea directa. Como ya hemos mencionado, Walter Burghardt, SJ, definía la oración como «una larga y amorosa mirada a la realidad». Contemplar la realidad, en lugar de intentar captar un concepto abstracto, como el de la trascendencia de Dios, o tratar de desentrañar una complicada prueba filosófica, es un comienzo más fácil para la mayoría de la gente.

Lo cual no supone negar el atractivo del camino intelectual. En su libro *A Testimonial to Grace,* publicado en 1946, el cardenal Avery Dulles, distinguido teólogo y primer jesuita norteamericano que obtuvo el cardenalato, decía que su despertar religioso fue propiciado por la filosofía griega, que le ayudó a ver el mundo como un todo ordenado. «El ideal platónico de virtud –dice Dulles– tuvo enormes consecuencias en mi filosofía personal».

No obstante, este hombre tan sumamente racional se vio finalmente forzado a reconocer a Dios cuando vinculó la idea filosófica de Dios con el mundo natural. Su epifanía se produjo cuando estudiaba en Harvard, mientras paseaba junto al río Charles, en Cambridge (Massachusetts), y se dedicaba a observar algo bastante más banal que una prueba filosófica: un «arbolito».

«En sus frágiles y flexibles ramas había tiernos brotes esperando ansiosamente la primavera, que ya estaba próxima. Mientras mi vista reposaba en ellos, me vino súbitamente, con toda la fuerza y la novedad de una revelación, la idea de que aquellos pequeños brotes, en su inocencia y humildad, obedecían a una regla, a una ley de la que yo hasta entonces no tenía la menor idea».

«La ley venía de Dios –escribía Dulles–, una Persona de la que yo no tenía ninguna intuición previa».

Lo cual nos lleva a la segunda razón de la importancia de percatarse, como la consciencia de Avery Dulles de aquel árbol. Percatarse ayuda a comprender que la vida está grávida ya de la presencia de Dios. Una vez que empiezas a mirar a tu alrededor y te das la oportunidad de creer en Dios, fácilmente ves cómo Dios actúa en tu vida.

Puede que en este punto diga el lector: «Está bien, pero ¿cómo lo *hago* yo?». Aquí es donde el método de Ignacio puede servir de ayuda.

El examen

En los *Ejercicios Espirituales,* Ignacio incluye una forma de oración destinada a permitir a los creyentes encontrar a Dios en sus vidas. (De hecho, es más exacto decir que Ignacio popularizó dicha forma de oración, porque ya llevaban tiempo circulando distintas versiones de la misma). Ignacio le dio el nombre de «examen de conciencia» y la utilizó para decir que es tan importante que, aunque los jesuitas descuidaran otras formas de oración, jamás deberían descuidar esta.

Dicha forma de oración se conoce hoy con muchos nombres. El jesuita George Aschenbrenner, director espiritual y escritor, popularizó la expresión «*examination of consciousness*» o «*consciousness examination*», porque pensaba que la palabra inglesa «*conscience*» tenía unas «connotaciones moralistas un tanto limitadas» que inducen a la gente a centrarse fundamentalmente en su pecaminosidad. (En otros idiomas, como el español o el italiano, una misma palabra –«conciencia»– expresa ambos significados). Muchos jesuitas se refieren a esta oración con su nombre original en español: el *examen,* lo cual no anda tan descaminado, porque lo que se hace es examinar el día buscando signos de la presencia de Dios.

El examen es una sencilla oración en cinco fáciles pasos. Puede hacerse una vez al día (habitualmente, antes de irse a dormir) o dos veces (por lo general, a mediodía y por la noche). Y se hace del siguiente modo:

Como haces con cualquier oración, te preparas pidiendo a Dios *gracia,* que es un modo de invitar conscientemente a Dios a estar contigo y de recordarte a ti mismo que estás en presencia de Dios.

El primer paso tradicional es el *agradecimiento.* Recuerdas las cosas buenas que te han sucedido durante el día y das las gracias por cualesquiera «beneficios», como decía Ignacio. Este paso es esencial. Como me decía recientemente en una carta David Fleming, SJ, experto en espiritualidad: «Ignacio veía el examen como oración, como algo no centrado únicamente en la persona, sino dirigido a Dios. Por eso el examen comienza dando gracias a Dios, para establecer el centro de interés. No es simplemente un autoexamen o una introspección imaginativa, sino un modo de orar, un modo de estar con Dios».

Ignacio habla de «beneficios» en el sentido más amplio posible. Las cosas obvias incluyen las buenas noticias, un momento de ternura con el cónyuge, la finalización de un importante proyecto de trabajo... Pero también incluyen cosas menos obvias: la sorprendente visión de la luz del sol sobre el pavimento en medio de un gris día de invierno, el sabor del sandwich de jamón y queso que tomaste a media mañana, la satisfacción al final de un día agotador en el que has estado ocupándote de tus hijos...

Para Ignacio, muchas cosas –por aparentemente irrelevantes que parezcan– son otras tantas ocasiones de mostrar agradecimiento. Tú las recuerdas y las «gustas», como diría él.

El saborear es un antídoto contra el ajetreo cada vez mayor de nuestras vidas. Vivimos en un mundo ajetreado que pone el énfasis en la velocidad, la eficacia y la productividad, y muchas veces pasamos de una tarea a la siguiente con excesivo apresuramiento, convirtiendo nuestras vidas en una serie interminable de tareas, y nuestros días en un compendio de cosas que hay que hacer. Somos «hacedores humanos», en lugar de «seres humanos».

El hecho de saborear o «gustar» nos «desacelera». En el examen no recordamos una experiencia importante simplemente para añadirla a una lista de las cosas que hemos visto o realizado, sino que la degustamos como si se tratara de una sabrosa comida. Hacemos una pausa para disfrutar de lo que ha sucedido. Es una profundización de nuestro agradecimiento a Dios que revela las alegrías ocultas de nuestra jornada. Como decía Anthony de Mello, «santificas todo aquello por lo que estás agradecido».

El segundo paso del examen consiste en pedir *gracia para «conocer mis pecados»,* para ver en qué aspectos te has alejado de lo más profundo de ti, de aquella parte de ti que te remite a Dios; para constatar en qué aspectos has actuado en contra de tu buen juicio o de la voz de Dios dentro de ti, de la chispa divina que hay en ti. Puede que durante una conversación acerca de un compañero de trabajo hayas hecho un comentario despectivo sobre su persona. Tal vez hayas tratado a alguien de tu familia o de tu lugar de trabajo sin el respeto que todo el mundo merece. Quizás hayas ignorado a alguien que se encontraba en un verdadero apuro...

Reflexionar sobre los pecados suena a excrecencia enfermiza de esa insistencia en la culpa que ha llegado a ser un estereotipo del catolicismo. Pero tal vez estemos hoy infravalorando la culpa. La voz de nuestra conciencia, que nos dice que hemos hecho algo mal y nos mueve a repararlo, es una voz que nos llama a ser más amables y comprensivos y, en definitiva, más felices. En sus diarios, Pedro Fabro, uno de los primeros jesuitas, refiriéndose a sus pecados, habla de un «cierto buen espíritu» que le induce al remordimiento.

Al pensar en tus pecados, puede resultarte útil una idea de mi profesor de teología moral, James F. Keenan, SJ.

El padre Keenan observaba que en el Nuevo Testamento, cuando Jesús condena las conductas pecaminosas, generalmente no condena a las personas débiles que tratan de obrar mejor, es decir, a los pecadores públicos que se esfuerzan por enmendarse. Una y otra vez, Jesús se acerca a las personas dispuestas a cambiar y las invita a convertirse.

Lo normal es que Jesús condene a los «fuertes» que podrían ayudar a los demás si quisieran, pero no se molestan en hacerlo. En la famosa parábola del buen samaritano, quienes pasan de largo junto al pobre hombre tendido al borde del camino son perfectamente capaces de ayudarle, pero, simplemente, no se interesan en absoluto. El pecado, en palabras del padre Keenan, consiste a menudo en «no molestarse».

San Francisco Javier sobre el Examen

«Los exámenes particulares, dos veces al día, o a lo menos una vez, cuidad que no lo dejéis de hacer; y sobre todo vivid teniendo más en cuenta con vuestra conciencia que con las ajenas. Porque quien para sí no es bueno, ¿cómo lo será para los otros?».

Esto puede ayudarte a ver en qué has fallado a la hora de responder a las insinuaciones de Dios a lo largo del día; en qué puntos no te has interesado por los demás; en qué momentos podrías haber sido más amable y cariñoso... Tal vez hayas dejado de ayudar a un amigo que tan solo necesitaba que le dedicaras unos minutos de tu tiempo, o a un familiar enfermo que esperaba una llamada telefónica por tu parte. Podrías haberlo hecho, pero no lo has hecho, no te has molestado en hacerlo. Este es un nuevo modo de meditar sobre lo que los teólogos llaman «pecados de omisión».

¿Todavía te sigue pareciendo una manifestación de los peores estereotipos del cristianismo el pasar revista a tus pecados? Lo cierto es que reconocer nuestra pecaminosidad o nuestra incapacidad para hacer lo correcto nos ayuda no solo a acercarnos más a Dios, sino también a ser personas más afectuosas y amables, aparte de que nos permite ver con mayor claridad nuestra *necesidad* de Dios, que nos invita a crecer en el amor y no tiene en cuenta los fallos que podamos cometer al respecto. Este segundo paso del examen nos recuerda nuestra necesidad de ser humildes. Nos hace ser más conscientes de cómo herimos a los demás y nos permite distanciarnos de aquellos aspectos de nosotros que impiden a los demás correspondernos con su amor.

Esto es así siempre que no te dejes paralizar por la culpabilidad. Ser consciente de tus pecados puede ser una invitación a crecer, pero también puede ser una trampa. A veces, la culpabilidad mal entendida nos puede hacer creer, o bien que no podemos ser perdonados por Dios, o bien que nuestra pecaminosidad nos hace indignos. Lo cual conduce a la desesperación, signo inequívoco de alejamiento de Dios. Todos combatimos el pecado, todos debemos solicitar el perdón de Dios y de los demás; sin embargo, todos seguimos siendo amados por Dios, y más de lo que nunca podríamos imaginar. La parábola del hijo pródigo que refiere Jesús (Lucas 15,11-32), en la que el padre no solo perdona al hijo extraviado, sino que derrocha con él su amor, refleja algo muy parecido, algo que en la espiritualidad ignaciana se expresa como el «pecador amado». La culpa es un medio orientado a un fin, no el final del relato. La conciencia del propio pecado es importante para el crecimiento espiritual. Por eso decía Anthony de Mello: «Muéstrate agradecido por tus pecados, porque son portadores de gracia».

La tercera parte tradicional del examen constituye el centro de la oración: la *revisión del día*. Básicamente, te preguntas: «¿Qué ha sucedido hoy?». Piensa en ello como si fuera una película que se proyecta en tu cabeza. Pulsa el botón «Play» y recorre mentalmente tu jornada, desde el comienzo hasta el final, desde que te levantaste por la mañana hasta que te has preparado para irte a la cama por la noche. Observa qué es lo que te ha hecho feliz, lo que te ha estresado, lo que te ha dejado confuso, lo que te ha ayudado a ser más amable... Recuérdalo todo: imágenes, sonidos, sentimientos, gustos, texturas, conversaciones... Pensamientos, palabras y obras, como dice Ignacio. Cada momento proporciona una ventana para percibir dónde ha estado Dios a lo largo de tu jornada.

Tal vez digas: «¡Yo ya *sé* lo que me ha sucedido hoy!». Pero sin la disciplina del examen podrías no reparar en ello. Esto es algo que aprendí, y de un modo realmente sorprendente, durante mis estudios de filosofía en Chicago.

Cuando mis hermanos jesuitas y yo estábamos inmersos en pleno estudio de la filosofía, después de nuestro noviciado, se esperaba además de nosotros que ejerciéramos algún ministerio. Aunque nuestros superiores nos decían claramente que nuestra labor primordial consistía en estudiar filosofía, no debíamos perder el contacto con el mundo exterior ni olvidar que nuestros estudios tenían una finalidad práctica, el mismo fin con el que Ignacio realizó sus estudios: ayudar a las almas.

Durante mi primer año de filosofía en la Loyola University de Chicago, trabajé en un programa de ayuda a miembros de las pandillas callejeras en las zonas deprimidas del centro de la ciudad. Durante mi segundo año, fui asignado a un centro comunitario en un barrio de clase media baja cercano a nuestra residencia jesuítica. Haciendo uso de mi experiencia en el mundo empresarial, ayudaba a hombres y mujeres desempleados a manejarse en el asunto de encontrar trabajo: redactar currículums, aprender a localizar posibles puestos de trabajo y prepararse para las entrevistas.

De los Ejercicios Espirituales

He aquí el examen en palabras de san Ignacio de Loyola extraídas directamente de los *Ejercicios Espirituales:*

«*El primer punto* es dar gracias a Dios nuestro Señor por los beneficios recibidos.

El segundo, pedir gracia para conocer los pecados, y lanzallos.

El tercero, demandar cuenta al ánima desde la hora que se levantó hasta el examen presente, de hora en hora o de tiempo en tiempo; y primero del pensamiento, y después de la palabra, y después de la obra, por la misma orden que se dijo en el examen particular.

El cuarto, pedir perdón a Dios nuestro Señor de las faltas.

El quinto, proponer enmienda con su gracia. Pater noster».

Después del reto que supuso el trabajo con las pandillas callejeras, trabajar en el centro comunitario parecía comparativamente fácil. Y más cómodo físicamente: el trabajo con los pandilleros suponía estar en la calle, fuera de las instituciones públicas, y hablar con ellos mientras el gélido viento del lago Michigan penetraba a través de las distintas capas de ropa que llevaba. Al menos el Centro Comunitario de la zona Howard tenía calefacción.

Pero mientras el ministerio con los pandilleros era emocionante, este otro trabajo parecía más prosaico, y no me daba a mí la impresión de que fuera particularmente cristiano. ¿Dónde estaba Dios? Yo lo pasaba bien con el personal del centro comunitario, que se mostraba muy amable conmigo, y también estaba a gusto con los hombres y mujeres desempleados, que parecían interesados en lo que yo les enseñaba. Pero el trabajo en sí me parecía aburrido. Para colmo, a aquella gente le costaba mucho encontrar trabajo. De manera que me sentía aburrido y fracasado al mismo tiempo.

Una mujer, a la que llamaré Wanda, encarnaba todo ello. Wanda tenía sobrepeso e iba desaliñada (nada sorprendente, dados sus limitados ingresos) y había tenido que afrontar un sinfín de oportunidades fallidas. Su educación consistía fundamentalmente en la secundaria obligatoria y unos cuantos meses sin planificación alguna en un instituto local.

Dado que llevaba varios meses sin trabajo, Wanda estaba desesperada por encontrarlo, lo cual la trajo al centro comunitario. Nos entrevistamos varias veces y elaboramos conjuntamente un currículum que ponía de relieve sus habilidades, leíamos detenidamente los anuncios del periódico e hicimos varios simulacros de entrevista.

Pero, a pesar de todos nuestros esfuerzos, Wanda no encontraba trabajo, y yo empecé a sentirme frustrado al trabajar con ella.

Un día se lo confesé a Dick, mi director espiritual, un jovial jesuita de mediana edad con gran experiencia en la espiritualidad ignaciana. Como sucede con muchos directores espirituales, sentías que a Dick podías contarle cualquier cosa. Y él sabía cuándo *no* estabas contándole todo.

«¿Aparece tu ministerio con mucha frecuencia en tu examen?», me preguntó.

Le respondí que no y le dije que estaba más centrado en el estudio, que era mi principal trabajo. En mi examen, revisaba cuidadosamente las experiencias que tenía en mis clases, durante mis horas de estudio y en la comida y la cena comunitarias con mis amigos jesuitas. El trabajo con Wanda y demás era un pensamiento secundario, o ni siquiera pensaba en él en absoluto.

«Puede que el trabajo te resulte aburrido porque no lo llevas ante Dios en la oración», dijo Dick.

«No –le repliqué–, es aburrido porque es aburrido».

Dick me recordó que, cuando sentimos resistencia a algo en la oración, muchas veces se debe a que nos resistimos a la invitación de Dios a crecer. Por eso al día siguiente, después de pasar un tiempo en el centro con Wanda, me prometí a mí mismo que la tendría presente durante la fase de revisión del examen.

Aquella noche me senté en la capilla de nuestra comunidad jesuítica y comencé mi examen. Después de una larga jornada, recordé lo relacionado con mis estudios y con la vida comunitaria. Después, cuando llegué a la parte del día que había pasado en el centro comunitario, recordé que tenía que hacer una pausa. Era extraño sentir resistencia, pero me forcé a recordar los rostros de las personas que había visto aquel día: el transeúnte sin hogar que no se había afeitado y que llevaba muchos años sin trabajo; el hombre de mediana edad en silla de ruedas que llevaba meses buscando trabajo; y, finalmente, Wanda.

Aquel día, Wanda y yo habíamos pasado una hora preparando una entrevista que podría no tener lugar en meses o que quizá no se produjera nunca. De pronto, vi en mi oración su rostro, marcado por una enorme tristeza que prácticamente me dejó anonadado. La situación parecía desesperada para ella. Era como si yo hubiera ahondado en un profundísimo pozo de compasión. Antes de que pudiera darme cuenta, me vi llorando por alguien a quien apenas conocía.

A la semana siguiente le referí a Dick lo sorprendido que me había sentido. «Tal vez estuvieras sintiendo la compasión de Dios por ella –me dijo–. ¿De qué otro modo puede Dios comunicar sus esperanzas a Wanda si no es por medio de tu trabajo?». No era de extrañar –añadió– que anteriormente me hubiera resistido a pensar en las personas con las que trabajaba, quizá por miedo a las profundas emociones que yacían bajo la superficie.

La siguiente ocasión en que me encontré con Wanda fue como si me encontrara con alguien sagrado, con alguien a quien Dios amaba de una manera especial. Obviamente, Dios amaba a todas las personas del centro comunitario, pero la oración me recordó que Wanda era la única de la que Dios me había pedido *a mí* que me ocupara, aunque fuera en pequeña medida. Ese paso del examen –la revisión– cambió mi modo de relacionarme con mi ministerio, mi modo de relacionarme con las personas con las que trabajaba y, lo más importante, mi modo de relacionarme con Wanda (a la que nunca he vuelto a ver después de irme de Chicago). Me ayudó a ver a Dios no simplemente en retrospectiva, sino en el momento.

Como dice Margaret Silf en *Inner Compass* («La brújula interior»): «Enseguida verás que empiezas a buscar la presencia y la acción de Dios en lugares donde antes no pensabas encontrarlas».

«El momento presente guarda infinitas riquezas que exceden con mucho tus sueños más audaces, pero solo las disfrutarás en la medida de tu fe y de tu amor. Cuanto más ama un alma, más anhela, más espera y más encuentra».

– JEAN-PIERRE DE CAUSSADE, SJ (16775-1751),

El sacramento del momento presente

El cuarto paso del examen consiste en pedir el *perdón* de Dios por cualesquiera pecados cometidos a lo largo del día. Los católicos pueden sentir a continuación la necesidad del sacramento de la confesión, si han cometido un pecado grave. También puede reconocerse el deseo de buscar el perdón de la persona ofendida.

Pedir perdón por nuestros pecados puede resultar liberador, al recordarnos el deseo de Dios de acogernos de nuevo –como el padre en la parábola del hijo pródigo–, prescindiendo de lo que hayamos hecho, si estamos verdaderamente apesadumbrados. Durante mis estudios de teología, Peter Fink, SJ, uno de nuestros profesores, nos dijo que en la confesión no hemos de poner el énfasis en lo malos que somos, sino en lo bueno que es Dios.

Finalmente, en el último paso del examen se pide la *gracia* de la ayuda de Dios para el día siguiente, y se puede concluir con la oración que cada cual prefiera. Ignacio sugiere el Padrenuestro. Quienes no sean cristianos pueden concluir con una oración de su propia tradición.

Examen(es)

Aunque Ignacio decía a los jesuitas que no omitieran jamás el examen diario, no hay que seguirlo al pie de la letra. Para Ignacio el examen constaba de los siguientes pasos: agradecimiento, conciencia de los pecados, revisión, perdón y gracia.

Pero los jesuitas oramos de muy diferentes maneras. A mí me resulta difícil identificar los pecados sin antes haber revisado la jornada. Además, me resulta más fácil pedir perdón después de haber pensado en mis pecados. Por eso mi examen procede en el siguiente orden: agradecimiento, revisión, conciencia de los pecados, perdón y gracia.

El examen está pensado para todos, no solo para los jesuitas. Dorothy Day, la norteamericana fundadora del «Catholic Worker Movement», habla del examen en sus diarios, publicados bajo el título *The Duty of Delight,* donde escribe el 11 de abril de 1950: «San Ignacio dice que no hay que omitir jamás dos exámenes de quince minutos cada uno». Y a continuación expone su propia manera de hacerlo:

1. Agradecer a Dios los favores recibidos.
2. Pedir luz [es decir, la gracia de ver con claridad].
3. Revisión.
4. Arrepentimiento.
5. Resolución.

A Dorothy Day el examen no solo le servía para traer a su mente las sencillas alegrías de la vida, sino que la incitaba a mejorar. «Todos hablamos demasiado», escribía en 1973, a los setenta y cinco años de edad. Tenía la sensación de que ella misma había estado quejándose y murmurando demasiado. «Debo dejar de hacerlo». El examen la llevaba a la acción.

«No hay un modo "correcto" de orar –me decía David–; de manera que ora del modo que más te acerque a Dios».

Sin embargo, hay una trampa muy común: hacer el examen como si se tratara simplemente de elaborar una lista. Muchos jesuitas (incluido yo) solemos caer en esta tentación. Para la gente atareada resulta tentador sentarse cómodamente al final de la jornada y revisarla detenidamente: he hecho esto; después, aquello; más tarde, esto otro; y así sucesivamente.

Para evitarlo puede ser útil que recuerdes que estás haciendo el examen *con Dios,* lo cual hace que el examen sea no solo más orante, sino, además, que sea más un diálogo y menos una tarea que hay que completar. A veces basta con recordar que te hallas en presencia de Dios.

El examen en cinco pasos

Diré cómo hago yo el examen. Es una versión ligeramente modificada de lo que recomienda Ignacio en los Ejercicios.

Antes de empezar, como en toda oración, recuerda que estás en presencia de Dios y pídele que te ayude en tu oración.

1. Agradecimiento: recuerda cualquier cosa del día por la que estés especialmente agradecido y dale gracias a Dios.
2. Revisión: recuerda los acontecimientos del día de principio a fin, observando en qué puntos has sentido la presencia de Dios y en qué otros puntos has aceptado o rechazado alguna invitación a crecer en el amor.
3. Pesar: recuerda los actos por los que estás apesadumbrado.
4. Perdón: pide perdón a Dios. Decide si deseas reconciliarte con alguien a quien hayas herido.
5. Gracia: pide a Dios la gracia que necesitas para el día siguiente y la capacidad de percibir su presencia con mayor claridad.

Me verás pasar

El examen se basa fundamentalmente en la idea de que es más fácil ver a Dios en retrospectiva que en el momento presente. Para iluminar esta idea, permítaseme referir una historia.

Hace algunos años, edité un libro, titulado *How Can I Find God?* («¿Cómo puedo encontrar a Dios?»), para el que pedí a personas famosas y menos famosas que respondieran a esa pregunta. Tuve la audacia de pedírselo, entre otros, al superior general de la Compañía de Jesús, Peter-Hans Kolvenbach, y quedé encantado cuando me respondió con un conciso ensayo en el que inasistía en la práctica de «mirar hacia atrás» para encontrar a Dios.

El padre Kolvenbach refería la historia de un abad de la Edad Media que cada día les hablaba a sus monjes acerca de «buscar y encontrar a Dios». Un día, un monje preguntó al abad si se había encontrado alguna vez con Dios, si había tenido alguna visión de Él o lo había visto cara a cara.

Al cabo de un largo silencio, el abad respondió francamente que no; pero –añadió el abad– eso no era tenía nada de extraño en absoluto, porque incluso a Moisés le dice Dios en el Libro del Éxodo (33,19-20): «Mi rostro no podrás verlo, porque nadie puede verme y seguir con vida». Y Dios dice a Moisés que verá su espalda cuando pase a su lado.

«Así –escribía el padre Kolvenbach–, mirando hacia atrás a lo largo y ancho de su vida, el abad podía ver el paso de Dios».

El examen ayuda a ver a Dios en retrospectiva. Y lo que el padre Kolvenbach decía acerca de la búsqueda de Dios puede aplicarse a esta oración diaria. «En este sentido, no se trata tanto de buscar a Dios cuanto de dejarse encontrar por Él en todas las situaciones de la vida, por las que no deja de pasar y en las que permite ser reconocido una vez que ha pasado realmente».

De manera análoga, aunque con frecuencia pedimos la ayuda de Dios en aspectos concretos de la vida, con la misma frecuencia dejamos de reconocer su ayuda cuando esta se produce. A veces el examen puede ayudar a dilucidar la duda de «por qué no responde Dios a mi oración».

Supongamos que comienzas un nuevo trabajo, vas destinado a un nuevo colegio o tienes que trasladarte a otra ciudad... y te sientes solo. Entonces le pides ayuda a Dios: ayúdame a sentirme menos solo. Ayúdame a hacer amigos.

Es muy habitual que esperemos que se produzca un cambio espectacular y que al día siguiente entablemos una profunda amistad con alguien. Pero esto no sucede normalmente; la verdadera amistad no progresa tan rápidamente.

Lo que sí puedes hacer es empezar, muy poco a poco, a entablar relaciones amistosas con algunas personas. Puede que el día siguiente a tu oración alguien te haga un comentario amable o te pregunte si necesitas ayuda. Si estás buscando únicamente a ese «amigo instantáneo», es posible que algo tan nimio como un comentario amable te pase inadvertido. El examen te ayuda a percibir que a menudo Dios trabaja gradualmente, lo cual me recuerda una de mis imágenes favoritas de Dios.

Dios —me sugirió en cierta ocasión un anciano jesuita— es algo así como un viejo carpintero de un pequeño pueblo de Vermont. Si preguntas a la gente del pueblo a quién puedes dirigirte para encargar un trabajo de carpintería, te dirán: «Solo puede acudir usted a una persona. Hace un trabajo excelente. Es cuidadoso, preciso, concienzudo y creativo; se asegura de que todo encaje, y adaptará su trabajo exactamente a sus necesidades. Solo hay un problema: ¡tarda *una eternidad*!».

Con el examen es menos probable que pases por alto ese lento trabajo de Dios.

Con el tiempo, empezarás a percibir que la actividad de Dios en tu vida responde a una serie de *pautas*. Tal vez recuerdes cada noche que eres más feliz cuando ayudas a otros en sus necesidades físicas; por ejemplo, ayudando a una anciana vecina a limpiar su casa. Tal vez pienses: *Esto es interesante. Nunca lo había notado. Quizá debería hacerlo más a menudo*. O quizá constates que cada noche le das gracias a Dios por la misma persona de tu lugar de trabajo. *Esto es interesante* —piensas—; *tal vez debería decirle lo agradecido que estoy por su amistad*.

Encontrar a Dios en tu examen hace que sea más probable que lo busques a lo largo del día. Eres más consciente de dónde *estaba* y dónde *está* Dios. Poco a poco, vas cayendo en la cuenta de que Dios está activo en cada momento del día. Encontrar a Dios mirando hacia atrás hace que te sea más fácil verlo justamente delante de ti.

El examen puede utilizarse también para contemplar la presencia de Dios a largo plazo. En su libro *Inner Compass*, Margaret Silf refiere cómo, durante un viaje de placer que realizó por Escocia con sus familiares, se encontró con un letrero que decía: «Nacimiento del río Tweed». Enseguida vieron cómo el arroyo, cuyo origen era un insignificante manantial, se dilataba y crecía hasta convertirse finalmente en una «presencia majestuosa en el valle», en un gran río cruzado por un puente y en el que se podía pescar; una fuente de belleza en el paisaje. Y durante unos minutos recorrieron en coche el camino que discurría en paralelo al río.

En todas las personas

Encontrar a Dios en todas las cosas significa también encontrarlo en todas las personas. San Afonso Rodríguez (1532-1617) fue un hermano jesuita que durante cuarenta y seis años ejerció el humilde trabajo de portero en el colegio de los jesuitas de Mallorca, España. Joseph Tylenda, SJ, escribe en su libro *Jesuits Saints and Martyrs:* «Su deber consistía en recibir a los visitantes que acudían al colegio, así como en buscar a los padres o alumnos que eran requeridos en los locutorios, transmitir mensajes, hacer recados, consolar a los entristecidos que, no teniendo a quién volverse, acudían a él, aconsejar a los atribulados y repartir limosnas a los necesitados». San Alonso se dedicaba a encontrar a Dios en el momento presente. «Señor, permíteme conocerte. Y permíteme conocerme a mí mismo», oraba. Cada vez que sonaba el timbre, miraba a la puerta e imaginaba que era el propio Dios quien estaba en la entrada. Y mientras se dirigía a ella, decía: «¡Voy, Señor!».

Silf nos pregunta si consideramos nuestra vida de este modo. ¿Podemos emplear el examen para mirar hacia atrás y descubrir las fuentes ocultas del «paisaje de nuestras circunstancias»? ¿Qué partes de nuestro paisaje han opuesto resistencia al caudal de agua y qué otras partes del mismo han cedido a su empuje? (Recordemos a Felicité, la heroína de «Un corazón sencillo», de quien dice Flaubert que cada mañana recordaba «sin pesar, muy serenamente, el día transcurrido y los pequeños detalles de los hechos más banales»).

Dicho de otro modo, ¿podemos utilizar el examen para mirar hacia atrás y ver retrospectivamente toda nuestra existencia? Esto podría denominarse «examen de la vida».

Ayeres hermosos

El examen diario es de especial ayuda para personas en proceso de búsqueda, agnósticos y ateos. Para todos ellos puede transformarse en una «oración de toma de conciencia». El primer paso es hacerte consciente de ti mismo y de cuanto te rodea. El segundo paso es recordar aquello por lo que estás agradecido. El tercero es la revisión del día. El cuarto paso, pedir perdón, lo cual podría consistir en la decisión de reconciliarse con alguien a quien hayas herido. Y el quinto es disponerte a ser consciente durante el día siguiente. Poco a poco, dichas personas pueden comenzar a conectar los acontecimientos de su vida con el amor, la presencia y la solicitud de Dios para con ellas.

Hace unos años, empecé a orientar en esta forma de oración a grandes grupos, la mayoría de cuyos miembros estaban familiarizados con la espiritualidad cristiana; pero incluso la gente que nunca había orado se mostraba entusiasmada con el examen. Y por aquella misma época, como ya he dicho, fui invitado a trabajar con un grupo de actores en una obra de teatro. El verano posterior a la finalización de las representaciones me invitaron a asistir a su taller de verano, donde escenificaban nuevas obras y ofrecían cursos sobre diversos aspectos del arte escénico. A la mayoría de los «invitados» se nos pidió que ofreciéramos a la compañía un taller o seminario sobre algo relacionado con el drama shakesperiano, o la voz, o el movimiento en la representación escénica.

¿Qué podía ofrecer yo, que carecía de la menor experiencia teatral? Entonces pensé en el examen. Una tarde, en un estudio de danza, guié a quince actores, escritores, directores y dramaturgos a través de los cinco pasos. Algunos ya habían meditado anteriormente, otros no; algunos creían en Dios, otros no; algunos no estaban seguros, otros no lo decían. Al final de la sesión hablamos sobre lo que habían sentido.

Mi respuesta favorita fue la de un joven actor neoyorkino que dijo que siempre le había resultado difícil meditar y que ni siquiera estaba seguro de creer en Dios. Pero cuando el examen concluyó, dijo: «No sabía que mi ayer había sido tan hermoso».

Este es el tema de la obra de Thornton Wilder *Our Town* («Nuestra ciudad»), estrenada en 1938 y muy representada por los grupos de artes escénicas de secundaria. Uno de los personajes, Emily Webb, que ha fallecido al dar a luz, pide regresar al mundo de los vivos. Cuando ve las cosas tan sencillas que constituyen nuestra vida diaria –planchar, bañarse, comer, dormir, despertar...–, dice: «¿Algún ser humano ha sido alguna vez consciente de la vida mientras la vivía?».

El examen te ayuda a «constatar» la presencia de Dios. En mi opinión, trasciende cualesquiera pruebas de su existencia pidiéndote que percibas dónde *existe ya* Dios en tu vida, dónde eran más hermosos tus ayeres. Haciéndote consciente de este modo, comenzarás a percibir la presencia de Dios cada vez más en tu día a día.

Permítaseme concluir nuestro análisis del examen con un breve relato del jesuita indio Anthony de Mello. Su libro *El canto del pájaro* incluye varias maravillosas parábolas acerca de la consciencia de Dios. Esta se titula «El pequeño pez».

«"Usted perdone –le dijo un pez a otro–, es usted más viejo y con más experiencia que yo, y probablemente podrá usted ayudarme. Dígame: ¿dónde puedo encontrar eso que llaman "Océano"? He estado buscándolo por todas partes, sin resultado».

"El Océano –respondió el viejo pez– es donde estás ahora mismo".

"¿Esto? Pero si esto no es más que agua... Lo que yo busco es el Océano", replicó el joven pez, totalmente decepcionado, mientras se marchaba nadando a buscar en otra parte».

«Deja de buscar, pequeño pez –dice de Mello–. No hay nada que *buscar*. Lo único que tienes que hacer es *mirar*».

5

Empezar a orar

(Ya he encontrado a Dios...
¿Y ahora qué?)

El examen es un modo sencillo de descubrir a Dios en tu vida diaria. Pero, a pesar de la utilidad del examen, la oración es mucho más que rememorar la jornada transcurrida.

La mejor manera que se me ocurre de hablarte de la oración consiste en que te hable de los pasos que yo mismo he dado en la vida de oración, lo cual podría proporcionarte confianza para comenzar o proseguir tu camino. Dado que en mi vida yo he tardado mucho en saber algo acerca de la oración, me resulta fácil simpatizar con los principiantes.

Aunque, de hecho, todos somos principiantes en la oración, porque nuestra relación con Dios cambia con el tiempo y se renueva continuamente.

¿Puedo pedir ayuda a Dios?

Cuando yo era niño, rezaba mucho.

En primer grado, no veía en Dios al Creador, al Todopoderoso o al Juez Supremo, sino que, como ya he mencionado, veía en Él al Gran Solucionador de Problemas, aquel a quien acudía para que solucionara mis asuntos, cambiara las cosas o me ayudara a salir de un apuro. Y como había montones de cosas que yo deseaba solucionar (mi rendimiento en el béisbol, mi habilidad con la trompeta, mi capacidad para las matemáticas...), recurría a Él frecuentemente.

Tan natural es recurrir a Dios en la necesidad como lo es para un niño pedir ayuda a sus padres, o para un adulto pedir un favor a un amigo. Ser humano significa estar en relación, pero significa también estar necesitado. Por tanto, ser humano significa a veces pedir ayuda. Cuando yo era niño, mi método preferido de pedir ayuda a Dios consistía en repetir rutinariamente el número de veces que fuera preciso, en función del resultado deseado, ciertas oraciones como el Padrenuestro o el Avemaría. Los nervios antes del examen de ortografía me impulsaban a rezar un Avemaría mientras me dirigía a la escuela. Si me preocupaba tener que realizar unas pruebas deportivas o si debía ejecutar un solo en el ensayo de la banda de música, rezaba muchas Avemarías. Cuanto más deseaba algo, tantas más oraciones recitaba.

Este tipo de oración –la solicitud de ayuda– se llama «oración de petición» y es, probablemente, el tipo de oración con el que más familiarizados estamos la mayoría de nosotros. Pedir a Dios algo que deseamos lo vemos como algo perfectamente natural.

Sin embargo, toda forma de oración tiene sus peligros. Y uno de los peligros de la oración de petición es que puede eliminar de nuestra vida espiritual la conciencia de la libertad de Dios y pasar al ámbito de la superstición o incluso de la magia. Puedes pensar que, si recitas una determinada oración, o si rezas de una determinada manera, o si utilizas un número preestablecido de repeticiones, *podrías* ser capaz de convencer a Dios de algo, podrías forzarle a responder. Pero las oraciones no son conjuros ni encantamientos destinados a «hacer» que ocurra algo (que era exactamente lo que yo esperaba cuando era niño).

Tal vez por este temor a la superstición, muchas personas me han dicho que se sienten culpables o egoístas cuando hacen uso de la oración de petición. Dicen: «Hay muchas personas en el mundo que tienen muchas más necesidades que yo. ¿Cómo voy a pedirle nada a Dios?».

No te molestes

Un chiste a propósito de la oración de petición: un hombre busca desesperadamente un lugar en el aparcamiento de la iglesia, porque es el padrino de una boda y no puede llegar tarde. «Dios mío –reza desesperado–, iré a la iglesia todos los domingos durante el resto de mi vida si me encuentras un hueco».

De repente, encuentra una plaza. «No te molestes, Dios –dice–. Acabo de encontrarlo».

Hay ciertamente muchas personas que necesitan muchas más cosas que tú (y que yo). Pero, aunque es importante ver las propias necesidades en la debida perspectiva, es imposible *no* orar de este modo. Yo no conozco a nadie que no sienta la necesidad de pedir ayuda a Dios. En mi opinión, Dios desea también estar abierto a lo que nosotros necesitamos. Esto es parte de una relación sincera con él. Supongamos que acabas de perder tu trabajo o que el médico te ha diagnosticado una grave enfermedad: ¿cómo no vas a clamar a Dios pidiendo ayuda?

La oración de petición probablemente comienza en el momento mismo en que el ser humano es consciente de las limitaciones de su existencia. Las formas de dicha oración pueden tener su origen en ciertas prácticas prehistóricas: implorar favores a los diversos dioses, deidades y espíritus por medio de la oración, los ritos y los sacrificios.

Lo cual no significa que el creyente actual deba rechazarlas; las oraciones de petición prehistóricas pueden simplemente reflejar el innato deseo humano de relación con Dios. La oración de petición, por otra parte, tiene una larga historia en la tradición judeocristiana. Es al menos tan antigua como los salmos: «Escucha, oh Dios, la voz de mi gemido», dice el autor del Salmo 64. Prácticamente todas las principales figuras del Antiguo Testamento, así como los profetas, en un momento o en otro han pedido la ayuda de Dios.

Esta forma de relacionarse con Dios sigue presente con idéntica intensidad en el Nuevo Testamento. Pensemos en Bartimeo, el mendigo ciego que no dejaba de clamarle a Jesús, aunque sus amigos le decían que se callara: «¿Qué quieres que haga por ti?», le preguntó Jesús. Y el propio Jesús instruyó a sus discípulos a orar de este modo: «Danos hoy nuestro pan de cada día», que es pura y simple oración de petición.

La oración de petición es natural, humana y normal. Expresa nuestra auténtica necesidad de la ayuda de Dios. Desde luego, esta era mi manera fundamental de rezar cuando era niño.

Y nunca se me ocurrió que la oración pudiera ser otra cosa.

Hacer listas, broncearse y hallar a Dios

Todo cambió a los veintiséis años, cuando empecé a considerar la posibilidad de abrazar la vida religiosa. Por entonces, yo aún seguía rezando de la misma manera en que lo hacía a los nueve años. Seguía rezando Avemarías y Padrenuestros cuando tenía urgente necesidad de algo.

La primera persona con la que hablé de hacerme jesuita fue el padre Jim Kane, promotor de vocaciones, encargado de reclutar y examinar a los candidatos. El padre Kane, de unos cuarenta años, sumamente amable y acogedor y dotado de un alegre talante, me dijo que, además de llenar un formulario, escribir una breve autobiografía espiritual, ser entrevistado por varios jesuitas, contar con el beneplácito de los mismos y someterme a una serie de tests psicológicos, deseaba que hiciera un retiro dirigido.

¿Un qué?

Por lo que había leído en la obra de Thomas Merton acerca de la vida monástica, yo sabía que un retiro significaba pasar un tiempo recluido en algún centro de oración. Pero ¿qué era un retiro *dirigido*? Pensé que tal vez consistiera en te orientaran en la lectura de diferentes partes de la Biblia.

Pero yo quería ser jesuita, de manera que accedí. «¿Cuántos días debo reservar para el retiro?», pregunté.

«Bueno —me dijo el padre Kane—, se trata de un retiro en silencio de ocho días».

«¡Ocho días!», dije yo. ¿Cómo podía nadie rezar durante ocho días?

Me imaginé sentado inmóvil y con los ojos cerrados, en una habitación oscura, durante todo el tiempo del retiro. O quizá sentado en un incómodo banco de una polvorienta capilla. Además, me pareció que era una cantidad de tiempo absurda: algo más de la mitad de mis días de vacaciones anuales, nada menos. ¿Y en silencio? Rezar durante ocho días ya era bastante duro; pero permanecer todo ese tiempo en silencio se me antojaba imposible.

Al día siguiente le pedí al padre Kane que me enviara un fax con el programa, para poder prepararme para el viaje. Él se echó a reír. «No hay programa —me dijo—; es un retiro».

Uno de mis recuerdos más vívidos de aquellos días es el de estar sentado en mi escritorio escuchando la respuesta del padre Kane y pensando, como cualquier ejecutivo: ¿*No hay programa? ¿Durante ocho días? ¿Quién es esta gente?*

Pero mi deseo de ser jesuita (y escapar de mi antigua vida) era tan intenso que le pedí a mi jefe ese tiempo libre e hice los planes necesarios para trasladarme en coche hasta el «Campion Renewal Center» en Weston, Massachusetts, donde pasaría ocho silenciosos días sin un orden del día preestablecido.

Unas semanas después, a mediados de junio, llegué a Weston, una arbolada zona residencial a las afueras de Boston, y encontré el camino hacia el «Campion Renewal Center». El inmenso complejo de ladrillo, construido en 1926, que anteriormente había sido una facultad de filosofía y de teología para jesuitas, servía ahora a la vez como casa de ejercicios y como enfermería para los jesuitas ancianos de Nueva Inglaterra. Llevaba el nombre de san Edmundo Campion, uno de los jesuitas martirizados en el siglo XVI, durante el reinado de Isabel I, por atender espiritualmente a los católicos en la Inglaterra protestante.

Mi espartana habitación del cuarto piso estaba amueblada como las de cualquier otra casa de ejercicios que yo he conocido desde entonces: una cama (individual, por supuesto), una mesa y una silla, un lavabo, una mecedora y un crucifijo en la pared. Era también terriblemente calurosa, debido al ardiente verano de aquel año en Boston. Un viejo ventilador hacía lo que buenamente podía por remover el cálido y húmedo aire de la habitación. La mayoría de los días me despertaba por la mañana sudando y sintiéndome como un pavo al que estuvieran asando al horno.

Poco después de mi llegada, conocí a Ron, un joven jesuita que me explicó que sería él quien me ayudaría a orientarme en mi oración. Yo aparenté saber de qué estaba hablando. Luego me dijo que debía pasar el primer día disfrutando de la naturaleza. Me sentí aliviado: eso sí podía hacerlo.

El siguiente día fue más placentero de lo que yo había previsto. Por una parte, el silencio no resultaba tan difícil; por otra, la novedad que suponía la posible entrada en la vida religiosa seguía intacta, de modo que podía imaginarme a mí mismo como un silencioso, santo y humilde jesuita mientras recorría los suelos de mármol y paseaba por los espaciosos terrenos del «Campion Center» con la Biblia en la mano. Después de seis años en un estresante entorno empresarial, la oportunidad de tenderme sobre la hierba, leer libros y broncearme era bienvenida.

Al día siguiente le conté a Ron lo relajante que me había resultado el día. Al final de nuestra conversación, Ron dijo: «¿Por qué no dedicas mañana un tiempo a pensar en quién es Dios?».

¡Así que ese era el truco! Los jesuitas eran endiabladamente inteligentes, o al menos eso me habían dicho. Evidentemente, estaban poniendo a prueba mi educación religiosa para cerciorarse de que yo sabía lo suficiente como para ser un buen sacerdote.

Aquella tarde me tendí en el amplio césped que había junto a la casa de ejercicios y traté de imaginar cómo podría describir a Dios.

Veamos –pensé–, *Dios es:*

1. Creador.
2. Amor.
3. Todopoderoso.

Aunque *todopoderoso* era más un adjetivo, pensé que era una lista impresionante. La tarde siguiente le presenté a Ron mis respuestas, que esperaba consolidaran su valoración de mi asombroso intelecto. «De acuerdo», dijo Ron echándose ligeramente hacia atrás en su mecedora. Y se puso entonces a hacer comentarios sobre la breve lista que yo había elaborado; por desgracia, no parecía impresionado por mi agudeza teológica. Después me dijo: «Tal vez hoy podrías dedicar algún tiempo pensando en quién es Jesús».

¡Otro truco, más retorcido aún que el primero! «Bien, Jesús *es* Dios –dije yo–. ¿No es así?».

Yo esperaba que Ron me felicitara por escapar de su trampa jesuítica, pero lo que hizo fue decirme: «Bueno, eso es verdad. Pero ¿por qué no piensas en quién es Jesús para *ti,* en tu propia vida?».

Después de comer, me tendí sobre la blanda hierba bajo el sol y elaboré una nueva lista. Jesús era:

1. Salvador.
2. Mesías.
3. Príncipe de la Paz.

Terminé en diez minutos y volví a ocuparme de mi bronceado.

De pronto me vino a la mente una palabra: *amigo.* Jesús era un amigo. Aquello era algo en lo que nunca había pensado anteriormente, ni recordaba tampoco que nadie me lo hubiera sugerido. O, si lo habían hecho, yo no había prestado demasiada atención.

Durante unos minutos permanecí tumbado de espaldas contemplando aquel cielo azul completamente despejado e imaginé cómo sería tener a Jesús como amigo. Si Jesús era mi amigo, le gustaría escucharme. Celebraría conmigo mis éxitos y se entristecería conmigo cuando me sintiera decepcionado. Querría lo mejor para mí. Y desearía pasar tiempo conmigo y oírme hablar de mi vida.

Entonces me pregunté cómo era realmente Jesús de Nazaret. Naturalmente, yo había escuchado las lecturas de los evangelios durante la misa, había aprendido algo acerca de su vida y sabía de sus milagros y su resurrección; pero ahora me preguntaba cómo era Jesús como persona. ¿Cómo habría sido para los apóstoles estar junto a Jesús? Tuvo que ser maravilloso moverse en torno a él, prestarle apoyo, responder a sus preguntas... Resultaba bueno, consolador e incluso emocionante pensar en Jesús de aquel modo. Y empecé a pensar en desear tenerlo como amigo.

Entonces, sobresaltado, caí en la cuenta de que estaba alejándome de la verdadera razón por la que debía pensar en todo aquello. Obedientemente, me esforcé por volver a mi lista. ¿Qué más podía añadir?

Jesús era también:

4. Buen Pastor.
5. Juez.
6. Cordero de Dios (significara eso lo que significara).

A la mañana siguiente, le leí mi lista a Ron. Él escuchó pacientemente y luego charló conmigo acerca de esas imágenes.

A modo de ocurrencia tardía, añadí: «¿Sabes?, me vino a la mente algo realmente curioso. Por un momento, pensé en Jesús como amigo. Por alguna razón, pensé en los apóstoles y los imaginé pasando su tiempo con Jesús. Pensar en Jesús como amigo me hizo sentirme bien, me hizo sentirme feliz».

En cuanto estas palabras salieron de mis labios, me quedé horrorizado. Seguramente, Ron iba a acusarme de perder el tiempo. Yo esperaba el inevitable reproche y temí que me dijera que no era apto para ser jesuita.

Sin embargo, Ron se inclinó hacia atrás en su mecedora y me pidió que hablara un poco más acerca de lo que había sentido al pensar en tener a Jesús como amigo. Se lo dije, y el me replicó sonriendo: «Creo que estás empezando a orar».

Fue un momento liberador, en el que caí en la cuenta de la posibilidad de un tipo distinto de relación con Dios. Ron no me estaba diciendo que aquel fuera el modo apropiado, o el modo inapropiado, o el único modo de orar. Lo que me decía, más bien, era que pensar en Jesús como amigo era una forma de oración; que estaba bien tener *sentimientos* acerca de Dios, además de pensar en

Él; y que emplear la imaginación en la oración también estaba perfectamente.

Las palabras de Ron implicaban también algo más: que a través de aquellos pensamientos, sentimientos y deseos enormemente personales –sentirme atraído por la idea de Jesús como amigo; pensar cómo se sentirían los apóstoles; preguntarme si Jesús podría ser amigo mío; tener la esperanza de poder algún día experimentar esa amistad...–, Dios estaba *comunicándose* conmigo. Lo cual era sumamente revelador.

Por extraño que pudiera resultar, Dios, al parecer, deseaba entablar una relación conmigo.

Para un principiante es esta una idea clave en relación con la oración: Dios desea comunicarse con nosotros y puede utilizar toda clase de medios para hacerlo.

En el capítulo 2 hemos hablado de cómo ser conscientes del deseo de Dios. Durante aquel retiro, mi deseo se manifestó en la simple atracción por la idea de Jesús como amigo. A otras personas, su primera experiencia memorable de oración puede acontecerles mientras contemplan cómo un insecto de extraña apariencia recorre el borde de una hoja de un árbol o mientras escuchan un concierto de Mozart. Pero esta idea –que Dios *desea* comunicarse con nosotros– es central en el método de Ignacio.

¿Qué es la oración, en definitiva?

Unas pocas semanas después de mi retiro en el «Campion Center» durante el verano de 1988, entré en el noviciado de los jesuitas. En aquella época, el noviciado de la provincia de Nueva Inglaterra se encontraba en una gran casa de ladrillo junto a una iglesia aún más grande, también de ladrillo, en el distrito de Boston conocido como Jamaica Plain, por aquel entonces un barrio habitado sobre todo por familias pobres latinoamericanas y afroamericanas. En décadas anteriores, la casa había servido de convento para las religiosas que enseñaban en la escuela elemental vecina. Consiguientemente, las dependencias comunes eran enormes, y los dormitorios diminutos: apenas cabían una cama y una mesa. «Tienes que ir al recibidor para cambiar de opinión», me dijo un novicio medio en broma.

El primer mes en el noviciado fue fantástico: yo estaba encantado de ser jesuita. Y me acostumbre enseguida a la «distribución» diaria, que incluía el estudio de la historia y la espiritualidad jesuíticas y el trabajo fuera de la casa (que para mí, aquel otoño, tuvo lugar en un hospital para enfermos terminales).

También incluía horas de oración.

El día comenzaba con la oración matutina en común a las 7 de la mañana, todos los días excepto los sábados (que empleábamos la mañana en limpiar la casa) y los domingos (que asistíamos a misa en una parroquia local).

Tradicionalmente, uno de los novicios dirigía la oración de la mañana, que adoptaba diversas formas. Un día podía ser la oración establecida para los sacerdotes y religiosos católicos (llamada el Oficio Divino y que se contiene en un libro llamado «breviario»). Consta fundamentalmente de salmos y lecturas del Antiguo y el Nuevo Testamento.

Otro día, la oración de la mañana podía ser una versión más sencilla del Oficio Divino, en la que un novicio escogía un solo salmo y se empleaba el resto del tiempo en meditar en silencio. Para rezar los salmos formábamos dos grupos, uno a cada lado de la sala, que leíamos alternativamente las distintas estrofas, como suele hacerse en los monasterios.

A pesar de lo que me desagradaba el tener que levantarme temprano, me encantaban esos momentos del día, en que oraba con el resto de la comunidad mientras el sol del amanecer se filtraba a través de las ventanas de nuestra sencilla y ventilada capilla. (A menudo, sin embargo, *no* se filtraba, porque estábamos en Boston, no en Florida). La oración de la mañana hacía que me centrara para el resto del día.

A las 5,15 de la tarde asistíamos a misa, la oración central de la Iglesia, que era celebrada por uno de los sacerdotes del noviciado. Aquel era, sin duda, mi momento favorito del día. Antes de ser jesuita, jamás había asistido a misa a diario, por lo que no sabía qué podía esperar. ¿Qué hacía la gente durante la misa en un día laborable?; ¿era igual que la misa dominical?; ¿se cantaba?; ¿había homilía?; ¿se rezaban las mismas oraciones?...

Y resultó que la misa diaria era prácticamente igual que la misa dominical, aunque más austera: las mismas oraciones, siempre una breve homilía, no tantos cánticos... En lugar de sentarnos en bancos, nos sentábamos en sencillas sillas de madera, y durante los momentos en que el sacerdote consagraba el pan y el vino permanecíamos silenciosamente de pie en torno al sencillo altar de madera.

Mi parte favorita de la misa eran las lecturas del Antiguo y el Nuevo Testamento. Dado que yo había tenido muy poca formación religiosa formal, tan solo estaba familiarizado con algunas de esas historias. Mientras la mayoría de los demás novicios se sabían de memoria la historia de José en Egipto, por ejemplo, yo no tenía la menor idea al respecto. Para mí era como seguir una novela o una película emocionante.

Y en las festividades de los santos jesuitas era iniciado en las vidas de los hombres a quienes se nos animaba a emular. Era fantástico escuchar esas historias durante la misa, durante un tiempo de oración con mis nuevos hermanos.

Los católicos celebran la festividad de un santo –el día de su muerte, o entrada en el cielo– con lecturas y oraciones especiales. En el caso de los santos muy conocidos, como Pedro o Pablo, la Iglesia entera celebra la festividad. Y unos cuantos jesuitas, como Ignacio o Francisco Javier, están incluidos en ese selecto grupo.

Pero a menudo las festividades de los santos jesuitas se celebraban únicamente en las comunidades jesuíticas. Esos días, quien pronunciaba la homilía refería la historia de sacerdotes y hermanos que se habían internado en la selva amazónica para trabajar con los pueblos indígenas, o que padecieron el martirio en Inglaterra por servir a los católicos, o que remaron con los nativos norteamericanos por los ríos de la Nueva Francia para predicar el evangelio. Escuchar esas historias era como orar.

Además de la oración de la mañana y la misa, teníamos que dedicar una hora diaria a la oración contemplativa. «*Al menos* una hora», decía Gerry, nuestro maestro de novicios. Se nos pedía que desarrolláramos una relación personal con Dios, pero éramos libres de orar como quisiéramos. Eso sí, al final de cada día teníamos que hacer sin falta el preceptivo examen.

A pesar de todo ese tiempo dedicado a la oración contemplativa, a la misa y al examen, y a pesar también de los ánimos que trataban de infundirnos los responsables del noviciado, yo empecé a sentirme frustrado por mi «progreso» espiritual. Tal vez debido al hecho de centrarnos tanto en la oración, yo me sentía muy inquieto por los posibles «fallos» en mi vida espiritual.

Y a pesar de mis positivas experiencias durante los ocho días de retiro en «Campion Center», en el noviciado empecé a preocuparme: ¿Cómo podía yo saber si estaba orando bien o simplemente orando? ¿Cómo saber si no era todo producto de mi mente? ¿Cómo saber si Dios se estaba comunicando conmigo en la oración? ¿Cuál era el mejor modo de orar? ¿Cómo había que enfocar la oración?...

Todas estas confusas preguntas parecían confluir en una única pregunta: ¿qué es la oración?

Hay muchas definiciones de la oración. Una muy tradicional, de san Juan Damasceno en el siglo VII, es que la oración consiste en «elevar la mente y el corazón a Dios». Dice también que orar es «pedir cosas buenas a Dios». (Esta es la oración de petición). Lo de «elevar la mente y el corazón» nos recuerda que la oración no es un ejercicio meramente intelectual, sino también emocional.

Pero esto me parecía demasiado unilateral. Describía lo que yo trataba de hacer, pero dejaba al margen a Dios. ¿Qué hacía Dios: esperar que yo elevara mi mente y mi corazón hacia Él? Aquello me parecía una imagen demasiado pasiva de Dios. Esto es lo que Mark Thibodeaux, SJ, describe en su libro *Armchair Mystic* («Místico de sillón») como el primer estadio de la oración: «Hablar *a* Dios». (Los otros estadios serían hablar *con* Dios, escuchar a Dios y estar con Dios).

Karl Rahner, el gran teólogo jesuita del siglo XX, decía que la oración es «Dios autocomunicándose, dado en gracia y aceptado en libertad». Aunque esta idea me gustaba, sin embargo seguía pareciéndome unilateral, pero en el otro sentido: como si lo único que nosotros hiciéramos fuera sentarnos y esperar a Dios. Lo cual dejaba al margen *nuestra* parte en la relación.

La definición favorita de David Donovan, a la que ya he aludido, era la de Walter Burghardt: la oración es «una prolongada y amorosa mirada a la realidad».

La oración es «prolongada», decía Burghardt, porque se hace con tranquilidad y sin prisas. Es «amorosa», porque tiene lugar en un contexto de amor. Y es una «mirada», porque tiene que ver con el hecho de ser consciente. «Yo no la analizo ni la argumento, no la defino ni la describo —escribía Burghardt—; simplemente, soy uno con ella». Finalmente, la oración es «realidad» porque nuestra vida espiritual tiene que ver, ante todo, con lo acaecido en nuestra vida diaria. Tan soberbia definición hacía hincapié en la necesidad de la oración de estar arraigada en el terreno firme de la realidad.

Esto, sin embargo, parece seguir dejando al margen el papel de Dios. ¿Qué hacía Dios mientras nosotros mirábamos amorosamente la realidad? Además, me parecía algo demasiado estático, como si nos limitáramos a mirar, y no mucho más.

Santa Teresa de Jesús decía que la oración es una conversación con Dios. Esta definición parecía llenar algunos huecos, porque subrayaba el aspecto relacional de las cosas: la oración es una calle de doble dirección.

Pero la definición de santa Teresa suscitaba casi tantas preguntas como las que respondía. Si era una conversación, ¿se suponía que yo debería escuchar voces?; ¿cómo tenía yo que escuchar a Dios?; ¿cómo tenía que conversar yo con Dios? Tal vez esto fuera válido para una mística como Teresa; pero ¿qué ocurría con un creyente del montón como yo?

En esencia, mi pregunta sobre la oración era la misma que se hacen muchos principiantes: ¿qué sucede cuando cierras los ojos? Gracias a algunos sabios jesuitas, no tardé en averiguarlo.

6

La amistad con Dios

(La intuición del padre Barry)

Cuando mi confusión llegó al máximo, David me dio un pequeño libro titulado *God and You: Prayer as a Personal Relationship* («Dios y tú: la oración como relación personal»), de William Barry, conocido autor espiritual y antiguo superior provincial de los jesuitas de Nueva Inglaterra. La intuición fundamental de este maravilloso libro es que la oración es como una relación personal con Dios que puede compararse provechosamente con una relación personal con otra persona.

Obviamente, se trata de una analogía imperfecta. A fin de cuentas, ninguno de nuestros amigos ha creado el universo *ex nihilo*. Y la oración no es simplemente la relación misma, sino el modo en que la relación se expresa. Quizá pueda decirse que la oración es la conversación que tiene lugar en una relación personal con Dios.

Pero la idea en general del padre Barry es reveladora: la forma en que piensas acerca de la amistad puede ayudarte a pensar y a profundizar tu relación con Dios.

A primera vista, la intuición del padre Barry suena un tanto extraña. Pero si analizamos lo que hace que una amistad sea sana, veremos que algunos de esos mismos rasgos contribuyen a entablar una buena relación con Dios. Por eso utilizaré la obra de Barry como punto de partida para hablar de la oración. Lo que contribuye a una buena amistad contribuye también a una buena relación con Dios, y ello favorece una buena oración. Así pues, ¿qué se nos invita a hacer en nuestra relación con Dios?

Emplear tiempo

La amistad florece cuando empleas tiempo con tu amigo. Y lo mismo ocurre en tu relación con Dios. No dirías que eres amigo de una persona si nunca empleas tiempo con ella. Sin embargo, hay quienes hacen precisamente eso con Dios. Hay creyentes que afirman: «¡Dios es lo más importante en mi vida!»; pero cuando les preguntas cuánto tiempo emplean con Dios de manera deliberada, tienen que reconocer que no mucho.

¿Qué clase de relación tienes si nunca encuentras tiempo para la otra persona? Simplemente, una relación superficial e insatisfactoria para ambas partes. Por eso la oración, o el tiempo empleado deliberadamente con Dios, es importante si deseas mantener con Él una relación, una amistad.

Lo cual no significa que el único modo de emplear tu tiempo con Dios sea por medio de la oración privada. Como ya sabes, uno de los rasgos distintivos de la espiritualidad jesuítica es «hallar a Dios en todas las cosas». Puedes hallar a Dios en una celebración litúrgica, en la lectura, en el trabajo, en la familia...: en todas las cosas, realmente.

Pero, como ocurre con cualquier amistad, a veces necesitas pasar algún tiempo *cara a cara* con Dios. De la misma manera que necesitas a veces reservar algún tiempo para pasarlo con un buen amigo, necesitas hacer lo mismo con Dios y dejar que Dios haga lo mismo contigo..., suponiendo que quieras mantener y profundizar vuestra relación. Como dice el libro de Amós, «¿acaso caminan dos juntos sin haber concertado una cita?» (3,3).

Ver a los amigos de pasada, o en el trabajo, o en grupo... está bien; pero de vez en cuando necesitas prestar a un amigo una atención plena. La oración es eso: estar atento a Dios. ¿Cuánto tiempo estás dispuesto a pasar cara a cara con Dios?

Aprender

Uno de los aspectos más agradables de una nueva amistad consiste en conocer las peculiaridades del amigo: descubrir sus «hobbies» e intereses, escuchar historias divertidas de su infancia y averiguar cuáles son sus alegrías y sus esperanzas. Cuando dos personas se enamoran, ambas experimentan un deseo aún más intenso de conocer a la otra persona, lo cual es otra forma de intimar. Lo mismo puede afirmarse de tu relación con Dios. Especialmente en las primeras fases, puedes sentir un intenso deseo de saber lo más posible acerca de Dios. Te sorprendes a ti mismo pensando en Dios y preguntándote: *¿Cómo es Dios? ¿Y cómo puedo aprender algo acerca de él?*

Una de las maneras más fáciles de descubrir las respuestas a estas preguntas consiste en oír a *otras personas* hablar de sus experiencias de Dios.

Hace unos años, cuando edité en colaboración con otros autores el libro *¿How Can I Find God?*, recibí un bellísimo ensayo de la hermana Helen Prejean, autora de *Dead Man Walking*, en el que decía: «El camino más directo que yo he descubierto hacia Dios está en los rostros de los pobres y de la gente que lucha». La hermana Helen hablaba de cómo el trabajar con los pobres, y concretamente con los hombres y mujeres que se encontraban en el «corredor de la muerte», la había llevado a lugares que se encuentran *«más allá* de esa parte de nosotros que desea estar a salvo y segura y disfrutar de lo confortable y conocido».

Más adelante, la hermana Helen recurría a la analogía de un barco en un río. Cuando empiezas a buscar a Dios, el viento hincha tus velas, y tu barco es conducido a lugares que ni siquiera esperabas. Pero la oración forma parte esencial de ese viaje. Tu barco —decía ella— no solo necesita velas, sino también un timón. La carta de la hermana Helen me recordó cuánto tenemos que aprender sobre Dios de las experiencias de otras personas.

Cada ensayo me enseñaba algo nuevo acerca de Dios: por ejemplo, yo nunca había pensado en Dios como un timón. Permitir que otros nos hablen de sus experiencias de Dios es como tener un amigo que nos presenta a otro de sus amigos. O como descubrir algo nuevo acerca de un viejo amigo.

Otro modo de aprender más acerca de Dios nos lo ofrece la *Escritura*. Uno de mis ensayos predilectos de ese mismo libro es el de Daniel J. Harrington, SJ, profesor de Nuevo Testamento en la Universidad de Boston y uno de mis profesores favoritos durante mis estudios de teología, el cual refiere una conmovedora historia acerca del modo de llegar a conocer a Dios.

De niño, Harrington tartamudeaba. Cuando tenía diez años, leyó en un periódico que Moisés también tartamudeaba. Consultó el libro del Éxodo y descubrió, efectivamente, cómo Moisés le dice a Dios: «Soy torpe de boca y de lengua». El niño leyó el resto de la historia en el Éxodo (cap. 4), que narra cómo Dios prometió estar con Moisés y, en definitiva, liberar al pueblo de Israel.

«Leí aquel relato una y otra vez –decía Harrington–, y poco a poco fue calando en mí y configurando mi conciencia religiosa hasta el día de hoy. Cuando yo no tenía más de diez u once años, encontré a Dios en la Biblia, y he seguido haciéndolo desde entonces».

Pero la cosa no acaba ahí. Como especialista en la Escritura, Harrington emplea una enorme cantidad de tiempo estudiando y enseñando la Biblia. Como sacerdote, predica sobre la Biblia. Y a veces, «en medio de esas maravillosas actividades... de vez en cuando tartamudeo».

Y luego establece esta conexión:

«Todo ello me retrotrae al comienzo de mi viaje espiritual con la Biblia. Aunque soy torpe de boca y de lengua, como Moisés, sigo escuchando las palabras de Éxodo 4,11-12: "¿Quién ha dado la boca al hombre? ¿Quién hace al mudo y al sordo, al que ve y al ciego? ¿No soy yo, Yahvé? Así pues, vete, que yo estaré en tu boca y te enseñaré lo que debes decir"».

La Escritura es un viejo camino para llegar al conocimiento de Dios. En primer lugar, su lectura nos sirve de inspiración, en el sentido literal de la palabra: introduciendo el espíritu de Dios en nosotros. En segundo lugar, la Escritura nos habla de la historia de la relación de Dios con la humanidad y, por tanto, nos cuenta algo acerca de Dios. En tercer lugar, nos refiere las distintas maneras en que la gente a lo largo de la historia –desde los profetas del Antiguo Testamento hasta los apóstoles y san Pablo– se ha relacionado con Dios. En la Escritura ves a Dios relacionándose contigo, con la humanidad y con cada uno de los individuos. De todas estas formas te ayuda la Escritura a conocer mejor a Dios.

«Conocer a Dios es más importante que saber acerca de Dios».
– KARL RAHNER, SJ (1904-1984).

Para los cristianos, conocer a Dios significa también conocer a una persona: si quieres saber más acerca de Dios, aprende más acerca de *Jesús.* Una de las razones por las que Dios se hizo humano fue para mostrarnos más claramente cómo es. Jesús encarnó literalmente a Dios, de modo que todo cuanto pueda decirse de Jesús puede decirse de Dios.

He aquí otro modo de verlo, a través de la lente de la parábola, una historia cotidiana que abre tu mente a nuevas formas de pensar acerca de Dios.

La parábola es una de las principales formas que empleó Jesús de Nazaret para comunicar cómo entendía él una serie de conceptos difíciles de comprender, pero importantes. En el evangelio de Lucas, por ejemplo, Jesús dice a la multitud que hay que tratar al prójimo como a uno mismo. Pero cuando le preguntan: «¿Quién es mi prójimo?», Jesús no da una definición precisa de lo que es el prójimo, sino que cuenta la historia del Buen Samaritano que ayuda a una persona en necesidad (Lucas 10,29-37). Cuando se le pide que explique lo que significa el «Reino de Dios», que constituye el mensaje central de su predicación, Jesús refiere una serie de breves historias a propósito del grano de mostaza, del trigo y la cizaña, o de la semilla que cae en suelo pedregoso (Marcos 4).

Allí donde una definición estrictamente articulada puede resultar ineficaz y superficial, un simple relato abre la mente de los oyentes y resulta infinitamente profunda. Los relatos son portadores de sentido sin necesidad de convertirse en rígidos enunciados. Las parábolas, además, contradecían las expectativas y los prejuicios de la audiencia, como sucede cuando el samaritano, perteneciente a un grupo étnico odiado (al menos por la muchedumbre que rodeaba a Jesús), se revela en última instancia como el hombre bueno que cuida y se preocupa del extranjero, del diferente.

En cierto sentido, Jesús de Nazaret fue un relato contado por Dios. Cuando Jesús comunicaba verdades espirituales a base de parábolas, podía postularse lo mismo acerca de Dios Padre. Para comunicar una verdad esencial, Dios nos ofreció una parábola: Jesús.

Jesús es la parábola de Dios. Por eso, si el cristiano desea saber más acerca de Dios, ha de conocer mejor a Jesús.

También puede aprenderse acerca de Dios a través de las *vidas de los santos y santas,* y ser testigos de cómo los ha ido llevando Dios a hacer realidad lo que Él ha soñado para el mundo.

Para mí hay pocas cosas más gratas que leer la vida de los santos, en especial de los santos jesuitas. Cuando su lectura me permite ver cuánto amaban a Dios y cómo experimentaban su amor en sus vidas, aprendo más acerca del origen de ese amor.

Por ejemplo, Pierre Teilhard de Chardin, el jesuita y paleontólogo francés que vivió de 1881 a 1955, encontró a Dios no simplemente en la celebración de la misa y en otras obligaciones propias de un sacerdote, sino en su trabajo como científico y naturalista, un trabajo que le hizo recorrer prácticamente todo el mundo. A lo largo de su vida, Teilhard escribió extensamente a propósito de la interacción entre ciencia y religión. (Durante un tiempo, sus obras fueron consideradas demasiado controvertidas por el Vaticano, que sospechaba de algunas de sus nuevas formas de hablar de Dios).

Teilhard encontraba a Dios por muchos caminos, incluida la contemplación de la naturaleza. «Hay una comunión con Dios —escribió Teilhard— y una comunión con la tierra y una comunión con Dios a través de la tierra». Cuando leí esto por primera vez, me ayudó a entender mejor la experiencia que yo había tenido yendo en bicicleta a la escuela. Teilhard entendía que se puede aprender acerca de Dios a través del mundo natural, viendo cómo revela la belleza y el orden en el universo y cómo está siempre creando y renovando el mundo físico.

Podemos aprender acerca de Dios a través de las experiencias de tales hombres y mujeres santos, así como a través de los hombres y las mujeres en cuanto tales. Gracias a ellos podemos vislumbrar lo trascendente. No es que sean divinos. Son más bien una ventana limpia y transparente a través de la cual puede brillar la luz de Dios.

Más próximo a mí que Teilhard de Chardin es un jesuita llamado Joe, a quien conocí cuando él tenía cerca de setenta años y vivía con nosotros en el noviciado como «padre espiritual», constituyendo una verdadera ayuda y un ejemplo para los jóvenes.

Joe era una de las personas más libres que jamás he conocido. En cierta ocasión, viajando a Kingston, Jamaica, para visitar a unos jesuitas, el vuelo sufrió primeramente un retraso de cinco horas en Boston, para finalmente ser cancelado, por lo que Joe tuvo que regresar a casa. Aquella noche me encontré con Joe en la sala de estar del noviciado leyendo tranquilamente un libro. «¿Ya estás de vuelta? —le dije— ¿Qué ha pasado?».

«Lo gracioso —me respondió— es que cuando íbamos a despegar anunciaron un retraso de una hora; luego hubo que esperar otra hora más, y otra, y otra...». Joe se reía mientras hablaba de los retrasos, que desembocaron finalmente en la cancelación del vuelo. Luego, después de localizar su maleta, hizo un largo recorrido en metro (el «T» en Boston) para regresar a casa. «¡Y aquí estoy!», dijo riendo.

Si me hubiera sucedido a mí, me habría enfurecido de pura frustración. «¿No estás enfadado?», le pregunté sorprendido.

«¿Enfadado? ¿Por qué? –me dijo–. No había nada que yo pudiera hacer al respecto, de modo que ¿por qué iba yo a alterarme por algo que no podía cambiar?».

La ecuanimidad frente a un contratiempo no hace de ti una persona virtuosa, y mucho menos un santo. Pero es un comienzo. El desapego, la libertad y el sentido del humor son indicadores en el camino hacia la santidad. Joe, un hombre muy familiarizado con el estilo de Ignacio, sabía que una espiritualidad sana requiere libertad, desapego y apertura. A menudo, cuando le preguntabas a aquel anciano sacerdote si deseaba hacer algo nuevo –por ejemplo, ver una película polémica, acudir a un restaurante recién inaugurado, decir misa en una emota parroquia...–, respondía: «¿Por qué *no*?».

Realmente, ¿por qué no? Las personas como Joe muestran los frutos de la amistad con Dios: espontaneidad, apertura, generosidad, libertad, amor... El tiempo que pasé junto a Joe me enseñó algo no solo acerca de este sacerdote jesuita concreto, sino también acerca del modo que tiene Dios de actuar en las vidas de los hombres y las mujeres. Las personas santas te enseñan acerca de cómo actúa Dios, y de este modo aprendes más acerca de Él.

En general, aprender acerca de Dios –a través de las experiencias de Dios que tienen otras personas, de la Escritura, de los hombres y mujeres santos...– es una forma de alimentar tu vida espiritual, porque aprender acerca de Dios es también estar en relación con Dios.

Ser sincero

«Tú me escrutas, Yahvé, y me conoces», dice el Salmo 139. Dejar que Dios *te* conozca es también esencial, como en cualquier relación, y significa más o menos lo mismo que en cualquier amistad: hablarle acerca de tu vida, hacerle partícipe de tus sentimientos y revelarte ante Él abiertamente.

La sinceridad es una parte importante de este proceso. El padre Barry sugiere que pensemos en lo que ocurre cuando uno no es sincero en una relación. Por lo general, la relación comienza a enfriarse, a hacerse distante o meramente formal. Si tratas de evitar cualquier cosa que pueda resultar desagradable, la relación degenera en una relación definida únicamente por sutilezas sociales y acaba estancándose o desapareciendo.

Lo mismo ocurre con la oración. Si le dices a Dios únicamente lo que piensas que *debes* decirle, en lugar de lo que realmente deseas decirle, entonces tu relación con Él se vuelve fría, distante y formal. La sinceridad en la oración, como en la vida, es importante.

No hace muchos años, entablé una buena amistad con un jesuita a quien yo admiraba enormemente. Su vida parecía admirable: era un hombre feliz, optimista, trabajador, acogedor y piadoso. Durante mucho tiempo traté de imaginar cuál era su secreto. ¿Qué era lo que le permitía llevar esa vida casi perfecta?

Unos cuantos años más tarde, este mismo amigo atravesó una dolorosa crisis personal y acudió a mí, entre otros, en busca de ayuda. A lo largo de una serie de conversaciones me manifestó su dolor y me mostró un aspecto de su persona que yo no había percibido hasta entonces.

Afortunadamente, la crisis pasó. Pero, después de haberse abierto ante mí, me sentí más cercano a él, y él a su vez me confesó que se sentía más cerca de mí. Ambos estábamos agradecidos por nuestra amistad. Aunque yo sabía que su vida no era lo perfecta que anteriormente había yo imaginado, me gustó aún más como persona. Su sinceridad había transformado la relación.

¿Cómo puedes ser sincero con Dios en la oración? Un modo bastante fácil de hacerlo consiste en imaginar a Dios, o a Jesús, sentado frente a ti en una silla o junto a ti en un sofá: escoge lo que te resulte más confortable. Luego háblale con familiaridad, en silencio o en voz alta, acerca de tu vida.

Por supuesto que Dios ya sabe cuanto sucede en tu vida. Sin embargo, esta forma de apertura es una parte importante de la vida espiritual. Una vez más, resulta instructivo compararla con la amistad. Supongamos que un ser querido ha muerto. Un buen amigo sabe lo triste que estás, y probablemente no necesita que se lo cuentes; pero de todos modos, tú se lo cuentas, ¿no es así?

No hace mucho, almorcé con un amigo que había perdido a su hermano a muy temprana edad como consecuencia de un cáncer. Mi amigo es una persona cálida y generosa, y yo sabía que estaba destrozado por la pérdida de su hermano. Pero seguía siendo un privilegio para mí oírle hablar de lo sucedido, ver sus lágrimas y escucharle contar historias divertidas sobre su hermano.

En cualquier caso, el hecho de contarle algo así a tu amigo te ayuda a hacer la pérdida más concreta para ti, te da la oportunidad de aceptar sus palabras de consuelo y te recuerda que eres conocido por otra persona íntimamente.

Ser sincero con Dios significa compartirlo todo con Él: no solo las cosas que tú consideras apropiadas para la oración, ni simplemente tu agradecimiento y tu alabanza. La sinceridad significa compartir cosas que tal vez consideres inapropiadas para una conversación con Dios.

La ira es un ejemplo perfecto. Es natural airarse contra Dios por el sufrimiento que abunda en nuestra vida. La decepción brota en todos nosotros, y la ira es un signo de que estamos vivos.

Dios puede soportar nuestra ira, por más intensa que sea. Dios ha estado soportando la ira desde que los humanos empezaron a orar. Lee el Libro de Job en el Antiguo Testamento, donde Job se queja ante Dios por haberle ocasionado tanto y tan interminable sufrimiento. Habitualmente, vemos en Job a un hombre paciente; y al comienzo del libro lo es realmente. Pero, con el tiempo, Job pierde su paciencia y empieza a maldecir el día en que nació: «Siento asco de mi vida –dice Job–, voy a dar curso libre a mis quejas, voy a hablar henchido de amargura» (Job 10,1).

La ira, la tristeza, la frustración, la decepción y la amargura en la oración tienen una larga historia. ¿Por qué no vas tú a permitirte expresar también sinceramente esos mismos sentimientos?

Hace unos años, le conté a mi director espiritual que me sentía tan frustrado por el hecho de que Dios no pareciera hacer nada por ayudarme que dije una obscenidad en mi oración. Una noche estaba tan enfadado que apreté los puños y grité: «¿Qué tal un poco de ayuda, Señor?».

Puede que a algunos lectores les sorprenda el que un sacerdote emplee ese tipo de lenguaje, sobre todo en la oración. Y yo bien creía que mi director espiritual, un sabio y afable jesuita llamado Damian, me lo reprocharía. Pero, en lugar de eso, me dijo: «¡Esa es una buena oración!».

Pensé que estaba bromeando.

«Es una buena oración, porque es sincera –me dijo–. Dios desea que seas sincero, Jim». Ser sincero me hizo además sentir que ahora

Dios sabía exactamente cómo me sentía. ¿Has tenido alguna vez la experiencia de confiarle algo a un amigo y sentirte aliviado? Yo sentí que Dios podía ahora acompañarme mejor, como lo haría un buen amigo. O, más exactamente, que en adelante yo sería capaz de permitir a Dios acompañarme.

Decirlo en voz alta, por otra parte, me hizo encarar abiertamente mi lamentable falta de gratitud. Por descontado que había un gran problema en mi vida, pero al mismo tiempo había algunas cosas maravillosas. Yo era como un adolescente que les dice a sus padres: «¡Os odio!», porque le han ordenado irse a la cama temprano o apagar el videojuego o sacar la basura. Oírme a mí mismo hablar así –en voz alta– me reveló cómo una parte de mi relación con Dios era infantil y cuánto deseaba cambiar mi enfoque de la oración.

Tú eres justo en verdad, Señor

Este poema del jesuita inglés Gerard Manley Hopkins (1844-1889), basado en una lamentación del Libro de Jeremías, expresa la frustración del poeta con Dios. Como muchos de los complejos poemas de Hopkins, hay que leerlo cuidadosamente para descifrar lo que dice; pero, una vez que se consigue, causa un enorme impacto.

«Tú eres justo en verdad, Señor, lo sé aunque batalle contigo;
pero también sé que lo que yo imploro es justo.
¿Por qué prosperan los pecadores
y por qué cuanto emprendo debe terminar en el fracaso?
Si fueras mi enemigo, oh amigo mío,
me pregunto cómo me derrotarías y me frustrarías más de lo que
*   ya lo haces.*
Los borrachos y los esclavos de la lujuria medran más en sus ocio-
*   sas horas*
que yo, que he entregado mi vida a tu causa.
Mira los linderos y matorrales, ahora frondosos, ¿no ves?,
enlazados por el perifollo que un fresco viento mece;
los pájaros anidan, pero yo no; tan solo duro trabajo,
eunuco del Tiempo, sin conseguir alumbrar ninguna obra que viva.
Oh mi Señor de la vida,
envía la lluvia a mis raíces».

De modo que Damian tenía razón: ¡era una buena oración!

La tristeza es otra de las cosas que algunas personas se muestran reacias a compartir con Dios. Alguien me contó en cierta ocasión que había ido al cine con un amigo íntimo. Como el argumento de la película guardaba una cierta relación con su propia vida, empezó a sollozar, y al final de la película se sintió avergonzado. Más tarde, cuando ambos se sentaron en el coche, su amigo permaneció en silencio y, simplemente, le dejó llorar.

Su amigo no era el único que le demostraba cariño. La persona que llora permite al otro entrar en su vida, concediéndole el regalo de su intimidad. ¿Puedes tú compartir con Dios el don íntimo de tu verdadero yo, de tus verdaderas emociones, incluso cuando estás triste?

Pero, tratándose de la oración, la emoción más inadecuada, al menos para muchas mentes, es el deseo sexual.

Uno de los mejores libros sobre la oración es *God, I Have Issues,* de Mark Thibodeaux, uno de los jesuitas más alegres y joviales que conozco. Cada uno de los capítulos aborda la oración en otros tantos estados de ánimo. Estos están organizados alfabéticamente, de manera que se puede localizar fácilmente lo que uno busca, según que tenga alguna adicción, o esté atemorizado, o airado, o enojado, o descontento con uno mismo, etcétera.

Uno de los capítulos se titula «Excitado sexualmente», y en él Mark comienza diciendo sin rodeos: «Los buenos cristianos a menudo se preocupan por sus sentimientos sexuales y se avergüenzan de ellos».

Mark nos recuerda que la sexualidad y la actividad sexual son un maravilloso don de Dios que debemos celebrar. En el plano natural, mueven a las personas a unirse en mutua compañía y a crear nueva vida. En el plano espiritual, esos sentimientos nos recuerdan el amor que Dios nos tiene. Son muchos los autores espirituales que emplean el amor erótico como metáfora del amor de Dios a la humanidad. (Si el lector tiene alguna duda, que lea el bíblico Cantar de los Cantares).

Pero, como cualquier don, la sexualidad debe ser utilizada con sabiduría. Si está motivada por el egoísmo, puede convertirse en deseo de posesión. En un plano mucho más benigno, los pensamientos sexuales durante la oración pueden ser también una distracción. ¿Qué hacemos, pues, con esos sentimientos durante la oración?

Una vez más, la solución consiste en ser sinceros. «En lugar de ocultar tales experiencias, debemos hablar de ellas con Dios –dice Mark– y usarlas para que nos recuerden lo grande que es estar vivo, ser una criatura de Dios, y cuán maravillosamente hemos sido creados». Y si esto no funciona, o si tales sentimientos son problemáticos porque tienen que ver con una persona con la que no podemos tener una relación, hemos de ser sinceros con Dios acerca de nuestras luchas y dificultades.

Sé sincero con Dios en todo.

Escuchar

La amistad exige escuchar. Difícilmente podrás considerarte un buen amigo si lo único que haces es hablar, hablar y hablar. Pero es precisamente eso lo que ocurre en algunas relaciones con Dios. La gente se encuentra a veces con que su oración es una simple enumeración de cosas que necesitan (demasiada oración de petición) o una interminable retahíla de palabras destinadas a hacer saber a Dios cómo se encuentran (demasiada verborrea). Como en cualquier otra amistad, necesitamos escuchar.

Pero ¿qué significa «escuchar» a Dios? Esto era algo que me tenía desconcertado durante el noviciado. ¿Significa acaso oír voces?

Son pocas las personas (y me refiero únicamente a personas cuerdas) que afirman haber oído físicamente la voz de Dios. Pero es algo que ocurre. Ciertas misteriosas anotaciones en los diarios personales de Ignacio, hablando acerca de su oración, hacen referencia a la *loquela,* que podemos traducir libremente como «discurso» o «conversación».

El ejemplo más reciente puede ser el de la Madre Teresa, que en 1946 escribía que «había oído» cómo Dios le pedía que trabajara con los más pobres de los pobres en los suburbios de Calcuta. Anteriormente, la Madre Teresa había hecho a Dios la promesa de no rechazar jamás cosa alguna que Dios quisiera pedirle. Diez años más tarde, según le refirió a su director espiritual, cuando escuchó la voz de Dios pidiéndole que se olvidara de su trabajo en un colegio para niñas, se mostró, comprensiblemente, un tanto reacia a abandonar su trabajo para dedicarse a algo nuevo y probablemente peligroso.

La Madre Teresa refería que Dios, como recordándole su antigua promesa, le dijo: «¿Te vas a negar?». Ella aceptó entonces la invitación de Dios a trabajar entre los pobres. (Por cierto que podría haber dicho que no, pues nuestra relación con Dios no aniquila nuestro libre albedrío).

Pero la clase de experiencias a que se refiere la Madre Teresa es extremadamente infrecuente. Por eso, probablemente es mejor para el resto de nosotros olvidar nuestras piadosas esperanzas –o nuestros temores injustificados– de que vamos, literalmente, a escuchar voces.

En mis veintiún años de jesuita, únicamente he conocido a dos personas que me han dicho que habían oído cómo Dios les hablaba. Una de esas personas es Maddy, una alegre y piadosa mujer perteneciente a la congregación de las Hermanas de San José, de Springfield, Massachusetts. Maddy y yo nos conocimos cuando ambos trabajábamos en el África oriental en los años noventa. Actualmente, Maddy trabaja en la casa de ejercicios que los jesuitas tenemos en Gloucester, Massachusetts, donde a menudo hemos dirigido Ejercicios en común.

Puesto que somos amigos desde hace mucho tiempo, yo creía conocerla perfectamente. Pero aquella mujer, sumamente sensible, me sorprendió durante una de esas tandas de Ejercicios cuando, en el transcurso de una charla a los ejercitantes, dijo que cuando era joven y estaba considerando la posibilidad de ingresar en una congregación religiosa, oyó cómo la voz de Dios le decía: «Te he elegido para que estés conmigo. Y has de encontrar tu camino».

Antes de ser jesuita, yo habría pensado que Maddy estaba mal de la cabeza. Pero ahora creo que tales momentos –aunque ciertamente muy raros– pueden ser experiencias privilegiadas de la presencia de Dios. Sin embargo, tenemos que sopesarlos cuidadosamente, descartando cualquier enfermedad psicológica, comparándolos con lo que sabemos acerca de Dios y sometiéndolos al parecer de guías espirituales experimentados.

La mayoría de nosotros jamás tenemos ese tipo de experiencia (al menos yo nunca lo he tenido). Por eso, si alguien se siente preocupado porque oye voces, que deje de preocuparse. O si se siente frustrado porque *no* oye cómo Dios le habla de ese modo, que olvide su frustración.

Por otra parte, muchas personas afirman que durante la oración, aun cuando no oigan físicamente la voz de Dios, sienten *como si* Dios estuviera hablándoles. Lo cual puede ocurrir de modos sutiles y no tan sutiles. Puede incluso suceder al margen de la oración formal. Por ejemplo, un amigo puede decir algo tan revelador que es casi como si acabara de abrirse una ventana en tu alma: puedes sentir como si las palabras de tu amigo fueran un modo que tiene Dios de comunicarse contigo.

Otro ejemplo: en cierta ocasión, me contó mi madre cómo, mientras miraba por la ventana, le dijo a Dios: «¿Me amas?» Y las palabras «¡Más de lo que imaginas!» le vinieron instantáneamente a la mente. «No fue una voz; simplemente, surgieron en mi mente». Mi madre no buscaba tal respuesta, sino que esta se produjo espontáneamente. Y, por supuesto, Dios la ama *realmente* más de lo que ella imagina. Pero para muchas personas estas experiencias son raras también.

¿De manera que hay otras maneras de escuchar a Dios? Por supuesto que sí.

En ocasiones, por ejemplo, cuando tratas de imaginarte a ti mismo hablando con Dios, puedes también tratar de imaginar lo que Dios te respondería. Este es un modo de oración muy frecuente entre muchos cristianos, y es algo que Ignacio sugiere como una técnica en sus Ejercicios Espirituales.

A mí me resulta difícil orar de esta manera concreta, pero hay personas a las que no les resulta difícil en absoluto. Cuando se imaginan hablando con Dios, pueden fácilmente imaginar cómo Dios les habla con absoluta naturalidad y facilidad. A veces sirve de ayuda imaginar que escuchas a Jesús en un lugar de la Escritura con el que estás familiarizado, como el lago de Galilea o incluso la casa de Nazaret. Sin embargo, lo que imaginas que él dice debe siempre ser contrastado con lo que sabes acerca de Dios, de ti mismo y de lo que tu comunidad de fe cree acerca de Dios. ¿Te hace ello ser más amable y compasivo? ¿Te suena a auténtico? «Las palabras de Dios –como dice Vinita Hampton Wright en *Days of Deepening Friendship*– tienen el sello de la veracidad».

Si este modo de oración te resulta demasiado difícil, puedes intentar algo que yo he descubierto recientemente: imagina lo que piensas que Dios *diría* basándote en lo que sabes acerca de Él.

Aquí es donde la analogía de la amistad es nuevamente de ayuda. Supongamos que tienes una amiga bien entrada en años y que tiene fama de dar excelentes consejos. Una mujer experimentada, sabia y compasiva. Con los años, tú has llegado a apreciar y a conocer su visión de la vida. Cuando le cuentas un problema, a veces ni siquiera tienes que esperar su respuesta, pues ya *sabes* lo que va a decir.

Como a mí me resulta difícil imaginar a Dios hablándome físicamente, a veces me pregunto: «Dado lo que sé acerca de Dios por la Escritura, la experiencia y la tradición, ¿qué diría Dios *probablemente* al respecto?». Por lo general, no es en absoluto difícil imaginarlo.

Y, como observan los autores de *The Spiritual Exercises Reclaimed:* «A menudo la comunicación es "sentida" o intuida, más que oída como en una conversación ordinaria».

Pero para la mayoría de la gente la idea de escuchar a Dios es aún más sutil que los diversos modos que acabo de describir. Veamos, pues, como se comunica Dios *más frecuentemente* con la gente en la oración. Las que vamos a exponer son las maneras más comunes de escuchar la voz de Dios en la oración.

Escuchar atentamente

Las *emociones* son un elemento clave en el modo que tiene Dios de hablar en la oración. Tal vez estás orando a propósito de un pasaje de la Biblia de tu preferencia y de pronto experimentas la felicidad de encontrarte más cerca de Dios, o tal vez te enojas por el modo en que fueron tratados Jesús y los profetas, o te entristece la situación de los pobres... Dios puede estar hablándote a través de esas emociones. ¿Recuerdas la historia de Wanda, la mujer desempleada que vivía en el centro comunitario? Durante mi oración, yo sentí tristeza por ella, lo cual me pareció un recurso que Dios empleaba para forzarme a ocuparme de ella.

Estas invitaciones a escuchar pueden pasarse fácilmente por alto, porque a menudo son un tanto efímeras. Si no estás muy atento, puede que no las percibas.

Las *intuiciones* son otro modo que tiene Dios de hablar en la oración. Puede que estés pidiendo claridad y seas objeto de una intuición que te permita ver las cosas a una nueva luz. Puedes descubrir un nuevo modo de enfocar un viejo problema.

O puedes percibir, como un fogonazo, algo sorprendente acerca de Dios. Supongamos que estás leyendo un relato evangélico que habla de cómo Jesús se retiraba para orar. Quizás hayas oído ese pasaje muchas veces, pero en esta ocasión llega la intuición: *Si incluso* Jesús *podía sacar tiempo para orar, a pesar de toda su actividad, quizá yo pueda hacer lo mismo.* Aquí la experiencia no es tanto emocional cuanto espiritual.

Aunque algunos directores espirituales pueden privilegiar los momentos emocionales en la oración, es importante olvidar que una intuición intelectual puede ser igualmente significativa.

Los *recuerdos* también salen a la superficie en la oración. Dios puede invitarte a recordar algo que te consuele o te deleite. ¿Qué te está diciendo Dios a través de esos consoladores recuerdos?

Hace años, por ejemplo, durante unos Ejercicios en Gloucester, Massachusetts, me consumían las dudas a propósito de la castidad y me preocupaba la soledad del célibe. No es que estuviera pensando en quebrantar mi voto; era más bien una preocupación abstracta. Y le pedí a Dios que me librara de la soledad.

De pronto, como si se hubiera abierto una válvula, una serie de cálidos recuerdos inundó mi mente. Se trataba de recuerdos de los amigos que había hecho desde que ingresé en la Compañía de Jesús: aquel jesuita en el noviciado; aquella religiosa en el África oriental; aquella joven a la que conocí cuando estudiaba teología; incluso una persona que trabajaba en la casa de Ejercicios en la que me encontraba...: todos esos recuerdos me hicieron recordar el amor con que había sido yo agraciado en mi vida como jesuita.

> «La actitud fundamental del creyente es la de alguien que escucha. Es a las palabras de Dios a las que presta oídos. Y debe responder de tan diferentes modos y en tan distintos niveles como sea capaz de discernir la palabra y la voluntad del Señor que se le manifiestan».
>
> – DAVID ASSELIN, SJ (1922-1972)

Habrá muchos que lo consideren una mera coincidencia: dio la casualidad de que recordé a esas personas justamente cuando estaba orando a propósito de la soledad. Pero a menudo Dios nos ofrece esos consoladores recuerdos como diciéndonos: *Recuerda lo que he hecho*.

En el evangelio de Lucas (1,26-38), el ángel Gabriel visita a María para anunciarle el nacimiento de Jesús. Ella le pregunta: «¿Cómo puede ser eso, si soy virgen?». Y Gabriel le dice que el Espíritu Santo la «cubrirá con su sombra». Le recuerda, además, que su anciana prima Isabel está encinta, «y este es ya el sexto mes de la que se decía que era estéril». En otras palabras, mira y recuerda lo que Dios ha hecho ya.

Los recuerdos también pueden revelar cosas amargas. Uno de los mejores ejemplos procede de la novela de William Maxwell *So Long, See You Tomorrow*, el relato de una amistad entre dos muchachos. Escrita en retrospectiva, el narrador refiere la historia de cómo su amigo Cletus fue condenado al ostracismo por sus compañeros de escuela después de que su padre asesinara a un hombre. Un día, en la escuela, el narrador ignora deliberadamente a su antiguo amigo. Años después, el narrador escribe apesadumbrado:

> «Han transcurrido cinco o diez años sin que yo pensara jamás en Cletus, y entonces algo me lo recuerda... Y de pronto ahí está él, viniendo hacia mí por el pasillo de aquel enorme colegio, y me estremezco al recordar cómo no quise hablarle... Pero no solo pienso en mi fallo. Me pregunto además qué habrá sido de él».

Los recuerdos pueden consolarnos, o bien hacernos sentir pesar por nuestros pecados.

Los *sentimientos* también son importantes. Además de las emociones reconocibles –como la alegría y la tristeza–, otros sentimientos menos claros, como la sensación de paz o de comunión con Dios, pueden ser otros tantos signos de la voz de Dios. Puedes sentirte estrechamente conectado con Dios de un modo que resulte incomunicable a los demás, pero profundamente significativo para ti. Experimentas un extraño deseo, acompañado de un no menos extraño temor a un «no sé qué». Has de confiar en esos momentos, aun cuando sean difíciles de explicar o incluso de comprender.

Al propio Ignacio le resultaba a veces difícil comunicar lo que le acontecía en la oración. Los fragmentos de su diario de 1544 incluyen frases como «...con tantas inteligencias que sería imposible escribirlas»; «...el gran beneficio de haber recibido tanta claridad en la elección, que no se podría explicar»; «...sentir que el Hijo era muy propicio a interceder por mí y ver a los santos de tal manera que no se puede escribir, como tampoco es posible explicar lo demás». Pero el hecho de que no pueda uno explicar o formular algo no significa que no sea real.

Hay que prestar atención también a las *sensaciones físicas*. Hace poco, hablaba yo con Matt, un joven jesuita en formación, que acababa de dirigir unos Ejercicios a un grupo de jóvenes y había hablado con ellos acerca de cómo escuchar a Dios. Además de las sensaciones de paz y consuelo, e incluso otras sensaciones inexplicables e incomunicables, Matt añadía las sensaciones corporales como otro indicio de la presencia de Dios.

Supongamos que estás leyendo el Salmo 23, que habla de cómo Dios te conduce a «verdes pastos» y «aguas tranquilas», y sientes que tu cuerpo se relaja físicamente. Presta atención. O imagina que das con un pasaje de la Escritura que tú sientes que está invitándote a hacer algo que más bien preferirías evitar (como perdonar a alguien), y empiezas a sentirte intranquilo. ¿Qué está ocurriendo? ¿Está hablándote Dios a través de tu reacción física? Escucha a tu cuerpo, en el que habita Dios.

Finalmente –¿tendremos que mencionarlos de nuevo?– están los *deseos*, que surgen en la oración frecuentemente. Está el deseo de Dios, que se da a conocer en las modalidades que ya hemos visto: el deseo de santidad, el deseo de cambio y crecimiento en la vida... y todos los deseos que hemos descrito en los capítulos precedentes. La oración es un tiempo clave para que surjan los santos deseos.

En cada uno de estos casos es útil recordar la historia de Elías (en el Primer Libro de los Reyes), que espera pacientemente en una cueva la manifestación de Dios. Primero oye un viento huracanado, pero Dios no está en él. Luego un terremoto, pero Dios tampoco está en él. Después ve un fuego, pero, una vez más, tampoco está Dios en él. Finalmente, oye el «susurro de una brisa suave», y Elías se cubre el rostro, porque comprende que ese es el modo en que Dios se comunica (1 Reyes 19,12).

A través de cosas aparentemente tan insignificantes como las emociones, las mociones, los recuerdos, los sentimientos y los deseos, Dios nos habla en la oración.

Pero no olvides prestar atención a lo que ocurre en tu *vida diaria*. Por eso es tan importante el examen: porque te ayuda a «escuchar» lo que ha sido tu jornada. Los hechos de cada día son tal vez el aspecto de tu vida que más fácilmente pasas por alto. Sobre todo si llevas ya algún tiempo practicando la oración, sin darte cuenta puedes empezar a privilegiar la contemplación sobre la acción.

Reflexionar sobre nuestra vida diaria es también un importante modo de descubrir cómo son respondidas nuestras oraciones. Muchas veces oramos pidiendo algo que necesitamos y, sin embargo, no recibimos lo que hemos pedido. (Esto es algo evidente para todos). Pero a menudo tenemos que escuchar muy atentamente la respuesta de Dios, ese susurro aparentemente insignificante.

También puede ocurrir que pidamos algo y no sepamos reconocer que Dios está respondiendo a nuestra oración de un modo oculto o inesperado. En aquellos Ejercicios que ya he mencionado, por ejemplo, yo pedía ser liberado de mi soledad. Como respuesta, recibí de Dios el don de los recuerdos, que me ayudaron a comprender que, aunque siempre existirá una cierta soledad en mi vida, también hay amor en abundancia.

Fue una respuesta diferente a mis plegarias, pero una respuesta al fin y al cabo. Si no hubiera escuchado, no habría oído la respuesta.

Como ocurre en una buena amistad, no solo tienes que escuchar, sino que tienes que escuchar muy atentamente.

Cambiar

Otro aspecto de unas relaciones sanas es el *cambio.* Las amistades que comienzan en la infancia y la adolescencia pueden contarse entre las más enriquecedoras. No obstante, si no permitimos que la otra persona cambie, la amistad no profundizará ni madurará. Sin embargo, como ocurre en la amistad, el cambio puede resultar amenazador en la relación de una persona con Dios.

Muchos creyentes dan por sentado que su relación con Dios seguirá siendo igual –o debería seguir siéndolo– que cuando eran niños. Algunos adultos sienten, por ejemplo, que no pueden enojarse con Dios ni sentirse defraudados por él, porque no albergaban esos sentimientos cuando eran más jóvenes. O, más probablemente, les dijeron que tales sentimientos no eran apropiados.

Hace poco, una anciana católica me envió una fotocopia con una serie de preguntas que figuran en el *Baltimore Catechism,* el libro de instrucción religiosa utilizado por muchos niños católicos desde finales del siglo XIX hasta finales de los años sesenta. Al final del capítulo sobre el pecado había unas preguntas que trataban de ayudar a los niños a entender mejor su fe. Pero algunas de ellas parecían más propias de un examen en una facultad de derecho. La señora me marcó la siguiente cuestión, con la irónica anotación de que era su «favorita»:

«Giles es asesinado por un comunista justamente al salir de la iglesia después de haberse confesado. Giles había estado veintiocho años alejado de la Iglesia. Apenas había cumplido con los requisitos de una buena confesión, pues su contrición, nacida durante la "misión" celebrada en la iglesia aquella semana, era imperfecta. El comunista quiso saber si Giles era católico, amenazando con matarle si lo era. Sin temor alguno, Giles respondió: "¡Sí, a Dios gracias!». ¿Fue Giles inmediatamente al cielo o tuvo que pasar algún tiempo en el purgatorio? Razona tu respuesta».

¡Sentí pena por el pobre Giles! Y sentí pena también por los pobres niños de tercero de primaria que tenían que descubrir las respuestas. Por supuesto que las normas y los códigos religiosos han existido al menos desde que Moisés descendió del Sinaí con los Diez Mandamientos. El propio Jesús de Nazaret, durante su breve ministerio, dio a sus discípulos su propia serie de normas. Y casi todas las religiones organizadas tienen su normativa. (Echa un vistazo al *Código de Derecho Canónico* de la Iglesia católica, si quieres un ejemplo). Y lo mismo ocurre con las órdenes religiosas: la edición que yo tengo de las *Constituciones* jesuíticas ocupa 502 páginas.

Las normas son una parte esencial de cualquier comunidad, porque nos permiten vivir unas relaciones sanas con los demás. Las normas aportan orden al grupo y contribuyen, además, a poner orden en nuestra vida personal. Paradójicamente, algunos de los que critican las normas religiosas pensadas para procurar la salud espiritual siguen una serie aún más estricta de normas pensadas para gozar de salud física. Los planes dietéticos y el ejercicio físico son a menudo tan draconianos como cualquier ley canónica.

Pero la excesiva dependencia de una religión basada en las normas puede propiciar una imagen de Dios semejante a la de un severo guardia de tráfico preocupado únicamente por hacer cumplir la ley o, como decía un amigo mío, a la de un agente de la libertad condicional. ¿Cuántos de los niños que aprendieron de memoria el *Baltimore Catechism* no llegaron a la conclusión de que la vida espiritual no era una invitación a relacionarse con un Dios amoroso, sino una serie de complicadas normas de un Dios déspota?

Este tipo de instrucción puede ser necesario para educar a los niños pequeños; pero si dicha instrucción no se profundiza, puede obstaculizar la capacidad de dichos niños de relacionarse con Dios al legar a ser adultos. Es como si un veinteañero se relacionara con sus padres del mismo modo que cuando acudía a la escuela primaria. El ejemplo más obvio de estancamiento en una idea infantil de Dios —un ejemplo que he escuchado a casi todas las personas a las que he asistido espiritualmente– es la tendencia a ver a Dios no solo como juez, sino, peor aún –y por emplear la imagen del filósofo francés René Descartes–, como un «genio maligno».

Cuando una persona comienza a tomarse en serio su vida espiritual, la oración suele ser una delicia. Como ocurre en cualquier relación, la fase inicial es de apasionamiento. Se disfruta leyendo la Escritura y libros de espiritualidad, o hablando de temas espirituales con otros creyentes, o asistiendo a ceremonias religiosas. Todo resulta natural, fácil y gozoso, como sucede al comienzo de una relación amorosa. *¡Hurra –piensas–, me encanta ser espiritual!*

Pero tardas en sentirte llamado –a través de la oración, la conversación o la voz de la conciencia– a enderezar tu camino, a alejarte de cualesquiera comportamientos pecaminosos, a entregarte a un nuevo modo de vida... En suma, a cambiar. Tal vez comprendas que el egoísmo es incoherente con tus creencias recién descubiertas. Tal vez te sientas llamado a perdonar a alguien contra el que estás resentido. Tal vez te veas movido a llevar una vida simplemente basada en la Escritura.

Entonces es cuando aparece el miedo.

Y es natural, porque el cambio siempre asusta. Pero esta vez el miedo es diferente: es el miedo producido por el hecho de no saber adónde te lleva Dios. Es el miedo a que Dios esté invitándote a hacer algo malo o peligroso. Piensas: *Aunque me siento llamado a perdonar a esta persona, estoy seguro de que será un desastre para mí. Dios está engañándome.* Un joven que estaba pensando en hacerse jesuita temía que, si accedía a la invitación de Dios, acabaría siendo desdichado.

Es entonces cuando las personas necesitan revisar su imagen de Dios. En tales situaciones conviene profundizar aún más y preguntarse: *¿Quién es Dios para mí?* A menudo, la imagen que tenemos es la de nuestra infancia. O bien se trata de una imagen que no transmite vida: la del juez severo, el padre distante o el padre incapaz de perdonar. «La imagen concreta que tengamos de Dios dependerá mucho de la naturaleza de nuestra educación y de cómo hayamos reaccionado ante ella –dice Gerard W. Hughes, SJ, en *God of Surprises*–, porque nuestras ideas y nuestra afectividad derivan de nuestra experiencia».

«El día en que dejes de cambiar dejarás de vivir».

– ANTHONY DE MELLO, SJ (1931-1987)

La religión en sí misma puede ser un obstáculo para desarrollar una imagen sana de Dios. En su libro *God's Mechanics,* el científico jesuita Guy Consolmagno, que trabaja en el Observatorio Vaticano y posee un título superior del MIT, habla de la fe de un científico en Dios y dice: «Un modo evidente de permitir que una religión limite nuestra visión del universo consiste en insistir en que sus doctrinas son una descripción completa y definitiva de la naturaleza y de Dios». Dios es mayor que la religión.

Tu imagen infantil de Dios puede tener necesidad de crecer. Cuando eres un niño, puedes ver a Dios como yo lo hacía: como el Gran Solucionador de Problemas. Más tarde, puedes relacionarte con Dios como Padre. En la madurez, puedes relacionarte con Dios de diferentes modos: como Creador, como Espíritu, como Amor... Los propios cristianos pueden igualmente ver a Jesús de diferentes maneras: no solo como Salvador y Mesías, sino quizá también como hermano y amigo.

Tu manera de relacionarte con Dios es a menudo un reflejo de tus relaciones en otros ámbitos de tu vida, particularmente con los padres o con las figuras de autoridad. Pero has de recordar que, aun cuando la imagen de un progenitor es útil (para algunas personas), Dios no es tu madre o tu padre. Esto es especialmente importante para cualquiera que haya padecido abusos físicos, emocionales o mentales por parte de un progenitor. Richard Leonard, un sacerdote jesuita, me dijo en cierta ocasión que, cuando nos relacionamos con Dios como progenitor, nos relacionamos con el mejor padre o madre posibles.

Aunque te sientas atraído por la imagen de Dios como progenitor, recuerda que los hijos adultos se relacionan con sus padres de distinta manera que en la infancia. En *Una amistad como ninguna,* el padre Barry dice que, cuando los predicadores hablan de Dios como padre, suelen emplear la imagen del padre de un niño. Pero Barry opina que la «relación entre un *hijo adulto* y su(s) padre(s) es una mejor imagen de la relación que Dios desea mantener con nosotros como adultos».

Puede que también te sorprenda descubrir nuevas imágenes de Dios dentro de antiguas tradiciones. En su libro *She Who Is,* Elizabeth Johnson, CSJ, religiosa y teóloga católica, escribe acerca del imaginario femenino de Dios en las Escrituras judía y cristiana. Por poner solo dos ejemplos de su innovador trabajo: la palabra hebrea para «espíritu», *ruah,* es femenina. Análogamente, la palabra griega *Sophía,* o Sabiduría, es una imagen tradicionalmente femenina de Dios. La Sabiduría de Salomón dice: «Se propaga decidida del uno al otro confín y lo gobierna todo con acierto». En el islam, el profeta Mahoma habla de los noventa y nueve nombres de Dios, cada uno de los cuales subraya un atributo de la divinidad, entre ellos «el Gentil», «el Restaurador de la Vida» y «el Guía». Cada uno de ellos es una invitación a imaginar a Dios de nuevas maneras.

Una de mis imágenes preferidas puede verse en el Libro de Jeremías, que es especialmente útil para quienes temen que Dios pueda ser el embaucador maligno que les invita a cambiar únicamente para atraparlos en una vida desdichada. El Dios de Jeremías, por el contrario, dice: «Bien me sé los pensamientos que pienso sobre vosotros –oráculo de Yahvé–, pensamientos de paz y no de desgracia, de daros un porvenir de esperanza» (Jeremías 29,11). Dios desea únicamente lo mejor para ti, dice Jeremías.

También puedes encontrar imágenes más recientes, más modernas, como la del Dios de las Sorpresas, que te asombra con nuevas e inesperadas invitaciones a crecer. O tal vez tengas tus propias imágenes. Un amigo jesuita realizó un viaje a lo largo de todo el país y acabó quedándose tirado en un aeropuerto desconocido, en el que todos los vuelos habían sido cancelados. Un jovial y simpático agente de viajes le ayudó pacientemente a organizarlo todo para que pudiera sacar billete para un nuevo vuelo. Fue una sorprendente imagen de Dios, decía él: alguien que te ayuda a encontrar el camino de casa.

El cambio puede también formar parte de tu progresiva relación con la religión organizada. Algunos de nosotros hemos nacido en familias profundamente religiosas. Otros siguen arraigados en sus tradiciones religiosas originales y desarrollan una fe madura que les alimenta. (Recordarás a quienes recorrían el «camino de la fe» y de los cuales hablábamos en el primer capítulo). Hay quienes prescinden de las antiguas creencias religiosas, porque ya no les sirven como adultos, y emprenden la búsqueda de nuevas tradiciones religiosas (el «camino de la exploración»). También abundan las personas que se alejan de la religión durante un tiempo para retornar más tarde a la misma tradición, con sus propias condiciones, reapropiándose de una fe más adulta y más apropiada para ellos (el «camino de regreso»).

En cada caso, la relación con Dios cambiará también. Como dice el jesuita español Carlos González Vallés en su libro *Dejar a Dios* ser Dios: «Si siempre imaginas a Dios del mismo modo, por más verdadero y hermoso que pueda ser, no podrás recibir el don de las nuevos modos que tiene dispuestos para ti».

Guardar silencio

¿Estás abierto al *silencio* en tu vida espiritual? A veces Dios parece distante, y a veces no parece estar sucediendo nada en tu vida diaria o en tu oración.

Las revelaciones que aparecen en las cartas y diarios de la Madre Teresa, recopilados por Brian Kolodiejchuk, MC, en *Mother Teresa: Come Be My Light,* reflejan su dolorosa «noche oscura» –un largo periodo de oración en el que tiene uno la sensación de que Dios está ausente– y recuerdan que ese silencio es habitual incluso en la vida de los santos. Muchos creyentes se han sorprendido y hasta escandalizado por el hecho de que revelara cómo a menudo no sentía la presencia de Dios en su oración. Algunos críticos seculares han apuntado incluso a sus descripciones del silencio como prueba de que su fe era débil... o de que Dios no existe.

Pero el silencio forma parte de cualquier relación. Pensemos en las ocasiones en que unos esposos o unos amantes se encuentran separados el uno del otro por una gran distancia física. O, más positivamente, pensemos en un largo viaje en coche con un amigo. ¿Acaso tiene el amigo que hablar a cada instante? Pensemos en dos enamorados que caminan juntos por la playa sin decir una palabra. A veces el silencio entre amigos puede ser doloroso y molesto, pero otras veces un silencio amistoso resulta consolador.

La hermana Maddy, mi amiga de la casa de Ejercicios de Gloucester, observaba otra similitud entre el silencio en la oración y el silencio en la amistad: «A veces no tengo noticia de mis amigos durante algún tiempo; pero, sepa de ellos o no, lo que sí sé es que siguen siendo mis amigos. Lo mismo ocurre con la oración. Sienta o no la presencia de Dios, yo sé que Él está ahí».

Siendo yo novicio, el silencio en la oración me volvía loco. Un día le dije a David Donovan: «¡Esto es ridículo! En mi oración no sucede nada. Es una pérdida de tiempo».

David me preguntó: «¿Qué quieres decir?».

«Pues que me siento a orar, y no sucede nada. Simplemente, estoy sentado con Dios durante una hora. Es una pérdida de tiempo». David se echó a reír: «¿Estar con Dios es una pérdida de tiempo?». Muy a mi pesar, tuve que echarme a reír. Nunca es una pérdida de tiempo estar en la presencia de Dios, aun cuando uno no sienta que está sucediendo gran cosa.

Y es que puede uno disfrutar estando en silencio en compañía. Como recientemente me decía Margaret Silf en una carta, en la oración puedes estar en silencio en compañía, seguro de que ese silencio no significa que Dios te ha abandonado. O puedes también disfrutar estando, simplemente, en la presencia de Dios

Otra manera de verlo se la debemos a Aristóteles, que creía que nos hacemos semejantes al objeto de nuestra contemplación. ¿Has conocido alguna vez a una pareja de cierta edad en la que cada una de las partes parece haber hecho suyas las características de la otra parte? Ambos comparten los mismos intereses, a menudo termina uno las frases del otro, a veces incluso se parecen físicamente. Lo mismo sucede con Dios: cuanto más tiempo pasas con él, aun en el más absoluto silencio, cuando parece que nada está sucediendo, tanto más creces, porque estar en la presencia divina es siempre algo transformador. Piensa en Moisés descendiendo del monte Sinaí con el rostro radiante. «Perder el tiempo con Dios» –una de las descripciones de la oración preferidas de David Donovan–, incluso durante los momentos de silencio, resulta no ser en absoluto una pérdida de tiempo.

Pero hay otra razón por la que podemos tener problemas con el silencio en la oración: que ya no valoramos el silencio *en lo más mínimo.*

Los aparatos electrónicos –iPods, BlackBerrys, teléfonos móviles, ordenadores portátiles...– han creado un mundo de estímulos constantes. La mayoría de esas cosas son buenas, eficaces y hasta divertidas. ¿Por qué no tener a tu alcance todas tus melodías preferidas para cuanto te ves atrapado en un embotellamiento de tráfico? ¿Por qué no tener televisión, radio e Internet para estar al día de lo que ocurre en nuestro mundo? Todo ello es fruto de la «era digital».

Sin embargo, ¿no estaremos volviéndonos adictos a todos esos aparatos? La cantidad de medios de comunicación que consumimos cada día no deja de crecer, y nuestra capacidad de prescindir de los artilugios digitales se reduce en la misma medida.

Hace muy pocos días, un ejecutivo de una productora cinematográfica me llamó desde su coche con el teléfono móvil para consultarme acerca de una selección de música que esperaba poder usar en una nueva película acerca de la iglesia católica. ¿Cuáles serían los himnos católicos más apropiados?, me preguntó. Cuando me puse a hacerle unas sugerencias, me dijo: «Espere, por favor; tengo que enviar un mensaje a una persona mientras hablamos». Sorprendido, le dije: «¿Está usted conduciendo, hablando conmigo por teléfono y enviando un mensaje... todo al mismo tiempo?».

Poco a poco, estamos perdiendo el arte del silencio, de caminar por la calle absortos en nuestros pensamientos, de cerrar la puerta de nuestra habitación y permanecer en silencio, de sentarnos en un banco del parque y limitarnos a pensar. Tal vez temamos el silencio porque nos da miedo lo que podríamos oír procedente de lo más profundo de nosotros mismos. Tal vez tengamos miedo de escuchar el «suave susurro de la brisa». ¿Qué podría decirnos?

¿Podría pedirnos que cambiemos?

Quizá tengamos que desconectar para poder conectar –desconectar del mundo de ruido para conectar con el silencio, donde Dios nos habla de un modo distinto. No podemos cambiar nuestro ruidoso mundo, pero sí podemos desconectar de vez en cuando y regalarnos a nosotros mismos el don del silencio.

Estar en silencio es una de las mejores formas de escuchar a Dios, no porque Dios no nos hable durante el ruidoso día, sino porque el silencio hace que nos sea más fácil escuchar a nuestro propio corazón. Por emplear la analogía de la amistad, a veces necesitamos estar en silencio y escuchar muy atentamente cuando un amigo trata de decirnos algo. Como dice a veces mi hermana a sus hijos: «Tenéis dos oídos y una boca por una razón: escuchar es más importante que hablar».

Si tu entorno (interior y exterior) es demasiado ruidoso, puede que te resulte difícil escuchar lo que Dios, tu amigo, trata de decirte.

Los nuevos caminos que Dios tiene dispuestos

Aunque la amistad es una excelente analogía de la relación con Dios, sin embargo no es perfecta. Como ya he dicho, ninguno de nuestros amigos ha creado el universo. Y Dios, a diferencia de cualquier otro amigo, permanece siempre constante. Como dice Richard Leonard en su libro *Preaching to the Converted*: «Si te sientes alejado de Dios, ¡adivina quién es el que se ha distanciado!».

No obstante, y haciendo uso de la fecunda intuición del padre Barry –pensar en la oración en términos de una relación personal– puede contribuir a clarificar tu relación con Dios. Si no te satisface tu relación con Dios, piensa en ella en términos de amistad y considera en qué aspectos puedes estar descuidando esa amistad y cómo puedes alimentarla.

Ese modelo puede hacer también que la vida espiritual sea menos desalentadora, porque ayuda a hacer de tu relación con Dios algo más comprensible, algo que puedes incorporar a tu vida, en lugar de ser algo reservado únicamente a los santos y los místicos.

Incluso el *progreso* en la vida espiritual refleja el progreso en la relación. Al comienzo de muchas relaciones amorosas, como ya he dicho, suele haber una fase de pasión. Lo único que deseas es pasar el tiempo con la otra persona. Pero la relación tiene que ir más allá de ese nivel superficial y convertirse en algo más profundo y complejo. Además, llegará a lugares que ni siquiera pudiste haber imaginado cuando te enamoraste. Tendrá altibajos, tiempos de silencio y tiempos de frustración, igual que cualquier amistad.

Tu relación con Dios no dejará de cambiar a lo largo de tu vida: a veces se desarrollará de manera natural, casi con absoluta facilidad, y sentirás que es rica y consoladora; otras veces te parecerá difícil, casi tediosa y escasamente «rentable»; pero lo importante –como en cualquier amistad– es perseverar y, en último término, llegar a conocer y amar al Otro más profundamente. Y permitir que el Otro te conozca y te ame a ti más profundamente también.

7

Dios te encuentra allí donde estés

(Tradiciones ignacianas de oración)

En los tres últimos capítulos hemos visto cómo una oración como el examen puede ayudarnos a encontrar a Dios en nuestra vida y cómo podemos «escuchar» a Dios en la oración y en la vida diaria. No obstante, hay otras muchas tradiciones de oración, además del examen. Por eso nos preguntamos: ¿cuál de todas ellas constituye la mejor forma de orar?

Dios me mira a mí, y yo a Él

La respuesta es: cualquiera con la que te sientas cómodo. Como decía David Donovan, «Dios te encuentra allí donde estés». Ninguna forma de oración es mejor que otra, del mismo modo que ninguna manera de estar con un amigo es mejor que otra. Lo mejor es lo que sea mejor *para ti.*

A David le gustaba contar una anécdota personal relacionada con el hecho de calificar como «mejores» o «peores» las diferentes formas de oración.

Un fin de semana después de haber dejado el cargo de director espiritual en el prestigioso Josephinum Seminary de Ohio, David fue a visitar a su madre, una anciana católica irlandesa que vivía en las afueras de Boston. Cuando llegó, vio que su madre estaba rezando el rosario, una de las más antiguas tradiciones espirituales católicas. El rosario es una serie de cuentas dispuestas en cinco grupos de diez, separados por una cuenta algo más grande. Por cada una de las cuentas pequeñas hay que rezar un Avemaría. (Dios te salve, María; llena eres de gracia; el Señor es contigo; bendita tú eres entre todas las mujeres, y bendito es el fruto de tu vientre, Jesús. Santa María, madre de Dios, ruega por nosotros, pecadores, ahora y en la hora de nuestra muerte. Amén). Por cada una de las cuentas grandes se reza un Padrenuestro. Por otra parte, hay diferentes acontecimientos de la vida de Jesús y de María en los que pensar mientras se reza cada «misterio» o serie de diez cuentas.

Los orígenes del rosario se remontan a la Edad Media, cuando los laicos lo utilizaban como un modo de orar espiritualmente unidos a las comunidades monásticas cercanas, que, por su parte, rezaban constantemente los ciento cincuenta salmos durante todo el año. (Tres rosarios suponen ciento cincuenta Avemarías). Como dice Sally Cunneen en un libro de ensayos titulado *Awake My Soul:* «Cuando la mayoría de los cristianos eran analfabetos, y los libros, incluida la Biblia, únicamente estaban al alcance de quienes habitaban en los monasterios, una sarta de cuentas o semillas proporcionaba a los fieles un modo sencillo de recrear su vinculación con los acontecimientos de los evangelios mientras rezaban la oración que Jesús nos enseñó y repetían las palabras de Gabriel y de Isabel a María», es decir, el Avemaría.

Después de su experiencia como director espiritual, a David le pareció que ese «sencillo medio» de oración que a su madre le gustaba practicar era... demasiado simple, por así decirlo. Por eso decidió enseñar a su madre algo acerca de la «verdadera oración», como él decía.

«¿Por qué rezas el rosario?», le preguntó.

«David, siempre he rezado el rosario», le respondió su madre.

«Pero ¿por qué?».

«Bueno..., pues porque me gusta», le dijo ella.

Consciente de que hacía demasiados progresos, David decidió sondear la limitada experiencia de oración de su madre y enseñarle un «mejor» modo de orar.

Por eso le preguntó: «¿Qué sucede cuando rezas el rosario?».

«La verdad es que me tranquilizo –le dijo su madre–. Luego yo le miro a Dios, y Él me mira a mí».

«Aquello me dejó sin palabras», decía David riéndose cuando refería la historia. Comprendió que se había equivocado al prejuzgar las experiencias espirituales de su madre. ¿Quién sabe lo que ocurre en el interior de otra persona? Y reconoció el peligro de privilegiar un modo de relacionarse con Dios sobre otro. Ya advierte san Ignacio sobre el peligro que supone pretender que todos sigan el mismo camino.

Pero David comprendió algo más: «A pesar de toda mi formación, probablemente mi madre tenía con Dios una relación más profunda que yo».

David solía contarme esta historia para recordarme que no existe un único modo correcto de orar, sino que puede haber un modo determinado que se adapte mejor a tus características.

Veamos, pues, algunos modos de orar que son más frecuentemente considerados como parte de la tradición ignaciana. Al final del capítulo hablaré más extensamente de otros métodos, pero estos a los que voy a referirme a continuación son los más estrechamente asociados a la espiritualidad ignaciana.

A medida que vayas leyendo, trata de observar cuáles te atraen más. Tal vez esa atracción signifique que Dios esté llamándote a probar alguno de ellos. Y puede que al ponerlo en práctica, como diría la madre de David, Dios pueda mirarte y tú puedas mirarlo a Él.

La contemplación ignaciana

¿Recuerdas a esos cinco hipotéticos jesuitas a los que me refería en el primer capítulo y que nos proporcionaron cuatro definiciones de la espiritualidad ignaciana? Pues bien, si ahora les pidiéramos que describieran la tradición ignaciana de oración, lo más probable es que mencionaran en primer lugar la «contemplación ignaciana».

Toda oración es contemplativa, pero aquí empleo el término para describir un cierto tipo de oración que además se conoce como «contemplación», «oración contemplativa» u «oración imaginativa». Aunque no fue Ignacio quien inventó esta forma de oración, sí fue quien la popularizó, concediéndole un lugar central en sus *Ejercicios Espirituales,* donde la denomina «composición de lugar».

En la contemplación ignaciana se «compone el lugar» imaginándose a uno mismo formando parte de una determinada escena de la Biblia, o en la presencia de Dios, y tomando después parte en dicha escena. Es una forma de permitir que Dios nos hable a través de nuestra imaginación.

Esta, que era una de las maneras favoritas que tenía Ignacio de ayudar a la gente a entrar en relación con Dios, provenía de su propia experiencia orante. Como dice David Fleming, aunque Ignacio era un excelente pensador analítico (si bien lo mas probable es que no se considerara a sí mismo un intelectual), la «calidad mental del pensamiento que impulsaba su vida espiritual era su extraordinaria imaginación».

Cuando oí hablar por primera vez de este método en el noviciado, pensé que sonaba un tanto ridículo. *¿Utilizar la imaginación? ¿Componer escenas en tu mente? ¿Suponer que Dios te hablaba a través de lo que tú imaginabas? ¿No es eso precisamente lo que piensan los locos?*

En una de mis primeras conversaciones con David, le confesé mis dudas e incluso mi decepción a propósito de la «contemplación ignaciana». Mientras me escuchaba, comenzó a sonreír. Aún puedo verle sentado en su butaca con su taza de café al lado. «Permíteme que te pregunte algo –me dijo–: ¿Tú crees que Dios puede hablarte a través de tus relaciones con otras personas?».

«Por supuesto», le respondí.

«¿Y a través de la lectura de la Biblia y a través de los sacramentos?». Sí y sí.

«¿Y a través de tus experiencias diarias y de tus deseos y de tus emociones?». Sí, sí y sí.

«¿Crees que Dios puede comunicarse a través lo que cada día ves y oyes y sientes e incluso hueles?». Naturalmente.

«Entonces, ¿por qué no puede Dios hablarte a través de tu imaginación?».

Aquello tenía sentido. Piensa seriamente en tu imaginación, me dijo David. ¿No es acaso un don de Dios, como tu intelecto o tu memoria? Y si es un don, ¿por qué no puede emplearse para experimentar a Dios?

Aquello también tenía sentido. Utilizar mi imaginación no consistía tanto en inventarme cosas cuanto en confiar en que mi imaginación podía contribuir a guiarme hacia aquel que la había creado: Dios. Lo cual no significaba que todo cuanto yo pudiera imaginar durante la oración procediera de Dios. Pero sí significaba que de vez en cuando Dios podía utilizar mi imaginación como un modo de comunicarse conmigo.

¿Cómo se «hace», pues, la contemplación ignaciana? Aquí es donde acudimos directamente a los Ejercicios Espirituales en busca de ayuda.

La composición, imaginando el lugar

En primer lugar, toma un pasaje de la Escritura que sea de tu agrado. Para quienes hacen los *Ejercicios Espirituales* se trata del pasaje asignado para todo el día. Por ejemplo, en la Segunda Semana de los Ejercicios sigues a Jesús en su ministerio: predicando, viajando, curando a los enfermos, perdonando a los pecadores, acogiendo a los marginados, etcétera.

Uno de mis pasajes favoritos de la Segunda Semana es la tormenta en el lago, recogida en distintos evangelios. Suele resultarles útil a las personas que afrontan grandes problemas en su vida; es decir, a todo el mundo.

En la versión del evangelio de Lucas (8,22-25), los discípulos están en una barca con Jesús cuando, de pronto, se desencadena una tormenta (que es algo que hoy sigue sucediendo a menudo en el lago de Galilea). «La barca se hundía, y ellos estaban en peligro», escribe Lucas. Les entra el pánico y piden a Jesús, que estaba dormido, que les ayude. «¡Maestro, Maestro, nos hundimos!», gritan. Jesús se despierta e «increpa» al viento y a la lluvia, calmando la tormenta con sus palabras. Entonces se vuelve a ellos y les pregunta: «¿Dónde está vuestra fe?».

Los discípulos se quedan de una pieza. «¿Quién es este, que conmina a los vientos y al agua, y le obedecen?».

Ignacio te invita a entrar en la escena haciendo una «composición de lugar», imaginándote a ti mismo en dicha escena con tanto detalle como te sea posible.

Los puntos de partida son los cinco sentidos.

El primer paso, después de pedirle a Dios ayuda en la oración, es preguntarte: *¿Qué es lo que ves?* Dando por supuesto que te imaginas a ti mismo en la barca (en lugar de imaginar la escena desde la distancia, que sería otra opción), puedes verte a ti mismo rodeado por algunos de los discípulos, todos apretados en la pequeña barca de madera.

Hay mucho que imaginar tratándose de tu «visión imaginativa». ¿Cómo sería la barca? Tal vez hayas visto fotografías de «la barca de Jesús», un pesquero de vela de la época de Jesús que fue hallado en el lago de Galilea en 1986. Se trata de una larga embarcación de madera con asientos también de madera de aspecto no muy cómodo. Mientras te la imaginas, puedes caer en la cuenta de que está llena de discípulos, algo que quizá nunca has pensado antes. A propósito, no tienes que ser un experto en culturas antiguas ni un arqueólogo para practicar esta forma de oración. No importa que no sepas exactamente cómo eran las embarcaciones en la Palestina del siglo I. «Tu» barca puede ser una versión moderna.

¿Cómo es la escena *fuera* de la barca? El miedo a navegar en la oscuridad se debe, en parte, a que uno no sabe lo que va a ocurrir a continuación: si un rayo va a destrozar el mástil, o si una ola va a golpear violentamente un costado de la embarcación, o si otra ola inesperada va a hacer zozobrar la barca. Y por la noche es difícil ver las olas, a no ser que las iluminen los relámpagos. Con uno solo de tus sentidos imaginativos –la vista– puedes empezar a experimentar algo del miedo que los discípulos debieron de sentir.

Imagina a continuación que ves cómo Jesús está dormido en la barca. Incluso algo tan simple como verle dormir podría suscitarte nuevas preguntas acerca de Jesús. Por ejemplo, podrías caer en la cuenta de que su sueño no es tanto indicio de falta de interés por sus amigos, ni tampoco ignorancia del posible peligro, sino simplemente la fatiga después de un largo día de actividad. Puedes caer en la cuenta de que Jesús llevaba una vida activa, en la que la gente reclamaba constantemente su atención y su solicitud. ¿Cómo podía no estar cansado...?

Tu comprensión del miedo de los discípulos se ve ahora acompañada por la compasión que por la humanidad siente Jesús, el cual, después de todo, tenía un cuerpo físico que se cansaba.

Una cosa es leer un relato evangélico y limitarse a escuchar las palabras «Jesús estaba dormido», y otra cosa muy distinta es imaginarlo, verlo con los ojos de tu mente. Puedes adquirir una nueva visión de la humanidad de Jesús de un modo que no es posible leyendo un libro o escuchando una homilía, porque se trata de *tu* visión.

Ahora pregúntate: *¿Qué es lo que oyes?* Puedes imaginar no solo el ulular del viento y el estruendo producido por los truenos, sino también el sonido de las enormes olas que se estrellan contra la barca. Tal vez puedas imaginar cómo el agua inunda el piso de la barca y cómo caen sobre él ruidosamente los aparejos y las redes, mientras la embarcación no deja de sufrir bandazos. Tal vez escuches las protestas de los discípulos. ¿Se muestran cada vez más molestos por la indiferencia de Jesús? Oyes cómo refunfuñan a pesar del estruendo del viento y de las olas. ¿Suben de tono sus quejas a medida que la tormenta se intensifica? ¿Superan sus gritos el ruido de los truenos? Las protestas que nosotros dirigimos a Dios hacen lo mismo frente a las violentas tormentas de nuestras vidas.

De los Ejercicios Espirituales

Aquí está san Ignacio utilizando la «composición de lugar», imaginando la escena de la Natividad. Observa las preguntas que hace y comprueba cómo no te dice exactamente lo que has de imaginar, sino que lo deja precisamente a tu propia imaginación, donde Ignacio confiaba en que Dios actuaba en un nivel muy personal.

«Composición viendo el lugar; será aquí con la vista imaginativa ver el camino desde Nazaret a Belén, considerando la longura, la anchura, y si llano o si por valles o cuestas sea el tal camino; asimismo mirando el lugar o espelunca del nacimiento, cuán grande, cuán pequeño, cuán bajo, cuán alto, y cómo estaba aparejado».

Con la vista y el oído de tu imaginación has comenzado a entrar más de lleno en la escena; pero aún no has terminado, porque tienes más sentidos a tu disposición.

¿Qué es lo que hueles? Junto con el agua del mar que entra en la barca, puedes oler... ¡a pescado! (O, al menos, el olor residual de la pesca del día). Finalmente, al hallarte en un lugar tan reducido con los discípulos, percibirás su rancio olor corporal e incluso su mal aliento.

Ninguno de estos ejercicios imaginativos te exige imaginar nada insólito o extraño. Lo único que Ignacio sugiere es que trates de imaginar lo mejor que puedas cómo *podrían* haber sido las cosas. Tú confía además en que, puesto que tratas de entrar en la escena para encontrarte con Dios, Él te ayudará en esta oración.

Aún te quedan dos sentidos más. El tacto es uno de ellos. *¿Qué es lo que sientes?* ¿Vistes unas ropas toscas? Tal vez sientas que el tejido te raspa la piel. Si estás sentado en una barca durante una tormenta, probablemente estarás empapado, helado, y te sientas desdichado, además de enormemente cansado después de haber andado por Galilea con Jesús durante todo el día.

Finalmente *¿qué percibes con el gusto?* En esta meditación concreta, este sentido es menos importante; pero en otras, como aquellos pasajes en los que Jesús y sus discípulos comen y beben –las bodas de Caná o la Última Cena, por ejemplo–, este es un sentido clave. Pero incluso aquí, en la barca, puedes imaginar el sabor del agua salada del lago.

Ahora que has utilizado tus sentidos y has hecho la «composición de lugar», tienes el escenario a punto. En este momento puedes simplemente dejar que la escena se desarrolle en tu mente, interviniendo tú en ella.

Pero no se trata de algo que tengas simplemente que «observar». No debes limitarte a imaginar el hecho como si estuvieras viendo una película. Joseph A. Tetlow, SJ, escribe en *Making Choices in Christ:* «Entra en la escena, permitiendo que se desarrolle como si tú formaras parte de ella, de pie en el templo o con el agua hasta las rodillas en el Jordán».

Deja que la historia siga su curso en tu imaginación, enjuiciándola por tu parte lo menos posible. Déjate arrastrar a lo que te resulte más atractivo o interesante. Si, por ejemplo, te fijas más en los discípulos que en Jesús, procura no considerarlo como algo inapropiado o erróneo. Mientras estás meditando, deja que Dios te guíe a través de tu imaginación.

Presta atención

A continuación, toma nota de lo que ha ocurrido en tu interior mientras te hallabas inmerso en la historia en cuestión. Como sucede en cualquier forma de oración, hay muchas cosas que pueden revelarse: mociones, emociones, deseos, recuerdos, sentimientos..., como vimos en el anterior capítulo.

Dios desea comunicarse contigo siempre; pero cuando tú te abres *deliberadamente* a la voz de Dios, a menudo puedes oírlo más claramente. Empleando de nuevo la metáfora de la amistad, es como decirle a un amigo: «Tienes toda mi atención». La contemplación ignaciana nos permite escuchar con mayor facilidad, o de manera diferente, y reconocer algo que, de lo contrario, podríamos pasar por alto.

Abrirnos

Aunque lo que Ignacio pretendía era ayudar a entrar en los acontecimientos de la vida de Cristo, la contemplación ignaciana puede ser empleada por todas las tradiciones religiosas para ayudar a apreciar lo que John J. English, SJ, describe en su libro *Spiritual Freedom* como «acontecimientos sagrados».

«En la contemplación ignaciana adquirimos el hábito de perdernos... en acontecimientos sagrados de gran importancia. Después de una cierta práctica inicial, aprendemos a permanecer en la escena y en su desarrollo, a relajarnos en presencia de quienes hablan y se mueven, y a abrirnos sin reservas a cuanto ocurre, de manera que podemos recibir una profunda impresión del misterioso significado del acontecimiento».

Las mociones, por ejemplo, son habituales en la contemplación ignaciana. Cuando en mi oración se producía una moción, algo que era inequívocamente nuevo, algo que era obviamente fruto de la oración, David solía decirme: «¡Presta atención!».

Supongamos, por ejemplo, que te llama especialmente la atención lo aterrorizados que están los discípulos, no solo por la tormenta, sino por algo aún más sorprendente: la demostración de poder por parte de Jesús. Es posible que sus milagros asustaran a aquel grupo de galileos. Aunque tal vez hayas escuchado este relato docenas de veces, quizá comprendas de un nuevo modo que el ver cómo su amigo apaciguaba la tormenta debió de resultar sorprendente, sobrecogedor, emocionante... y aterrador.

Acabas de tener una percepción referida a la vida de los discípulos, para quienes puede que haya sido aterrador estar en esos momentos cerca de Jesús. Seguramente has oído hablar del «temor de Dios». Es una reacción del todo natural. «¿Quién es este, que conmina a los vientos y al agua, y le obedecen?», dirán poco después. Por primera vez, sientes no solo la excitación que subyace a estas palabras, sino también el miedo. Entonces te preguntas si hablaron alguna vez con Jesús acerca de su reacción. ¿Qué les diría él a modo de respuesta?

Puede que la percepción no pase de ahí: que se trate de algo aterrador. Si consigues obtener una comprensión más profunda de la Escritura, te ayudará a profundizar tu fe. Pero muchas veces la percepción puede llevarte a una intuición acerca de *tu propia vida*. Lo cual podría hacer que te preguntaras: *¿En qué tengo yo miedo de Dios?* ¿Hay instancias o lugares en los que has visto signos de la presencia de Dios, pero te ha dado miedo admitirlo porque temías el poder de Dios? A veces resulta aterrador pensar que Dios se interesa por tu vida. ¿Está el miedo impidiéndote tener una relación más profunda con Dios?

Igualmente común en la oración contemplativa es una reacción más emocional, que puede resultar sorprendente, reveladora y clarificadora. Para mí, la forma más fácil de explicarlo es algo que me sucedió orando a propósito de este pasaje hace tan solo unos meses.

¡Desbordado!

Recientemente estuve en California para hacer los *Ejercicios Espirituales* de mes por primera vez desde el noviciado, hace más de veinte años. Ello formaba parte del último estadio de mi formación oficial como jesuita. (Si, has leído bien: la formación completa de un sacerdote jesuita, que prosigue después de la ordenación, puede durar a veces más de veinte años).

En cualquier caso, durante la Segunda Semana surgió este pasaje concreto del evangelio. Si he de ser sincero, debo decir que pensé: «¿La tempestad calmada? ¡Si ya he estado allí y he orado con ella...!» No podía suponer que me esperara sorpresa alguna. Pero el Dios de las Sorpresas tenía otras ideas.

Mientras oraba a propósito de la tempestad calmada, no hubo mociones, y apenas hubo deseos, emoción, recuerdos y sentimientos. Pero yo sabía que no debía sentirme frustrado. La oración muchas veces es árida y, al menos superficialmente, parece que apenas ocurre nada.

Al día siguiente, volví sobre esa misma escena en mi imaginación. En cuanto subí a la barca, una palabra surgió de pronto en mi mente: *desbordado*. La barca estaba llenándose de agua durante la violenta tormenta, a punto de hundirse, y los discípulos estaban aterrorizados.

Desbordado era la palabra que yo empleaba frecuentemente con mis amigos para describir mi vida diaria. Siempre estaba atendiendo a la vez a distintos proyectos, y a menudo me sentía agobiado. Consiguientemente, había empezado a preguntarme si no habría llegado el momento de cambiar, el momento de solicitar un nuevo trabajo o de modificar mi manera de trabajar.

Probablemente el lector habrá sentido algo semejante en algún momento de su vida. Muchos de nosotros –padres con hijos pequeños; ejecutivos que trabajan demasiado; profesores contrariados; estudiantes atareadísimos; sacerdotes estresados...– nos sentimos desbordados por la vida, empujados en miles de direcciones diferentes, y pensamos: *Tengo que cambiar mi manera de trabajar o mi manera de vivir.*

Al día siguiente, mi director espiritual me animó a volver a meditar sobre el mismo pasaje. La repetición es un aspecto importante de la tradición ignaciana de oración. Ignacio consideraba vital obtener todo el fruto posible de una oración concreta «notando y haciendo pausa en los puntos que he sentido mayor consolación o desolación», dice en los Ejercicios.

Cuando volví sobre dicho pasaje, me imaginé a mí mismo de pie a la orilla del mar de Galilea, una vez pasada la tormenta. Luego me imaginé diciéndole a Jesús lo desbordado que me sentía. Sentarme en la playa y exteriorizar mis sentimientos resultó sumamente liberador. ¡Qué alivio, poder compartirlos con Jesús...!

Entonces, en mi imaginación, la barca que Jesús había salvado comenzó a hundirse lentamente en el mar de Galilea. Yo me sentí aliviado al verla desaparecer, como si todas mis preocupaciones se estuvieran hundiendo con ella. Puede que estuviera siendo invitado a permitir que se esfumara mi antigua vida.

A veces, como el lector ya habrá podido constatar, estas oraciones contemplativas van más allá de los esquemas de los relatos evangélicos y le llevan a uno a lugares insospechados. Obviamente, en los evangelios no se dice nada acerca del hundimiento de la barca; pero eso no significa que Dios no pueda actuar también a través de esta forma de oración imaginativa.

Luego me imaginé a ambos –Jesús y yo– construyendo una nueva barca, con madera nueva que olía a recién cortada. Al mismo tiempo, pensé que podría también reflotar la vieja barca y repararla. Tal vez no necesitara más que unos pocos arreglos: calafatearla y cambiar unas cuantas tablas. Tal vez mi antigua vida tampoco necesitara más que un pequeño ajuste.

En la oración, le pregunté a Jesús cómo era capaz de hacer varias cosas a la vez, cómo podía responder a todas las demandas de su tiempo. La respuesta surgió por sí misma: Jesús se tomaba las cosas tal como venían y confiaba en que era Dios quien las había puesto ante él, en lugar de intentar planificarlo todo. Además, aceptaba la necesidad de apartarse de la multitud en ocasiones.

Al concluir la oración, comprendí que, fuera cual fuese la barca que yo eligiera –la nueva (solicitar un nuevo trabajo) o la restaurada (cambiar mi modo de trabajar)–, Jesús estaría en la barca conmigo. No tenía nada que temer. Esto me proporcionó una paz enorme. Ya no me sentía desbordado, porque había comprendido que podía elegir en la vida. (Al final, decidí arreglar la vieja barca).

No toda oración contemplativa es tan fecunda. No en todas se dan mociones o emociones. Puede que tengas que intentarlo varias veces antes incluso de sentir que estás *dentro de* la escena. En los últimos veinte años he pasado muchas horas esforzándome en vano por «componer la escena», con poco éxito aparente. Lo cual no significa que no sucediera nada, porque pasar tiempo con Dios es siempre transformador, pero no toda oración produce un fruto observable.

No obstante, a veces sí es fecunda. Y ofrezco esta experiencia personal, no porque sea importante el hecho de que yo me sintiera desbordado, sino para ilustrar que incluso en los pasajes de la Escritura con los que estás más familiarizado Dios puede revelar cosas inéditas, si estás dispuesto a escucharlas.

La *lectio divina* y el segundo modo

El segundo modo ignaciano de oración es similar a la contemplación ignaciana. Recibe el nombre de *lectio divina* o meditación. (Como en el caso de la «contemplación ignaciana», la misma oración se conoce por muchos nombres, lo cual ocasiona frecuentes confusiones).

Lectio divina significa «lectura sagrada». Al igual que la contemplación, utiliza la Escritura para llevarte a una relación más profunda con Dios. La *lectio* se basa tanto en la imaginación como en el intelecto. Difiere también ligeramente de la contemplación ignaciana. Pero la mayoría de los modos de oración se solapan, por lo que no hay problema en combinar aspectos de uno con los de otro.

Cuando yo tropecé por primera vez con la expresión *lectio divina,* me vino a la mente la imagen de unos ancianos monjes recluidos en espaciosas y tranquilas estancias, pasando silenciosamente las páginas de pergamino de manuscritos medievales, mientras la luz del sol se filtraba por las vidrieras, iluminando las palabras que ellos iban leyendo. Aunque encantadoramente romántico, me pareció algo que permanecería muy ajeno a mi experiencia.

Pero después de entrar en el noviciado, David me introdujo a esta antigua práctica de un modo accesible. Los monjes y las monjas de clausura siguen hoy practicando la *lectio divina,* pero es una práctica al alcance incluso del más ocupado y menos monacal de todos nosotros. En esencia, la *lectio divina* es la práctica de encontrar a Dios a través de la Escritura.

Al igual que la contemplación ignaciana, aunque tampoco esta forma de oración fue inventada por Ignacio, es muy popular entre los jesuitas. Ignacio la denomina en los Ejercicios el «Segundo Modo» de orar. (En el caso de que el lector piense que hemos pasado por alto el «Primer Modo», le aseguro que no es así. El Primer Modo no es tanto un método de oración cuanto una preparación: se revisan los Diez Mandamientos, etcétera, para ver cuáles de ellos se han transgredido y tratar después de corregir la propia vida).

En lugar de explicar en qué se diferencia la *lectio divina* de la contemplación, permítaseme presentar la técnica de la misma, y de este modo verá el lector las diferencias por sí mismo.

El modo más fácil que yo he encontrado de enfocar la *lectio* me lo sugirió Daniel Harrington, mi profesor de Nuevo Testamento, el cual me aconsejó dividir el proceso en cuatro pasos.

Antes de empezar, por supuesto, seleccionas un pasaje específico de la Biblia como base de tu oración. Vamos a emplear el relato de Jesús predicando en la sinagoga de Nazaret tal como lo refiere el evangelio de Lucas (4,16-30).

Al comienzo de su ministerio, Jesús llega a su pueblo natal y entra en la sinagoga a predicar. Desenrolla la Torá y comienza a leer un pasaje del libro de Isaías: «El Espíritu del Señor sobre mí –dice citando a Isaías–. Él me ha enviado a proclamar la liberación a los cautivos y la vista a los ciegos». Después se atreve a decir a la asamblea: «Esta Escritura que acabáis de oír se ha cumplido hoy». Inicialmente, todos alaban a Jesús, asombrados de la erudición de aquel muchacho del pueblo.

Pero luego se pone a criticar al grupo por su falta de fe y dice: «Ningún profeta es bien recibido en su patria». La gente entonces se pone en su contra: «Levantándose, lo arrojaron fuera de la ciudad y lo llevaron a una altura escarpada del monte sobre el cual estaba edificada su ciudad», donde pretendían despeñarlo. Pero Jesús, impertérrito, «pasando por medio de ellos, se marchó».

Como ocurre en cualquier otra oración, primero se pide la ayuda de Dios. Vamos ahora a considerar el pasaje utilizando la *lectio divina*.

1. Lectura: ¿qué dice el texto?

Leamos primero el pasaje. ¿Qué ocurre? En la mayoría de las historias del Antiguo y del Nuevo Testamento, lo que ocurre está muy claro. Pero no siempre es así. En este caso, el lector puede echar un vistazo al pie de la página de su Biblia, cuyos editores tal vez hayan incluido notas explicativas. Los comentarios de la Biblia, que ofrecen explicaciones de palabras, prácticas y tradiciones desacostumbradas, ayudan a apreciar el contexto de la lectura antes de proseguir con la misma.

He aquí, por ejemplo, lo que dice el *HarperCollins Bible Commentary* a propósito de lo que Jesús hace en la sinagoga aquel día: «[Jesús] vive y actúa dentro de su tradición. Asiste regularmente a la sinagoga y participa como se permitía hacerlo a todos los hombres: leyendo y comentando la Escritura. Sigue la práctica habitual: se pone en pie para leer y se sienta para comentar». Ahora ya sabemos que Jesús estaba siguiendo la práctica habitual, cosa que puede inspirar tu oración.

Cuando Jesús lee el rollo, revela su identidad y su misión a sus amigos y vecinos. Debió de resultarles chocante a los habitantes de la pequeña ciudad de Nazaret oír a uno de ellos decir: «Esta Escritura que acabáis de oír se ha cumplido hoy». En otras palabras: «en mí se cumple esta Escritura».

Después de que inicialmente les agradara su discurso, la gente se pone en contra de Jesús y trata de matarlo. No es de extrañar que este pasaje se conozca a veces como «El rechazo de Nazaret».

2. Meditación: ¿qué me dice Dios a través del texto?

Ahora pregúntate si Dios quiere revelarte algo a través de este texto. Aquí es donde tu imaginación puede ponerse en marcha al meditar más profundamente sobre el mismo.

A veces el pasaje puede conectar inmediatamente con algún aspecto de tu vida. Por ejemplo, ¿te sientes llamado a ser profético incluso ante el rechazo? En el relato evangélico, Jesús quería proclamar su mensaje, aunque es probable que sospechara que resultaría controvertido. ¿Hay algo en tu vida que exija una postura igualmente valiente?

Aquí es donde resulta importante la relación con tu vida. Supongamos que estás orando con este pasaje y recuerdas una situación problemática de tu trabajo: alguien de tu oficina está siendo sistemáticamente maltratado, y tú llevas tiempo pensando en defenderlo, pero te preocupa cómo ello podría incidir en tu carrera.

¿Por qué te acuerdas de tu amigo durante esta oración concreta? Como diría David: «¡Presta atención!». Recordar a tu amigo mientras tu oración tiene como trasfondo a un Jesús en una situación controvertida puede que no sea una coincidencia.

He aquí un ejemplo concreto: hace unos años, me hallaba bastante perplejo cuando fui a hacer mis Ejercicios anuales. Durante las semanas previas, había estado pensando en un tema eclesial bastante controvertido sobre el que deseaba hablar, pero me preocupaba la reacción que pudiera provocar. Durante los Ejercicios, el ejercitador recomendó este pasaje, el cual me hizo reparar en la capacidad que tenía Jesús de decir la verdad. Posteriormente escribí en mi diario: «Los miembros de la sinagoga sentían cosas distintas y mostraron diferentes reacciones ante Jesús. Unos se sentían horrorizados, otros alegres, y unos terceros atemorizados. Pero él, *en cualquier caso,* habló».

El texto transmitía la confiada libertad de Jesús. Y me pareció que, por medio de mi reacción ante el relato, Dios me estaba ofreciendo algo de esa misma confianza y libertad.

3. Oración: ¿qué quieres decirle a Dios a propósito del texto?

Ahora es tu turno de hablar con Dios. ¿Cómo te hace sentirte el texto? ¿Qué preguntas te vienen a la mente? ¿Cuál es tu reacción? Díselo todo ello a Dios.

Después de meditar sobre este pasaje concreto, tal vez sientas un cierto temor. Si implica salir en defensa de tu amigo en el trabajo, o quizá en defensa de ti mismo, podría resultar peligroso. Quizá te preocupe, y con razón, la posibilidad de ser rechazado, como lo fue Jesús en su ciudad natal.

Por otra parte, puede que te sientas animado por su confianza, y tal vez consigas ver que para realizar todos sus gestos proféticos probablemente los profetas tuvieron que superar sus miedos. Sin embargo, al igual que Jesús, todos ellos hicieron frente a esos miedos gracias a su confianza en Dios. Tal vez experimentes una mezcla de miedo y de confianza. Es el momento de ser sincero con Dios acerca de tus sentimientos.

Durante mi oración, sentí cómo me aterraba la perspectiva de tener que hablar. Eso de ser profético suena un tanto romántico... hasta que tienes que hacer frente a una audiencia, aunque sea reducida, que se siente enojada. ¿Qué ocurriría si yo hablara? ¿Me rechazaría la gente?

Cuanto más oraba al respecto, tanto más volvía a hacerme la misma pregunta: ¿cómo era capaz Jesús de hablar con tanta audacia, sabiendo que la gente probablemente lo rechazaría? Poco a poco, fui cayendo en la cuenta de que no solo todos los que se encontraban en la sinagoga conocían a Jesús, sino que este probablemente también los conocía a ellos. Lo más probable es que previera su reacción, del mismo modo que tú prevés cómo van a reaccionar tus amigos si les provocas con tus palabras. De modo que es muy probable que Jesús previera el rechazo de que iba a ser objeto. Pero una de las razones por las que fue capaz de hablar claramente es que él era libre, que no le preocupaba la posibilidad de ser aceptado o ser rechazado, que encarnaba a la perfección lo que Ignacio llama «indiferencia».

«No deberíamos contentarnos con ser meros oyentes, sino que es preciso actuar».

– San Luis Gonzaga, sj (1568-1591)

4. Acción: ¿qué quieres hacer basándote en tu oración?

Finalmente, decides actuar. La oración debe movernos a la acción, aun cuando simplemente se trate de hacernos desear ser más compasivos y fieles. El entrar en relación con Dios ha de transformarnos, hacernos más afectivos y movernos a *actuar*.

Una vez que has escuchado el episodio de Jesús en la sinagoga, te has preguntado qué está diciéndote Dios y has hablado con él acerca de tu reacción, es el momento de *hacer* algo. Puede que decidas ser más valiente a la hora de salir en defensa de ese compañero de trabajo; o tal vez tomes la determinación de perdonar a alguien que te ha herido; o quizá sientas que todavía deseas orar más acerca de lo que debes hacer. En cualquier caso, deja que tu oración te mueva a la acción.

En mi caso, la atracción que ejercía sobre mí la libertad de Jesús me animó a hablar acerca del asunto en cuestión que me preocupaba. Resultó difícil y provocó la ira de algunos, pero yo sentí que estaba tratando de seguir el ejemplo de Jesús. Ello me ayudó en los momentos más duros y me dio confianza. Y al final resultó que no había mucho que temer: nadie quiso despeñarme, ni literal ni metafóricamente.

Estos son los cuatro pasos de la *lectio:* lectura, meditación, oración, acción.

OTRO MODO LIGERAMENTE DIFERENTE de practicar la *lectio divina* consiste en demorarse en una sola palabra o frase y, como decía Ignacio, «gustar» el texto. Para las personas a las que les resulta difícil hacer uso de la imaginación en la oración el método suele funcionar perfectamente, en especial con los salmos.

Se trata de leer meditativamente el pasaje bíblico haciendo una pausa en cualquier palabra o frase que parezca significativa.

Era un método muy del gusto de Ignacio, que en su «Segundo Modo de Orar» dice que hay que hacer una pausa en las palabras y frases, «tanto tiempo cuanto halla significaciones, comparaciones, gustos y consolación en consideraciones pertinentes a la tal palabra».

Tomemos el Salmo 23, que comienza con la frase: «El Señor es mi pastor». La siguiente línea dice: «En verdes pastos me hace reposar». Puede que te atraiga el meditar sobre lo que se sentiría reposando «en verdes pastos». Si eres una persona ocupada –o que se ve desbordada–, podrías simplemente reposar con Dios. Tal vez lo único que quiera Dios hacer en esa oración sea procurarte reposo.

O, quizá, al leer lo de los «verdes pastos» te sientas inesperadamente triste y te preguntes por qué. Tal vez no puedas detectar la existencia de ningún verde pasto en tu vida. Puedes entonces hacer partícipe a Dios de tu tristeza y sentir una nueva cercanía al Dios que desea consolarte.

O puede que sientas alegría. Este podría ser el momento de hacer ver a Dios tu agradecimiento por los «verdes pastos» que hay en tu vida. O tal vez Dios esté pidiéndote, simplemente, que prestes atención a esos «verdes pastos» que has estado involuntariamente ignorando. Tu oración puede ser de agradecimiento. A todo esto puede dar lugar una simple frase del salmo.

Ignacio subraya la necesidad de relajarse durante la *lectio*. No hay necesidad de apresurarse ni tampoco de pretender «resultados» espectaculares. En la oración no se trata de «producir». Emplea el tiempo que necesites. Como insinúa Ignacio en los Ejercicios, necesitamos tomárnoslo con calma:

> «Si la persona... hallare en una palabra o en dos tan buena materia que pensar, y gusto y consolación, no se cure pasar adelante, aunque se acabe la hora en aquello que halla».

Presta atención también a cualquier frase que te repela. Puedes leer acerca de los «valles tenebrosos» y sentir temor. Deseas hacer caso omiso cuanto antes de esas palabras, que incluso pueden hacer que te sientas físicamente incómodo. Tal vez te veas tentado a seguir adelante, pero puede que sea precisamente en los lugares que te mueven a oponerte donde Dios desea encontrarse contigo. La *resistencia* es otro fruto de la oración, como las emociones, las mociones y los recuerdos.

La resistencia es a menudo una invitación a orar o a pensar más profundamente acerca de esos sentimientos. *¿Por qué siento resistencia?* ¿Estás siendo llamado a liberarte de todo cuanto te impide amar más profundamente a Dios? *¿Por qué me dan miedo esos valles tenebrosos?* ¿Acaso porque no confías en que Dios cuide de ti? Tal vez puedas recordar momentos tenebrosos del pasado en los que cuidaron de ti los amigos, la familia, los compañeros de trabajo... y ver también en ello la mano de Dios. Si prestas atención a la resistencia, puedes acceder a un nuevo nivel de confianza o de autoconocimiento.

La resistencia siempre me hace pensar en el masaje. Debido a un dolor crónico, visito periódicamente a una masajista, la cual suele centrarse en un punto sensible de mi espalda. Ese punto necesita atención porque, como dice ella, es donde hay más «energía». Es un punto importante al que prestar atención.

Algo parecido ocurre en la oración. Cuando te sientes reacio a orar acerca de un tema concreto, puede significar que estás resistiéndote a prestar atención a algo urgente o a una situación o recuerdo que necesita dicha atención. Tal vez Dios quiera consolarte en ese lugar o liberarte de algo que te priva de libertad o de algún «afecto desordenado». Esa es la razón por la que esos pasajes contienen tanta «energía». En esos momentos, Dios nos ofrece la oportunidad de dejar de resistirnos y permitir ser sanados... y liberados.

La oración «centrante» y el tercer modo

Un poco de teología nos ayudará a examinar la «oración centrante», que se ha popularizado en círculos cristianos.

Como dos grandes ríos, dos tradiciones de oración fluyen a través de la espiritualidad cristiana. Una se denomina «apofática», y la otra «catafática». La oración *apofática* (del griego *apophatikós,* que significa «negativo»), es un acercamiento a Dios que prescinde de las imágenes, las palabras, los conceptos y los símbolos. Es una oración más «libre de contenido». La teología subyacente es que Dios está más allá de nuestra capacidad de comprensión, más allá de cualesquiera imágenes mentales que podamos tener de Él, es incognoscible; por eso, de lo que se trata es de encontrar a Dios vaciándose uno mismo de cualesquiera nociones preconcebidas de lo divino.

Harvey Egan, SJ, profesor de teología en la Universidad de Boston, observaba en *The New Dictionary of Catholic Spirituality* (Michael Downey, ed.) que esta tradición hunde sus raíces tanto en el Antiguo como en el Nuevo Testamento. En el Libro del Éxodo, Dios habita en un «densa oscuridad» (20,21) y se aparece a Moisés en una «nube» (34,5). Moisés no puede ver el rostro de Dios cuando este pasa, lo cual es otro modo de expresar la «otreidad» divina. Santo Tomás de Aquino decía que únicamente podemos saber *que* Dios existe, no *qué* es Dios. El más conocido exponente de esta postura es el (todavía anónimo) autor de la obra del siglo XIV titulada *La nube del no saber,* que habla más de lo que Dios *no* es que de lo que es.

La otra corriente es la de la oración catafática (del griego *kataphatikós,* que significa «positivo»). Esta tradición trata de experimentar a Dios en la creación y emplea abiertamente imágenes, conceptos, palabras y símbolos en la oración. La oración catafática es más «rica en contenido». Y la teología que subyace a ella es que podemos empezar a conocer a Dios a través de toda la creación.

Este método está también firmemente arraigado en la Escritura. El Antiguo Testamento subraya que Dios puede ser comprendido a través de sus obras visibles, es decir, el mundo natural. Lo cual resulta más explícito aún en la teología cristiana, donde Dios es conocido como *persona*. Como dice Jesús en el evangelio de Juan (14,9), «el que me ha visto a mí ha visto al Padre». Y Tomás de Aquino –argumentando ahora desde el lado opuesto– dice que, aunque Dios es en último término incognoscible, podemos buscarlo a través de las cosas que «nos son conocidas».

Santo Tomás podría ser acusado de una cierta duplicidad, dado que argumenta desde ambos lados. Pero en los dos casos tiene razón: se puede conocer a Dios a través de sus obras (catafático), pero no plenamente (apofático). Ambos enfoques son auténticos, y ambos han sido empleados por los creyentes durante siglos. Por otra parte, son muchos los que hacen uso de uno u otro enfoque en distintos momentos de su vida.

Es probable que el lector haya adivinado adónde quiero llegar: la contemplación ignaciana, con su insistencia en la imaginación, encaja de lleno en la tradición catafática. Y lo mismo ocurre con la *lectio divina*.

La oración «centrante», una práctica que trata de encontrar a Dios en el centro de la persona sin el uso deliberado de imágenes, está más próxima al método «libre de contenido». En una conversación reciente, el padre Egan me dijo claramente: «La oración "centrante" es apofática».

Consiguientemente, la oración «centrante» no suele asociarse a la espiritualidad ignaciana, sino que la mayoría de la gente la emparenta con el budismo zen o con el yoga. Pero en los Ejercicios Espirituales hay clarísimas resonancias de la oración «centrante».

En un determinado momento de los Ejercicios Espirituales, Ignacio habla del «Tercer Modo de Orar», que denomina como «orar por compás» (o por anhélitos). Se toma una sola palabra (él sugiere palabras del Padrenuestro) y se centra uno en ella al inspirar y al espirar, «de manera que una sola palabra se diga entre un anhélito y otro». Esta práctica ignaciana es notablemente parecida a la oración zen, así como a la más contemporánea oración «centrante».

Pero antes de seguir adelante con las comparaciones, hablemos de lo que es la oración «centrante» (en lugar de hablar apofáticamente acerca de lo que no es) y de cómo encaja con el método ignaciano.

Llevarme a ti

Los jesuitas oran de muchas maneras y a veces elaboran sus propias oraciones. He aquí una de Pierre Teilhard de Chardin (1881-1955), paleontólogo y teólogo francés, pidiendo la gracia de envejecer bien.

«Cuando los signos de la edad marquen mi cuerpo
(y más aún cuando afecten a mi mente);
cuando la enfermedad que vaya a disminuirme
o a causarme la muerte
me golpee desde fuera o nazca en mi interior;
cuando llegue el doloroso momento
de tomar conciencia de pronto
de que estoy enfermo o envejeciendo;
y sobre todo en ese último momento
en que sienta que pierdo el control de mí mismo
y que estoy absolutamente inerte en manos
de las grandes fuerzas desconocidas
que me han formado;
en todos esos oscuros momentos, oh Dios,
concédeme comprender que eres tú
(supuesto que mi fe sea lo bastante fuerte)
quien está separando dolorosamente
todas y cada una de las fibras de mi ser
para penetrar hasta la médula misma
de mi esencia y llevarme contigo».

Los tres principales responsables de haber introducido la oración «centrante» en los círculos cristianos contemporáneos en el mundo de habla inglesa son John Main, M. Basil Pennington y Thomas Keating. Main fue un monje benedictino inglés. Pennington fue un monje trapense norteamericano, al igual que Keating, que aún vive, y que el desaparecido Thomas Merton. Pennington escribió que la expresión oración «centrante» estaba inspirada en el uso que hacía Merton de frases similares en sus escritos.

Pennington y Keating escribieron un breve libro titulado *Finding Grace at the Center,* junto con Thomas E. Clarke, SJ. Antes de su muerte en 2005, el padre Clarke, un tranquilo y amable sacerdote, residía en una pequeña casa de Ejercicios situada en una zona rural al norte de la ciudad de Nueva York. He aquí una concisa introducción a este método realizada por él: «Nuestro tema es *el centro,* el lugar de encuentro entre el espíritu humano y el Espíritu divino, el lugar donde la oración cristiana se encuentra con toda la realidad divina y humana, las personas y las cosas, el tiempo y el espacio, la naturaleza y la historia, el bien y el mal».

¿Quién puede hacer eso?, pensé cuando leí por primera vez estas palabras. Pero lo que dice Tom es muy sencillo. La oración «centrante» es un movimiento hacia tu propio centro, en el que te encuentras con Dios. Pero no consiste simplemente en mirarse el ombligo ni tiene que ver únicamente con Dios y contigo, porque todo encuentro con Dios te llevará a encontrarte con el resto de la creación.

> «Dios está con nosotros... y nosotros en Él, y esta presencia de Dios es un gran motivo de respeto, confianza, amor, alegría y fervor».
>
> – SAN CLAUDIO DE LA COLOMBIÈRE, SJ (1641-1682)

Este sencillo enfoque puede desconcertar y resultar sospechoso a muchos. Inicialmente, yo recelaba más de la oración «centrante» de lo que había recelado acerca de la oración imaginativa. Si la contemplación ignaciana resultaba un tanto irracional, el encontrar a Dios en el interior de uno mismo sonaba a pura arrogancia. ¿Quién era yo para decir que Dios habitaba en mí? Algunos cristianos recelan también de la oración «centrante» porque les parece «peligrosamente» próxima al budismo zen y otras prácticas orientales. (La idea equivocada de que los cristianos no tienen nada que aprender de las espiritualidades orientales consternaba profundamente a Thomas Merton).

Pero cuanto más leía yo acerca de la oración «centrante», tanto más absurdas me parecían mis objeciones, porque la idea de que Dios habita en nosotros es una creencia cristiana fundacional. Por una parte, la mayoría de los creyentes reconocen en la conciencia la voz interior de Dios. Por otra, en el Nuevo Testamento y en la Iglesia primitiva aparecen múltiples imágenes del Dios que habita en nuestro interior. San Pablo decía que el cuerpo es «templo del Espíritu Santo», un lugar donde Dios reside. Y San Agustín escribió que Dios es *intimior intimo meo:* más íntimo a mí que mi yo más íntimo.

La oración «centrante» nos conduce a nuestro centro, donde habita Dios esperando encontrarse con nosotros.

Tres pasos

El ensayo del padre Pennington en *Finding God at the Center* descompone la oración «centrante» en tres pasos.

«Uno: al comienzo de la oración dedicamos un minuto o dos a serenarnos, después de lo cual contactamos, en la fe y el amor, con el Dios que habita en lo más profundo de nosotros; y al final de la oración dedicamos varios minutos a entrar de nuevo en contacto con el mundo que nos rodea, rezando mentalmente el Padrenuestro».

«La fe –apunta el padre Pennington– es fundamental para esta oración, como para cualquier otra». Al dirigirte a tu centro, confías en que estás dirigiéndote hacia ese Dios que es *intimior intimo meo.*

«Dos: después de reposar unos instantes en su Presencia llenos de amor y de fe, tomamos una única y sencilla palabra que exprese nuestra respuesta y la repetimos una y ora vez en nuestro interior».

En otras palabras, encuentras un «mantra» (o palabra oracional), como «amor», «misericordia» o «Dios», que te ayude a centrarte. No te centres en el significado de la palabra, sino permite que la palabra te arraigue firmemente en la presencia de Dios. Como dice el autor de *La nube del no saber,* «es mejor cuando esa palabra es totalmente interior, carente de todo concepto concreto y de todo sonido».

«Tres: cuando, en el transcurso de la oración, nos hacemos conscientes de cualquier otra cosa, simplemente retornamos con toda calma a la palabra oracional».

Las distracciones en la oración son inevitables, y el propio Ignacio se refiere a ellas. («Me molestó alguien silbando –escribe en cierta ocasión–, pero no me perturbó grandemente»). La palabra oracional te devuelve suavemente a la presencia de Dios.

Y eso es todo. La oración «centrante» es simple en teoría. En la práctica, sin embargo, puede resultar difícil para los principiantes, especialmente si su vida está atiborrada de cosas. La idea de que puedes encontrar a Dios sin «hacer» nada puede resultar extraña; pero en la oración «centrante» no se trata de producir, ni de hacer, ni de lograr, sino de ser o, mejor aún, de «estar con».

Como dice Margaret Silf, «en el ojo del huracán hay un centro de perfecta paz donde nuestro deseo más profundo es abrazado por el deseo que Dios tiene de nosotros». O, por emplear la analogía de la amistad del padre Barry, la oración «centrante» es como un largo paseo silencioso con un buen amigo. Aunque no habléis, puede estar produciéndose una forma de comunicación más profunda.

El coloquio

En el capítulo 6 hablábamos de «hablar» con Dios imaginando al propio Dios, o a Jesús, frente a uno mismo. Y reconocía yo que siempre ha sido para mí un modo de orar un tanto difícil. Para Ignacio, sin embargo, era parte esencial de los Ejercicios Espirituales, porque él deseaba que el ejercitante lograra conocer a Dios y a Jesús. La conversación, o lo que él llama «coloquio», era un modo de hacerlo. Para muchas personas que siguen el camino de Ignacio, este es el modo de orar más agradable y satisfactorio.

Al final de la mayor parte de las meditaciones de los Ejercicios, Ignacio recomienda que nos imaginemos hablando con María, con Jesús y con Dios Padre. En un determinado momento de la Primera Semana, nos pide que hablemos con Jesús en la cruz y nos preguntemos: *¿Qué he hecho yo por Cristo? ¿Qué hago por Cristo? ¿Qué debo hacer por Cristo?*

A veces esta oración ha hecho maravillas para mí. En unos Ejercicios recientes, por ejemplo, me imaginé de pie ante Jesús y me pregunté: «¿Qué hago yo por Cristo?»; y empecé a sentirme cada vez más enojado, lo cual era una señal evidente de que algo estaba sucediendo en lo más hondo de mi persona. «¡Estoy haciendo demasiado!», me quejé a Jesús en la oración, y a continuación enumeré todos los proyectos innecesarios a los que había tenido que renunciar. Y sentí que Jesús me decía: *«No te estoy pidiendo que hagas todo eso».*

La mayoría de los coloquios de los Ejercicios son de una naturaleza más libre, es decir, no están vinculados a preguntas concretas como «¿Qué hago yo por Cristo?». A menudo, cuando en la Segunda Semana reflexionas sobre los ministerios y los milagros de Jesús, el ejercitador te pide que te imagines hablando con Jesús, o con uno de los discípulos, para revisar lo acontecido durante la oración. Ignacio recomienda que te imagines hablando con Dios, y que lo hagas «como un amigo habla a otro».

Los coloquios pueden ser sencillos. Una religiosa católica a la que di Ejercicios se pasó cuatro días sentada en un banco e imaginando a Jesús sentado a su lado mientras ella le decía lo que pasaba por su mente. «¡Jesús y yo hemos pasado una tarde fantástica!», me dijo un día.

Una vez más, lo que «oyes» en la oración necesita estar en sintonía con tus creencias religiosas, encajar con tu concepto de Dios y con lo que tú sabes acerca de ti. En otras palabras, tienes que *ver si tiene sentido*. Con el tiempo, podrás discernir mejor qué es lo que parece auténticamente de Dios.

Otras formas de oración

Este no pretende ser un libro que trate de manera exhaustiva sobre la oración. «¡De ningún modo!», que diría san Pablo. Pero no querría que el lector sacara la conclusión de que estas formas de oración de las que hemos hablado son los únicos modos de orar que tienen los jesuitas o los únicos métodos de la tradición ignaciana, como tampoco son los únicos métodos recomendados por otros santos, teólogos o autores espirituales. Por eso ofrecemos unas breves explicaciones de algunos otros modos de orar.

La *oración comunitaria* puede practicarse en cualquier grupo en el que los participantes estén centrados en Dios. Para los católicos incluye la recitación del Oficio Divino, tal como lo practican las comunidades monásticas y otros grupos; el rezo comunitario del rosario; y el culto por excelencia: la celebración de la Eucaristía, «fuente y culmen» de la vida de la Iglesia.

Otras denominaciones cristianas se reúnen para el servicio dominical, donde las lecturas bíblicas, los cantos y la predicación elevan a Dios los corazones y las mentes de los fieles. Para los judíos, el servicio del *Shabbat* que celebran los viernes por la tarde les recuerda su alianza con Dios y sus responsabilidades para con la comunidad. Para los musulmanes, las cinco llamadas diarias a la oración, que a menudo se hace en privado, pero que muchas veces es comunitaria, les recuerda su confianza en Alá, el Guía, el Restaurador, el Gentil.

A veces olvidamos fácilmente que Dios se encuentra con nosotros en grupo, y no simplemente cuando rezamos a solas. «Ayer me ocurrió algo muy curioso –me decía recientemente un joven jesuita–: me sentí realmente conmovido durante la misa, a punto de llorar». Ambos nos reímos de la tendencia a no estimar debidamente el culto comunitario como forma de interactuar íntimamente con el Creador. Como dice Ignacio, la oración comunitaria es tan propicia como la oración privada para que «el Creador obre inmediatamente con la criatura».

La *oración formularia,* como el Padrenuestro, el Avemaría, el Rosario, la *Shemá* judía («Escucha, Israel, el Señor es nuestro Dios...») y los salmos sirven al creyente de muchas maneras. Por una parte, le proporciona una fórmula ya establecida que es muy útil cuando resulta difícil encontrar palabras para orar. Los cristianos que rezan el Padrenuestro (u Oración del Señor) saben que están pronunciando las palabras con las que Jesús nos enseñó a orar. El Padrenuestro, además, ha sido denominado la «oración perfecta», porque pasa de la alabanza a la esperanza, a la petición y al perdón. Por otra parte, las oraciones formularias le conectan a uno con los creyentes de todo el mundo. Las fórmulas ya establecidas ayudan también a perderse en la oración. Como decía la madre de David Donovan a propósito del Rosario, pueden ayudarte a mirar a Dios, y a Dios a mirarte a ti.

Llevar un diario acerca de tu oración o tu vida espiritual. Este método ayuda tanto a registrar como a examinar tus experiencias de oración, que de otro modo son a menudo desestimadas como «algo que, simplemente, sucedió», cuando no olvidadas, sin más. Algo hay en la naturaleza humana que se niega a recordar los frutos de la oración..., porque si recordáramos todo cuanto oímos en la oración, tendríamos que cambiar, y una parte de nosotros se resiste a ello.

Dorothy Day, la cofundadora del «Catholic Worker Movement», llevó durante casi cincuenta años un diario espiritual que fue posteriormente publicado como *The Duty of Delight* (editado por Robert Ellsberg) y donde, en una entrada de 1950, señalaba otra de las ventajas de llevar un diario: «Es siempre muy bueno escribir sobre nuestros problemas, para que al leerlo al cabo de seis meses o de un año veamos cómo se han evaporado».

Es interesante observar, además, que en su libro *Birth: A Guide for Prayer*, Jacqueline Syrup Bergan y Marie Schwan, CSJ, distinguen entre llevar un diario de la oración y la «escritura meditativa», donde el hecho mismo de escribir ya es en sí oración.

La escritura meditativa es como «escribir una carta a alguien a quien amamos», dicen Bergan y Schwan, que proponen tres distintas maneras de hacerlo: escribir una carta a Dios; escribir una conversación imaginaria entre tú y Dios; escribir la respuesta a una pregunta, como, por ejemplo: «¿Qué quieres que haga yo por ti?», y anotar después la respuesta que da la voz de Dios. La escritura meditativa es útil para aquellos a quienes les resulta difícil centrarse en la oración, porque puede liberar a la mente de distracciones y permitir que Dios hable a través del hecho mismo de escribir.

La *oración de la naturaleza* es mi expresión para encontrar a Dios en campos, jardines o patios; u observando el cielo nocturno, paseando por la playa u observando aves, todo lo cual se hace mientras se busca la presencia divina. Este puede ser un poderoso modo de conectar con Dios, y yo lo descubrí cuando una mujer me desconcertó con su modo de orar durante unos Ejercicios que yo dirigía.

«¿Cómo fue su oración de ayer?», le pregunté a una religiosa de mediana edad que estaba haciendo los Ejercicios. «Bien: me pasé un buen rato abrazada a un árbol». Tuve que contener la risa. ¿Estaba bromeando?

«Mientras abrazaba al árbol, me sentía conectada con la tierra y con la belleza de la creación de Dios –siguió diciéndome–; extender las manos alrededor de su tronco me hizo sentirme enraizada, vinculada a la tierra como nunca antes. Allí estaba yo abrazando a una criatura viva, lo que me recordaba que Dios está continuamente creando». Sus comentarios cambiaron mi manera de ver esta forma de oración.

De cada pequeña cosa

Pedro Ribadeneira, uno de los primeros jesuitas, escribió acerca de la facilidad que tenía su amigo Ignacio para encontrar a Dios en la naturaleza.

«Frecuentemente le veíamos aprovechando la ocasión que le ofrecían las pequeñas cosas para elevar su mente a Dios, que incluso en las más pequeñas cosas es

> grande. Mirando una planta, una hoja, una flor, cualquier clase de fruto, o bien considerando un pequeño gusano o cualquier otro animal, se elevaba a los cielos y penetraba los pensamientos más profundos, y de cada pequeña cosa sacaba doctrina y los consejos más provechosos para instrucción en la vida espiritual».

Mi atareada vida en Nueva York implica que tengo pocas oportunidades de apreciar la naturaleza. La vista desde mi ventana es un conjunto de muros de ladrillo con un pequeño pedazo de cielo azul que únicamente puedo divisar estirando el cuello. Así que valoro mucho mi tiempo al aire libre. Un otoño fui a Gloucester, Massachusetts, a dirigir un retiro de fin de semana con la hermana Maddy. La casa de Ejercicios de los jesuitas está situada en un lugar espectacular, a escasos metros del Atlántico. Y a tan solo unos cientos de metros de la casa –separado del océano por una estrecha franja de tierra– se encuentra un gran estanque de agua fresca. En mi opinión, es uno de los lugares más hermosos del país.

Aquel viernes, sin embargo, llegué cuando ya era de noche, después de tomar una serie interminable de metros y trenes que me llevaron de Nueva York a Boston y, finalmente, a Gloucester. De manera que no pude disfrutar del bellísimo entorno de la casa de Ejercicios.

Pero a primera hora de la mañana, cuando salí al brillante sol del otoño, la visión casi me deja sin aliento. Cerca de la casa de Ejercicios había unos grandes árboles cuyas hojas, agitadas por la suave y fresca brisa, tenían los colores rojos y anaranjados propios de la estación. Sobre mí se hallaba la bóveda de un radiante cielo azul. Mientras caminaba por detrás de la casa de Ejercicios, pude ver cómo unos barcos pesqueros surcaban las azules aguas de la bahía. Y aunque por todas partes se oía el graznido de las gaviotas y los patos y el canto de los mirlos, parecía como si el silencio llenara mi alma.

Los colores, los olores e incluso los sonidos parecían empleados por Dios para confortarme, calmarme y consolarme.

La mayor parte de los hombres y mujeres que habían acudido al retiro decían lo mismo. «¿Cómo está experimentando a Dios en este fin de semana?», le pregunté a un hombre. «¡Con todo esto!», me respondió, a la vez que con su brazo extendido hacía un expresivo gesto hacia la ventana. Durante una charla, la hermana Maddy contó cómo en cierta ocasión un joven sobrino suyo se hallaba de pie sobre las rocas observando el Atlántico y haciendo profundas inspiraciones.

«¿Qué estás haciendo?», le preguntó Maddy.

«Tratando de meter todo esto dentro de mí para poder llevármelo a casa», le respondió el niño.

El uso ignaciano de la imaginación puede ayudarnos en la oración de la naturaleza. (El propio Ignacio solía mirar las estrellas desde la terraza de la casa generalicia en Roma). Siempre que estoy en una playa, utilizo el océano como una imagen de Dios que elimina todas mis inquietudes. Con cada ola que rompe en la orilla y retrocede, imagino que mis miedos y mis preocupaciones se adentran en el mar para ser recibidos por Dios.

La *música* es otro modo de orar. «Quien canta bien ora dos veces», decía san Agustín. Pregunta a cualquier miembro de un coro o a cualquier fiel que se haya sentido elevado por la música durante una celebración. O pregúntale a un monje o una monja que lleve años cantando los salmos, hasta que no solo las palabras, sino también las melodías, se convierten en modos de expresarse ante Dios. A veces la música misma puede expresar lo que sentimos mejor que las palabras. Últimamente, cuando me resulta difícil orar, utilizo una grabación de los salmos cantados por un coro monástico, cuyos cantos oran por mí cuando las palabras no me vienen con facilidad.

Olivier Messiaen, compositor del siglo XX, dijo en cierta ocasión que la música sirve a la humanidad de conducto hacia lo inefable. Cuando le preguntaron si un oyente necesitaba haber tenido una experiencia espiritual para apreciar su música, Messiaen respondió: «En absoluto. Pero el mayor cumplido que podrían hacerme como compositor sería tener una experiencia espiritual al escuchar mi música».

El *trabajo* puede ser también una forma de oración si se realiza contemplativamente. «Las manos al trabajo, el corazón a Dios», solía decir Shakers. A veces, cuando estoy fregando los platos, o planchando, o preparando el altar para celebrar la misa, me pierdo en la tarea de hacer las pequeñas cosas con amor.

Pero hay que tener cuidado. Los atareados jesuitas (incluido yo mismo) a veces decimos medio en broma: «Mi trabajo es mi oración», lo cual puede significar que nuestro trabajo nos lleva a Dios... o puede ser una excusa para no orar... o quizá signifique que no hacemos bien ninguna de las dos cosas.

DIOS SE COMUNICA CON NOSOTROS de muchas maneras, pero la oración es un tiempo muy especial en el que la voz de Dios suele oírse más claramente, porque le prestamos toda nuestra atención. Ya sea en la contemplación ignaciana, en la *lectio divina,* en el coloquio, en el examen o en cualquier otra práctica, el «suave susurro» puede escucharse con una claridad capaz de deleitarnos, asombrarnos y sorprendernos.

De modo que cuando ores, de la manera que sea, y sientas que Dios está hablándote, presta atención.

8
La vida sencilla

(La sorprendente libertad
de la movilidad descendente)

Basta de oración por ahora. No querría que el lector pensara que el método de Ignacio no consiste más que en horas y horas de oración. No hay que olvidar que uno de los ideales de Ignacio era la contemplación *en la acción*.

Por eso, después de todo lo que hemos dicho sobre la oración, vamos a estirar un poco las piernas. Vamos a hablar de cómo te afectará el método de Ignacio en tu vida activa, en tu vida diaria.

Y vamos a comenzar con tres ideas centrales en la visión de Ignacio y que causan pavor a muchos lectores: pobreza, castidad y obediencia. Sería difícil encontrar tres palabras más amenazadoras.

Al parecer, todo el mundo quiere evitar la pobreza. ¿Quién quiere ser pobre? ¿No queremos todos ser lo más ricos o disfrutar de la mayor seguridad económica posible? «Trabaja duro y ábrete camino»: esa es la idea. Esa es la fuerza motivadora que subyace al capitalismo, la idea de Adam Smith de, que persiguiendo el interés personal, se sirve mejor al bien común. La ética del trabajo protestante y la noción de que Dios bendecirá con la prosperidad económica a quienes trabajen diligentemente forman parte del fundamento mismo de la cultura norteamericana. En este marco, la pobreza es algo que no solo hay que evitar, sino que resulta vergonzoso.

La pobreza voluntaria, por tanto, se la antoja absurda y casi antinorteamericana a mucha gente.

¿Y la castidad? ¿Quién no desea el sexo? El sexo es una expresión extraordinaria del amor y forma parte de una vida emocional sana para la mayoría de los adultos. Pero vivimos en una cultura en la que *todo* (los horarios de más audiencia de la televisión, los anuncios en las medios, la música pop, las películas, Internet...) *parece tener que ver con practicar el sexo, prepararse para tener sexo o tratar de conseguir más sexo.* No hay que ser ningún puritano para reconocer que vivimos en una cultura hipersexualizada. Y en semejante ambiente la castidad es vista como una broma. O como una pura y simple enfermedad.

¿Y la obediencia? Resulta casi tan «ridícula» como la castidad. En una cultura en que la gente celebra con todo derecho la libertad de hacer, decir y ser lo que quiere, la obediencia es vista como mero control mental o, peor aún, como esclavitud. Como dice Kathleen Norris, autora de *The Cloister Walk,* para muchos la obediencia es «desea-ble en los perros, pero sospechosa en las personas». ¿Por qué permitir que nadie te diga lo que tienes que hacer, decir o pensar? Y si «La Vida, la Libertad y la búsqueda de la Felicidad» son el fundamento de nuestro sistema político, entonces la obediencia también resulta para muchos anti-norteamericana.

En una cultura que celebra el dinero, el sexo y la libertad, una vida religiosa de pobreza, castidad y obediencia no solo es irrelevante, sino una amenaza... para la economía, para el tejido social, para nuestro sistema político y para el bienestar de los individuos. Las tres deben ser rechazadas categóricamente, e incluso combatidas, por cualquier adulto sano. ¿No es así?

Bueno..., no tan deprisa.

Porque esos son precisamente los valores que san Ignacio de Loyola y los primeros jesuitas abrazaron en forma de voto perpetuo a Dios.

¿Por qué lo hizo san Ignacio y por qué siguen haciéndolo los jesuitas?

¿Por qué?

Ignacio no inventó la pobreza, la castidad y la obediencia. La «vida consagrada» era una larga tradición de las órdenes religiosas católicas, como los benedictinos, los dominicos y los franciscanos, siglos antes del nacimiento de Ignacio. (De todos los sacerdotes y obispos católicos se espera que lleven una vida sencilla; pero, técnicamente hablando, solo los miembros de las órdenes religiosas hacen voto formal de pobreza).

¿Por qué lo hacen? Permítaseme exponer únicamente dos razones, una teológica y otra logística.

– La razón teológica es que los miembros de las órdenes religiosas tratan de emular a Jesús de Nazaret. Aunque Jesús probablemente nació en una familia de clase media baja, vivió de adulto como pobre. («El Hijo del Hombre no tiene donde reclinar la cabeza», dice Jesús en el evangelio de Lucas, 9,58). Pobreza.

– Y aunque Jesús podría haberse casado, decidió no hacerlo. Hay muchas razones para creerlo así, y la principal de ellas es que los autores de los evangelios mencionan a casi todos los miembros de su familia. («Tu madre y tus hermanos y hermanas están fuera», dice alguien en Marcos 3,32). De manera que habría sido del todo improbable que omitieran a su mujer, de haberla tenido. Castidad.

– Y aunque Jesús podría haber hecho lo que hubiera querido, fue obediente a la voluntad de su Padre, aun cuando ello le llevara a la cruz. («No se haga mi voluntad, sino la tuya», dice Jesús en Lucas 22,42). Obediencia.

Jesús fue pobre, casto y obediente. Esta es la principal razón por que los miembros de las órdenes religiosas hacen sus votos: la imitación de Cristo.

La segunda razón es más logística. Los tres votos son de gran ayuda en la vida diaria de la comunidad religiosa. La pobreza significa que no poseemos nada propio, sino que todo lo tenemos en común, lo cual hace más sencilla la vida comunitaria y fomenta la unidad. La castidad significa que no estamos casados, por lo que podemos dedicar más tiempo a aquellos a quienes servimos. Y la obediencia significa que, en último término, hay una persona al frente de las cosas, lo cual proporciona unas líneas de autoridad claramente definidas. Todos y cada uno de los votos contribuyen al buen funcionamiento de la comunidad.

Apostaría que en este momento algún lector estará pensando: *¡vaya cosa!* O quizá: *Bueno, ¿y qué?* O incluso: *Tal vez lo mejor sea que me salte este capítulo.* Está diciéndose: *Yo no pertenezco a una orden religiosa ni tengo intención alguna de vivir en pobreza, castidad y obediencia. ¿Qué puede enseñarme este aspecto de la vida jesuítica?*

Más de lo que el lector piensa. En los próximos capítulos abordaremos cada una de estas «amenazadoras» ideas y cómo pueden ayudarnos a llevar una vida más satisfactoria. Empecemos por la pobreza.

Causa de un gran deleite

Anthony de Mello fue un jesuita indio muy conocido por sus intuiciones espirituales, y en especial por sus parábolas y cuentos. Autor de numerosos libros sobre la vida espiritual, hasta su muerte en 1987, fue un conferenciante enormemente popular en círculos católicos.

Algunas de sus parábolas estaban tomadas de la cultura india, otras eran creación propia, y unas terceras eran una mezcla de ambas cosas. He aquí una acerca de un *sannyasi* (un sabio) que ilustra la visión que Mello tenía de la riqueza y la pobreza. Como muchos de sus relatos, encuentra su inspiración en las espiritualidades orientales, pero es esencialmente ignaciana. Se titula «El diamante».

«El sannyasi había llegado a las afueras de la aldea y acampó bajo un árbol para pasar la noche. De pronto, llegó corriendo hasta él un habitante de la aldea y le dijo: "¡La piedra! ¡La piedra! ¡Dame la piedra preciosa!".

"¿Qué piedra?", preguntó el sannyasi.

"La otra noche se me apareció en sueños el Señor Shiva", dijo el aldeano, "y me aseguró que, si venía al anochecer a las afueras de la aldea, encontraría a un sannyasi que me daría una piedra preciosa que me haría rico para siempre".

El sannyasi rebuscó en su bolsa y extrajo una piedra. "Probablemente se refería a esta", dijo, mientras entregaba la piedra al aldeano. "La encontré en un sendero del bosque hace unos días. Por supuesto que puedes quedarte con ella".

El hombre se quedó mirando la piedra con asombro. ¡Era un diamante! Tal vez el mayor diamante del mundo, pues era tan grande como la mano de un hombre.

Tomó el diamante y se marchó. Pasó la noche dando vueltas en la cama, totalmente incapaz de dormir. Al día siguiente, al amanecer, fue a despertar al sannyasi y le dijo: "Dame la riqueza que te permite desprenderte con tanta facilidad de este diamante"».

La pobreza es para mí un misterio, pero no en el sentido que cabría pensar.

Lo misterioso es por qué no hay más gente que opta por vivir de un modo más sencillo. No estoy sugiriendo que todo el mundo deba vender cuanto tiene, pedir limosna, dejarse crecer el pelo y las uñas y vivir en una cueva, como hizo Ignacio después de su conversión (algo que él mismo comprendió después que era excesivo), sino que, como la parábola de Tony de Mello sugiere, el no dejarse controlar por lo que uno posee es un paso hacia la libertad espiritual, la forma de libertad que la mayoría de la gente afirma desear.

La pobreza permitió a Ignacio seguir al «Cristo pobre» de los evangelios, liberarse de estorbos innecesarios e identificarse con los pobres, a los que Jesús de Nazaret amaba. Como tal, fue una fuente de gozo. En una carta de 1547 a los jesuitas de Padua, Italia, que se debatían con las exigencias del voto, decía que la pobreza «es causa de gran deleite en quien la abraza voluntariamente». Esta sorprendente verdad es algo que yo descubrí al comienzo de mi vida como jesuita.

El joven rico

Después de mis Ejercicios de ocho días en Campion Center (cuando pensé en Jesús como amigo), pregunté a los jesuitas si podía entrar en el noviciado aquel mismo verano. Prudentemente, me aconsejaron que esperara un año, hasta que tuviera más experiencia de oración y supiera más acerca de la Compañía de Jesús. Impaciente, les pedí que lo reconsideraran. Finalmente, accedieron a permitirme iniciar el proceso, advirtiéndome que, como ya era tarde, tan solo dispondría de un corto tiempo para dejar mi trabajo, abandonar mi piso y prepararme para la fecha de entrada, que sería el 28 de agosto. De modo que me embarqué en el largo proceso: mantener diversas entrevistas en profundidad, realizar infinidad de «tests» psicológicos, escribir largos ensayos, conseguir mi partida de bautismo, etcétera.

El 15 de agosto, el promotor de vocaciones me telefoneó para decirme que había sido aceptado. «¿Es a esto a lo que se refieren cuando hablan de *sentir la llamada*?», me preguntó mi hermana un tanto secamente.

Inmediatamente después, y aunque esto es algo que no se recomienda, comencé a desprenderme de todos mis bienes. (La mayoría de los jesuitas esperan a hacer los votos al final del noviciado antes de despojarse de sus posesiones).

Mi dinero y mi coche fueron a parar a mis padres. Mis trajes se quedarían en la casa de mis padres, por si el noviciado no resultaba como yo esperaba (no estaba asumiendo grandes riesgos). El resto de mi ropa fue a parar a Goodwill Industries, que las distribuiría entre los pobres. Mis libros fueron para mis amigos, que vinieron una calurosa tarde a rebuscar en mis estanterías. «Me encantaría que más amigos míos entraran en una orden religiosa», dijo uno de ellos.

Mientras escribo esto, aún recuerdo la explosión inicial de felicidad que sentí. ¡Qué liberador fue todo aquello! Ya no debía preocuparme si mis trajes eran del tono apropiado de gris, mis zapatos de la marca debida, mis corbatas del color adecuado... Ya no debía preocuparme si era mejor comprar un piso o alquilarlo. Ya no debía preocuparme si necesitaba esto o lo de más allá...

En una misa dominical, unos meses antes, la lectura evangélica era la del «joven rico» que preguntó a Jesús qué tenía que hacer para alcanzar la vida eterna. La inclusión de este episodio en los evangelios de Mateo, Marcos y Lucas revela su importancia para los primeros cristianos. Cuando Jesús dice al joven que cumpla los Diez Mandamientos, el joven, según el evangelio de Lucas, replica: «Todo eso lo he guardado desde mi juventud» (18,21). Jesús ve que es una buena persona. El evangelio de Marcos dice que Jesús «le amó» (10,21).

«Una cosa te falta –dice Jesús, según Lucas–: anda, vende cuanto tienes y dáselo a los pobres, y tendrás un tesoro en el cielo; luego, ven y sígueme».

Pero, como dice Lucas, el joven rico «se puso muy triste». No quería renunciar a lo que poseía. El evangelio de Marcos es aún más incisivo: «Él, abatido por estas palabras, se marchó entristecido, porque tenía muchos bienes».

Este pasaje suele interpretarse en el sentido de que el único medio de ir al cielo consiste en vender todo cuanto tienes. «¡Qué difícil es que los que tienen riquezas entren en el Reino de Dios!», dice Jesús en el evangelio de Marcos. Consiguientemente, se trata de un pasaje que resulta muy duro a los oídos de muchas personas. Un amigo me dijo en cierta ocasión: «¡Odio esa historia!». Le parecía que Jesús planteaba una exigencia ridícula. «¿Quién puede hacer eso?», se preguntaba.

Pero, tal como yo lo veo, Jesús no dice que no se pueda poseer nada *en absoluto* para ser una buena persona. Como observaba santo Tomás de Aquino, «la posesión de algunas cosas es importante para una vida bien ordenada». Cualquier persona que viva fuera de un monasterio o de una orden religiosa necesita poseer una serie de bienes para vivir.

Más allá de insistir en la bondad de una vida sencilla, Jesús está mostrando su conocimiento intuitivo de lo que impedía a aquel joven acercarse más a Dios. Ha identificado exactamente lo que Ignacio llamaría «afección desordenada». A otra persona Jesús podría haberle dicho: «Renuncia a tu _status_». A otra: «Renuncia a tus deseos de éxito». Jesús no estaba simplemente invitando al joven a una vida sencilla, sino identificando lo que le privaba de libertad y diciéndole: «Despréndete de todo cuanto te impide seguir a Dios».

Mientras me deshacía de todas aquellas cosas aquel verano, me sentía enormemente alegre. Claro que, como el lector podrá probablemente adivinar, había de por medio un cierto orgullo espiritual. (Orgullo espiritual es cuando piensas: _¡Qué santo soy!_). Pero mi alegría tenía menos que ver con el orgullo y más con la sensación recién descubierta de estar menos sobrecargado y más abierto a Dios.

Naturalmente, tuve que llevar _algunas_ cosas al noviciado: no iba a presentarme desnudo en la puerta de entrada. El día después de «la llamada», el maestro de novicios me telefoneó para comunicarme la lista de cosas que debía llevar: suficiente ropa interior y exterior para dos años, una camisa clerical negra, unos pantalones negros, unos zapatos negros y unos cuantos libros que dejaba a mi elección. Por eso sería falso decir que me desprendí de todo.

Pero la vida en el noviciado era radicalmente más sencilla que la que yo había llevado hasta entonces. Ir allá con unas cuantas prendas de vestir y unos cuantos libros resultaba... digamos que sencillo. Era algo parecido a lo que sientes cuando te vas de vacaciones con una o dos maletas: te sorprende el que puedas vivir con tan poco. Piensas: _¿Por qué no puedo vivir así siempre?_ (Como diría David Donovan: «Presta atención a esa sensación»).

Pocas personas pueden, o quieren, vivir como los miembros de una orden religiosa. Tienes que vestirte, tener una casa, y probablemente necesites un coche para ir al trabajo. Si tienes hijos, necesitas aún más, para poder cuidar de ellos y alimentarlos. Lo importante no es que debas desprenderte de _todo,_ sino tener presente que, cuanto más dejes de adquirir cosas que no necesitas y más te desprendas de cosas que no utilices, tanto más podrás simplificar tu vida. Y cuanto más la simplifiques, tanto más libre te sentirás y serás.

Y hay una serie de razones para ello.

La primera es que las posesiones cuestan no solo dinero, sino tiempo. Considera el tiempo que empleas preocupándote por lo que llevas puesto. Tienes que pensar en ello, buscarlo en las tiendas, comprarlo, limpiarlo, repararlo, guardarlo, reemplazarlo... Lo mismo ocurre con tu casa, tu coche, tus muebles, tu televisor, tus electrodomésticos, tu ordenador y tus restantes aparatos electrónicos. Cuanto menos decidas comprar, tanto más tiempo tendrás para las cosas que realmente importan.

La segunda razón es menos obvia. Nuestra cultura consumista es muy dada a las comparaciones. Cuando yo trabajaba en la General Electric, a los empleados se nos decía a menudo que la ropa era una parte importante de nuestra carrera. «Vístete para el trabajo que deseas, no para el que tienes», me dijo mi director. «Gasta una semana de sueldo en tus zapatos», me dijo un amigo. «No llevéis nunca una corbata estampada con una camisa estampada», nos recomendó un consultor en nuestro seminario anual «Vestirse para alcanzar el éxito». El tiempo que yo pasaba comparando mi vestuario con el de mis directores era considerable. Y lo mismo ocurría con el tiempo que pasaba comparando coches, pisos, muebles y equipos de música. Cuanto menos compres, tanto menos tiempo pasarás comparando tus cosas con las del vecino.

Cuando, hace poco, visité a mi hermana y a su familia, llevaba yo una vieja camisa de cuadros de manga corta. Mi sobrino de nueve años me dijo: «Tío Jim, ¡esa camisa ya había pasado de moda hace veinte años!». Yo me reí y le pregunté de dónde había sacado esa expresión, y él me respondió que de unos dibujos animados. El impulso de comprar, poseer y comparar se inculca desde muy pronto.

Tercera razón: cuantas más cosas produce la sociedad, tantas más desearemos o se nos animará a desear, y tanto más infelices seremos. En su libro *The Progress Paradox,* Gregg Easterbrook lo resume perfectamente: «Como cada vez hay más cosas materiales a nuestro alcance, y no consiguen hacernos felices, la abundancia material puede incluso producir el perverso efecto de instilar infelicidad, porque nunca será posible tener todo cuanto la economía puede crear». Liberarte de la necesidad de tener cada vez más significa que, paradójicamente, puedes estar más satisfecho.

Competición constante

John Kavanaugh, un teólogo moral jesuita que escribe a menudo sobre temas relacionados con la cultura consumista, dice lo siguiente acerca del corrosivo impacto que dicha cultura produce en nosotros, y específicamente en las familias, en su libro *Following Christ in a Consumer Society:*

> «En mis conversaciones con padres e hijos acerca del problema del estrés y la fragmentación familiares, no conozco una fuerza tan penetrante, poderosa y seductora como la ideología consumista del capitalismo y su fascinación por la acumulación sin fin, las interminables horas de trabajo, la creación incesante de nuevas necesidades, la teologización del centro comercial, el fomento de las comparaciones económicas, el ansia de legitimidad mediante el dinero y las posesiones, y la competición constante en todos los niveles de la vida».

La escala

Uno de los mejores y breves análisis del mundo consumista en que vivimos es un artículo de Dean Brackley, SJ, que apareció en la revista *Studies in the Spirituality of Jesuits* en 1988 y que fue una de las primeras cosas que leí en el noviciado. El padre Brackley estaba singularmente cualificado para escribir sobre el tema, porque había vivido y trabajado con los pobres del sur del Bronx. Unos años más tarde se fue a El Salvador para reemplazar a uno de los sacerdotes jesuitas asesinados como consecuencia de su trabajo con los pobres en aquel país.

Su artículo se titulaba «Movilidad descendente», una expresión que había tomado del sacerdote holandés Henri Nouwen. Brackley comparaba el proceder del mundo, que puede resumirse como «movilidad ascendente», con la visión de Ignacio en los *Ejercicios Espirituales,* donde nos invita al desprendimiento y a la libertad.

Esa urgencia por adquirir, ese constante esfuerzo en orden a la «movilidad ascendente», se ven impulsados al principio por algo que en realidad no tiene nada de insano: nuestros deseos.

Todos tenemos un deseo natural de Dios. Pero, como observa Brackley, la cultura consumista nos dice a menudo que podemos satisfacer ese deseo por medio del dinero, el *status* y la posesión de bienes. ¿Que suena descabellado? Pensemos simplemente en los anuncios de la televisión que te prometen la felicidad a cambio de que compres una cosa más.

¿Cómo funciona el proceso? He aquí un resumen de los doce pasos que indica Brackley, junto con algunos comentarios añadidos por mi cuenta. Que el lector decida si de algún modo coincide con sus propias experiencias.

1. La cultura consumista es ante todo una cultura *individualista,* en la que las personas persiguen sus propios objetivos pasando por encima de los comunitarios. En un entorno competitivo, es una especie de «sálvese quien pueda».

   Ello no significa que los objetivos personales sean negativos *per se.* La búsqueda individual es la base del sistema capitalista, posiblemente el sistema económico más eficiente en cuanto a la producción y distribución de bienes. El peligro, sin embargo, consiste en interesarse exclusivamente por el propio bienestar y despreocuparse de quienes están al margen de la propia familia, del círculo de amigos personales y de la comunidad local.

2. Las personas sienten la tentación de aliviar sus sentimientos de inseguridad a base de poseer o de *consumir.* Tratamos de llenar nuestro vacío con cosas, en lugar de llenarlo con Dios o con unas relaciones basadas en el amor. Sin este impulso, la industria publicitaria probablemente se colapsaría, porque, si existe, es únicamente para hacer que la gente desee cosas.

3. Este individualismo y este consumismo conducen a la *escala* como modelo dominante de la cultura, con unas personas más arriba que otras. Unas se encuentran en la parte superior de dicha escala, y otras en la inferior.

4. Los individuos muestran su *status* a través de ciertos símbolos sociales: los cargos desempeñados, las posesiones, las credenciales, etcétera. El valor personal depende de la riqueza o el trabajo de uno mismo.

   Por eso, hablar del salario es quizá el mayor tabú social, porque es el modo más rápido de clasificar a la gente y es la principal medida social de nuestro valor. Averiguar el salario de una persona hace que instantáneamente la veas bajo una luz determinada. Si la otra persona gana menos que tú, puedes verla como «inferior». Si gana más, puedes sentirte celoso y ser a ti mismo a quien veas como «inferior». La mayoría de los demás temas convencionales de conversación son bien aceptados entre amigos –problemas familiares, enfermedades, muerte...–, pero, incluso en ese entorno, el salario es tabú, debido a su fuerza innata.

5. Poco a poco, vas *interiorizando* esas medidas externas. Te juzgas a ti mismo por tu trabajo, por tu salario, por lo que «produces».

    Ahora bien, todos estamos llamados a actuar, a hacer, a trabajar. Pero cuando te juzgas a ti mismo únicamente en función de esos criterios, te conviertes en un «hacedor humano», en lugar de un «ser humano».

    Por otra parte, si no estás en un nivel elevado de la escala o ascendiendo por ella, te sientes inferior a los demás. En tu deseo de pertenencia, el ascenso por la escala se hace aún más urgente.

6. En lo alto de la escala se encuentra la *figura mítica:* la celebridad, el hombre o la mujer que nadan en oro, la supermodelo... En la parte inferior está el *perdedor:* el parado, el refugiado, el transeúnte sin hogar...

    Por eso resulta más fácil ignorar a los pobres. Ellos constituyen una amenaza implícita para el sistema, porque nos recuerdan que la escala no funciona perfectamente. Pensamos: *¿Y si fuera yo?* Y ese pensamiento hace más urgente el ascenso para distanciarse de los «perdedores».

7. En estas condiciones, la *competición* se convierte en la fuerza motriz de la vida social. Tu seguridad no se ve reforzada, sino amenazada, por el éxito ajeno. En palabras de Gore Vidal, «no basta con que yo tenga éxito. Otros deben fracasar».

8. La seguridad personal depende del *ascenso.* Como observa Brackley, no todo intento de incorporarse a la movilidad ascendente es signo de arrogancia ni de sed de poder; pero aun los más compasivos se ven obligados a afrontar los peligros y los riesgos de la escala. Y uno se ve tentado a preguntar, no si todo está bien, sino si es lo mejor para él.

9. El modelo social, por tanto, no es simplemente el de una escala, sino el de una *pirámide* en la que grupos enteros se coaligan contra las amenazas de arriba o de abajo. Se crean divisiones no solo entre personas, sino entre grupos.

10. No todo el mundo puede estar arriba. Por eso, los que sí están arriba se esfuerzan por *conservar* sus posiciones e impedir que asciendan los que se encuentran abajo. El poder se ejerce a menudo para mantener a los grupos de abajo dependientes o desorganizados o en la más absoluta ignorancia.

11. La clase social, la raza, el género, la orientación sexual, la educación, la apariencia física y otros factores ayudan a definir la pirámide, lo cual conduce a *más divisiones.*

12. Finalmente, la competición entre los grupos no alimenta la confianza y la cooperación, sino el *miedo,* la desconfianza y, añadiría yo, la soledad.

Puede que el lector no esté de acuerdo con todos estos factores; pero, en conjunto, el modelo de Blackley describe adecuadamente el mundo consumista en el que muchos de nosotros vivimos.

La obsesión constante por integrarse en el proceso de movilidad ascendente y conservar nuestras posiciones consume tiempo y energías. ¿Por qué, entonces, no olvidarse de ello, al menos *en parte,* y liberarse? Eso es lo que Ignacio quería dar a entender al decir que la pobreza, una manera de vivir sencilla, la «movilidad descendente», el prescindir de algunos de esos «valores» que acabamos de describir, «es causa de gran deleite» para quienes lo abrazan. Vivir con sencillez no es un castigo, sino un paso hacia una mayor libertad. Veamos, pues, qué puede enseñarnos el método de Ignacio acerca del vivir con sencillez.

Sencillez sensata

He aquí cómo comienza Ignacio a tratar de la pobreza en las *Constituciones:* «La pobreza, como firme muro de la religión, se ame y conserve en su puridad, cuanto con la divina gracia posible fuere». Es esencial.

La perspectiva de Ignacio en relación con la vida sencilla se formó a partir de su propia experiencia. Después de experimentar la conversión en la casa solariega familiar, uno de sus primeros actos consistió en depositar su armadura de caballero ante una imagen de María y despojarse en lo posible de todos sus bienes mundanos en el monasterio benedictino de Montserrat.

«La víspera de nuestra Señora de Marzo en la noche, el año de 1522, se fue lo más secretamente que pudo a un pobre, y despojándose de todos sus vestidos, los dio a un pobre, y se vistió de su deseado vestido, y se fue a hincar de rodillas delante el altar de nuestra Señora; y unas veces desta manera, y otras en pie, con su bordón en la mano, pasó toda la noche».

Se trata de una respuesta incondicional a la invitación que le hace Jesús al joven rico del evangelio. Para Ignacio era una manera obvia de seguir a Cristo. Su respuesta se inspiraba además en la práctica de otras órdenes religiosas, especialmente la fundada por su héroe, san Francisco de Asís. Como observa John O'Malley en *Los primeros jesuitas:* «La influencia franciscana, directa o indirecta, en Ignacio en ningún punto es más palpable que en esta insistencia en renunciar a todos los bienes materiales».

Más tarde, en una conmovedora escena, un hombre se acerca a Ignacio para informarle de lo que había sucedido con el pobre al que había entregado todos sus vestidos:

«Yendo ya una legua de Monserrate, le alcanzó un hombre, que venía con mucha priesa en pos dél, y le preguntó si había él dado unos vestidos a un pobre, como el pobre decía; y respondiendo que sí, le saltaron las lágrimas de los ojos, de compasión del pobre a quien había dado los vestidos; de compasión, porque entendió que lo vejaban, pensando que los había hurtado».

Posteriormente, Ignacio pasó casi un año entero recluido en la pequeña ciudad de Manresa, donde oró, pidió limosna y se entregó al ayuno. Su pobreza era extrema.

«Él demandaba en Manresa limosna cada día. No comía carne, ni bebía vino, aunque se lo diesen. Los domingos no ayunaba, y si le daban un poco de vino, lo bebía. Y porque había sido muy curioso de curar el cabello, que en aquel tiempo se acostumbraba, y él lo tenía bueno, se determinó dejarlo andar así, según su naturaleza, sin peinarlo ni cortarlo».

Incluso decidió seguir el ejemplo de un santo, cuyo nombre desconocemos, que se pasaba días sin comer con el fin de obtener un favor particular de Dios. Ignacio hizo lo mismo y se encontró «in extremis, de modo que, si no comiese, se hubiese de morir luego». Estaba cada vez más deprimido y hasta tuvo tentaciones de suicidarse.

Poco a poco, fue comprendiendo que tales rigores no solo ponían en peligro su salud, sino que le impedían hacer el trabajo que deseaba hacer. Como dice O'Malley, «la experiencia personal de Ignacio le persuadió bastante pronto de que una interpretación demasiado severa de la "pobreza de hecho" le impediría "ayudar a las almas", y posteriormente él y sus compañeros de la Compañía vieron aún más claramente la impracticabilidad de tal interpretación para la institución que estaban fundando».

Años después, por ejemplo, Ignacio insistiría en que los jesuitas que estaban en formación cuidaran adecuadamente su salud, con el fin de poder desempeñar su trabajo. «El cuidado competente de mirar cómo se conserve para el servicio divino la salud y fuerzas corporales –escribe en las *Constituciones*– es loable, y deberían todos tenerle».

Esta es la razón por la que la visión de Ignacio de la sencillez de vida ha sido de ayuda para infinidad de personas. Ignacio no te pide que te conviertas en un eremita semidesnudo que viva en una cueva y se alimente de hierbas, sino que, simplemente, te invita a vivir con sencillez. Una sencillez sensata. Un ascetismo moderado. Una pobreza sana.

Para Ignacio, la pobreza no era un fin en sí misma, sino, ante todo, un medio de identificarse con el «Cristo pobre»; en segundo lugar, era un modo de liberarse para seguir más fácilmente a Cristo; y, en tercer lugar, era una manera de identificarse con los pobres, a los que Jesús amaba. En definitiva, se trataba de una pobreza «apostólica» que hacía a Ignacio estar disponible para la obra de Dios.

Todo este conjunto de cosas hace de la pobreza un aspecto decisivo de su espiritualidad y, en definitiva, una poderosa fuerza vivificante para él y sus seguidores. Como observa el jesuita belga André de Jaer en su libro *Together for Mission*, «tras haber comenzado [su espiritualidad] como ansia de realizar una serie de proezas ascéticas, no tardó en madurar y convertirse en un deseo de poner toda su confianza en solo Dios. Cuando empezó a escribir sus *Ejercicios Espirituales...* se basó en su propia experiencia para consignar lo que podría ser de ayuda para otros».

De las riquezas a los honores y a la soberbia

La otra razón por la que Ignacio valoraba la pobreza es que había caído en la cuenta de la sutil manera en que el ascender por la escala puede alejarte de Dios.

En la Segunda Semana de los *Ejercicios Espirituales* figura una de las imágenes centrales de la espiritualidad ignaciana: las Dos Banderas, donde Ignacio nos invita a imaginar dos «ejércitos» dispuestos para la batalla bajo dos banderas o «estandartes» distintos. En un lado está el de Satán; en el otro lado, el de Cristo. En esta meditación, el influjo de la carrera militar de Ignacio es del todo evidente.

La finalidad de esta meditación es ayudarnos a comprender cómo funciona la naturaleza humana. A través de unas imágenes muy vívidas que pueden resultar extrañas para ciertas sensibilidades modernas, Ignacio ofrece un modo de valorar algo que a la mayoría no nos resulta extraño en absoluto: la batalla que libramos en nuestro interior para tratar de hacer lo correcto.

Ya desde su conversión, Ignacio era capaz de reconocer lo que le llevaba hacia Dios (la consolación que sentía cuando pensaba en servirle) y lo que le alejaba de él (los áridos sentimientos que le producían sus planes de buscar la fama). Ignacio creía que la persona capaz de discernir puede distinguir entre esas dos fuerzas y hacer la elección debida. En la espiritualidad ignaciana, esto se denomina «discernimiento de espíritus».

La batalla, por tanto, es una metáfora clave para Ignacio. Él creía en la presencia del mal en el mundo, y no ya como una difusa fuerza impersonal, sino como una entidad personificada, Satanás, que está siempre tratando de apartarnos de Dios. Los Ejercicios se refieren a lo que nos mueve hacia Dios como el «buen espíritu», y a lo que nos aleja de Él como «el enemigo» o «el enemigo de la naturaleza humana».

Últimamente, yo he sugerido a la gente *El señor de los anillos* de J.R.R. Tolkien –tanto en forma de libros como de películas– como un modo de comprender lo que Ignacio tenía en mente: a un lado, el ejército del malvado mago Saruman y sus horribles orcos; al otro, el ejército del noble Frodo y sus fieles compañeros hobbits, humanos y elfos. La serie de *Harry Potter* –también en forma de libros o de películas– es otra forma contemporánea de ilustrar esta clase de batalla:

de un lado, Voldemort y sus malvados secuaces; del otro, Harry y sus incondicionales amigos.

Pero no es preciso entender las cosas exactamente igual que Ignacio para beneficiarse de la espiritualidad ignaciana. En su libro *The Discernment of Spirits,* Timothy Gallagher, OMV, resume muy acertadamente el concepto de «enemigo» como «esos movimientos interiores que nos apartan de Dios».

Más importante que esta batalla imaginaria es comprender el modo de actuar de uno y otro bando. En las Dos Banderas, Ignacio nos pide que imaginemos a Cristo llamando a la gente a su lado, a una vida sencilla, renunciando al deseo de honores y deseando una vida de humildad. En otras palabras, Cristo nos invita, como hizo con el joven rico, a disfrutar de una vida libre de apegos.

Después nos invita a imaginar a Satanás explicando a sus «innumerables demonios» cómo atrapar a hombres y mujeres a base precisamente de apegos. Esta misma e inteligente técnica literaria –los consejos de un demonio experimentado a su joven colega– ha sido utilizada siglos después por el escritor británico C.S. Lewis en su libro *The Screwtape Letters* (traducido al español con el título «Cartas del diablo a su sobrino»).

El enemigo, según Ignacio, actúa de este modo: primero, tentando a la gente a desear *riquezas,* las cuales llevan a *vano honor del mundo,* que acaban conduciendo a una arrogante *soberbia,* puerta de acceso a toda una serie de comportamientos pecaminosos. Como cualquier jesuita te dirá, la frase resumida es: «de las riquezas a los honores, y de estos a la soberbia».

El proceso es insidioso, porque las riquezas y los honores son muy seductores, y lo sé por propia experiencia.

De los Ejercicios Espirituales

Oigamos a Ignacio hablando en los *Ejercicios Espirituales* de los progresivos peligros que conlleva el no vivir con sencillez. En la llamada «meditación de dos banderas» pide al ejercitante que se imagine a Satanás aconsejando a sus acólitos cómo tentar de soberbia a los humanos:

«Primero hayan de tentar de codicia de riquezas, *como suele, ut in pluribus*, para que más fácilmente vengan a vano honor del mundo, y después a crecida soberbia. De manera que el primer escalón sea de riquezas, el segundo de honor, el tercero de soberbia, y destos tres escalones induce a todos los otros vicios».

A lo largo de los últimos años he publicado varios libros y he escrito artículos para periódicos, revistas y páginas web. Consiguientemente, he sido invitado a hablar en diversos lugares, así como en radio y en televisión. En general, me alegra que a otras personas pueda resultarles útil lo que escribo, especialmente porque se supone que el trabajo de un jesuita consiste en «ayudar a las almas». Cuanta más gente lea libros acerca de la vida espiritual, tanto mayores serán las probabilidades de que ayuden al menos a algunas almas.

Hablar en radio o en televisión también es bueno, no solo porque ayuda a vender libros y, por tanto, beneficia a un mayor número de almas, sino porque puedes hablar de Dios a millones de personas, muchas más de las que te escuchan en una homilía dominical. (Además, es divertido). John Courtney Murray, teólogo y jesuita norteamericano que trabajó como asesor en el Concilio Vaticano II, dijo en cierta ocasión que los jesuitas debíamos explicar el mundo a la Iglesia, y la Iglesia al mundo. Y trabajar con los medios de comunicación es un modo de hacerlo.

Pero hay un peligro. Aunque trato de que no se me suba a la cabeza, todas estas cosas –libros, artículos y apariciones en los medios de comunicación– son lo que nuestra cultura considera «éxito»; son un ejemplo de lo que Ignacio quiere decir con «riquezas».

Como consecuencia de estos éxitos ocasionales, llega la alabanza por parte de la familia, los amigos, los conocidos e incluso los extraños. Este es el «vano honor» de que habla Ignacio. Y aunque siempre he agradecido los cumplidos, algo más había por debajo. Algo insidioso.

Después de experimentar un cierto éxito, empecé a observar cómo crecía progresivamente en mí la sensación de tener derecho a disfrutar de determinados privilegios. *¿Por qué tengo que apuntarme para celebrar misa en nuestra comunidad? ¡Estoy muy ocupado! ¿Por qué tengo que vaciar el lavavajillas? ¡Tengo cosas más importantes que hacer!*

Aunque nunca he actuado de acuerdo con estos sentimientos, me entristeció descubrirlos en mí, en especial después de conocer los *Ejercicios*. Mi director espiritual sonrió y me dijo: «Riquezas, honores, soberbia...». Soy jesuita desde hace más de veinte años, pero sigo estando sometido a las mismas tentaciones que los demás.

Todo ello me sirvió para ser consciente no solo de mi humanidad y de la necesidad de estar siempre vigilante, sino también de la aguda percepción de Ignacio con respecto al amor a las «riquezas» de todo tipo, así como del «buen espíritu», del enemigo y de la simple y vieja naturaleza humana.

Una gran preocupación

Ignacio sabía que los honores eclesiásticos podían llevar a los jesuitas a tornarse orgullosos. Un nombramiento como obispo o como cardenal proporcionaba grandes riquezas y honores a la persona y a su familia, y por eso era algo ansiosamente buscado, especialmente en tiempos de Ignacio. Esta es una de las razones por las que en las *Constituciones* de los jesuitas hay tantas restricciones referentes a tales nombramientos. Hay una divertida anécdota en relación con uno de los primeros jesuitas, Francisco de Borja (sí, de la famosa familia de los Borgia) y los esfuerzos realizados en 1552 para hacerle cardenal. La anécdota figura en los diarios de Juan de Polanco, otro de los primeros jesuitas, que emplea la expresión «los Nuestros» para referirse a los jesuitas. La última línea es mi favorita.

«Los nuestros se vieron libres de una gran preocupación... porque un rumor se había extendido por la ciudad [Valencia, España] con respecto al padre Francisco de Borja y la dignidad cardenalicia; se decía que había sido forzado a aceptar bajo pena de pecado mortal. Pero cuando recibieron cartas de Roma informándoles de que el padre Ignacio había impedido el hecho, su preocupación se tornó en consolación. Esta era la reacción de los Nuestros en todas partes, aunque algunos de los parientes del padre Francisco recibieron la noticia con emociones diferentes».

¿Hablamos de la pobreza?

He aquí el chiste más popular acerca de la pobreza jesuítica: un novicio de primer año está de visita en una gran comunidad jesuítica durante la celebración de la festividad de san Ignacio de Loyola, el 31 de julio, que suele ser ocasión para tener una gran comida. El novicio observa el inmenso comedor, las mesas perfectamente preparadas, los floreros y los espléndidos medallones de carne dispuestos sobre las mesas; y dice: «Si esto es la pobreza, ¡a saber qué pasa con la castidad!».

Nadie se ríe más con este chiste que los propios jesuitas. Se supone que la pobreza jesuítica es una auténtica pobreza que nos ayuda a identificarnos con el «Cristo pobre». Se supone, además, que ha de ser «apostólica», una pobreza que nos libere para el trabajo. Los primeros jesuitas fueron muy diligentes en su observancia de la pobreza, prefiriendo los peores alojamientos, la peor comida y las peores vestiduras, con el fin de seguir más de cerca a Jesús.

Pero la vida de los jesuitas contemporáneos puede a veces ser bastante cómoda, al menos en los Estados Unidos. En las comunidades jesuíticas de algunas universidades y colegios, por ejemplo, pueden vivir bajo el mismo techo unos cincuenta jesuitas. Lo cual significa que ciertas cosas de carácter práctico son inevitables: grandes salas de estar y comedores (para acomodar a tantos hombres), un cocinero y un personal de cocina (especialmente en aquellas casas en las que hay jesuitas ya ancianos), varias lavadoras (habría que hacer juegos malabares para que cincuenta hombres compartieran una sola lavadora) y comida en cantidades suficientes.

Vista desde fuera, esta vida institucional puede parecer suntuosa: algunos jesuitas, con un cierto pesar, hablan de «comunidades de servicio completo». Vista desde dentro, también. Toda comunidad jesuítica trata de vivir con sencillez, pero en medio de tanta abundancia a veces resulta difícil tener la sensación de estar viviendo de ese modo. En otras palabras, los jesuitas están a menudo en el mismo barco que el resto de la gente en lo referente a un estilo de vida sencillo: deben esforzarse por vivir con sencillez, a veces en una cultura de la abundancia.

«Tú has hecho voto de pobreza –me decía un amigo en paro–, pero ¡yo lo vivo!». Es una crítica justa. Al tenerlo todo en común, nuestras necesidades básicas –alimentación, vestido y alojamiento– están cubiertas.

Pero es también una crítica inexacta. El voto de pobreza significa vivir con sencillez y ateniéndose a un presupuesto limitado. Nuestro estipendio mensual para necesidades y gastos personales es modesto (en mi noviciado era de treinta y cinco dólares). Ningún jesuita tiene coche ni casa propios. Todos los ingresos —sueldos, donativos, regalos, derechos de autor...— se entregan a la comunidad.

Debemos pedir permiso para los viajes largos, así como el dinero necesario para objetos costosos, como unas gafas, un traje o un abrigo nuevo, que no cubre el dinero que recibimos para nuestros gastos personales. Tales permisos a veces no se conceden. Después de trabajar en Nairobi durante un año, unos amigos seglares me preguntaron si querría acompañarles a pasar una semana de vacaciones en la costa del océano Índico, en un hostal para estudiantes, por la cantidad de cien dólares. Mi superior jesuita me dijo que era impensable. Cuando traté de convencerle de lo contrario, se echó a reír: «No se trata de si yo pienso que es una buena idea o no, Jim —me dijo—. Simplemente no podemos permitírnoslo».

Comparados con algunos —los norteamericanos ricos—, nosotros vivimos de un modo extremadamente sencillo. Comparados con otros muchos —los pobres del mundo—, no vivimos tan sencillamente. No obstante, todo jesuita desea ser tan libre de cualesquiera posesiones, amar la pobreza y vivir tan sencillamente como sea posible, tal como pretendía Ignacio. Como me dijo uno de mis directores espirituales: «El voto te permite vivir con sencillez. Con cuánta sencillez, depende de ti».

Afortunadamente, además de Ignacio, he tenido muchos modelos a este respecto: «reglas vivientes», como decía en el primer capítulo; hombres cuyas vidas sirven de modelo para sus hermanos jesuitas. Muchos de ellos son venerados concretamente por su sencillez.

Durante varios años viví con un jesuita de cierta edad llamado John. Sabio, inteligente y compasivo, era una auténtica regla viviente. Siguiendo las pautas de su formación, que tuvo lugar en los años cuarenta y cincuenta, me llamaba «caballero». «¡Buenos días, caballero!», me decía en el desayuno. Una semana después de mi ordenación, ya me saludaba con un «¡Buenos días, padre!».

Un día, cuando aún era «caballero», llamé a la puerta de John para pedirle que me escuchara en confesión. Su habitación era la sencillez misma: una alfombra raída; ningún objeto en las paredes, salvo unas pocas fotos enmarcadas; un crucifijo fijado con clavos sobre un desvencijado reclinatorio de madera; unas viejas sillas tapizadas en plástico y unas bombillas de escasa potencia.

Me fijé en su cama de noventa centímetros de ancho: no tenía cabecero; constaba simplemente de un somier y un colchón sobre un inestable marco metálico. Pero lo que más atrajo mi atención fue una vieja y baratísima colcha de polyester que apenas cubría el colchón, tan desgastada que era casi transparente y de un amarillo desvaído; era la colcha más pobre que cabe imaginar.

«Padre –le dije–. Me parece que es hora de que ponga una colcha nueva».

«Caballero –me dijo riéndose–, *esta* es la colcha nueva».

Y recordé, sintiéndome culpable, que justamente una semana antes yo había pedido dinero para comprarme una colcha nueva (que realmente no necesitaba). Mi visita me recordó que para los jesuitas hay poco que sea realmente *necesario* en términos de bienes materiales.

La pobreza voluntaria puede ser también un aguijón para ayudar a los verdaderamente pobres. Como decían los primeros cristianos, el abrigo que te sobra y que tienes colgado en el armario no te pertenece; pertenece a un pobre.

Los jesuitas que trabajan directamente con los pobres –aquí y en otros países– a menudo parecen más capaces de abrazar una pobreza más parecida a la que Ignacio probablemente pretendía para los suyos. Ello se debe, en parte, a los limitados recursos de esos países. Pero, también en parte, tiene que ver con la experiencia de vivir con los materialmente pobres, que enseñan a los jesuitas más acerca de la pobreza real que los mismísimos *Ejercicios Espirituales*. La cercanía a los pobres permite comprender por qué para Ignacio la pobreza «debe ser amada como una madre». Esto es algo que yo aprendí trabajando en el África oriental.

Gauddy, Agustino y Loyce

Hacia la mitad de mi formación jesuítica, mi superior provincial me envió a Nairobi, Kenia, para trabajar con el Servicio Jesuita a Refugiados, una organización fundada en 1980 por Pedro Arrupe, entonces superior general de la Orden.

El Servicio Jesuita a Refugiados (JRS) forma parte de los esfuerzos de la Compañía de Jesús por trabajar con los pobres, que constituye un aspecto central del discipulado cristiano desde los tiempos de Jesús. En el evangelio de Mateo, Jesús recuerda a sus discípulos que la prueba de que uno es un buen discípulo no es la frecuencia con que reza ni las veces que acude a la iglesia, sino el modo en que trata a «estos hermanos míos más pequeños», es decir, a los pobres (Mt 25,40).

Las «obras materiales de misericordia» (que incluyen alimentar al hambriento, vestir al desnudo y visitar al cautivo) han estado siempre en el corazón mismo del servicio cristiano. Muchos de los santos más conocidos lo son concretamente por su trabajo con los pobres, desde san Francisco de Asís hasta la Madre Teresa. Ignacio no era diferente en su deseo de escuchar la llamada a cuidar de los «pequeños».

Desde los comienzos, el trabajo con los pobres fue un objetivo central de la misión de los jesuitas, y no simplemente la fundación de colegios, como suele pensarse. A propósito, hemos de decir que la intención original de los colegios no era simplemente educar a los niños y ayudarles a desarrollar su carácter, sino también servir al bien común. Los primeros jesuitas esperaban que los graduados «se convirtieran en pastores, funcionarios civiles, administradores de justicia... y ocuparan otros puestos importantes para beneficio y ventaja de todos», como escribió Juan de Polanco, secretario de Ignacio.

Después de que la Compañía fuera aprobada por el papa Pablo III en 1540, los jesuitas comenzaron a visitar hospitales y cárceles, atender a los moribundos y trabajar con huérfanos, prostitutas reformadas e hijos de prostitutas. Y cuando había hambruna, inundaciones o peste, los jesuitas se organizaban enseguida para proporcionar directamente ayuda física o económica a las víctimas.

Por supuesto que otras órdenes religiosas realizaban también este tipo de trabajo caritativo: es algo que, simplemente, forma parte de la vida cristiana. Lo que era inusual y diferenciaba a los jesuitas era lo que John O'Malley califica de «articulación explícita» de esas obras caritativas como elemento esencial de la nueva Orden.

«En algunos casos –escribe O'Malley en *Los primeros jesuitas*–, este compromiso alcanzaba dimensiones heroicas». En 1533, los jesuitas se quedaron casi solos en su decisión de servir a los enfermos durante una peste en la ciudad italiana de Perugia que causó la muerte de varios jesuitas. Luis Gonzaga, uno de los primeros jesuitas en ser canonizados, cayó enfermo y falleció después de servir a las víctimas de la peste en 1591. Tenía veintiún años.

En todas estas obras, no se limitaban a seguir la tradición judeo-cristiana de servicio, sino también las palabras de Ignacio de que «el amor se debe poner más en las obras que en las palabras».

Mi trabajo en Kenia consistía en ayudar a los refugiados que se habían asentado en los suburbios de Nairobi para comenzar su propio negocio, a fin de que pudieran sustentarse a sí mismos y a su familia. Gran parte del trabajo consistía en visitar a los refugiados en sus pequeñas chozas, que a menudo no contenían más que un colchón, una linterna de queroseno, una olla, unas cajas y unos cuantos cubos de plástico para el agua y la comida.

Esta forma de pobreza –que no permite a los seres humanos satisfacer sus necesidades básicas– no es algo a lo que aspire nadie, ni tampoco los jesuitas. La pobreza deshumanizadora es algo que muchos jesuitas se pasan la vida entera combatiendo, ya sea con su trabajo directo entre los pobres o abogando en su favor. El objetivo jesuita de la pobreza *voluntaria* a imitación de Cristo es diferente de la pobreza *involuntaria,* que es el flagelo de millones de personas en todo el planeta.

Pero ambas están intrínsecamente relacionadas: vivir con sencillez significa que uno necesita menos y toma menos del mundo, por lo está en condiciones de dar más a quienes viven en la pobreza. Vivir con sencillez puede ayudar a los pobres.

Entrar en la vida de los pobres anima también a vivir con sencillez. Uno puede ver cómo los pobres son capaces de arreglárselas con tan poco; cómo a veces viven con mayor libertad; cómo suelen ser más generosos con lo que tienen; y cómo a menudo le están más agradecidos a la vida que los ricos.

Aprender lo que es la pobreza

Pedro Arrupe, superior general de los jesuitas de 1965 a 1981, mostraba su sentido del humor incluso en los temas más serios. Dos jóvenes jesuitas norteamericanos aparecieron una vez por la casa generalicia en Roma. El padre Arrupe les preguntó qué les traía por allí, y ellos explicaron que estaban de paso hacia la India para trabajar con los pobres como parte de su formación. Más tarde, Arrupe le dijo a un asistente: «La verdad es que nos cuesta un montón de dinero que nuestros hombres aprendan lo que es la pobreza».

Cuando yo pienso en cómo los pobres nos enseñan, recuerdo a algunos de los refugiados y refugiadas que conocí en Kenia. Una de ellas tenía el maravilloso nombre de Gaudiosa, que significa «alegre» en latín. Gauddy, como todo el mundo la llamaba, era una refugiada de Ruanda que en los años sesenta se había instalado en Nairobi con su familia, porque había sido víctima del conflicto hutu-tutsi que llevaba tanto tiempo azotando el país.

Era también una buena costurera, y el año anterior a mi llegada había recibido una subvención del JRS para comprar una máquina de coser. A partir de ese modesto comienzo, Gauddy y varias mujeres ruandesas más levantaron un floreciente negocio de sastrería llamado «Splendid Tailoring Shop».

Un buen día, Gauddy se presentó en nuestra oficina. Por entonces acabábamos de decidir abrir una tienda –llamada «Mikono Centre»– para que los refugiados comercializaran sus productos. Y yo estaba tratando de interesar a los sacerdotes y miembros de las órdenes religiosas en la compra de los artículos confeccionados por los refugiados.

Gauddy y yo hablamos de hacer estolas para los sacerdotes a base de *kitenge,* un colorista tejido de algodón utilizado en los vestidos y camisas ruandeses. Para una buena costurera, una estola era algo muy sencillo: simplemente, dos trozos de tela unidos en forma de «V». Le sugerí que las estolas podrían tener buena acogida entre los sacerdotes occidentales que nos visitaban constantemente, así como entre los sacerdotes misioneros que trabajaban en las parroquias de la zona. Y Gauddy siempre tenía mucho *kitenge* sobrante en su taller.

Las estolas de *kitenge* de Gauddy volaban de nuestras estanterías; apenas podíamos tener algunas en reserva. Cuando pedí veinte más la primera semana, Gauddy cruzó las manos, inclinó la cabeza y dijo: «Dios es bueno».

«Sí», dije yo; pero ¿por qué lo pensaba ella?

«¿Por qué? –Gauddy se echó a reír y dio una palmada, evidentemente sorprendida por mi ridícula pregunta–. Hermano Jim –exclamó–. Dios está ayudándome a desprenderme de ese *kitenge* sobrante. Dios está dándome dinero por hacer estas estolas, que son facilísimas de hacer. Dios está dándome esta venta para mi taller y para las señoras que trabajan conmigo. ¡Seguro que usted puede darse cuenta de que Dios es muy, muy bueno!».

Como en el caso de muchos refugiados, los pensamientos de Gauddy, en los buenos y en los malos tiempos, se volvían hacia Dios.

Puede que yo hubiera terminado discerniendo la mano de Dios, pero Gauddy veía a Dios *inmediatamente*. Ella tipificaba la relación que muchos refugiados tenían con Dios. Por emplear la analogía de la amistad, Gauddy se había situado muy cerca de Dios, y por eso era mejor amiga de Dios que yo.

Otro amigo era un tallista mozambiqueño llamado Agustino. Nos conocimos en la esquina de una atestada calle de Nairobi, donde Agustino estaba sentado sobre un trozo de cartón tallando cuidadosamente sus hermosas figuras de ébano y palisandro y tratando de vendérselas a los transeúntes. Cuando le pregunté si no preferiría sentarse bajo un árbol junto al Mikono Centre y vender a más clientes, aceptó enseguida y se presentó en nuestra tienda al día siguiente. Desde entonces ha estado trabajando allí.

Una mañana, Agustino me mostró con gran entusiasmo una enorme talla de una sola pieza de ébano. Se llamaba el «árbol de la vida» y representaba a hombres trabajando en los campos, a mujeres alimentando a los niños, y a niños jugando. Aunque la talla era muy hermosa, el precio era bastante elevado. Yo dudé que pudiéramos venderla en nuestra tienda, y así se lo dije.

Después de que Agustino tratara en vano de convencerme de que la comprara, acepté quedarme con la talla en depósito. «¿Rezará para que se venda?», me dijo Agustino. Sí, le dije yo. Pero tenía mis dudas: era demasiado grande y demasiado cara. Metimos la pesada talla de madera en el interior y la colocamos en una de las mesas en las que exhibíamos nuestros artículos.

Pocos minutos después, una mujer que conducía un Land Rover verde accedió a nuestro recinto, entró en la tienda, observó la enorme talla y la compró de inmediato por unos cientos de chelines más que el precio que le habíamos puesto.

«¿Lo ve? –dijo Agustino–. Sus oraciones han sido escuchadas».

Cuando buscaba ayuda, lo primero que Agustino hacía era pedírsela a Dios. Cuando había que expresar gratitud, su primer instinto era alabar a Dios. Confiaba en Dios más que yo.

En conversaciones posteriores resultó claro que su confianza tenía que ver con su pobreza: su vida cotidiana se caracterizaba por una precariedad que le recordaba su dependencia fundamental de Dios, algo que los más acomodados a menudo no valoran verdaderamente. Agustino resultaba ser también amigo íntimo de Dios. Muchos pobres, al menos según mi experiencia, evidencian esta cualidad.

Dios viene a nosotros allí donde estemos, y los pobres suelen estar ya cerca de él.

Sin embargo, existe el peligro de idealizar a los pobres. No todos están cortados por el mismo patrón. No todos son religiosos. No todos son creyentes. Incluso hablar de «los pobres» es problemático. Gauddy y Agustino no son tanto miembros cuanto individuos de un difuso grupo sociológico llamado «los pobres».

No obstante, los refugiados con los que yo trabajé estaban, en general, más dispuestos que yo a confiar en Dios y alabarle.

Esta gratitud hizo también a muchos de ellos más generosos. Una tarde visité a Loyce, una mujer ugandesa a la que habíamos concedido una subvención para una máquina de coser. Vivía a las afueras de Nairobi en una chabola de madera de una zona fundamentalmente rural. Al entrar en su mal iluminada casa, encontré a Loyce preparando una comida muy elaborada: cacahuetes tostados, verduras e incluso carne, una rareza para ella. Debía de haberle costado las ganancias de una semana. Me quedé asombrado de su generosidad. Loyce me dio, como dijo Jesús de una viuda pobre en los evangelios, «de lo que necesitaba» (Marcos 12,41-44).

No todos los refugiados eran tan generosos como Loyce. Repito, pues, que no conviene generalizar; pero mi experiencia con muchos de los refugiados muestra lo que sucede cuando no das por supuestas ni a las personas ni a las cosas y cuando eres capaz de hacer inventario de todo lo bueno que te ocurre. Tu gratitud aumenta.

Dios es bueno, como decía Gauddy.

Cada vez que sucedían estas cosas en Kenia, me venían a la memoria unas palabras de la Escritura que siempre me habían desconcertado: «El Señor escucha el clamor de los pobres». Eran también palabras de un popular himno contemporáneo que cantábamos en el noviciado. Pero *¿por qué* el Señor escucha el clamor de los pobres en particular?; ¿por qué no escucha el clamor de *todo el mundo*? A mí me parecía parcial. Y lo mismo me ocurría con un versículo de los Salmos: «Yahvé está cerca de los desanimados» (34,18). ¿Por qué?

En Kenia encontré una respuesta. En nuestra vida hay muchas cosas que se interponen entre nosotros y Dios: preocupaciones por nuestro *status,* por nuestros logros, por nuestra apariencia, etcétera; pero entre los refugiados y Dios se interponen muchas menos cosas. En general, ellos son más conscientes de su dependencia de Dios; por eso, al igual que Gauddy, alaban a Dios en los tiempos buenos; al igual que Agustino, recurren a Dios cuando están necesitados; y al igual que Loyce, expresan su agradecimiento a base de generosidad.

Los pobres se sitúan cerca de Dios; los pobres tienen menos cosas que se interpongan entre ellos y Dios; los pobres confían en Dios; los pobres hacen de Dios su amigo; y los pobres suelen estar más agradecidos a Dios. Y por eso Dios está cerca de ellos. Esta es una de las razones por las que Ignacio pedía a los jesuitas que amaran la pobreza «como a una madre».

¿Movilidad descendente?

Tal vez el lector esté pensando: *La historia de Gauddy, Agustino y Loyce puede ser inspiradora, pero ¿qué tiene que ver conmigo? ¿Espera usted que yo viva como un refugiado?*

En general, cuando hablo de vivir con mayor sencillez, las reacciones de la gente tienden a ser extremas y se encuadran en dos categorías:

1. ¿Se ha vuelto usted loco? No puedo renunciar a todo cuanto poseo; ¡es ridículo! (Esta es la respuesta más común).

2. Me siento culpable cuando pienso en todas las cosas que tengo y que no necesito. Al pensar en los pobres, me siento fatal. Pero no hay forma de que yo pueda vivir con sencillez. A mí me resulta imposible cambiar. (Esta respuesta es más próxima a la del «joven rico» del evangelio de Mateo).

La primera respuesta revela indignación; la segunda, desesperanza. Pero ambas respuestas nos impiden ser libres. Si rechazamos las mociones que nos llegan de los pobres y la invitación a la sencillez, diciendo: «Yo no puedo vivir así», entonces esas mociones e invitaciones jamás tendrán incidencia en nuestra vida. Decir que el mensaje es irrealizable hace que sea también más fácil de rechazar. Análogamente, cuando nos regodeamos en la culpabilidad y decidimos que es imposible cambiar, estamos sutilmente liberándonos del problema, excusándonos del cambio.

Ambas respuestas significan que la libertad no puede echar raíces.

La invitación a vivir una vida sencilla no significa renunciar a todo cuanto posees. Renunciar a todos tus bienes es el camino apropiado para muy pocas personas, fundamentalmente para quienes han decidido vivir en común con otros. No estamos destinados a vivir exactamente como Gauddy o Agustino o Loyce; pero lo contrario a su situación –es decir, la inmersión total en nuestra cultura consumista, que nos dice que solo podemos ser felices si tenemos más– es un callejón sin salida.

La invitación a una vida sencilla no significa que tengas que sentirte mal contigo mismo, aunque de vez en cuando es bueno sentir el aguijón de la conciencia. Ignacio decía que la voz de la conciencia a veces se siente como «cuando la gota de agua cae sobre la piedra»: una aguda sensación que te despierta a la realidad. Si te sientes culpable por todas las cosas que tienes, puede que sea una invitación de Dios a dar algo, a vivir más sencillamente.

Pero es una invitación a la libertad, no a la culpabilidad. Llevar una vida sencilla nos libera, nos recuerda nuestra dependencia de Dios, nos vuelve más agradecidos y nos hace desear la «movilidad ascendente» para todos, no solo para unos cuantos. En última instancia, nos acerca más también a los olvidados y los marginados, que es algo que se encuentra en el corazón mismo del ministerio de Jesús de Nazaret y es un tema recurrente en el Antiguo Testamento. Y nos recuerda que las personas como los refugiados del África oriental, a quienes quizá el lector no llegue a conocer nunca, forman parte de nuestra vida. Como dice Dean Brackley en «Movilidad descendente»:

«Esta visión revela una igualdad fundamental de todos los seres humanos que eclipsa toda diferencia. Dicho de otro modo, el marginado posee la capacidad de hacer añicos mi mundo. Cuando puedo identificarme con el marginado, permitiéndole que incida en mi mundo, la escala se colapsa, al menos para mí, y la veo como un colosal fraude. La superioridad de los grandes se disuelve junto con la inferioridad de los pequeños. Aunque no sea más que por un momento, aparecemos todos desnudos y en pie de igualdad. Esta crucial experiencia muestra que identificarse con el marginado nos permite identificarnos con *todo el mundo*. Puedo decir: "Todas estas personas son como yo"».

Resulta, por tanto, que Gauddy, Agustino y Loyce tienen mucho que ver contigo.

Pero ¿cómo hacerlo?

Todo lo dicho suscita la siguiente pregunta: ¿cómo puedo vivir con sencillez? Dado que no estás llamado a renunciar a todo, ¿cómo puedes simplificar tu vida y responder a la invitación a vivir con menos cosas que se interpongan entre Dios y tú?

Permíteme que te sugiera tres pasos de dificultad creciente, y después un desafío. En todo ello, confía en que Dios te ayudará a lo largo del camino, porque es un camino hacia la libertad que Dios quiere para ti.

Primero, despréndete de lo que no necesitas. Es el primer paso obvio para simplificar. ¿Qué debes hacer con todas esas cosas? Bien..., digamos una vez más que ese abrigo extra que no estás usando no te pertenece; pertenece a los pobres. Llama a una iglesia de tu localidad, a un albergue para transeúntes sin hogar o a un centro de distribución de ropa.

Pero un consejo de amigo: no des a los pobres tus cosas viejas; tíralas. Durante el noviciado, trabajé varios meses en un albergue para transeúntes sin hogar de Boston. Un día le di a un hombre una cazadora de pana de color naranja que estaba literalmente hecha una birria. «¡Puaf —me dijo—, eso no me lo pongo yo ni loco!». Inicialmente pensé que debería estarme agradecido. Entonces, como si leyera mi pensamiento, aquel hombre me dijo: «¿Se lo pondría usted?». No. Los pobres merecen ropas decentes, igual que tú.

Segundo, distingue entre lo que quieres y lo que necesitas. ¿Es algo que «me apetece» o que «necesito»? ¿Realmente «necesitas» un televisor más grande, o el teléfono de última generación, o el ordenador más moderno y potente, o es algo que deseas porque tus amigos acaban de comprárselo o porque lo has visto anunciado? Es difícil resistir el deseo de tener lo que los amigos tienen y la publicidad te dice que necesitas; pero, de nuevo, rechazar esas cosas conduce a la libertad.

Piensa en ello como si se tratara de una dieta. Por difícil que sea, te sientes mejor si evitas las calorías innecesarias. Y también te sentirás mejor si evitas las compras innecesarias; te sentirás más ligero, más sano, más libre... Emprende una dieta de compras.

Tercero, deshazte de cosas que crees necesitar, pero sin las cuales puedes vivir. No me refiero a las cosas que *sabes* que necesitas, sino a las cosas que crees necesitar, pero de las que puedes privarte si es absolutamente necesario. Esto es algo que a mí sigue resultándome difícil, incluso después de veinte años viviendo con el voto de pobreza. Pero siempre me siento más feliz después de haber recorrido este camino. Después de que una amiga cuidara de mi padre durante su enfermedad final, le di algo que yo tenía en mucha estima: una preciosa colcha multicolor que me habían regalado los refugiados del África oriental y con la que yo cubría mi cama. No me resultó fácil regalársela; pero cada vez que veo a mi amiga y recuerdo su gran amabilidad, me siento dichoso de haberlo hecho.

Finalmente, he aquí un auténtico desafío: *conoce a los pobres.* Esto resulta difícil para algunos de nosotros, porque a veces estamos acostumbrados a ignorarlos, a verlos como unos vagos o a temerlos. Pero encontrar oportunidades de practicar el voluntariado en un comedor benéfico o en un albergue para personas sin hogar (y descubrir un modo apropiado y seguro de que tus hijos lo hagan también) te permitirá conocer a personas como Gauddy, Agustino y Loyce en tu propia comunidad. Y pronto los conocerás, no ya como «los pobres», sino como individuos con su propia historia.

A menudo han sufrido mucho, y puede que inicialmente resulte difícil estar cerca de ellos; pero también pueden enseñarte mucho acerca de la gratitud, la perseverancia y la cercanía a Dios.

Pobreza de espíritu

Muchos pobres se vuelven instintivamente hacia Dios, como Gauddy en momentos de alegría, o como Agustino en momentos de esperanza. Y ello se debe a que viven otra forma de pobreza que a menudo acompaña a la pobreza material: una radical dependencia de Dios, llamada «pobreza de espíritu».

La pobreza de espíritu es un concepto excesivamente olvidado en muchos círculos religiosos y espirituales. «Dichosos los pobres de espíritu» es la primera bienaventuranza en el Sermón de la Montaña de

Mateo (5,3-12). Pero para muchos creyentes esas palabras son tan misteriosas como lo fueron cuando Jesús las pronunció por primera vez. Si se pregunta a un cristiano practicante si debe ser caritativo, dirá que sí. Si se le pregunta si debe ser pobre de espíritu, tal vez pregunte a su vez: «¿Cómo dice?».

Quizá no resulte sorprendente que yo entrara por primera vez en contacto con la verdadera pobreza de espíritu en el África oriental, si bien de modo indirecto.

Aunque yo había esperado ilusionadamente ir a Nairobi, una vez allí sentí una abrumadora soledad, porque me encontraba lejos de mis amigos, temeroso de no poder soportar dos años en el África oriental y preocupado por la posibilidad de contraer alguna rara enfermedad tropical. (Antes de ir allá, mi médico me dio un folleto en el que se indicaban todas las enfermedades exóticas que se podían contraer en África).

Además, primero se me asignó un trabajo fundamentalmente de papeleo. ¿Acaso había ido yo a África a manejar papeles? Unos meses después, comenzaría mi trabajo con los pequeños negocios, el mejor empleo que he tenido nunca, pero en aquel momento mi vida era aburrida y solitaria.

Durante aquellas horas bajas, el jesuita encargado de mi formación me envió un libro para animarme: *Pobreza de espíritu,* de Johannes-Baptist Metz, un célebre teólogo católico alemán.

Metz habla de la pobreza de espíritu como algo inherente a las limitaciones que todos los seres humanos tenemos que afrontar en la vida diaria. Es el despertar espiritual que procede del hecho de conocer no solo los talentos y dones que Dios nos ha dado y que nos llenan de confianza agradecida, sino también nuestras limitaciones. La pobreza de espíritu significa aceptar que somos impotentes para cambiar determinados aspectos de nuestra vida. «Todos somos miembros de una especie que no se basta a sí misma –dice Metz–. Todos somos criaturas asediadas por infinitas dudas y un corazón inquieto e insatisfecho».

La pobreza de espíritu significa también aceptar que todos tenemos que afrontar la decepción, el dolor, el sufrimiento y, finalmente, la muerte. Aunque esto debería ser obvio para quien haya pensado seriamente acerca de la vida, sin embargo la cultura occidental a menudo hace que lo olvidemos, lo ignoremos o neguemos su verdad esencial: que somos limitados, finitos, corpóreos; en definitiva, humanos. Y una parte del hecho de ser humanos es que a veces sufrimos y a menudo somos impotentes respecto de lo que nos sucede a nosotros, a los demás y al mundo que nos rodea. Aceptar esto supone acercarse más a la pobreza de espíritu.

A diferencia de la pobreza material, que sume en la miseria a millones de nuestros hermanos humanos y que veíamos a diario en Nairobi, la pobreza espiritual es algo que hay que *buscar*. Y no pretendo idealizar la pobreza material: he caminado por sucios riachuelos de aguas residuales y fétidos montones de basura en descomposición que ingieren los refugiados en chozas destartaladas, y he visto toda clase de privaciones y enfermedades físicas. Esa pobreza no puede idealizarse.

La pobreza de espíritu es diferente: es un objetivo vivificante.

La pobreza de espíritu es otro modo de hablar de la humildad. Sin ella, nos resistimos a admitir nuestra dependencia de Dios, sentimos la tentación de intentar triunfar por nosotros mismos, y es más probable que desesperemos cuando fracasamos. Y como la pobreza espiritual reconoce nuestra dependencia fundamental de Dios, habita en el corazón mismo de la vida espiritual.

«Por eso la pobreza de espíritu no es una virtud más entre otras muchas –escribe Metz hacia el final de su libro–; es el componente oculto de todo acto trascendente, el fundamento de toda "virtud teológica"».

Los tres grados de humildad

Ignacio consideraba la pobreza de espíritu particularmente valiosa. En los *Ejercicios Espirituales,* después de la meditación de las Dos Banderas, ofrece el marco de las Tres Maneras de Humildad, conocido también como los Tres Grados de Humildad.

En su libro *Draw Me into Your Friendship,* David Fleming, SJ, describe a Ignacio presentando un espectro de humildad en el que se nos anima a elegir el grado mayor y seguir así más de cerca a Jesús. George Aschenbrenner, SJ, describe los tres grados en *Stretched for Greater Glory* como «tres modos de amar».

El Primer Grado es aquel en el que uno es siempre obediente a la «ley de Dios» viviendo una vida moral. Uno no hace nada por apartarse de Dios, sino que desea hacer lo apropiado. Aschenbrenner dice: «Esto equivale a amar a alguien tanto que se arrostra lo que haga falta para responder al deseo explícitamente formulado de esa persona [en este caso, de Dios]».

El Segundo Grado es aquel en el que, al presentársele a la persona la opción por un tipo de vida, se esfuerza por liberarse de desear la opción que proporcione riqueza, honores o una larga vida. Es el ejemplo clásico de la «indiferencia» o «desapego» ignacianos. No solo hace uno lo apropiado, sino que es libre para *aceptar* lo que la vida le presenta. En este estadio, dice Fleming, «el único principio real que rige la opción es hacer la voluntad de Dios». La persona está desapegada y se esfuerza por no apartarse nunca de Dios. «Este grado de amor –escribe Aschenbrenner– va más allá del primero y presume la libertad o indiferencia».

El Tercer Grado, el modo «más perfecto», es aquel en que, de hecho, se *elige* el camino más humilde, a fin de ser como Cristo. Se desea tanto seguirle que, como dice Fleming, «sus experiencias se reflejan en las mías». Dicho de otro modo, se elige ser pobre e incluso ser rechazado como lo fue Jesús. Ascenbrenner observa: «Aquí el deseo de imitar se ha convertido en ansia de compartir... todo el ser y la condición del Amado».

¿Es esto masoquismo? ¿Es una confirmación más de esos estereotipos acerca de lo «enfermo» que está el cristianismo? Solo si se malinterpreta. El Tercer Grado de Humildad no busca la pobreza o el rechazo por sí mismos, sino como un modo de identificarse con Cristo y liberarse de un exagerado interés personal. La analogía de la amistad es útil: cuando tu amigo sufre, ¿estás dispuesto a sufrir con él?
A menudo, el Tercer Grado es para mí un objetivo inalcanzable: la mayor parte de los días siento que apenas puedo alcanzar el Segundo Grado. Pero es importante, porque nos ayuda a ir hacia la liberación de los apegos desordenados que nos impiden seguir a Dios. Como observaba Brian Daley, SJ, en un artículo titulado «Parecerse más a Cristo», esta forma de humildad nos dispone a «estar lo más libres que sea posible de nuestro profundo egocentrismo, a ser la plasmación más perfecta posible de la llamada concreta que hace Jesús a cada individuo a ser discípulo a su imagen».

¿Qué crees tú?

Muchos chistes sobre los jesuitas juegan con nuestros (supuestos) esfuerzos por ser humildes. Según uno de esos chistes, un jesuita, un franciscano y un dominico mueren y van al cielo, donde son conducidos al salón del trono divino, donde Dios está sentado en un inmenso sillón de oro con diamantes incrustados. Dios dice al dominico: «Hijo de santo Domingo, ¿qué crees?». El dominico responde: «Yo creo en Dios Padre, creador del cielo y de la tierra». Luego pregunta Dios al franciscano: «Hijo de san Francisco, ¿qué crees?». El franciscano responde: «Creo en su hijo, Jesús, que vino a trabajar con los pobres». Finalmente, Dios se vuelve hacia el jesuita y desde su gran trono pregunta: «Hijo de san Ignacio, ¿qué crees?». Y el jesuita dice: «Yo creo... ¡que estás en mi asiento!».

Dichosos los pobres de espíritu

La pobreza de espíritu no elimina la alegría en la vida. Muy al contrario, es la puerta de acceso a la alegría, porque nos permite entregarnos a la confianza ilimitada en Dios, que conduce a la libertad. «Paradójicamente, pues, somos verdaderamente ricos –dice Fleming– con una identidad que solo Dios puede dar y nadie puede arrebatarnos».

La confianza en Dios puede sonar a receta para la desidia, como si no necesitaras hacer nada por ti mismo. Pero en realidad es todo lo contrario. Es una postura práctica que te recuerda que no puedes hacerlo todo. Hay muchas cosas que no puedes cambiar. Algunas de ellas, que caen fuera de tu control, han de ser dejadas en manos de Dios. La pobreza espiritual te libera de la desesperanza que sientes cuando crees que solo puedes confiar en tu propio esfuerzo.

Esto puede liberarte de una tentación muy común en nuestro tiempo: la adicción al trabajo y el mesianismo. Es fácil imaginar que eres indispensable, que todo depende de ti, que tú tienes que hacerlo todo. La diligencia puede degenerar en una sutil forma de orgullo: «¿No ves lo ocupado que estoy? ¡Soy tan importante...!»; o «Todo depende de mí». La pobreza de espíritu te recuerda que tan solo puedes hacer algo: poca cosa, en realidad.

O, como decía mi director espiritual cuando yo me quejaba de mi exceso de trabajo: «Hay un Mesías, ¡y no eres tú!».

En Kenia me sentí llamado una y otra vez a renunciar a mi deseo de solucionarlo todo y de resolver los problemas de todo el mundo, no solo porque era imposible, sino también porque esa imposible tarea me habría paralizado al hacerme caer en la desesperación. Además, no tenía en cuenta la realidad. Los refugiados a los que se concedían subvenciones para máquinas de coser regresaban a sus casas y se encontraban con que unos vecinos celosos habían prendido fuego a su hogar. Un hombre, un ganadero ugandés llamado John, hizo todo lo que se precisaba para alcanzar el éxito: localizó un trozo de tierra, encontró el tipo de ganado adecuado y compró el alimento que dicho ganado necesitaba. John lo había hecho todo bien, pero se vio obligado a cerrar su negocio cuando se produjo una sequía que desertizó la tierra, acabando con toda la hierba que alimentaba a sus vacas. Recuerdo que estábamos los dos en sus tierras, y él me dijo: «¿Qué voy a hacer ahora?».

No supe qué responder. Yo no podía hacer que lloviese ni podía encontrar agua para él en una tierra desértica. Lo único que podía hacer era procurarle una ayuda para que pudiera aguantar... y rezar con él para que cambiara el tiempo. La pobreza de espíritu es un reflejo de la realidad: a menudo somos impotentes para cambiar las cosas.

Un profundo sentido del humor

«Haz, Señor, que tenga el suficiente sentido del humor
para no caer nunca en el orgullo.
Que reconozca lo absurdo que soy
antes de actuar absurdamente.
Que comprenda que la humildad me hace más humano,
más sincero y más digno de tu consideración».

– Daniel Lord, sj (1888-1955)

La pobreza espiritual significa también liberarse de la necesidad de moverse sin parar, de trabajar sin descanso y de estar constantemente activo. Te anima a decir *no* de vez en cuando, porque sabes que no puedes hacerlo todo, ni complacer a todo el mundo, ni asistir a todas las reuniones, ni telefonear a todos los amigos, ni aconsejar a cada persona que lo necesita. Significa aceptar que no puedes hacerlo todo en tu casa ni en tu trabajo ni en tu iglesia. Te salva de ser un «hacedor humano», en lugar de un «ser humano».

Paradójicamente, nuestro generoso deseo de hacerlo todo, de cuidar de todo el mundo, de hacer feliz a todo el mundo, puede hacer que estemos menos atentos y más distraídos, lo cual no es bueno para nadie. Decir *no* a una cosa significa decir *sí* a otra. Decir *no* a una responsabilidad más que no puedes asumir significa decir *sí* a una mayor atención a lo que ya tienes ante ti.

La pobreza de espíritu, pues, no es un camino hacia la tristeza, sino hacia la libertad. No es una especie de dogma místico que únicamente los santos pueden entender, sino que es, simplemente, la aceptación de la realidad. Recordarte tu dependencia fundamental de Dios es una postura que te permite estar más agradecido por todos los beneficios que provienen de Dios, porque sabes lo valiosos que son. Por eso decía Jesús que los pobres de espíritu son «bienaventurados» o, en el original griego, «dichosos».

Quisiera finalizar con una anécdota de Pedro Arrupe, antiguo superior general de la Compañía de Jesús, que tanto insistió en que los jesuitas trabajaran con los pobres. Recoge preciosamente las ideas ignacianas acerca de la vida sencilla, la pobreza y la pobreza de espíritu.

¡Qué contraste...!

El padre Arrupe era conocido por su amor a los pobres. En cierta ocasión contó lo que le ocurrió cuando visitaba a unos jesuitas que trabajaban en una barriada muy pobre de América Latina. Durante su visita, celebró misa para los habitantes de la zona en un edificio decrépito; a lo largo de la liturgia, gatos y perros entraban y salían libremente. He aquí lo que sucedió después de la misa, en palabras del propio Arrupe tomadas de un libro de entrevistas titulado *One Jesuit's Spiritual Journey*:

> «Cuando terminé, un hombre enorme de tan mal aspecto que casi daba miedo me dijo: "Venga conmigo. Tengo algo

que darle". Yo estaba indeciso; no sabía si aceptar o no, pero el sacerdote que estaba conmigo me dijo: "Acepte, padre, es buena gente". Fui, pues, con él; su casa era un chamizo casi a punto de venirse abajo. Me hizo sentar en una silla desvencijada. Desde allí pude ver la puesta del sol. Aquel hombre enorme me dijo: "¡Mire, señor, lo hermosa que es!". Permanecimos sentados en silencio durante varios minutos. Finalmente, el sol desapareció. El hombre dijo entonces: "No sé cómo agradecerle todo lo que ha hecho por nosotros. No tengo nada que darle, pero pensé que le gustaría ver esta puesta de sol. Le ha gustado, ¿verdad? Buenas tardes". Y después estrechó mi mano.

Al marcharme, pensé: "Pocas veces he conocido a una persona tan amable". Iba después caminando, y una mujer pobremente vestida se me acercó, me besó la mano, me miró y, con una voz llena de emoción, me dijo: "Padre, rece por mí y por mis hijos. He estado en esa hermosa misa que usted ha celebrado. Tengo que irme corriendo a casa, pero no tengo nada que dar a mis hijos. Rece al Señor por mí; él es quien debe ayudarnos". Y desapareció corriendo en dirección a su casa.

Verdaderamente, son muchas las cosas que aprendí gracias a aquella misa entre los pobres. ¡Qué contraste con las solemnes reuniones de los poderosos de este mundo...!».

9
¿Como los ángeles?

(Castidad, celibato y amor)

He aquí el célebre comienzo –y no menos célebre final– de cuanto dice san Ignacio de Loyola acerca de la castidad en las *Constituciones:*

> «Por lo que toca al voto de castidad, no pide interpretación, constando cuán perfectamente deba guardarse procurando imitar en ella la puridad angélica con la limpieza del cuerpo y mente. Esto presupuesto, se dirá de la santa obediencia».

Cuando leí por primera vez este pasaje en el noviciado, le dije a David Donovan: «¿Eso es todo? ¿He pasado por alto el resto de su explicación sobre la castidad?».

«No –me respondió riendo–; eso es todo».

Como observa John O'Malley en *Los primeros jesuitas,* aunque Ignacio y los primeros jesuitas reflejaron sus reflexiones sobre la castidad en otros escritos, la mayoría de ellos pensaban que el voto era «perfectamente claro y no requería explicación».

De modo que, según Ignacio, los jesuitas deben observar la castidad como los ángeles. ¡Y la creencia popular ha sido siempre que los ángeles carecen de órganos sexuales!

Los cristianos del siglo XVI incluidos Ignacio y los primeros jesuitas, entendían la sexualidad de manera muy distinta de la nuestra. En primer lugar, se ponía un gran énfasis en la castidad como modo de «pureza» espiritual, como escribió Ignacio. El cristiano ideal debe esforzarse por lograr la pureza de Jesús, María y los santos (y los ángeles). Y la pureza incluía la castidad. Pedro Fabro, uno de los primeros jesuitas, estableció esa conexión muy tempranamente en su vida: «Cuando yo tenía unos doce años, fui al campo, donde de vez en cuando ayudaba a guardar el ganado [de su familia], y allí, lleno de gozo y con un gran deseo de pureza, hice voto a nuestro Señor de castidad perpetua».

Es una imagen conmovedora: Pedro Fabro, rodeado de flores silvestres bajo la luz del sol, haciendo ardientemente un voto juvenil a Dios. Pero muy poca gente animaría a hacer esta clase de promesa hoy en día. Por un lado, la pureza no significa prescindir del sexo, sino que la pureza fluye de un corazón puro, y hay muchos hombres y mujeres casados que tienen un corazón puro. Por otro lado, ¿qué niño de doce años (entonces y ahora) tiene una comprensión adecuada de la sexualidad para hacer un voto perpetuo de castidad? Pero los de Fabro eran otros tiempos.

Los miembros de las órdenes religiosas estaban también dispuestos a adoptar medidas extremas para fomentar la castidad o, como ellos dirían, «salvaguardarla». Posteriormente, Fabro hizo otra promesa: no acercar nunca su rostro a nadie, hombre o mujer, joven o viejo, como un modo de preservar más su castidad. San Luis Gonzaga, un joven noble que se hizo jesuita, mantenía la «guarda de los ojos», lo que significaba no mirar nunca a una mujer a la cara, ¡incluida su propia madre!

Por lo demás, san Ignacio de Loyola, a quien Pedro Fabro y Luis Gonzaga veneraban, disfrutó de la cálida amistad de muchas mujeres, a las que sirvió, por carta o en persona, de director espiritual y consejero muy valorado. Como observan los autores de *The Spiritual Exercises Reclaimed,* muchas de esas mujeres amigas suyas devolvían el favor apoyando a Ignacio y a su nueva orden religiosa, especialmente en términos económicos. Dos mujeres –Isabel Roser y Juana, la regente de España– hicieron incluso votos como jesuitas. «Una imagen más exacta muestra a Ignacio no como una figura solitaria –escriben los autores–, sino relacional; y esas relaciones incluían a mujeres concretas».

Esta complicada historia suscita una serie de provocativas preguntas: ¿Puede la castidad religiosa enseñarnos algo? ¿Pueden enseñarnos algo las ideas de san Ignacio acerca de la castidad? ¿Pueden enseñarnos algo acerca de las relaciones sanas y amorosas unos hombres que vivían en un mundo en el que la sexualidad era considerada peligrosa e incluso mala?

No se sorprenda el lector si digo que la respuesta a todas estas preguntas es «sí».

Pero sí podría sorprenderse cuando descubra que la respuesta tiene menos que ver con la abstinencia y la pureza, y más que ver con el amor y la amistad. Porque la castidad es cuestión de amor.

¿Castidad? ¿Celibato?

La castidad es lo más difícil de explicar en relación con la vida religiosa. Inevitablemente, evoca el estereotipo del sacerdote odioso y frío o de la religiosa reprimida y amargada, sin contacto alguno con su propia sexualidad, cerrados al mundo del amor y de las relaciones humanas, a la vez que rígidos, gélidos, rencorosos y puede que hasta un tanto crueles. Y locos, además.

Como consecuencia de la crisis originada por los abusos sexuales en la Iglesia católica, que ha hecho que la opinión pública viera en la castidad una causa coadyuvante, el voto de castidad engendra más sospechas que nunca. Ahora no solo es visto como una locura, sino que se considera dañino, enfermizo y –algo que habría asombrado en el siglo XVI– peligroso.

Lo que piensa la gente en general se resume en tres puntos:

1. La castidad es antinatural: trata de bloquear una parte natural de la vida, por lo que da lugar a conductas enfermizas.

2. La castidad es insana, por lo que las órdenes religiosas atraen a personas igualmente insanas.

3. La castidad es imposible. Nadie puede cumplir ese voto con integridad u honestidad; por tanto, quien afirme ser casto debe de estar mintiendo.

Antes de seguir adelante, debo explicar que, a pesar de la identificación que suele hacerse entre ambos términos, hay una diferencia entre castidad y celibato. El tema es un tanto complejo, por lo que ruego al lector que tenga paciencia conmigo.

Estrictamente hablando, la castidad se refiere al uso apropiado y amoroso de nuestra sexualidad, algo a lo que todo el mundo está llamado. En su libro sobre la sexualidad humana *In Pursuit of Love*, Vincent J. Genovesi, jesuita y profesor de teología moral, cita a otro autor que afirma que vivir como una persona casta significa que nuestras «expresiones externas» de la sexualidad estarán «bajo el control del amor, con ternura y plena conciencia del otro». Resumiendo la obra de otro teólogo, Genovesi llama a la castidad «sinceridad en el sexo», en el que nuestras relaciones físicas «expresen verdaderamente» el nivel de compromiso personal que tenemos con el otro. En otras palabras, el objetivo de la castidad es recibir y dar amor. La Iglesia católica cree que todo el mundo –casados, solteros, profesos, ordenados, laicos o clérigos– es llamado a *esta* clase de castidad, en la que las relaciones físicas expresan el grado de compromiso personal, se hace el uso apropiado de la sexualidad, y esta es guiada por el amor y la solicitud por la otra persona. La mayoría de la gente estaría de acuerdo con estas ideas generales: amor, compromiso, sinceridad y solicitud en nuestras relaciones sexuales.

El *celibato* es algo distinto. Técnicamente, es la prohibición de contraer matrimonio para los miembros del clero católico. Por ejemplo, los jesuitas hacemos *voto de castidad* después del noviciado, pero los sacerdotes hacen *promesa de celibato* en su ordenación.

El celibato es una exigencia canónica (ley eclesiástica) que, teóricamente, podría ser revocada por la Iglesia católica. Durante la primera mitad de la historia de la Iglesia no había restricción alguna contra el matrimonio, y muchos sacerdotes eran hombres casados. Como dice el Rev. Donald Cozzens en *Liberar el celibato,* hasta el siglo XII el celibato no fue normativo para toda la iglesia occidental o latina. Sabemos, por ejemplo, que san Pedro estaba casado, porque el evangelio de Marcos habla de su suegra (1,29-31). Hoy hay muchos sacerdotes católicos casados: los sacerdotes de los ritos o ramas orientales de la Iglesia católica, así como sacerdotes de otras denominaciones cristianas que se han convertido al catolicismo, pero permanecen casados. Incluso entre los católicos, la castidad y el celibato se confunden, se utilizan impropiamente, y se piensa que son lo mismo. Además, la espiritualidad que rodea al celibato y la castidad para los sacerdotes y miembros de las órdenes religiosas es similar. A veces la gente habla de la «castidad religiosa» para distinguir entre la castidad a la que todos están llamados y la que viven los religiosos y religiosas.

Complicado, ¿verdad?

Precisamente por eso, de ahora en adelante voy a hablar de la castidad del modo en que la mayoría de la gente la entiende, es decir, como la abstención de la actividad sexual por causa de un compromiso religioso. Y, lo que es más importante, voy a describir lo que una vida de castidad religiosa puede enseñar incluso a quienes practican el sexo todos los días.

Castidad amorosa

Volvamos al viejo estereotipo del sacerdote o la religiosa fríos, rígidos, amargados y resentidos. Lo paradójico es que algunas de las personas que más han amado a lo largo de la historia –personas a quienes admiran incluso los no creyentes– eran castas. Pensemos en san Francisco de Asís o en la Madre Teresa: ¿alguien diría que no han amado? Y llegados a este punto, el lector ya sabe que san Ignacio de Loyola era un hombre compasivo, generoso y que amaba a la gente.

Mejor aún: pensemos en Jesús de Nazaret, con respecto al cual la mayoría de los mejores escrituristas coinciden (por diversas razones) en que nunca se casó. ¿Hay alguien que dude de que Jesús era una persona que amaba?

Siempre que oigo hablar de ese estereotipo del sacerdote frío y distante, desearía poder presentar a la gente a todos los sacerdotes, religiosos y religiosas llenos de amor que he conocido, hombres y mujeres que llevaban una vida de castidad amorosa e irradiaban amor.

Me gustaría que el lector pudiera conocer a mi amigo Bob, el cual, a pesar de ciertos problemas médicos crónicos, ha trabajado durante muchos años en una reserva india de Dakota del Sur y es actualmente director espiritual y «arte-terapeuta» en Boston. Conozco a pocos jesuitas que amen más o sean más amados. Bob es pequeño de estatura y se ríe estruendosamente: cuando asistes con él a una comedia, sus carcajadas hacen que todos los espectadores vuelvan la cabeza.

Los nativos norteamericanos con los que trabajó primero le llamaban «Pequeño Hombre de Risa Grande». «Pero ese nombre no tuvo fortuna –explicó él en cierta ocasión–, de modo que lo cambiaron por el de "Águila Sagrada de Voz Gentil"».

De todas las personas que yo he conocido, Bob es una de las que mejor saben escuchar. La gente se siente cómoda hablando con él, quizá porque percibe que, debido a sus limitaciones físicas, comprende lo que significa sufrir y sigue, sin embargo, disfrutando de la vida. En varias ocasiones en que he tenido algún espinoso problema personal, Bob me ha escuchado con enorme atención, concentrado del todo en mis palabras. Esta es una forma de amor casto.

También me gustaría presentar al lector a Tim. Durante nuestros estudios de teología, Bob, Tim y yo vivimos juntos en la misma residencia de jesuitas de Cambridge, Massachusetts. Tim es un tipo silencioso, trabajador y estudioso al que, después de terminar los estudios, destinaron a trabajar en tareas pastorales en una parroquia de un barrio popular de Chicago. Durante el verano en que yo estuve recuperándome de una delicada operación en Chicago (donde tuve aquella revelación en la mesa de operaciones), Tim me hizo un gran regalo.

A pesar de su apretado horario, todos los días me llevaba en coche a la comunidad de los jesuitas en Evanston, a una hora de distancia. Durante dos semanas, Tim me visitó sin falta, me hizo reír, me llevó en coche, me preparó la comida cuando yo no podía hacerlo y habló conmigo acerca de lo que yo estaba experimentando. Cuando vivíamos juntos, nunca fuimos tan íntimos como en aquel verano. Su generosidad –silenciosa, discreta, desinteresada– fue una forma de amor casto.

Y me gustaría, por último, que el lector pudiera conocer a la hermana Maddy, mi amiga de la casa de Ejercicios de Gloucester, Massachusetts. Como ya he dicho, nos conocimos cuando ambos trabajábamos en el África oriental. Maddy, una religiosa práctica y muy trabajadora, de fácil sonrisa y cabellos muy cortos, trabajaba con otras dos religiosas norteamericanas en una remota zona de Tanzania y dirigía un colegio para niñas en una remota aldea llamada Kowak. Para pasar sus vacaciones, las tres religiosas vinieron a nuestra pequeña comunidad jesuítica de Nairobi. Maddy era una magnífica cocinera que se relajaba preparando espléndidas comidas italianas para nuestra comunidad, por lo que todo el mundo esperaba ansiosamente sus vacaciones. Después de dos años en Tanzania, una seria enfermedad la obligó a dejar a las religiosas y las alumnas de Kowak. Unos años después, pudo volver para despedirse debidamente.

Enamorarse

Tal vez la siguiente meditación de Pedro Arrupe sea su texto más famoso. Tan solo hay un problema: nadie ha logrado encontrarla en ninguna de sus cartas o conferencias. Uno de sus asesores, Vincent O'Keefe, SJ, me dijo que probablemente había sido tomada por alguien de una conferencia y después la había hecho circular. En cualquier caso, según el propio padre O'Keefe, es el tipo de cosas que Arrupe diría:

«Nada puede importar más que encontrarse con Dios, es decir, enamorarse de él de una manera definitiva y absoluta. Aquello de lo que te enamoras cautiva tu imaginación y acaba dejando su huella en todo. Será ello lo que determine qué es lo que te hace saltar de la cama cada mañana, qué haces con tus atardeceres, en qué empleas tus fines de semana, lo que lees, lo que conoces, lo que te parte el corazón y lo que te sobrecoge de alegría y gratitud.

Enamórate, permanece en el amor, y todo será de otra manera».

Desde entonces, Maddy y yo hemos dirigido juntos muchos *Ejercicios Espirituales*. Debido a ciertas limitaciones físicas, Maddy tiene problemas para recorrer los extensos terrenos de la casa de Ejercicios; pero, aun cuando haga un frío helador y esté todo cubierto por la nieve, su alegre ánimo no se ve afectado, y su risa es constante. Hace unos años me apunté para hacer los *Ejercicios Espirituales* en Gloucester y descubrí que era ella quien iba a dirigirlos. Yo pensé que el hecho de mantener una estrecha amistad con la directora podría resultar extraño. «Bueno, voy a tratarte como trataría a cualquier otro ejercitador», le dije.

Ella soltó una de sus cordiales carcajadas: «Y yo voy a tratarte como a cualquier otro ejercitante».

Maddy demostró ser una ejercitadora astuta y me ayudó en una difícil fase de mi vida, manejándose perfectamente entre sus responsabilidades como directora de Ejercicios y como amiga. Entre otras cosas, el duro trabajo que Maddy llevó a cabo con sus alumnas de Tanzania y su paciente escucha de las personas presentes en la casa de Ejercicios de Gloucester son una forma de amor casto.

Cada uno de estos amigos –Bob, Tim y Maddy–, todos ellos con su voto de castidad, muestran el amor de distintas maneras. Cada uno de ellos me hace pensar en una de las frases de san Ignacio de Loyola en los *Ejercicios*: «El amor se debe poner más en las obras que en las palabras».

La castidad es cuestión de amor

Uno de los principales objetivos de la castidad es amar al mayor número de personas posible lo más profundamente que se pueda. Tal vez esto resulte extraño a quienes definen la castidad *negativamente* (no practicar el sexo), pero cuenta con una larga tradición en la Iglesia. La castidad es otro modo de amar y, como tal, tiene mucho que enseñar a todos, no solo a los miembros de las órdenes religiosas.

La castidad también libera para servir más fácilmente a los demás. No estamos ligados a una persona ni a una familia, de manera que nos resulta más fácil cambiar de lugar de residencia. Como dicen las *Constituciones* de la Compañía, la castidad es «esencialmente apostólica», está pensada para ayudarnos a ser mejores «apóstoles». Al igual que los demás votos, la castidad ayuda a los jesuitas a estar «disponibles», como diría Ignacio.

Por lo tanto, la castidad es cuestión de amor *y* de libertad.

La castidad (no se olvide que estoy hablando de la castidad religiosa) no es para todo el mundo. Obviamente, la mayoría de las personas se sienten llamadas al amor romántico, al matrimonio, a la intimidad sexual, a tener hijos y a crear una familia. Su modo fundamental de amar es a través de sus cónyuges y de sus hijos. Es un modo de amar más centrado, más exclusivo. Lo cual no significa que las parejas casadas y los padres y madres no puedan amar a otras personas ajenas a su familia, sino que el centro primordial de su amor son Dios y su familia.

Para las personas pertenecientes a una orden religiosa, la situación es justamente la opuesta. Hacen voto de castidad para ofrecerse al amor de Dios y estar disponibles para amar al mayor número de personas posible. Una vez más, ello no significa que los hombres y las mujeres que no pertenecen a una orden religiosa, estén casados o no, no puedan hacer lo mismo, sino que este es el modo que mejor nos funciona a *nosotros.*

La castidad es además un recordatorio de que es perfectamente posible amar sin mantener una relación exclusiva y sin ser sexualmente activo. De este modo, la persona casta puede servir de punto de referencia en nuestra cultura hipersexualizada, donde amar a alguien puede confundirse con irse a la cama. Por eso la castidad puede ayudarnos a reenfocar nuestras prioridades: la finalidad de la vida, ya esté uno casado o soltero, ya sea religioso o no, es amar.

¿Quién ama más: la pareja locamente enamorada y con una vida sexual activa, la pareja de mediana edad que practica el sexo con menos frecuencia, debido a las exigencias de la vida familiar, o la tierna pareja de ancianos que, por causa de la enfermedad y la edad, no es sexualmente activa en absoluto? ¿Quién ama más: el hombre casado que ama a su mujer o la mujer soltera que ama a sus amigos? ¿Quién ama más: el sacerdote célibe o la esposa sexualmente activa?

La respuesta es que todos aman, pero de manera distinta.

A propósito, la castidad no propicia una conducta insana. En mi opinión, la crisis producida en la Iglesia católica a causa de los abusos sexuales, más que a la castidad en sí, se ha debido, por una parte, a la existencia de un pequeño porcentaje de hombres psicológicamente enfermos que, para empezar, nunca deberían haber sido admitidos en los seminarios ni en las órdenes religiosas; y, por otra, a la actitud de algunos obispos que nunca deberían haber estado cambiándolos de una parroquia a otra.

La castidad también requiere práctica. Nadie es el perfecto marido o la perfecta esposa el día de la boda. Tampoco se comprende la castidad perfectamente el día en que se pronuncian los votos. Para integrar los votos se requiere tiempo. Esta es una de las razones por las que existen los noviciados y los seminarios, que funcionan casi como el noviazgo: para ver si tal modo de vida es adecuado para la persona en cuestión.

«¿Y qué ocurre con el deseo sexual?», me preguntó recientemente un amigo. Bueno, pues ocurre que la persona casta sigue volviendo la cabeza cuando pasa una persona atractiva y sigue deseando tener sexo. A fin de cuentas, somos humanos. Pero cuando esto sucede, te recuerdas a ti mismo unas cuantas cosas. Primera, que es algo natural. Segunda, que la vida que has elegido no te lo permite. Y tercera, que si estás completamente embargado por un constante deseo de intimidad sexual, entonces puede que haya alguna carencia en tu vida afectiva. ¿Y cuál puede ser esa carencia: la de una relación íntima con Dios en la oración; la de unas amistades satisfactorias; la de un trabajo más apropiado...? ¿En qué aspectos podrías no estar respondiendo a Dios en tu vida casta? Porque la persona casta no solo hace voto de castidad, sino que, además, cree que Dios la ayudará en ese terreno.

La castidad también ayuda a los demás a sentirse seguros. La gente sabe que te has comprometido a amarla de un modo que excluye manipularla o pasar tiempo con ella como un simple medio para alcanzar un fin. La castidad proporciona a la gente un espacio para relajarse. Por consiguiente, las personas pueden a menudo sentirse más libres con su propio amor.

Como ya he dicho, hace unos años trabajé con un grupo de teatro de Nueva York que estaba montando una obra sobre Jesús y Judas. Inicialmente, ayudé al autor en su investigación para la obra y me reuní con el actor que iba a interpretar a Judas. Después me invitaron a trabajar con el director y el resto del elenco.

Nos sentamos muchas horas alrededor de una gran mesa en un teatro «Off-Broadway» hablando acerca de los evangelios, de Jesús, del pecado, la gracia, la desesperación y la esperanza. «¿Por qué traicionó Judas a Jesús?» «¿Por qué salieron huyendo los apóstoles después de la crucifixión?» «¿Estaba Jesús enamorado de María Magdalena?»... Estas animadas conversaciones eran distintas de las que mantengo con los católicos, que a menudo piensan (incluido yo) que nosotros tenemos ya todas las respuestas.

De pronto me encontraba con un grupo de personas pertenecientes a un mundo totalmente ajeno al mío: el teatro. Cuando empezamos, no me conocían de nada, por lo que yo me preguntaba cómo reaccionarían ante un sacerdote jesuita; pero, como sabían que era célibe, sabían también que no estaba allí por otra razón que no fuera la de ayudarles. Probablemente como consecuencia de ello, algunos se sentían cómodos contándome algunos detalles íntimos de su vida, aunque apenas me conocían, pero se abrían en momentos de dolor y lo celebraban en momentos de alegría.

Su confianza me ayudaba, en cierto sentido, a amarlos a todos ellos. Siempre que entraba en el vestuario, me veía rodeado de caras sonrientes y recibía un montón de abrazos.

Como en otras situaciones, comprendí que no era simplemente cuestión de dar amor, sino también de recibirlo. Cuando el espectáculo terminó, fui consciente de que yo estaba también llamado a no *aferrarme* a su amor. Aunque esperaba que algunos siguiéramos siendo amigos posteriormente (y así ha sido), sabía que no podía «poseer» el amor de nadie. Este tenía que ser libremente dado y libremente recibido.

Y esa es otra de las razones de la castidad: que el amor no puede ser poseído.

Mi amigo Chris, un hermano jesuita que trabaja en Nueva York, decía que era algo parecido a lo que les ocurre a los profesores: «Es como cuando termina un curso escolar: tienes que amar libremente y ser amado libremente, pero tienes que recordar que no puedes aferrarte a ese amor». Como dice Jesús después de la Resurrección: «Suéltame, que aún no he subido al Padre».

Este puede ser uno de los mayores dones que la persona casta puede ofrecer: mostrar no solo que hay muchas maneras de amar, sino que amar a una persona *libremente,* sin aferrarse a ella, es un don para ambos, el amante y el amado. Solemos sentir la tentación de pensar que amar a alguien –el cónyuge, el novio o la novia, o simplemente un amigo– significa aferrarse a él, lo cual es una sutil forma de posesión. Pero amar significa abrazar la pobreza de no poseer al otro.

Por eso la castidad puede enseñar al mundo un modo libre de amar y un modo amoroso de ser libre.

¿Es posible?

Pero ¿es realmente posible la castidad religiosa con un mínimo grado de salud, de integridad o de honestidad?

Sí lo es, con la ayuda de Dios. Permítaseme, pues, referir brevemente mi experiencia de la castidad, que espero pueda proporcionar al lector algunas ideas con respecto a su propia vida.

Cuando llevaba unos meses en el noviciado, David Donovan me dijo que en algún momento de mi vida como jesuita me enamoraría, y que otras personas se enamorarían de mí. Me quedé horrorizado.

Su respuesta fue memorable: «Si no te enamoras de vez en cuando, hay algo en ti que no va como es debido». Y prosiguió: «Es algo perfectamente humano y natural. La cuestión es qué hacer cuando te enamoras».

Los sacerdotes, los religiosos y las religiosas tienen que aceptar la posibilidad de enamorarse. Si esperas ser un hombre o una mujer capaz de amar, tienes que correr el «riesgo» de enamorarte. Jesús, como persona plenamente humana, se abrió también a esa posibilidad cuando ofreció su corazón a los demás y se abrió él mismo a recibir su amor.

A pesar de lo que pueda leerse en cierta literatura, Jesús no estuvo casado en secreto. En el Nuevo Testamento queda bastante claro que Jesús de Nazaret no se casó nunca. (Como he dicho anteriormente, los autores de los evangelios hablan libremente de los hermanos y hermanas de Jesús. No mencionar a una esposa –si la hubiera tenido– habría resultado extraño). Pero Jesús, en su humanidad, tenía la misma tendencia que cualquiera a enamorarse y a que se enamoraran de él. Su respuesta fue amar casta y profundamente a los demás.

¿Qué sucede cuando un miembro de una orden religiosa se enamora? Que tiene que elegir. O bien comprende que no es capaz de vivir sus votos y debe dejar la orden, o bien reafirma el compromiso que ha contraído con dichos votos. Es algo semejante a lo que le sucede a una persona casada que se enamora de alguien que no es su cónyuge, decía David. En ambos casos te recuerdas a ti mismo tu compromiso y das los pasos necesarios para cumplirlo.

David tenía razón. No mucho después del noviciado, me enamoré. La profundidad de mi amor y la pasión que sentía fueron inesperadas, arrolladoras y desconcertantes. Durante unos meses, creí que ella era la persona con la que pasaría el resto de mi vida. Se trataba de algo a la vez maravilloso y terrible. Maravilloso, porque estaba enamorado y era amado. Terrible, porque continuar con la relación supondría dejar de ser jesuita.

En medio de la confusión, hablé con mi director espiritual, que escuchó mi historia y después me dijo casi lo mismo que me había dicho David: «Enamorarse es parte de la condición humana, puede que lo más humano que puedes hacer. Muestra que eres una persona que ama, y eso es maravilloso para cualquiera. Pero tienes que decidir lo que quieres hacer. Eres libre para dejar la Compañía y seguir con esa relación o para cumplir tu compromiso y poner fin a la relación».

Después de orar, de consultar a mi director espiritual y de hablar con mis amigos, comprendí que, aunque me había enamorado, mi deseo dominante era seguir cumpliendo mis votos. Marcharme resultaba atrayente en ocasiones; pero cuando echaba la vista atrás, veía lo feliz que era como jesuita. También sabía que yo me había desarrollado plenamente viviendo una vida de castidad, no teniendo una relación exclusiva con nadie, sino relacionándome con muchas personas.

Al igual que Ignacio, que se sentó en su lecho de enfermo y «discernió» sus sentimientos acerca de los dos caminos que le ofrecía la vida, cuando yo pensaba en abandonar la Compañía sentía desesperación, frustración e inquietud; y cuando pensaba en permanecer en ella, sentía paz, esperanza y elevación espiritual. «Bueno, pues está bastante claro –me dijo un amigo íntimo–: tú crees en todo ese "rollo" ignaciano, ¿no es así?».

El enamorarme me permitió crecer en sabiduría acerca del corazón y de la mente. También me proporcionó algunas intuiciones sobre la condición humana que me han ayudado a aconsejar a otros. En suma, me ayudó a ser más humano.

Me ayudó, además, a ver que en la vida muchas veces nos topamos con deseos encontrados. En la espiritualidad ignaciana se nos pide que discernamos cuál es el mayor deseo o «deseo dominante»; los deseos que se oponen a él no niegan la opción que has hecho, sino que, simplemente, la hacen más real. ¿Qué persona casada no siente ocasionalmente esto mismo? ¿Quién no siente un ocasional dolor o pesar por ciertas decisiones que le han cambiado la vida? La clave consiste en identificar tu deseo dominante y cumplir tu compromiso original.

La castidad no es fácil. Cuanto más amas, tanto más probable es que te enamores y que otras personas se enamoren de ti.

La castidad en la vida religiosa también puede producir una inequívoca sensación de soledad. Por muchos amigos que tengas, por muy cerca que estés de tu familia, por mucho apoyo que te proporcione tu comunidad religiosa y por muy satisfactorio que sea tu ministerio, por la noche sigues teniendo que acostarte en una cama vacía. No hay contigo una persona a la que hacer partícipe de las buenas noticias o que te ofrezca su hombro para llorar o que te abrace después de un día de duro trabajo. Los solteros, los divorciados y los viudos conocen este mismo sentimiento.

Charles M. Shelton, SJ, catedrático de psicología en la Regis University de Denver, lo expresó así en una entrevista reciente: «Cuando hablo a los jóvenes jesuitas acerca de la castidad, empiezo diciendo que la castidad significa que nunca serás la persona más importante en la vida de nadie. Primero ponen cara de no comprender nada, y después algunos empiezan a manifestar preocupación. Al cabo de unos momentos, les pregunto si aceptan que nunca serán la persona más importante en la vida de nadie. Finalmente, les digo que, aunque ahora lo acepten, a todo jesuita le llega el momento de sentirlo muy agudamente. Es un buen trampolín para hablar de la realidad del voto».

En último término, como dice Shelton, el voto se convierte, no ya en algo que haces, sino en algo mucho más profundo. «En el noviciado, si alguien me hubiera preguntado por qué no practicaba el sexo, yo podría haber respondido: "Porque sería quebrantar el voto". Ahora diría: "Porque yo no soy así"». Las parejas casadas también pueden sintonizar con esta última frase. En la película *Hechizo de luna,* cuando a una mujer casada le hace una proposición un hombre de su edad, ella la declina diciendo: «Yo sé quién soy». Es cuestión de integridad y de compromiso.

Finalmente, dice Shelton, tiene que haber algo «especial» en relación con la castidad. Shelton, por ejemplo, es capellán de dos equipos de la universidad: el de fútbol y el de béisbol. Ello supone pasar tiempo con los alumnos, interesarse por saber quiénes son y lo que hacen, asistir a los partidos y conocer a sus familias. Estas cosas llevan un tiempo que él podría dedicar perfectamente a su propia familia si estuviera casado.

«Pero hay algo más –dice Shelton–. He comprendido que no cambiaría esos momentos, ni la relación permanente que he forjado con los estudiantes que ya se han licenciado, ni las ocasiones en que he estado disponible para un alumno en crisis, por una vida con una esposa y unos hijos. La castidad me proporciona algo que no podría tener si estuviera casado y que significa mucho para mí. A eso me refiero cuando hablo de algo "especial"». Y lo describe del mismo modo que podrían hablar de su amor las parejas casadas: como un don especial.

¿Cómo puedo amar castamente?

En este punto, puede que el lector esté preguntándose: *¿Y qué? ¿Qué me importa a mí cómo es la castidad para un jesuita?* O, más directamente: *El sexo es una parte estupenda de mi vida; ¿qué tiene la castidad que ver conmigo?*

Pues bien, las ideas a propósito de la castidad religiosa pueden ayudarte, aunque no seas un sacerdote católico ni pertenezcas a una orden religiosa, como un recordatorio de que hay otros modos, además del sexo, de dar y recibir amor. Mis amigos Maddy, Bob y Tim, que viven los tres castamente, me demostraron con hechos su amor en diferentes momentos de mi vida. Y esos hechos pueden ser tan valiosos, significativos e importantes como la expresión sexual del amor.

La castidad religiosa significa que amas a la gente ajena al contexto de una relación romántica. Bien pensado, esto abarca a la mayor parte de las personas que hay en tu vida. Si eres soltero, viudo o divorciado, abarca a todo el mundo; si vives una relación (casado, comprometido, etcétera), abarca a todos menos a una persona. Por lo tanto, las ideas con respecto al amor casto son más importantes en tu vida de lo que parecía a primera vista.

¿Cómo puedes, entonces, amar castamente en tu vida?

Permíteme sugerirte cinco breves modos basados en lo que dice san Ignacio de que «el amor se debe poner más en las obras que en las palabras».

Primero, *escucha compasivamente*. Como ya he dicho, mi amigo Bob (Águila Sagrada con Voz Gentil) sabe escuchar muy bien. Hace unos años, me ayudó a superar un difícil problema personal... escuchándome ante todo. Pero la verdadera escucha es un arte. Antes de decir Bob una sola palabra, escuchó mi historia entera durante casi una hora con gran concentración. Sin una escucha auténtica, compasiva y atenta, los siguientes pasos –consejo, asesoramiento y consuelo– fracasan, porque no te has tomado el tiempo necesario para comprender al otro.

La escucha compasiva es también un modo importante de hacer que alguien se sienta respetado y amado. A veces nuestros problemas nos avergüenzan, especialmente cuando sentimos que de algún modo somos responsables de ellos. Tener a alguien que sepa escuchar incluso los errores que más nos avergüenzan nos recuerda que somos amados en medio de nuestros problemas y nuestros esfuerzos por superarlos, lo cual siempre es un regalo bien acogido.

Pero también cuando las cosas van bien es importante la escucha. Permitir que alguien a quien quieres te haga partícipe de sus buenas noticias, aunque se trate de una parte de su vida con la que no estás familiarizado, puede aumentar su alegría.

Segundo, *estar presente*. Cuando, siendo novicios, colaborábamos en los trabajos de los hospitales, nos enseñaban que el «ministerio de la presencia», el mero hecho de estar con otra persona, es una parte importante de la atención pastoral. Aunque a menudo hay poco que puedas hacer por una persona enferma, siempre podrás estar con ella.

Es lo que suele suceder cuando las personas queridas pasan por un momento difícil: a menudo, como no podemos resolver sus problemas, lo mejor que podemos hacer es, simplemente, estar con ellos. Como dice Woody Allen, «el noventa por ciento de la vida consiste simplemente en estar presentes». Algo parecido puede afirmarse del amor casto. Cuando Tim me visitaba cada día durante mi larga convalecencia en Chicago, su silenciosa presencia no solo me ayudaba a recuperarme, sino que además me hacía sentir su afecto más que cualquier llamada telefónica o cualquier carta.

Tercero, *hacer algo práctico*. Por otro lado, a veces necesitas *hacer* algo más que escuchar o estar presente. Cuando Maddy fue a Tanzania, ayudó a construir una escuela y dio clase a niñas que vivían en una zona muy distante de nosotros. Cuando venía a nuestra comunidad de Nairobi, nos hacía sus famosas comidas italianas. Hacía algo práctico que ayudaba a la gente de modo concreto, y al hacerlo manifestaba su amor. De nuevo: «El amor se debe poner más en las obras que en las palabras».

He aquí una buena pregunta: *¿Qué modos activos de amor casto pueden formar parte de mi vida?* ¿Qué tal si ayudaras a tu anciana madre a limpiar su casa; si llevaras a un amigo enfermo al hospital; si cuidaras a los niños de una pareja joven estresada; si llevaras a un amigo a cenar aunque no sea su cumpleaños ni se celebre ningún acontecimiento especial; si escribieras una carta a alguien que sabes que está solo; si enviaras a alguien una nota por su cumpleaños y le dijeras que valoras su amistad...? Todos estos son modos de amar.

Cuarto, *amar libremente*. Uno de los aspectos más duros del amor consiste en dejar que el otro te ame como puede, no como tú quieres ser amado. ¿Te has sorprendido alguna vez a ti mismo pensando que esa persona a la que quieres *debería* hacer tal o cual cosa? Si realmente me quisiera, te dices, lo haría. Solemos esperar que esa persona se centre exclusivamente en nuestras necesidades, pero quizá ella no pueda hacer exactamente lo que tú quieres. En algunos matrimonios, ambos cónyuges tienen que pedirse mutuamente que presten más atención a sus necesidades. Sin embargo, *pedirlo* (ya sea que lo expreses en voz alta o simplemente lo pienses) quita su libertad a la otra persona y puede deteriorar o incluso destruir la relación amorosa.

Algunos de mis amigos, por ejemplo, saben «mantenerse en contacto». Siempre lo han hecho, conmigo y con otras personas a las que ellos quieren. Simplemente, son así. Aceptarlos tal como son significa no solo confiar en su amor, sino respetar el modo en que han elegido amar.

Otra forma de amar consiste en dejar a los demás la libertad de ser quienes son. Es una forma de amar que dice: «Te amo por ser quien eres, no por ser quien yo quiero que seas». Es una forma de respetar a la persona que Dios ha creado.

Quinto, *perdonar*. Incluso quienes más nos quieren, alguna vez nos harán daño. Tal vez digan algo innecesariamente cruel; tal vez nos decepcionen con un acto irreflexivo; tal vez lleguen incluso a traicionarnos. ¿Eres capaz de perdonarlos? Algunas de las personas más desdichadas que he conocido son las que se niegan a perdonar a su cónyuge o a un miembro de su familia y se ven atrapadas en un mundo de amargura y recriminación.

El perdón libera al otro de la trampa de la culpa y puede incluso ayudarte a ti a liberarte de tu ira. Lo cual nunca es fácil, pero en último término es un acto de amor que sana tanto al que perdona como al que es perdonado. Esa puede ser una de las razones por las que Jesús de Nazaret insistía en ello tan a menudo en su ministerio de amor.

Sexto, *orar*. Pide a Dios que ayude a las personas a quienes amas. Pídele que esté cerca de ellas. Y, sobre todo, pídele que te permita ver a los demás tal como él los ve.

Puede parecer extraño que estas cosas tan sencillas se describan como actos de amor. Sin embargo, son formas de expresar el amor de un modo casto. Y, a propósito, como cualquier acto de amor auténtico, estas acciones pueden resultar difíciles. «El amor real es algo muy duro y muy exigente, comparado con el amor con que soñamos», escribió Fiodor Dostoievsky.

Y cuando amar resulta difícil, sirve de ayuda el saber que Dios desea que ames y está siempre a tu lado cuando amas.

A quienes no mantienen una relación exclusiva y temen no ser capaces de vivir una vida de amor, estos modos castos de amar pueden ayudarles a comprender que también ellos pueden vivir una vida de amor e intimidad. Aunque sus actos no sean sexuales, pueden contarse entre los signos más poderosos de amor que pueden darse.

Por otra parte, a quienes se sienten atrapados en unas relaciones que parecen consistir *exclusivamente* en practicar el sexo, estas ideas acerca de la castidad les recuerdan que el amor es mucho más que una mera relación sexual, por muy maravillosa que esta pueda ser.

Finalmente, estas ideas puede ayudar a quienes llevan una vida matrimonial sana y sexualmente plena, recordándoles que el amor puede adoptar muchas formas. Las ideas sobre la castidad pueden enriquecernos a todos, vayamos o no a hacer voto de llevar esa forma de vida.

Tal vez el lector haya observado que muchas de las cosas que hemos dicho a propósito del amor pueden decirse también a propósito de la amistad. Y ese es otro ámbito en el que las experiencias de la persona casta son útiles para todos, porque quien vive su castidad de modo sano en una comunidad religiosa también valora profundamente a los amigos.

La amistad es esencial para un jesuita sano. Y para un soltero sano. Y para un casado sano. Para todo el mundo. Debemos, pues, hablar de este infravalorado aspecto de la vida espiritual: la amistad.

10
Más en las obras que en las palabras
(Amistad y amor)

Hay quienes se aferran a la idea de que el pertenecer a una orden religiosa significa que no hay que preocuparse por las relaciones humanas en la vida real. Su argumentación es la siguiente: dado que empleamos todo nuestro tiempo en la oración, no tenemos nunca que relacionarnos con seres humanos reales ni afrontar problemas interpersonales. Y se piensa de nosotros, lógicamente, que somos unos individuos solitarios y desinteresados por algo tan común y cotidiano como los amigos.

En general, sin embargo, los jesuitas tenemos una gran experiencia en lo que respecta a la amistad. En primer lugar, como hombres castos, no podemos disfrutar las relaciones de intimidad sexual que tienen los hombres y mujeres casados. Por tanto, además de contar con la amistad de Dios, de nuestra familia y de nuestra comunidad, contamos con el cariño de amigos íntimos, tanto hombres como mujeres.

En segundo lugar, los jesuitas cambiamos a menudo de residencia, porque somos enviados de un trabajo o de un lugar a otro. A lo largo de mis veinte años como jesuita, yo he vivido en Boston, Jamaica, Nueva York, nuevamente Boston, Chicago, Nairobi, Nueva York de nuevo, otra vez Boston... y Nueva York por tercera vez. Y cada traslado ha significado descubrir y redescubrir amigos. A pesar de los estereotipos que la gente tiene acerca del celibato, los jesuitas tenemos que desarrollar constantemente la capacidad de hacer amigos íntimos y mantener su amistad. Y los valoramos enormemente.

Las personas solteras, divorciadas y viudas saben de lo que hablo. A una amiga mía soltera la empresa en la que trabajaba le pidió que se trasladara. El director le dijo: «Usted es soltera y no tiene hijos. Trasladarse le será más fácil». Pero precisamente por no tener el apoyo de un marido y unos hijos, no deseaba marcharse, porque entonces tendría que renunciar a sus *únicos* apoyos: sus amigos, que eran su fuente primaria de amor y de afecto.

Otro estereotipo es que los jesuitas no sabemos demasiado acerca de las relaciones humanas por ser tan «cristianos». Mi cuñado me dijo en cierta ocasión: «Debe de ser agradable vivir en un lugar donde nadie discute».

«¿A qué te refieres?», le pregunté.

«Bueno –dijo él–, ¿acaso a los jesuitas no tenéis la obligación, por así decirlo, de ser amables unos con otros?».

Esto resume lo que piensa la gente acerca de las comunidades religiosas: que están llenas de personas santas que siempre se llevan bien. A lo cual respondo: «¡Ja!».

Por tanto, la tercera razón por la que nos hemos hecho expertos en amistad es que el vivir en una orden religiosa significa vivir con seres humanos reales que tienen intereses no siempre coincidentes y opiniones muy personales. Con el tiempo, te acostumbras a tratar con todo tipo de personalidades. Hasta que mi cuñado conoció a algunos jesuitas en la vida real, estuvo convencido de nuestra bondad sobrehumana.

«Suntne angeli?»

Esto me recuerda un caso, tal vez apócrifo, a propósito de los jesuitas norteamericanos que en la década de 1860 estaban proyectando la creación de una facultad de teología para jóvenes jesuitas en una zona rural de Maryland, concretamente en una ciudad llamada Woodstock. En aquellos tiempos ingresaban numerosos jóvenes en los seminarios y en las órdenes religiosas, por lo que el edificio debería ser bastante grande.

El provincial jesuita trabajó diligentemente con los arquitectos para trazar los planos del complejo, con cientos de habitaciones para los jesuitas sacerdotes, hermanos y escolares (los que están en formación); cantidad de aulas; un inmenso comedor; y una capilla (excesivamente recargada). No olvidó detalle alguno. Después de haber estudiado debidamente el anteproyecto, el provincial envió los planos a la casa generalicia de los jesuitas en Roma.

Pocos meses después, los planos fueron devueltos con una única frase en latín garabateada en la parte inferior del anteproyecto: *Suntne angeli?*, que significa: «¿Acaso son ángeles?».

Los arquitectos se habían olvidado de los cuartos de baño.

No, no somos ángeles. Y esto no tiene que ver tan solo con el uso de los cuartos de baño. Podemos ser irascibles, estrechos de miras o simplemente esquivos unos con otros. (Por cierto que al arquitecto le faltó tiempo para añadir dos altas torres para los cuartos de baño. Años después, una religiosa que fue de visita escribió un poema que ensalzaba el hecho de que los jesuitas se entregaban a la reflexión «en las blancas torres», lo cual probablemente era cierto).

La comunidad jesuítica es una gran bendición. Los hombres con quienes yo he vivido en los últimos veintiún años son alegres, devotos y trabajadores... y muy distintos unos de otros. Como reza el dicho: «Si conoces a un jesuita, solo has conocido a un jesuita». Uno de mis amigos jesuitas es gerontólogo y disfruta con la pesca con mosca. Otro es capellán de una cárcel y cría hurones. Otro es un antiguo asesor político y canta en «piano bars». Todos ellos enriquecen mi vida con sus ideas, me inspiran con su fe y me desafían a ser mejor persona. Después de veintiún años en la Compañía, no puedo imaginar mi vida sin mis amigos jesuitas. Cuando pienso en la promesa de Jesús a sus discípulos de que quien le siga recibirá el «ciento por uno» de aquello a lo que ha renunciado, pienso en mis amigos jesuitas.

Pero la vida comunitaria puede constituir un verdadero desafío. Un jesuita piensa que no vivimos de manera lo bastante sencilla. Otro piensa que vivimos con excesivo desahogo. Uno piensa que si alguien encuentra ropa mojada en la lavadora de la comunidad, debe ponerla en la secadora; es mera cortesía, afirma. Otro se enfada cuando haces justamente eso con su ropa: «Me has dejado completamente arrugadas mis camisas de algodón»...

Hablando en serio: al igual que en cualquier entorno humano, en las comunidades se dan resentimientos, se intensifican los rencores y se enfrían las relaciones. Un amigo bromeaba diciendo que sus amigos solían hablar de la «casa de hielo», una residencia jesuítica ficticia para los miembros más fríos de la provincia. «Pero no nos poníamos de acuerdo –decía– sobre quien debería ser el superior. ¿Quién era el más frío?».

San Juan Berchmans, un jesuita del siglo XVII que murió a los veintiún años de edad, antes de finalizar su formación como jesuita, dijo: *Vita communis est mea maxima poenitentia,* que algunos jesuitas traducen como «La *vida común* es mi mayor penitencia». Es decir, que la vida común de todos los hombres y mujeres es bastante difícil. Pero la mayoría de los jesuitas piensan que es más exacto traducirlo así: «La vida *en comunidad* es mi mayor penitencia». (Por otro lado, como el cardenal Avery Dulles dijo acerca de Berchmans, «me pregunto qué pensaba la comunidad acerca de *él*»).

Como cualquier otro grupo –una familia, una empresa, una parroquia...–, una comunidad jesuítica puede ser fuente de alegría y de aflicción. Vivir en paz con otras personas y conservar amistades sanas requiere mucho amor, paciencia y prudencia.

Pero este es un desafío para todo el mundo, no solo para los jesuitas. Todos somos llamados a vivir compasivamente con los demás y a mantener amistades sanas con amor, paciencia y prudencia. Ninguno de nosotros es un ángel.

Por tanto, dados nuestros deseos comunes de amor y amistad y nuestros defectos humanos comunes, ¿qué dicen el estilo de Ignacio y las tradiciones de los jesuitas acerca del amor, la amistad y las relaciones humanas?

El «Presupuesto»

Los *Ejercicios Espirituales* comienzan con un buen consejo. En lo que él denomina «Presupuesto», Ignacio dice que debemos «ser más pronto[s] a salvar la proposición del prójimo que a condenarla».

Él siempre concede a la gente el beneficio de la duda. Es más, dice Ignacio, si no estás seguro de lo que está queriendo decir una persona, debes inquirir «cómo... entiende» el otro la proposición. Ignacio sitúa este crucial consejo al comienzo de los *Ejercicios* para asegurarse de que tanto el ejercitador como el ejercitante no se malinterpretan mutuamente. Ambos presuponen que el otro tiene la mejor intención del mundo.

Esta sabiduría es aplicable no solo a la dirección espiritual. Es una idea clave para unas relaciones sanas dentro de la familia, así como en el trabajo y con los amigos. Y aunque, en principio, la mayoría de la gente estaría de acuerdo con ella, a menudo hacemos justamente lo contrario: esperamos que los demás nos juzguen de acuerdo con nuestras *intenciones,* pero nosotros los juzgamos en función de sus *acciones.*

«Cuidad de no condenar ninguna acción humana. Considerad la intención del prójimo, que a menudo es honesta e inocente, aun cuando sus actos parezcan exteriormente malos».

— SAN IGNACIO DE LOYOLA

En otras palabras, nos decimos a nosotros mismos: *Mi intención era buena. ¿Por qué no son capaces de verlo?* Pero cuando se trata de otra persona, a menudo no le concedemos el beneficio de la duda. Decimos: «¡Mira lo que ha hecho!».

El Presupuesto nos ayuda a recordar la intención de la otra persona, lo que contribuye a fundamentar la relación en la apertura. Enfocas toda interacción con una mente y un corazón abiertos, presumiendo –aunque resulte difícil– que la otra persona está haciendo las cosas los mejor que puede y que no tiene nada en tu contra.

El Presupuesto también te ayuda a liberarte de rencores y resentimientos. Hace menos probable que enfoques una relación espinosa en términos de batalla. En lugar de prepararte para otra confrontación con tu enemigo, lo cual consume muchas energías, puedes relajarte.

A veces la otra persona *sí* está en tu contra (por ejemplo, en un entorno laboral enrarecido). Pocas personas son *ángeles.* Pero ello no significa que las interacciones humanas deban enfocarse como batallas. En lugar de prepararte para la guerra, puedes despojarte de la armadura. Esto puede ayudar a la otra persona a sentirse más capaz de tratar contigo, porque probablemente tú eres parte del problema. El Presupuesto de algún modo te impide airarte, y de ese modo concedes a la otra persona el espacio emocional necesario para encontrarse contigo en un terreno más pacífico. Puede incluso invitarla a cambiar.

Mi madre me contó en cierta ocasión que en el supermercado en que solía comprar trabajaba una cajera que tenía un «aspecto desagradable y no dejaba de gruñir». No le agradaba a ninguna de las restantes empleadas. Mi madre recordaba algo que su propia madre le había dicho, otra versión del «Presupuesto»: «Sé amable con todo el mundo, porque no conoces los problemas que cada cual tiene en su casa». De modo que mi madre decidió tratar a la empleada gruñona con amabilidad y se propuso hablar con ella siempre que pudiera.

Con el tiempo, la mujer se suavizó. «Y descubrí –me dijo mi madre– que su madre, que estaba a su cuidado, se encontraba enferma, y que ella tenía problemas de cervicales, por causa de un accidente de coche». Nunca sabes los problemas que la gente puede tener.

El «Presupuesto» te ayuda también a permanecer abierto al cambio, el crecimiento y el perdón. Pedro Fabro, uno de los primeros jesuitas, pasó muchos años relacionándose con las nuevas denominaciones cristianas de su tiempo. En aquella época, los católicos y los protestantes sospechaban intensamente unos de otros. Para muchos protestantes, los católicos eran «papistas», Roma era «Babilonia», y el papa el «Anticristo». Para los católicos, los protestantes eran simplemente herejes.

Fabro se negaba firmemente a permitir que tales actitudes cerraran su corazón, lo cual era algo extraordinario en aquella época. «Recuerde –escribía a un jesuita que le pedía consejo– que si queremos ayudarlos, debemos tener el cuidado de mirarlos con amor, amarlos de obra y de verdad, y desterrar de nuestra alma todo cuanto pueda aminorar nuestro amor y nuestra estima por ellos». Se trata de un comentario asombroso en una época de tan malas sensaciones.

Pero mi cita favorita de Fabro sobre este asunto es aún más sencilla: «Ten cuidado; ten cuidado de no cerrar nunca tu corazón a nadie».

La apertura no va a sanar todas las relaciones, pero sí puede propiciar un cambio, lo cual ciertamente no empeorará las cosas. El «Presupuesto» puede hacer que las relaciones sanas sean aún más sanas, y las relaciones insanas menos insanas.

Ignacio y sus amigos

Con su prodigioso talento para la amistad, Ignacio disfrutó de muy estrechas relaciones con un amplio círculo de amigos. (Esta es una de las razones de su entusiasmo por mantener correspondencia epistolar). De hecho, el primer modo en que Ignacio se refiere a los primeros jesuitas no es como «Defensores de la fe» o «Soldados de Cristo», sino algo mucho más sencillo: Ignacio describía a su pequeño grupo como «Amigos en el Señor».

La amistad era una parte esencial de su vida. Dos de sus amigos más íntimos eran sus compañeros de habitación en la institución universitaria: Pedro Fabro, de la Saboya francesa, y el español Francisco de Javier.

Los tres se conocieron en 1529 en el Collège Sainte-Barbe, de la Universidad de París, por entonces la universidad europea más importante. Cuando conocieron a Ignacio, Pedro y Francisco eran ya amigos íntimos y compartían alojamiento. Ambos habían estudiado los primeros años de su licenciatura y ambos eran excelentes estudiantes. Ambos, además, habían oído hablar de Ignacio antes de conocerlo, porque el antiguo soldado era una figura destacada en el *campus* y se le conocía por su intensa disciplina espiritual y su costumbre de pedir limosna. A los treinta y ocho años, Ignacio era mucho mayor que Pedro y Francisco, que tenían veintitrés. Y el camino de Ignacio hacia la Universidad había sido mucho más tortuoso. Después de su carrera de soldado, de su recuperación y conversión, había pasado meses en oración tratando de discernir qué hacer con su vida.

Finalmente, decidió que era preciso adquirir una formación. De manera que Ignacio fue a la escuela, recibiendo lecciones de gramática elemental con niños y, más tarde, estudiando en las universidades de Alcalá y Salamanca. Sus estudios nos proporcionan uno de los retratos más notables de su reciente humildad: el orgulloso soldado de otro tiempo, sentado en una bancada junto a unos niños, recuperando el tiempo perdido.

Unos años después, se matriculó en la Universidad de París, donde conoció a Fabro y a Javier. Allí, en palabras de Fabro, los tres compartieron «la misma habitación, la misma mesa y la misma bolsa».

La determinación de Ignacio de llevar una vida sencilla impresionó a sus nuevos amigos, y lo mismo ocurrió con su discernimiento espiritual. Para Fabro, atormentado toda su vida por escrúpulos de conciencia, es decir, por un exceso de autocrítica, Ignacio fue literalmente un regalo de Dios. «Me hizo comprender mi conciencia», escribió Fabro. Finalmente, Ignacio guió a Pedro a través de los Ejercicios Espirituales, algo que cambió radicalmente la cosmovisión de Fabro.

Esto sucedió a pesar de las diferencias entre sus respectivos antecedentes. Y este es otro punto en el que Ignacio y sus amigos ponen de manifiesto algo muy importante en las relaciones humanas: que para mantener una amistad los amigos no tienen que estar cortados por el mismo patrón. El amigo con el que tienes menos en común puede ser el más útil en tu crecimiento personal. Hasta que se conocieron, Ignacio y Fabro llevaban vidas totalmente distintas. Fabro llegó a París a los diecinueve años, después de lo que su biógrafo denomina su «humilde nacimiento» y después de haber pasado su infancia y adolescencia en el campo como pastor. Imbuido de una sencilla devoción por María, los santos, las reliquias, las procesiones, los santuarios y los ángeles, se aferraba a la elemental fe de su infancia. Ignacio, por su parte, había pasado muchos años de cortesano, algunos de ellos como soldado; había experimentado una radical conversión; se había sometido a penitencias extremas; y había ido a Roma y a Tierra Santa para cumplir su propósito de seguir la voluntad de Dios.

Un amigo había corrido poco mundo; el otro, mucho. Uno había encontrado siempre en la religión una fuente de consuelo; el otro había llegado a Dios a través de un camino tortuoso.

Finalmente, Ignacio ayudó a Fabro a tomar algunas decisiones importantes mediante la libertad ofrecida en los *Ejercicios Espirituales*. La indecisión de Fabro antes de este momento resulta muy moderna, muy semejante a la indecisión de cualquier universitario de hoy. Fabro escribió a propósito de ella en su diario:

> «Antes –me refiero a antes de haber fijado el curso de mi vida con la ayuda que Dios me dio a través de Íñigo– estaba siempre muy inseguro de mí mismo y sacudido por muchos vientos: a veces deseando casarme, a veces ser médico, a veces abogado, a veces profesor, a veces catedrático de teología, a veces clérigo sin licenciarme, y a veces monje».

Con el tiempo, Fabro decidió unirse a Ignacio en su nuevo camino, cuyo destino último era incierto. Llamado a veces «el segundo jesuita», Fabro fue un entusiasta de la arriesgada aventura desde el principio. «Al final –escribe– nos hicimos uno en deseo y voluntad, y uno también en la firme resolución de emprender la vida que llevamos hoy». Su amigo cambió su vida. Posteriormente, Ignacio diría que Fabro se convirtió en el jesuita más hábil dando los *Ejercicios Espirituales*.

Ignacio cambiaría también la vida de su otro compañero de habitación. Francisco de Jaso y Javier, nacido en 1506 en el castillo de Javier, era un destacado atleta y estudiante. Comenzó sus estudios en París a los diecinueve años. Todos los biógrafos describen a Francisco como un joven brioso y con una ambición sin límites. «Don Francisco no compartía el humilde estilo de Fabro», escribió uno de ellos.

Francisco Javier fue mucho más resistente al cambio que Pedro Fabro. Hasta que este dejó su alojamiento para visitar a su familia e Ignacio se quedó a solas con el orgulloso español, no pudo ir quebrando lentamente la terca resistencia de Javier. La leyenda dice que Ignacio citó una línea del Nuevo Testamento: «¿De qué le sirve al hombre ganar el mundo entero, si arruina su vida?». Como dice John O'Malley en *Los primeros jesuitas,* la conversión de Francisco fue «tan firme como la de Fabro, pero más impresionante, porque hasta entonces su vida había mostrado indicios de una mayor ambición mundana».

Es imposible leer los diarios y las cartas de estos tres hombres –Ignacio, el fundador; Javier, el misionero; y Fabro, el consejero espiritual– sin percibir las diferencias en temperamentos y talentos.

Pasados los años, Ignacio se convertiría fundamentalmente en administrador y guiaría a la Compañía de Jesús en sus primeros días, empleando gran parte de su tiempo en la elaboración de las *Constituciones* de la Compañía. Javier sería el misionero que recorrería el mundo enviando cartas repletas de aventuras que ponían los pelos de punta para emocionar a sus hermanos jesuitas. (Y también al resto de Europa, porque las cartas de Javier fueron el equivalente de las películas de aventuras para los católicos de su tiempo). Fabro, por su parte, pasaría el resto de su vida como consejero espiritual, enviado a difundir la fe católica durante la Reforma. Su tarea fue más diplomática, pues requería una gran habilidad para negociar, debido a la diversidad de guerras religiosas de aquel tiempo.

Iguales en espíritu y amor

Francisco Javier escribe en 1545 desde la India a sus amigos jesuitas en Roma, manifestando su amor por sus distantes amigos:

«Dios nuestro Señor sabe cuánta mayor consolación tendría mi alma viéndoos que escribiéndoos cartas tan inciertas como estas, por la gran distancia entre estas tierras y Roma; pero dado que Dios nos ha separado, aunque somos muy iguales en espíritu y amor, en tierras tan distantes, no hay razón... para que disminuya el amor y el cuidado en aquellos que se aman mutuamente en el Señor».

Sus cartas revelan lo diferentes que eran estas tres personalidades. También permiten ver con facilidad cuánto se querían. «Nunca te olvidaré», escribía Ignacio en una carta a Francisco. Y cuando Javier recibía durante sus viajes cartas de sus amigos, recortaba cuidadosamente la firma y la guardaba «como un tesoro», en palabras de su biógrafo Georg Schurhammer, SJ.

Lo que lograron hacer Ignacio, Javier y Fabro comenzó con el compromiso adquirido ante Dios y ante los demás en 1534. En una capilla cercana a Montmartre, en París, los tres hombres, junto con otros cuatro nuevos amigos de la Universidad –Diego Laínez, Alfonso Salmerón, Simón Rodrigues y Nicolás Bobadilla– hicieron voto de pobreza y de castidad, ofreciéndose juntos a Dios. (Los otros tres hombres que completarían la lista de «los primeros jesuitas», Claude Jay, Jean Codure y Paschase Broët, se unirían a ellos después de 1535).

Incluso entonces, su amistad era lo primero. Laínez observó que, aunque no vivían en las mismas habitaciones, comían juntos siempre que era posible y tenían frecuentes conversaciones de amigos, cimentando lo que un autor jesuita ha llamado «el lazo de unión humano». En un soberbio artículo de la serie *Studies in the Spirituality of Jesuits,* titulado «Friendship in Jesuit Life», Charles Shelton, el catedrático de psicología mencionado anteriormente, escribe: «Cabe incluso especular si la primera Compañía habría sido viable si los primeros compañeros no hubieran gozado de una amistad tan profunda».

La forma de amistad entre los primeros jesuitas provenía del «modo de proceder» de Ignacio. A falta de una palabra mejor, podemos decir que no se *poseían* mutuamente. En cierto sentido, era una forma de pobreza. Su amistad no era egocéntrica, sino dirigida al otro, buscando siempre el bien de este. La indicación más clara de ello es que Ignacio estuviera dispuesto a pedir a Francisco que se marchara de su lado y se convirtiera en uno de los grandes misioneros de la Iglesia.

Pero esto estuvo a punto de no producirse. El primer hombre al que Ignacio quería enviar en misión a «las Indias» cayó enfermo. «Aquí hay una empresa para ti», dijo Ignacio. «Bien –dijo Francisco–. Estoy dispuesto». Ignacio sabía que si enviaba a Francisco allí, era posible que no volviera a verle nunca.

También Francisco lo sabía. En una carta desde Lisboa, Francisco escribió estas conmovedoras líneas antes de embarcar: «Finalizamos pidiendo a Dios nuestro Señor la gracia de vernos unidos en la otra vida, porque no sé si volveremos a vernos en esta... Quien sea el primero en ir a la otra vida y no encuentre a su hermano a quien ama en el Señor, debe pedir a Cristo nuestro Señor que nos una a todos allí».

Durante sus viajes, Francisco escribía a Ignacio largas cartas, no simplemente informando de los nuevos países que había explorado y los nuevos pueblos que había conocido, sino expresando su afecto continuo. Ambos se echaban en falta, como buenos amigos que eran. Y ambos sabían que era posible que uno de ellos muriera antes de ver al otro de nuevo.

«Me escribe hablándome de los grandes deseos que tiene de verme antes de dejar esta vida –escribe Francisco–. Dios sabe la impresión que estas palabras de gran amor dejan en mi alma y cuántas lágrimas me cuestan cada vez que las recuerdo». La leyenda dice que Francisco se arrodillaba para leer las cartas que recibía de Ignacio.

Las premoniciones de Francisco eran acertadas. Después de años de penosos viajes que le llevaron de Lisboa a la India y a Japón, Francisco tomó un barco para China, su destino final. En septiembre de 1552, doce años después de haber dicho adiós a Ignacio, desembarcó en la isla de Sanchón, frente a las costas de China. Tras caer enfermo de fiebres, fue confinado en una cabaña en la isla, atormentadoramente cerca de su último objetivo. Murió el 3 de diciembre, y su cuerpo fue enterrado primero en Sanchón y posteriormente llevado de vuelta a Goa, en la India.

Queridos hermanos

«Para no poder olvidarles nunca y tener siempre un recuerdo especial, les hago saber, queridos hermanos, que para mi consolación he cortado los nombres de las cartas que me han escrito con sus manos para poder llevarlos constantemente conmigo junto con el voto de profesión que hice... Doy gracias en primer lugar a Dios nuestro Señor y después a vuesas mercedes, mis queridos hermanos y padres, por el hecho de que Dios les haya hecho tanto que yo obtenga tan gran consolación de llevar sus nombres. Y puesto que pronto nos veremos en la otra vida con mayor paz que tenemos en esta, no digo más».

– San Francisco Javier, desde la isla de Malaca en 1546, a sus amigos jesuitas de Roma

Unos meses después, ignorante de la muerte de su mejor amigo, Ignacio escribió a Francisco desde la casa generalicia de Roma, pidiéndole que regresara.

Amistad y libertad

Una importante conclusión que podemos extraer de la amistad de los primeros jesuitas –en especial de Ignacio, Francisco y Fabro– tiene que ver con la compleja interacción entre libertad y amor.

La amistad es una bendición en cualquier caso. Para los creyentes es también una de las maneras que tiene Dios de comunicar su amistad. Pero para que la amistad florezca, ni esta ni el amigo pueden ser objeto de posesión. Uno de los mejores regalos que pueden hacerse a un amigo es la libertad.

Este es un tema recurrente en la vida de los primeros jesuitas. Un Ignacio más egoísta habría mantenido a Francisco en Roma, para que le hiciera compañía y le apoyara, en lugar de permitir que su amigo siguiera los impulsos de su corazón. Shelton sugiere en su artículo «Friendship in Jesuit Life» que los primeros jesuitas consideraban su amistad «una base segura» que les permitía disfrutar de su vida y completar su trabajo, en lugar de preocuparse demasiado por la relación.

¿Qué te dice esto a ti? Después de todo, tú no vas a llevar una vida ni remotamente parecida a la de Ignacio, Pedro Fabro o Francisco Javier. Sin embargo, a veces podemos querer poseer, controlar o manipular a nuestros amigos, así como a nuestro cónyuge y a otros miembros de la familia.

¿Cuántas veces te has preguntado por qué tus amigos no son «mejores» amigos? ¿Y cuántas veces el que el otro sea un amigo «mejor» significa que satisfaga *tus* necesidades? ¿Cuántas veces te has preguntado por qué tus amigos o los miembros de tu familia no te apoyan más? ¿Cuántas veces te ha preocupado saber si eres un buen amigo? Estos sentimientos son naturales. La mayoría de nosotros conocemos la tristeza de que nuestros amigos se trasladen de lugar de residencia o estén menos a nuestro alcance.

¿Cómo podían, entonces, aquellos tres hombres ser amigos tan íntimos y tan libres al mismo tiempo?

A menudo he tenido que recordarme a mí mismo que mis amigos no existen simplemente para apoyarme, consolarme o respaldarme.

Hace unos años, uno de mis mejores amigos me dijo que iba a ser enviado a trabajar en una parroquia de Ghana, en África occidental.

Matt estaba perfectamente preparado para trabajar en África. Dos veces durante su formación como jesuita había estado en Ghana, viviendo en una remota aldea con pescadores pobres y sus familias y ayudando en una pequeña parroquia, mientras aprendía las lenguas locales. Posteriormente, durante sus estudios de teología, cuando vivíamos en la misma comunidad, Matt orientó algunos de sus cursos a su trabajo en África.

Matt me dijo lo encantado que estaba de volver a Ghana, ahora como sacerdote. Sabiendo la seriedad con que él se había preparado para su trabajo y cuánto amaba Ghana, yo debería haberme alegrado por él; pero, egoístamente, estaba triste por mí, porque sabía que no lo vería en varios años. La tristeza es natural en cualquiera que dice adiós. Habría tenido que ser un robot para no sentirme apenado.

Sin embargo, era difícil no desear que Matt se quedara aquí... para satisfacer mis necesidades. Era lo contrario a la libertad de que Ignacio y Francisco habían dado muestras, que valoraba el bien de la otra persona. Era un ejemplo de la posesividad que puede a veces caracterizar la relación y dañarla si se le da vía libre. Eran imprescindibles la libertad y el desapego ignacianos.

William Barry, SJ, autor de muchos libros de espiritualidad, es también psicólogo. Recientemente le pregunté por esta tendencia a la posesividad en la amistad. «Los amigos íntimos son necesarios, pero no hay que aferrarse a ellos por el deseo de mantenerlos cerca —me dijo Barry—. Pero esto es válido para cualquiera, no solo para los jesuitas». Él también me puso a los primeros jesuitas como modelos: «Francisco Javier siente un profundo amor por sus amigos; sin embargo, ello no le impide ofrecerse voluntario y renunciar a volver a verlos jamás».

Otra historia que ilustra esta libertad es del siglo XVII, cuando Alonso Rodríguez, portero del colegio de los jesuitas de Mallorca, hizo amistad con otro jesuita, Pedro Claver.

Alonso había entrado en la Compañía de Jesús por un camino un tanto extraño. Nacido en 1533, era el segundo hijo de un próspero comerciante en telas de Segovia. Cuando Pedro Fabro visitó la ciudad para predicar, la familia Rodríguez dio hospitalidad al jesuita. Fabro, de hecho, preparó al joven Alonso para la Primera Comunión, importante rito de paso en la Iglesia.

A los doce años, Alonso fue enviado al colegio de los jesuitas de Alcalá, pero la muerte de su padre puso fin a sus estudios, porque se vio obligado a regresar a su casa para hacerse cargo del negocio de su familia. A los veintisiete años se casó. Él y su mujer, María, tuvieron tres hijos; pero, trágicamente, su esposa y sus hijos murieron uno tras otro. Los elevados impuestos y los gastos llevaron a Alonso al borde de la ruina; muchos biógrafos dicen que se sentía totalmente fracasado. En su desesperación, acudió a los jesuitas en busca de orientación. Aquel viudo solitario oró muchos años para comprender los deseos de Dios con respecto a él.

Poco a poco, Alonso fue descubriendo en sí el deseo de hacerse jesuita. A sus treinta y cinco años, era considerado demasiado mayor para comenzar la larga formación exigida para el sacerdocio, por lo que en principio fue rechazado; pero su santidad era evidente para el provincial, que aceptó a Alonso en el noviciado como hermano dos años después. Se supone que el provincial dijo que, si Alfonso no estaba cualificado para convertirse en hermano o en sacerdote, podría entrar para convertirse en santo. Tardó tan solo seis meses en ser enviado, en 1571, al colegio jesuita de Mallorca, donde desempeñó el trabajo de portero.

Cada vez que sonaba la puerta, como ya he dicho, el hermano Alonso decía: «Voy, Señor». Esta práctica le recordaba que tenía que tratar a cualquier persona con tanto respeto como si fuera el mismísimo Jesús quien llamara a la puerta.

En 1605, Pedro Claver, estudiante jesuita de veinticinco años, conoció en el colegio al humilde Alonso, de setenta y dos. Ambos mantenían conversaciones espirituales casi cada día y, con el tiempo, Alfonso animó a Pedro a pensar en trabajar en Ultramar, en «las misiones». La perspectiva entusiasmó a Pedro, que escribió en ese sentido al provincial y fue enviado a Cartagena de Indias, en la actual Colombia, para trabajar con los esclavos africanos que habían sido capturados por los mercaderes y trasladados a Sudamérica. Debido a sus denodados esfuerzos para alimentar, aconsejar y consolar a los esclavos, que tenían que soportar unas condiciones de vida espantosas, Pedro se ganaría el apodo de *esclavo de los esclavos*.

San Pedro Claver, el gran misionero, fue posteriormente canonizado por sus heroicos esfuerzos. Y san Alonso Rodríguez fue canonizado por su propia forma de heroísmo: una vida de humildad.

Alonso y Pedro se veían cada día para edificar su amistad, pero ello no impidió a Alonso animar a Pedro a ofrecerse voluntario para trabajar en Sudamérica. Alonso dio a Pedro no solo el regalo de su amistad, sino libertad, igual que Ignacio, Fabro y Javier se la dieron mutuamente unos a otros.

Algunos obstáculos para una sana amistad

Dada la centralidad de la libertad en las relaciones, no es de extrañar que, en su estudio de la amistad jesuítica, el psicólogo jesuita Charles Shelton califique la *posesividad* como primer obstáculo para una sana amistad. Tal vez tu amigo no pueda responder como tú en el nivel de los sentimientos, porque su atención esté puesta en otra cosa, como puede ser, por ejemplo, una situación familiar o laboral apremiante. La otra persona puede también trasladarse a otra ciudad o tener menos tiempo para estar contigo, por ejemplo, porque se ha casado o ha tenido un hijo. Todas estas cosas pueden incrementar tu sentido de la posesividad y animar el deseo de controlar al otro.

También forma parte de la amistad conceder a la otra persona la libertad de madurar y de cambiar. El deseo de amistad no debería eclipsar al amigo. Pero, como observaba el padre Barry en una entrevista, el deseo de amistad tiene también otro aspecto: «El peligro consiste en que, como la gente se traslada, se marcha o incluso muere, sientas la tentación de no entregarle tu corazón».

La lista preventiva de otras trampas que ofrece el padre Shelton no es útil únicamente para los jesuitas, sino para cualquiera que esté interesado en mantener unas relaciones sanas.

La *hiperactividad* es algo que puede acabar con una amistad, porque la gente está demasiado ocupada para mantener la relación y, sencillamente, se pierde el contacto. Afortunadamente, yo tengo la gran suerte de tener muchos amigos y, como no tengo las responsabilidades que conlleva el matrimonio, dispongo de más tiempo para relacionarme con ellos. Sin embargo, para las parejas casadas la carga puede ser abrumadora, y amigos muy queridos pueden distanciarse.

Si alguna persona casada lee estas páginas, tal vez piense: *¿Cómo voy a cumplir con las numerosas responsabilidades del matrimonio y, al mismo tiempo, mantener la relación con mis amigos?* La clave consiste en no añadir cargas, sino en aliviarlas. El matrimonio nunca podrá satisfacer todas las necesidades de la pareja. Por lo demás, no ha sido pensado de ese modo: en el pasado, el matrimonio suponía el apoyo de una familia ampliada y de la comunidad. Los amigos son necesarios incluso para las parejas casadas. Una amistad sana al margen del matrimonio es una ayuda en la relación entre los esposos.

Debes recordar esto

Algunos de los mejores consejos de los jesuitas sobre las relaciones humanas son de sentido común. Cuando John O'Malley era novicio, un sacerdote de cierta edad le dijo tres cosas que debía recordar para vivir en comunidad: *Primera, tú no eres Dios. Segunda, esto no es el cielo. Tercera, no actúes como un imbécil.* Si lo hubiera tenido presente antes, podría haberme librado de años de angustia autoinducida.

Es importante tomar en consideración la hiperactividad cuando se intenta mantener una relación sana con el trabajo, cosa que analizaremos en un capítulo posterior. Por ahora, baste con decir que, cuando el trabajo es tan agobiante que eres incapaz de mantener la amistad, tu vida se empobrece, aunque puedas estar trabajando para hacerte más rico.

Por otro lado, como apunta Shelton, existe el peligro de una *excesiva implicación emocional.* Aquí la tendencia es a centrarse demasiado en la amistad, fijándose obsesivamente en los sentimientos que surgen y analizando todo tipo de desaire y de comentario. Tratar de acaparar al otro únicamente sirve para sofocar la amistad y repeler al más generoso de los amigos. Una relación sana es como una antorcha que da luz y calor a ambos amigos: puede extinguirse por falta de atención o verse sofocada por un exceso de dicha atención.

Otro peligro es la *competitividad.* En una cultura en la que la gente suele definirse por lo que hace y por cuánto hace, la tentación de competir puede ser abrumadora. Shelton pregunta si el éxito de tu amigo puede significar una amenaza para tu valoración personal. Si es así, tal vez haya llegado el momento de considerar los aspectos positivos de tu vida más cuidadosamente.

Y yo añadiría que la *envidia* es igualmente venenosa. Puedes evitarla mostrándote agradecido por todo cuanto de bueno hay en tu vida (el examen puede ayudar a este respecto) y cayendo en la cuenta de que la vida de cualquier persona es una mezcla de cosas positivas y negativas. Si lo dudas, no tienes más que hablar con tus amigos acerca de sus problemas.

Shelton llama la atención a continuación sobre las relaciones *determinadas por la queja y el reproche,* en las que el hecho de estar juntos es una excusa para la crítica. En tales situaciones, el mundo comienza a adoptar un aspecto oscuro. La queja se propaga como un virus a través de las conversaciones, hasta que todo parece inútil y ambas partes acaban sintiéndose amargadas y desesperanzadas. Shelton advierte además sobre las *relaciones desvirtuadas,* que fomentan un comportamiento insano o destructivo, como el alcoholismo o el abuso de drogas.

En ambos casos, hay que preguntarse si la amistad es sana. Si no lo es, ¿se puede hablar de la situación o hay que renunciar a esa amistad para preservar la salud mental? En cierta ocasión, uno de mis directores espirituales me preguntó sin rodeos: «¿Es bueno para tu vocación estar con tu amigo?».

Sin embargo, una parte esencial del amor consiste en mantener lo que podríamos llamar una *amistad difícil.* La historia de Simón Rodrigues, uno de los amigos de Ignacio, mostrará lo que quiero decir.

Un amor especial

Uno de los primeros compañeros jesuitas era una persona un tanto difícil. Simón Rodrigues, estudiante portugués en París, fue uno de los seis amigos que en 1534 pronunciaron sus votos de pobreza y castidad, junto con Ignacio, en París. Después de fundar la Compañía de Jesús, Ignacio pidió a Rodrigues que asumiera el importante puesto de provincial de los jesuitas de Portugal.

Pero, como observa William Bangert en *Historia de la Compañía de Jesús,* Rodrigues no tardó en evidenciar «una inestabilidad y una terquedad que hicieron que Ignacio estuviera casi a punto de destituirlo». Rodrigues no hacía más que quejarse y, por otra parte, se mostraba excesivamente permisivo con los jesuitas que estaban bajo su cuidado; en consecuencia, los jesuitas de Portugal estaban cada vez más desorganizados.

Con el tiempo, Rodrigues se convirtió también en confesor del rey Juan III de Portugal e instaló su residencia en la corte, aunque seguía siendo provincial de los jesuitas. Y se corrió la voz de que Rodrigues estaba escandalizando, porque no podía vivir sin los «palacios y la pompa del mundo», como escribió un contemporáneo.

¿Cómo reaccionó Ignacio frente a este difícil amigo?

En lugar de reprenderlo airadamente, Ignacio escribió a su viejo amigo varias cartas y le pidió que se carteara con él más frecuentemente, a fin de que pudiera ayudarle con sus problemas. Pero Ignacio era también muy serio en lo que respectaba a su cargo de superior general; en respuesta a la crisis, que no dejaba de crecer, relevó a Rodrigues de su puesto en diciembre de 1551 y lo envió a España. Desgraciadamente, el comportamiento de Rodrigues siguió siendo causa de problemas, e Ignacio se vio forzado a llamarle a Roma.

Debió de tratarse de un tiempo doloroso incluso para alguien tan equilibrado como Ignacio: uno de sus confidentes de mayor confianza había fracasado. Puede que Ignacio se sintiera decepcionado por su amigo, o avergonzado por la confianza que había depositado en él, o enfadado por la intransigencia de Simón...

No obstante, Ignacio trató a su amigo con dignidad, recordando el «Presupuesto» y concediéndole el beneficio de la duda. En la carta en la que comunicaba a Simón su relevo como provincial de Portugal, Ignacio no menciona las deficiencias y los problemas de Simón —que ambos conocían—, sino la carga que había llevado como provincial y cómo «no parece adecuado manteneros más tiempo en esas labores». Después de pedir a Simón que regresara a Roma, Ignacio escribió compasivamente sobre su deseo de mantener la buena reputación de su amigo y proveer al futuro de Simón. No hay la más mínima recriminación en su generosa carta.

Además, el propio Ignacio afirma valorar enormemente la amistad de Simón. Si ama a los demás jesuitas, reconoce, siente incluso mayor afecto por sus primeros compañeros, «particularmente hacia vuesa merced, por quien, como sabe, he sentido siempre un amor especial en el Señor». Es una carta digna de destacar y que muestra lo acertadamente que entendía Ignacio el valor y las dificultades de la amistad y el amor.

Todos tenemos amigos o miembros de la familia que se encuentran en problemas, que nos decepcionan con su comportamiento autodestructivo o que parecen incapaces de cambiar o no están dispuestos a hacerlo, a pesar de los grandes esfuerzos de quienes los aman. Estos periodos pueden durar semanas, años... o incluso toda la vida. Y en estas situaciones somos llamados a ser especialmente amigos, y no solo para animarles a llevar una vida sana, sino también para extender a ellos nuestro «amor especial», como hizo Ignacio con Simón Rodrigues.

Si el lector piensa que sus relaciones son demasiado complicadas para hacer esto, recuerde que Ignacio tenía que abordar una situación diabólicamente compleja, en la que debía equilibrar lo siguiente: su responsabilidad para con los jesuitas de Portugal y de España; su deber para con aquellos con quienes trabajaban en sus colegios e iglesias; su necesidad de seguir contando con el favor del rey de Portugal; su deseo de mantener la reputación de la Compañía de Jesús; y su voluntad de ser amable con uno de sus más viejos amigos.

Ignacio era capaz de navegar por estas aguas, debido a su «modo de proceder». Para empezar, Ignacio, que al fin y al cabo era el autor del «Presupuesto», concedió a Simón el beneficio de la duda, tratando de ver las cosas desde su punto de vista. En segundo lugar, fue sincero sin resultar insultante. En tercer lugar, fue razonable acerca de lo que funcionaría y lo que no funcionaría, tomando decisiones y emprendiendo acciones que a él mismo le resultarían dolorosas y que podrían llevarle incluso a ser mal entendido. En cuarto lugar, comprendió la centralidad absoluta del amor. En quinto lugar, se «desapegó» lo bastante como para saber que quizá no podría cambiar a su «difícil amigo». Finalmente, según *Los primeros jesuitas,* Rodrigues aceptó la sabiduría de las acciones de Ignacio.

Ignacio tenía talento para la amistad, porque lo tenía también para la caridad, la sinceridad, la razón, el amor y el desapego.

Unión de los ánimos

Justamente mientras escribía este capítulo, he recibido una llamada telefónica de un buen amigo. Dave fue catedrático de matemáticas antes de entrar en la Compañía de Jesús y es también una de las personas más organizadas y trabajadoras que conozco. Y también una de las más amables; no creo haberle oído nunca decir una palabra poco caritativa acerca de otra persona. Durante nuestros estudios de filosofía en Chicago, vivimos en la misma comunidad. (La pared entre nuestras habitaciones era tan fina que, inevitablemente, oíamos nuestras conversaciones telefónicas, así que teníamos pocos secretos).

Pero, como me ha ocurrido con muchos amigos jesuitas, el tiempo de vivir cerca de él ha concluido por ahora. Como Dave vive en Chicago, rara vez nos vemos.

Después de decir a Dave que estaba escribiendo este capítulo, le pregunté: «¿Qué piensas tú que es necesario para mantener una buena amistad?».

«Permanecer en contacto es lo más importante», me dijo. En las épocas en que la distancia o el exceso de trabajo disminuyen nuestra capacidad de mantener la amistad, es cuando hay que esforzarse por mantenerse en contacto. Y –como dijo el propio Dave– cuando sientes más tentaciones de descuidar la amistad, con el consiguiente riesgo de sufrir la soledad, es precisamente cuando más necesidad tienes de cuidar de ti mismo alimentando esas relaciones.

Pese a los inconvenientes de la distancia y el tiempo, la amistad profunda puede mantenerse. «Como la mayor parte de la gente que nos hemos conocido bien, tenemos mucho en común que nos permite reconectar –dijo Dave–. De manera que la distancia no es mayor problema».

Ignacio se refiere a esto como «unión de los ánimos», de manera que los jesuitas pueden estar unidos en un propósito común y como compañeros, por muchos que sean los muchos kilómetros que los separen. La unión de los ánimos es un buen objetivo de cualquier amistad.

Después de la providencial llamada de Dave, decidí llamar a unos cuantos amigos más, hombres y mujeres versados todos ellos en la espiritualidad ignaciana, para preguntarles lo que el método de Ignacio les había enseñado acerca de la amistad y el amor.

Muchas ideas coincidían con las del artículo del padre Shelton sobre la amistad, en el que se refiere no solo a cosas que hay que evitar, sino que además da consejos muy positivos sobre lo que conduce a una amistad sana. Veamos algunas de las recomendaciones de Shelton y también algo de la sabiduría de mis amigos.

Shelton empieza diciendo que los buenos amigos *conocen la vida del otro*. Esto parece obvio, ¿no? Pero la amistad puede hacerse unilateral. A veces ves a un amigo o a un miembro de la familia como si existiera para atender a tus necesidades –como si fuera tu psicólogo o tu orientador–, olvidando la necesidad de interesarte activamente por su vida. Tiene que haber un toma y daca. «El amor consiste en comunicación de las dos partes –escribió Ignacio en los Ejercicios–, es a saber, en dar y comunicar».

La hermana Maddy, mi amiga de Nairobi y Gloucester, hablaba también de esa dinámica, pero hacía hincapié en el recibir. «Tienes que dejar que tu amigo sea un amigo *para ti* —me dijo—. A veces es más difícil recibir». Y citó uno de sus dichos favoritos: «El amigo conoce el canto de mi corazón y me lo canta cuando me falla la memoria».

Cuando pregunté a Bill, rector de un colegio de segunda enseñanza de Portland, Maine, si podía considerarle uno de mis más viejos amigos jesuitas, se echó a reír. «¡Di más *antiguos,* no más viejos!». Bill y yo entramos en el noviciado el mismo año y hemos pasado por más de veinte años de formación jesuítica, así que nos conocemos muy bien. Es un hombre relajado y afable y con muchos amigos.

Para Bill, el «trabajo» de la amistad incluye tomar la iniciativa. «Es fácil decir que quieres que nos veamos, pero igual de fácil es dejar que nos vayamos distanciando. La amistad puede morir de desgaste si tú no tomas la iniciativa».

Paula, amiga mía desde el tiempo de los estudios de tercer ciclo, que ella cursó junto a muchos jesuitas, es una mujer muy animada y con una voz sumamente dulce. Diez años después de terminar su licenciatura en teología, está casada, tiene dos hijos y realiza labores pastorales en una universidad jesuítica de Cleveland, Ohio. Se echó a reír cuando le pregunté cómo mantener una buena amistad.

«¿Te refieres a una amistad con jesuitas o con los demás? —me dijo—; porque la amistad con jesuitas requiere una especial serie de estrategias».

Más en serio, Paula indicó que la «deliberación» es un elemento clave. Ella se hace las siguientes preguntas: «¿Hay algunos valores esenciales que vayan más allá de la situación concreta que sirvió para uniros? ¿Era simplemente una gran amistad universitaria o es algo más profundo? ¿Serías capaz de hablar acerca de aspectos significativos de vuestras vidas respectivas?».

Paula estaba de acuerdo con la advertencia de Shelton contra la posesividad, incluso —y al decir esto me sorprendió— en el matrimonio. Ella valoraba esto en términos de espiritualidad ignaciana. «El "Principio y Fundamento" de los *Ejercicios Espirituales* —me dijo— habla de no estar apegado a ninguna cosa o persona, y ello incluye a tu cónyuge».

«Cuando oí hablar por primera vez de estar "desapegada" de mi marido, pensé que era ridículo —me explicó Paula—, pero a medida que me voy haciendo mayor, voy cayendo cada vez más en la cuenta de que, pese a lo maravillosa que es la relación, no puede ser más importante que mi relación con Dios, porque algún día terminará. No puedes ser completamente dependiente de nadie ni pretender que una sola persona satisfaga todas tus necesidades, porque a la larga no podrá hacerlo». Paula habla a menudo de esto con los estudiantes universitarios que tienden a hacer de su novia o novio el centro de su vida.

¿Acaso el poner a Dios en el centro significa que dispones de menos amor para tu esposo? «Naturalmente que no –me replicó de inmediato–. Si Dios está en el centro, siempre hay espacio para los demás. De hecho, hay más espacio».

En su artículo, Shelton observa que un buen amigo es capaz también de *hacerte partícipe de sus verdaderos sentimientos* y de escuchar los sentimientos del otro, aunque pueda resultar incómodo. Una buena pregunta es: *¿En quién confío lo bastante como para hablar libremente de cualesquiera sentimientos negativos?* En otras palabras, ¿con quién puedo ser sincero?

Hay que empezar por ser sincero con uno mismo. Uno de mis más íntimos amigos es George, que entró en el noviciado un año antes que yo. En la actualidad es capellán de la cárcel de Boston. George me ofreció una serie de buenas ideas acerca de cómo puede la espiritualidad ignaciana contribuir a la amistad.

«Dado que la espiritualidad ignaciana nos ayuda a ser honrados con nosotros mismos, nos invita también a la sinceridad en nuestra relación con los amigos –me dijo George–. Amigos míos son aquellos con los que puedo ser yo mismo, porque conocen mi bagaje y mis limitaciones. También valoran mis puntos fuertes, y puede que más que yo. Y cuando pienso en la idea ignaciana de "pecadores amados por Dios", ello se traduce fácilmente en "pecadores amados por sus amigos"».

Esto significa mirarnos, tanto a nosotros mismos como a nuestros amigos, de manera compasiva. «Sentir más compasión por mí mismo –dice George– me permite sentir más compasión por mis amigos».

«Nada ayuda tanto a progresar como tener un amigo que te diga tus defectos».

– SAN IGNACIO DE LOYOLA

Al igual que George, todos mis amigos establecen conexiones explícitas entre la espiritualidad ignaciana y la amistad. Bob, rector de un colegio jesuita de segunda enseñanza en Jersey City, New Jersey, es un oyente excelente y, por lo tanto, un excelente amigo. Y esta era su reflexión sobre la vinculación entre la amistad y la interpretación ignaciana del deseo:

«Desde el punto de vista ignaciano, Dios interactúa con la persona de manera directa. Y el modo de producirse esto es a través de nuestros amigos. Por consiguiente, la amistad es tanto un apoyo como un desafío; es uno de los principales modos de descubrir a Dios. Descubrimos quiénes somos como individuos amados, y lo descubrimos en nuestros amigos».

Ese deseo de amistad procede de Dios, me dijo George. «Es el deseo de descubrir qué ocurre con otra persona. Y es el deseo de infinito, que procede de Dios, y el deseo de participar en el infinito, que en último término es satisfecho por Dios, que es nuestro amigo».

Una forma que tienen los jesuitas de cultivar la amistad la constituye una práctica llamada «compartir la fe». Esta práctica puede proporcionar ideas acerca de cómo puede establecerse una relación sincera con los amigos.

Escuchar mucho

En el noviciado, todos los domingos por la noche nuestra comunidad se reunía para «compartir la fe», lo cual significaba que hablábamos entre nosotros de nuestra vida espiritual: dónde habíamos experimentado a Dios en nuestra vida diaria y cómo era nuestra oración.

Había dos reglas. La primera, que todo era confidencial. La segunda, que no se permitían comentarios mientras alguien hablaba, a no ser que se tratara de una pregunta para aclarar algo.

La primera regla tenía sentido. La segunda parecía ridícula. Al principio, cuando la gente manifestaba sus luchas, yo estaba deseando decir: «¿Por qué no intentas tal cosa?». Si alguien decía que echaba en falta su antigua vida, me moría por decir: «Yo también». Si alguien hablaba de sentirse solo, tenía que morderme la lengua para no decirle: «Llama a mi puerta». No lograba comprender por qué el maestro de novicios quería que nos mantuviéramos en silencio.

Poco a poco, fui entendiéndolo: era para que pudiéramos escuchar.

El arte de escuchar es un arte olvidado. *Queremos* escuchar, queremos *pensar* que estamos escuchando, pero a menudo estamos tan ocupados pensando en lo que vamos a responder o en el consejo que vamos a dar, que no prestamos atención.

Como explicaba Gerry, nuestro maestro de novicios, en el noviciado hay mucho tiempo para consolar, aconsejar y recomendar. Esta práctica se hacía eco de uno de los dichos de Ignacio menos conocidos: «Hablar poco, oír largo y con gusto». También nos explicaba que mantener todo lo dicho en la más estricta confidencialidad hacía que la gente se sintiera más relajada.

¡Escucha!

Los jesuitas no siempre son buenos escuchando. Una de mis historias de jesuitas preferidas puede parecer apócrifa, pero puedo asegurar que conozco a sus dos protagonistas.

Uno era un sabio y anciano sacerdote, conocido por sus dotes para la dirección espiritual. El otro era mi amigo Kevin, que por entonces era novicio. Los dos se conocieron en una reunión de jesuitas. El sacerdote dijo: «Así que Kevin... ¿Y de dónde eres?». Kevin respondió: «De Boston».

Entonces Kevin decidió hacer una importante pregunta a aquel venerable director espiritual: «Padre –le dijo–, ¿qué considera usted más importante en la dirección espiritual?». El sacerdote respondió: «Es fácil de responder, Kevin. Lo más importante es la escucha. Hay que ser un buen oyente. La escucha es la clave para ser un buen director espiritual». Kevin replicó: «Gracias, padre. Me parece verdaderamente útil».

Y el sacerdote dijo: «Así que Kevin... ¿Y de dónde eres?».

Poco a poco, fue gustándome cada vez más compartir la fe. Cuando mis compañeros novicios –al igual que Gerry y su ayudante, David– hablaban de cómo habían experimentado a Dios durante la semana, me sentía fascinado. Era una maravilla ver lo complicados que eran aquellos hombres y cómo trataban todos de crecer en santidad, intentando ser mejores hombres y mejores jesuitas.

Después de unas semanas, no solo me asombró comprobar cómo actuaba Dios en sus vidas, sino que además me volví más tolerante con sus debilidades. Cuando un novicio estaba irritable, yo recordaba que había estado debatiéndose con una situación difícil en su familia. Cuando otro estaba malhumorado, yo recordaba que estaba intentando resolver un problema difícil en su ministerio. Su modo de relacionarse con el mundo estaba matizado por su experiencia. Aquello me ayudó a recordar el «Presupuesto» y a concederles el beneficio de la duda.

Mi amigo Chris es un hermano jesuita que ha trabajado varios años en la pastoral vocacional, ayudando a reclutar y seleccionar candidatos a la Compañía de Jesús. Chris tiene un amplio círculo de amigos, tanto jesuitas como no jesuitas. En nuestra conversación sobre la amistad y el amor, habló del valor de la escucha y se refirió a nuestro compartir la fe.

«Durante mucho tiempo –me dijo Chris– he sabido que compartir la fe es decisivo». Y me puso un ejemplo al respecto: «Al principio, un miembro de la comunidad en la que yo vivía me resultaba... digamos que un tanto difícil. Conocer sus luchas cuando compartíamos la fe me ayudó, porque no es tan fácil rechazar o juzgar a otra persona cuando sabes que está luchando».

La escucha atenta y compasiva de mis compañeros novicios me ayudó también a sentirme menos chalado. Hasta entonces yo partía de la base de que todo el mundo, excepto yo, llevaba una vida sana e integrada. Compartir la fe me hizo ver por primera vez que la vida de todo el mundo es una mezcla de alegría y de sufrimiento, y que todos somos más complejos de lo que puede parecer.

> «Deberíamos ser lentos para hablar y prontos para escuchar a todos... Nuestros oídos deberían estar del todo abiertos a nuestro prójimo hasta que parezca haber dicho cuanto tiene en mente».
>
> – San Ignacio de Loyola

El escuchar me hizo también más capaz de alegrarme y celebrar con mis amigos. Cuando un novicio que estaba teniendo problemas personales conseguía solucionarlos, yo era más capaz de alegrarme con él, porque sabía por lo que había pasado.

La mayoría de nosotros no tenemos tiempo para compartir la fe ni otra cosa alguna con nuestros amigos durante una hora a la semana.

Pero el concepto puede ofrecer una importante lección para desarrollar relaciones de amor en las familias y mantener buenas amistades. Primero, antes de empezar a consolar, aconsejar o simpatizar, escucha realmente. Segundo, trata de escuchar sin juzgar. Tercero, cuanto más sepas de tu amigo, tanto más fácil te será comprender, simpatizar, consolar e incluso perdonar. Cuarto, cuanto más puedas compartir sinceramente, tanto mayor será tu capacidad de decir cosas estimulantes. Quinto, cuanto más escuches y comprendas de su vida, tanto más capaz serás de celebrar sus alegrías.

De estas sencillas maneras profundizarás tus relaciones, tus conversaciones y tu compasión por tus amigos, y empezarás a desarrollar una intimidad real en la que, como dice san Francisco de Sales, «el corazón habla al corazón».

Humildad y amistad

James Keenan, SJ, profesor de teología moral, escribió en cierta ocasión que la compasión significa estar dispuesto a entrar en el «caos» de la vida de otra persona. Pero aun los mejores amigos evitan a veces implicarse en el caos de las vidas ajenas. Puedes sentirte abrumado por los problemas de un amigo o frustrado por no poder solucionarle las cosas. Puedes apartarte inconscientemente de los amigos o los miembros de tu familia que padecen estrés en su trabajo, problemas de relación o matrimoniales, una enfermedad grave o incluso la muerte. ¿Qué sucede cuando te sientes incapaz de ayudar a alguien?

Entonces es cuando normalmente estás llamado, no ya a hacer, sino a estar, a recordar que no eres omnipotente. Poco después de entrar en el noviciado, por ejemplo, dos amigos míos tuvieron una gran pelea y dejaron de hablarse. Le confesé a David, mi director espiritual, lo frustrado que me sentía por no poder reconciliarlos. Por consiguiente, me sentía fracasado. Y un mal jesuita. Aquello estaba volviéndome loco.

«¿No debería un jesuita ser capaz de reconciliarlos?», pregunté.

«¿De dónde has sacado esa idea?», me preguntó él a su vez.

«Bueno —dije yo—, es lo que Jesús haría. Jesús les ayudaría a reconciliarse. Jesús conseguiría que se hablasen. Jesús no pararía hasta que hicieran las paces, ¿no es así?».

«Sí, es cierto –dijo David–. Jesús probablemente podría hacer todo eso. Pero tengo una noticia para ti, Jim: ¡Tú no eres Jesús!».

Nos echamos a reír los dos. No porque fuera una tontería, sino porque era verdad. En algunos de los momentos más dolorosos de la vida de los amigos y de la familia –enfermedades, divorcios, fallecimientos, preocupaciones por los hijos, problemas económicos...–, lo normal es que no podamos hacer milagros. A veces nuestros esfuerzos logran un cambio, pero otras veces no.

Paradójicamente, admitir tu impotencia puede liberarte de la necesidad de arreglarlo todo y permitirte estar verdaderamente presente a la otra persona y escucharla. Un chiste del *New Yorker* presentaba a una mujer diciéndole irritada a su amiga: «De nada sirve que seamos amigas si no me permites reparar tus fallos».

La humildad no se aplica únicamente al modo de relacionarse con los amigos, sino a *ti*. Además de no poder resolver todos los problemas de tus amigos (y reconocer que tus amigos no podrán resolver los tuyos), admitir tus deficiencias es esencial si deseas fomentar unas relaciones sanas. Dicho de otro modo, necesitas tanto disculparte como perdonar.

A lo largo de los años, he sido a veces muy desconsiderado con la gente. He murmurado acerca de otras personas, he sospechado lo peor de ellas y he tratado de manipularlas para que hicieran lo que yo quería. En tales ocasiones, me ha parecido necesario pedir perdón, algo que es central en el mensaje cristiano. Y también otras personas han venido a pedirme perdón a mí.

El pecado existe en cualquier entorno humano, incluidas las comunidades de jesuitas. Por lo tanto, en cualquier entorno humano es siempre necesario disculparse y pedir perdón. Buscar el perdón es difícil y, dado que va en contra de nuestra egocéntrica pretensión de tener razón en cualesquiera circunstancias, constituye siempre un ejercicio de humildad.

Casi siempre me han perdonado los demás, y nuestra amistad se ha fortalecido. Pero en una o dos ocasiones no he sido perdonado. Cuando esto sucede, me parece muy oportuno orar por la otra persona y estar siempre abierto a la reconciliación, pero también recordar, una vez más, que de la misma manera que no puedo obligar a nadie a amarme, ni siquiera a gustarle, tampoco puedo forzar su perdón.

Amistades sanas

Volvamos a algunos de los consejos del padre Shelton para mantener una amistad sana y veamos si puede el lector aprovecharlos para sus propias relaciones con sus amigos y su familia.

Sin *sinceridad,* dice Shelton, la amistad se marchita y muere. William Barry ofrece una concisa descripción de cómo sucede esto: «Ser sincero es difícil –me dijo recientemente–; pero cuando sucede algo doloroso (cuando, por ejemplo, la otra persona está enferma o muriéndose, o cuando tú estás enfadado por la razón que sea), si no puedes hablar de ello, te distancias cada vez más. Y si hay algo que hace que la situación persista, entonces con el tiempo no puedes hablar acerca de nada. Y muy pronto ya no tienes un amigo».

Estar *abierto a ser cuestionado,* observa Shelton, no es algo que esperemos hacer *por* nuestros amigos; es algo que esperamos *de* nuestros amigos. ¿Puedes aceptar ser ocasionalmente cuestionado por los amigos, quizá por haber actuado egoístamente, y tener que pedir disculpas de vez en cuando?

«Hay dos cosas que hacen difícil ser sincero –dice mi amigo Chris–. Una es que sepas que tu amigo no quiere escuchar algo. La otra es que *tú* no quieras decirlo, en especial cuando sabes que eres culpable de algo. Pero es importante ser humilde y admitir los propios pecados o faltas».

Los amigos también *desean el bien* del otro. Esto es aplicable a los miembros de la misma familia que quieren amarse mutuamente. Ignacio dio a Francisco Javier la libertad de ser la persona que estaba llamado a ser, aunque se fuera al otro extremo del mundo. Esto supone también celebrar las ocasiones en que la otra persona tiene éxito.

Los jesuitas pueden a veces ser competitivos. En muchos casos esto es bueno: la competitividad natural nos incita a grandes logros. San Ignacio de Loyola, en efecto, «competía» con san Francisco y santo Domingo cuando yacía enfermo, y pensaba: «¿Qué sería, si yo hiciese esto que hizo San Francisco, y esto que hizo Santo Domingo?». Sin un sano sentido de la competición por parte de Ignacio, no habría existido la Compañía de Jesús. Pero, con los años, Ignacio renunció al lado oscuro de la ambición e incluso escribió normas en las *Constituciones* de los jesuitas destinadas a limitar y moderar las ambiciones insanas y la competitividad entre ellos.

La competitividad suele darse entre amigos, hermanos, vecinos, compañeros de trabajo o en cualquier lugar donde dos o tres estén reunidos, por tomar prestada una línea de los evangelios. Durante mis estudios de filosofía y de teología, una cierta competitividad era sana. Cuando yo veía cómo mi organizado amigo Dave, que siempre tenía todos sus apuntes perfectamente encuadernados con unas tapas azules, empezaba a estudiar unos días antes de un examen, sabía que había llegado el momento de ponerme yo también a estudiar. La aplicación de Dave me impulsaba a tratar, también yo, de hacerlo bien.

Pero un exceso de competitividad es deletéreo. La competitividad que lleva a desear el mal a los demás es el comienzo del fin de la amistad.

El padre Shelton menciona otro aspecto más de una amistad sana: hay que aprender a mantener un *discreto silencio*. A veces nuestros amigos o los miembros de nuestra familia no necesitan nuestro consejo. O, al menos, no en ese preciso momento.

Mi amigo Steve, *otro* rector de un colegio de los jesuitas, este en Nueva York, está de acuerdo con ello. Steve tiene muchos amigos gracias a su enorme buen humor y a su preternatural capacidad de recordar cumpleaños, nombres de esposas e incluso nombres de mascotas. Sus amigos se encuentran con comentarios de este tipo: «¿No es hoy el cumpleaños de tu madre?».

Steve me habló de la discreción en la amistad. «Yo soy muy directo, y me gusta ir al meollo de la cuestión —me dijo—; y me gusta también tener conversaciones que lleguen al centro de las cosas, especialmente en medio de una vida muy atareada. Pero tienes también que ser discreto y aprender cuándo debes sacar a relucir algo o dejarlo en paz, en espera de un momento mejor, un momento en el que sea bueno para *el otro* escucharlo, no necesariamente para ti decirlo».

A las recomendaciones de Shelton yo añadiría unas cuantas más. Primera, los amigos se conceden mutuamente libertad para *cambiar*. La persona a la que conocimos hace unos años en el instituto, en la universidad, en el trabajo o en el noviciado, puede haber cambiado por completo. Es importante no forzar a la persona a ser la que era hace años; además, es imposible. Esto forma parte de la libertad que tenemos que conceder a nuestros amigos. Y también al cónyuge. Un amigo casado me dijo recientemente: «Probablemente, lo que más matrimonios destruye es la falta de libertad para madurar y cambiar».

Segunda, la amistad es *acogedora*. Acoge a otros y no es exclusiva. Esto parece bastante razonable, ¿verdad? Pero para los jesuitas «exclusiva» es una palabra cargada de connotaciones.

Durante gran parte del siglo XX, algunos superiores jesuitas arremetieron ferozmente contra las «amistades particulares». Se pensaba que demasiada «exclusividad» o «particularidad» entre los jóvenes jesuitas fomentaba o conducía a vínculos muy estrechos y podía animar a los homosexuales a romper su voto de castidad. Los superiores jesuitas evitaban las relaciones exclusivas exigiendo que durante las horas de recreo, cuando los novicios paseaban por los terrenos del noviciado, no hubiera grupos de menos de tres personas. *Numquam duo, semper tres* («nunca dos, siempre tres»), reza el dicho latino tantas veces citado.

Esta actitud reflejaba una mala interpretación de la sexualidad que está muy generalizada (es decir, la idea equivocada de que el homosexual no puede vivir como célibe ni tener una amistad íntima con otra persona de su mismo sexo). Y, lo que es aún más importante, reflejaba una mala interpretación de la amistad que también estaba muy generalizada. Tener un amigo íntimo es una bendición, no lo contrario.

Pero había en ello una sana intuición que no debemos pasar por alto: los superiores jesuitas veían que una excesiva exclusividad en la amistad podía llevar a esos hombres a aislarse y separarse de la comunidad. Cuando una amistad se repliega en sí misma y excluye a los demás, se vuelve menos sana, a veces tiende a la atención obsesiva, crea expectativas no realistas y ocasiona frustración en ambos amigos.

El lector podría hacerse una serie de preguntas para precaverse frente a la «exclusividad» insana: ¿Dudas a la hora de ofrecer a otras personas tu amistad? ¿Sientes celos cuando tu amigo pasa tiempo con otros amigos? ¿Consideras que esa persona debe estar siempre a tu disposición? Si respondes que sí, entonces tal vez debas recordarte a ti mismo que tu amigo no existe simplemente para ser amigo tuyo.

Esto es igualmente válido para la amistad con Dios. Como dice Maureen Conroy, RSM, en *The Discerning Heart*, «cuando crece nuestra relación mutua con Dios, queremos compartir con otros nuestro amor vivificante». Nuestra amistad con Dios no es exclusiva, sino inclusiva, acogedora.

Tercera, la amistad debe impregnarse de *humor*. Uno de los aspectos más importantes de la amistad consiste, simplemente, en divertirse, disfrutar y reírse a gusto, elementos todos ellos de una psicología y una espiritualidad sanas. La amistad es divertida –una palabra que no se oye con frecuencia en los círculos espirituales–, y parte de la diversión es el humor y la risa.

Por lo tanto, los buenos amigos te recuerdan que no te tomes a ti mismo demasiado en serio. Mi amigo Chris me escuchó una vez quejarme por un problema insignificante. Después de unos minutos de lamentarme, dije con burlona seriedad: «¡Mi vida es una auténtica cruz...!».

Y Chris me respondió al instante: «Sí, pero ¿para ti o para los demás?». Fue una frase ingeniosa que me hizo ver las cosas en la debida perspectiva. Cuando me centro demasiado en mis problemas, me gusta recordar la broma, tan oportuna, de Chris. El humor nos ayuda a desinflar nuestro pretencioso ego.

Cuarta, los amigos deben *ayudarse* mutuamente. No todo es conversación y escucha; a veces tu amigo necesita que tú *hagas* algo: visitarle en el hospital, ayudarle a mover un sofá, cuidar de sus hijos, prestarle unas pinzas para arrancar el coche, llevarle al aeropuerto... Esto es parte del trabajo fundamental de *ayudar a las almas* y es parte también de la vocación de todo el mundo. Como dice David Fleming en *What is Ignatian Spirituality?*, «ayudar no requiere una intensa formación ni un montón de títulos académicos».

Crecer en gratitud

Hasta aquí, el tipo de amistad que he descrito parece casi utilitarista: los amigos deben hacer tales cosas y evitar tales otras, con el fin de producir esta clase de amistad. Pero la amistad o, de hecho, cualquier relación amorosa no es una máquina diseñada para producir felicidad. Puede que una metáfora mejor sea la de las flores de un hermoso jardín. A no ser que seas una abeja, las flores no están ahí para *hacer* algo por ti, sino para que disfrutes de ellas.

Lo cual me lleva a la parte final de nuestro análisis: la gratitud.

El método de Ignacio celebra la gratitud. Los *Ejercicios Espirituales* están plagados de invitaciones a expresar nuestro agradecimiento por los dones de Dios. «Mirar cómo todos los bienes y dones descienden de arriba –escribe Ignacio en la Cuarta Semana–, así como la mi medida potencia de la suma y infinita de arriba...; así como del sol descienden los rayos». El examen, como ya hemos dicho, comienza por la gratitud. Para Ignacio, la *ingratitud* es el «más abominable de los pecados» y, de hecho, «la causa, el inicio y el origen de todos los pecados e infortunios».

Cuando le pregunté a Steve por la amistad, lo primero que mencionó fue la necesidad de descubrir la gratitud durante el examen de conciencia. «Cuando pienso en la amistad, lo primero que me viene a la cabeza es encontrar a Dios en todas las cosas –me dijo–. Lo que sale a la superficie durante mi examen, cuando frecuentemente Dios me encamina hacia cosas que Él considera que son importantes, en lugar de aquello en lo que yo podría centrarme, a menudo resultan ser amigos e interacciones con otros jesuitas, incluso de la manera más simple: un comentario fortuito en un pasillo o una homilía de otro jesuita. El examen me ayuda a ser más consciente de mis amigos y a estar más agradecido por ellos».

Paula observaba irónicamente que, aunque todo el mundo dice estar agradecido por sus amigos, el examen hace más fácil centrarse en esa gratitud. «El examen *siempre* ayuda en la amistad y en las relaciones familiares –me dijo–, porque ayuda con la gratitud». Para la hermana Maddy, incluso los días en que los amigos no están presentes constituyen otras tantas ocasiones para estar agradecida por ellos. «Cada noche, durante mi examen, recuerdo mi gratitud por mis amigos, aunque no haya estado en contacto con ellos ese día concreto. Estoy agradecida por ellos, estén donde estén».

Paul, superior de una gran comunidad de jesuitas de Boston, me dijo que la gratitud era la parte más descuidada de la amistad. Paul ha estado muchos años a cargo de la formación de los jóvenes jesuitas en Boston y en Chicago y tiene a sus espaldas toda una vida de experiencia aconsejando a otros en cuanto a su vida espiritual. «Uno de los aspectos más importantes de la amistad –me dijo– es vivir en gratitud por este don y aumentar esa forma de gratitud».

Paul observaba que un problema común en la amistad entre jesuitas proviene de la falta de gratitud. Sin gratitud, se da la amistad por supuesta. «Lo que necesita poco esfuerzo se olvida. Y las pequeñas cosas tienen importancia: buscar tiempo para telefonear, para permanecer en contacto... Si la gente puede nombrar una amistad y valorarla, se siente más inclinada a trabajarla».

Es difícil conseguir una verdadera amistad –me dijo Paul–, y exige trabajo... y paciencia. «Hay un pequeño número de personas que, por cualesquiera razones, tienen facilidad para hacer amigos y conservarlos. Pero la inmensa mayoría de los humanos tienen que pedir la amistad y tener paciencia esperando a que llegue. Cuando imaginamos la amistad, tendemos a pensar en cosas que suceden instantáneamente; pero, como todo lo que es fecundo y maravilloso, se consigue poco a poco».

Este capítulo puede haber ayudado al lector a encontrar modos de fortalecer o profundizar su valoración de la relación con la familia y los amigos. Pero ¿qué pasa con los lectores a quienes hablar de la amistad únicamente les recuerda su soledad? Si te encuentras en este caso, sigues pudiendo disfrutar de la amistad de Dios en la oración, viendo cómo Dios está activo en tu trabajo, tus lecturas y tus «hobbies».

No obstante, ¿qué podemos decir a quienes ansían un buen amigo?

Minimizar el dolor de la soledad sería un error: yo he conocido a muchas personas solitarias cuya vida suele estar marcada por la tristeza. Lo que puedo sugerirles es que permanezcan abiertas a la posibilidad de conocer nuevos amigos y no den paso a la desesperanza, confiando lo más posible en que Dios quiere que algún día encuentren un amigo. El deseo mismo de amistad es una invitación de Dios a ir hacia los demás. Deben confiar en que Dios desea para ellos comunidad, aunque sea un objetivo que parezca lejano.

«Para quienes se pregunten por qué tal cosa no sucede más deprisa en su vida –decía Paul–, yo creo que es más importante amar y dar el primer paso. Y también parece que la mayoría tiene que pasarse la vida dando, más que recibiendo».

«Pero al final –proseguía Paul–, pese a todo el trabajo que implica, aunque no encuentres más que un amigo en toda tu vida, merece la pena».

11

Abandonarse al futuro

(Obediencia, aceptación y sufrimiento)

San Ignacio fue meridianamente claro a propósito del lugar de la obediencia en la vida de los jesuitas. Así es cómo comienza su explicación del voto en las *Constituciones,* en un apartado titulado «De lo que toca a la obediencia».

> «Todos se dispongan mucho a observar [la obediencia] y señalarse en ella, no solamente en las cosas de obligación, pero aun en las otras, aunque no se viese sino la señal de la voluntad del Superior sin expreso mandamiento».

En otras palabras, los jesuitas debemos distinguirnos por nuestra obediencia, de manera que una mera *indicación* de la intención de un superior debería ser razón suficiente para actuar. Es más, debemos recibir la orden del superior «como si de Cristo nuestro Señor saliese», dado que practicamos la obediencia por amor a Dios. Debemos estar dispuestos a dejar a un lado lo que sea que estamos haciendo –incluso «dejando la letra comenzada»– una vez que sabemos lo que el superior quiere.

Esto es imposible de comprender para la mayoría de la gente, para la cual, citando de nuevo a Kathleen Norris, la obediencia es «deseable en los perros, pero sospechosa en las personas». A muchos les resulta muy extraño el término *superior,* que es el utilizado para designar a quien dirige una comunidad religiosa. Rick Curry, un amigo mío jesuita, se encontró en cierta ocasión con una psiquiatra que vivía en el mismo edificio en el que Rick tenía su despacho. Rick estaba en el ascensor con otro jesuita, al que Rick presentó diciendo: «Este es mi superior».

Después de que el superior saliese del ascensor, la amiga de Rick dijo: «Me gustaría que no dijeses ese tipo de cosas».

Rick preguntó: «¿Qué cosas?».

Ella le respondió: «No es tu superior. Tú eres tan bueno como él».

Rick se echó a reír y le explicó lo que significa el término.

Permítaseme también a mí dar una explicación del voto de obediencia antes de pasar a ver cómo la experiencia de los jesuitas con la obediencia puede ayudar al lector en su vida cotidiana.

La obediencia como escucha

En la época de Ignacio, la obediencia era absolutamente normal en la vida religiosa. Cuando su grupo de amigos, que estaba fuertemente unido, decidió convertirse en una orden religiosa, habría sido impensable disponer las cosas de cualquier otro modo, porque la obediencia siempre ha formado, y sigue formando, parte de casi todas las órdenes religiosas católicas.

La palabra «obediencia» procede del latín *oboedire,* que incluye la raíz de «escuchar» (*audire*). La obediencia significa escucha. Como en el caso de los votos de pobreza y castidad, la obediencia está destinada a ayudarnos a seguir el ejemplo de Jesús, que escuchó y obedeció a Dios Padre.

Los hombres y mujeres pertenecientes a las órdenes religiosas creen que Dios actúa no solo a través de su vida y oración diaria, sino también a través de las decisiones de sus superiores, que tratan también de decidir el curso de acción debido. Nosotros creemos que el Espíritu de Dios actúa a través de las decisiones del superior, que está, al igual que el jesuita a su cargo, tratando de «escuchar» a Dios.

Lo cual no significa que el superior llegue a sus decisiones solo. El superior y el jesuita tratan conjuntamente de discernir los deseos de Dios. Cuando un jesuita va a ser enviado en misión a un trabajo determinado, el superior está atento a los deseos de dicho jesuita, porque sabe –y el lector ahora lo sabe también– que este es un modo de que se den a conocer los deseos de Dios. Esto es lo que el fundador de los jesuitas pretendía.

En *Contemplativos en la acción: la espiritualidad jesuítica,* William Barry y Robert Doherty observan lo sorprendente que es la insistencia de Ignacio en el discernimiento individual cuando se considera lo jerárquicos y autoritarios que eran los círculos en los que Ignacio se movía: cortes de reyes y nobles, la milicia, la universidad, la Iglesia... No obstante, dicen: «Ignacio esperaba también que la voluntad de Dios pudiera manifestarse a través de la experiencia de los hombres mismos».

¿Cómo conoce un superior los deseos de un hombre? A través de una práctica llamada «cuenta de conciencia». Una vez al año, el provincial se entrevista con cada uno de los jesuitas a su cargo para examinar su trabajo, su vida comunitaria, sus votos, sus amistades y su oración. Después el superior tiene una idea más clara de la vida interior del jesuita y, por lo tanto, está mejor preparado para encomendarle una misión.

Una vez que la decisión ha sido tomada, si el jesuita siente que no ha sido adecuadamente escuchado, puede apelar al superior. Esto se conoce como «representar». Si tampoco queda satisfecho, el jesuita puede apelar a una autoridad superior, hasta llegar al superior general. Pero al final –a no ser que se trate de una cuestión de conciencia–, el jesuita está obligado por su voto a obedecer. Después de la oración, la conversación y el discernimiento, aunque pienses que se trata de una mala decisión, debes aceptarla.

Jesuitas astutos

Se supone que los jesuitas son inteligentes –cuando no astutos– en lo que respecta a la obediencia. Hay un chiste según el cual un jesuita que se sentía culpable por uno de sus malos hábitos preguntó a su superior: «Padre, ¿puedo fumar mientras rezo?». El horrorizado superior le dijo: «¡Por supuesto que no!». El jesuita contó el caso a otro jesuita que tenía el mismo hábito. Después de sopesar la cuestión, el segundo jesuita preguntó: «Padre, ¿puedo rezar mientras fumo?». «¡Por supuesto que sí!», respondió el superior.

O, como se supone que dijo un superior jesuita apócrifo: «Yo discierno, tú disciernes, nosotros discernimos, pero ¡yo decido!».

Desde los años sesenta, más o menos, los superiores jesuitas han recuperado la noción original de Ignacio de que Dios no actúa únicamente a través de los deseos, esperanzas y talentos del hombre, sino que además la persona desarrolla mejor un trabajo que es de su gusto. La mayoría de los jesuitas que dan clase en la Universidad, por ejemplo, han pasado años preparándose para su trabajo y se sienten afortunados por poder hacer uso de su formación académica, y sus superiores se sienten felices de enviarlos allí. Pero atender a los deseos y talentos del individuo ha formado parte, desde hace mucho tiempo, del discernimiento jesuítico. «Si los hombres que están entre nosotros muestran celo y aptitud para un trabajo determinado como, por ejemplo, las misiones –decía el jesuita inglés Gerard Manley Hopkins en 1874–, normalmente pueden conseguir ser empleados en ellas».

Seguir la voluntad de los superiores es, por lo general, una experiencia satisfactoria, porque se siente que los propios deseos y necesidades de la comunidad en su conjunto coinciden. Pero a veces se te pide que vayas a algún lugar al que tú no habrías elegido ir, o que hagas algo que preferirías no hacer.

Si el lector tiene algún problema para aceptar este aspecto de la obediencia, tal vez le resulte más fácil aceptar una razón más práctica: es preciso que alguien esté al cargo. Gestionar una orden religiosa mundial, como hizo Ignacio, requería una persona, una autoridad última, que orientara el trabajo. Por eso el voto de obediencia, como los restantes votos, es siempre «apostólico», es decir, que nos ayuda a realizar nuestra tarea más eficazmente.

De hecho, siempre me sorprende la cantidad de personas que se burlan de la obediencia en las órdenes religiosas, pero la viven religiosamente en su vida. Muchas personas que trabajan en entornos profesionales rinden cuentas ante un director que les da unas directrices que muy frecuentemente no deciden por sí mismos. Cuando yo trabajaba en la General Electric, vi cómo numerosos empleados que llevaban mucho tiempo en la empresa eran destinados a otros lugares muy distantes; sin embargo, quejarse era impensable, porque estaban muy entregados a la empresa. Esas decisiones se ven como necesarias para alcanzar los objetivos de la organización, como ocurre con las decisiones en una orden religiosa.

Y, tras haber pasado seis años trabajando en la Norteamérica empresarial, puedo afirmar que entre los jesuitas hay *más* que decir a este respecto que en el mundo empresarial. Tu superior religioso cree que tus deseos, percepciones y conclusiones son valiosos, mientras que en el mundo empresarial no siempre es ese el caso.

Además de los votos normales de pobreza, castidad y obediencia que hacen los miembros de las órdenes religiosas, Ignacio pidió a muchos jesuitas que profesaran lo que se llama el «cuarto voto». Este voto especial vincula al papa. Al final de su formación, el jesuita promete «especial obediencia al soberano pontífice en materia de misiones».

¿Qué es lo que subyace a este «cuarto voto»? La movilidad por todo el mundo. Ignacio veía el cuarto voto, no tanto como algo centrado en la persona del papa (aunque esperaba que sus hombres sintieran un profundo respeto por el pontífice), sino como fruto de su convencimiento de que el papa sabe dónde son mayores las necesidades, en virtud de su conocimiento general de la Iglesia universal. «El voto presume –dice John O'Malley en *Los primeros jesuitas*– que el papa posee la amplia visión requerida para el despliegue más efectivo en la "viña del Señor"».

«Es el voto de ser misionero, de estar "en misión", de "ir a cualquier parte del mundo"», decía el padre O'Malley en una carta reciente.

La voluntad de Ignacio estaba clara: la obediencia del jesuita era el sello distintivo de la vida religiosa. Pero, además de la gestión eficiente de una orden, ¿cuáles son los otros beneficios de la obediencia?

La pobreza te libera para vivir con sencillez, pero te libera también de la preocupación por los bienes materiales. La castidad te libera para amar a la gente libremente y moverte con mayor facilidad. La obediencia tiene también que ver con la libertad. Te libera del interés personal excesivo, del carrerismo y el orgullo, y te permite responder con menos dificultad a las necesidades de la comunidad. En lugar de preguntarte: *¿Cuál es el mejor modo de que yo progrese?*, la obediencia te pide que confíes en que tus superiores, que se supone tienen una idea más exacta de las necesidades más generales, serán capaces de responder a otra pregunta: ¿cuál es el mejor uso de los talentos de este hombre, dadas las necesidades de la comunidad?

La obediencia te libera para esa clase de servicio.

¿Cómo funciona esto en la práctica? Si preguntas a los jesuitas acerca de la obediencia, la mayoría te hablará de la experiencia de ser enviado a una misión o a un nuevo trabajo. La razón de que san Francisco Javier fuera a «las Indias» y san Isaac Jogues a la «Nueva Francia» no fue simplemente que ellos quisieran, sino que fueron enviados «en misión» a dichos lugares. Su voto de obediencia proporcionó a su trabajo la dimensión añadida de estar bajo el cuidado de Dios. Como todos los jesuitas, ellos confiaban en que su trabajo fuera lo más cercano posible a los deseos de Dios, dado que brotaba de su deseo de servir a Dios y era confirmado por su superior. En suma, creían que Dios se tomaba sus votos con tanta seriedad como ellos, porque el voto se hace a Dios, a quien todos los jesuitas obedecen.

Con tanto amor y caridad como sea posible

¿Cómo se materializa la obediencia en la vida cotidiana de los jesuitas? ¿Se limitan los superiores a organizar el lugar de residencia o te envían arbitrariamente a destinos remotos?

La respuesta es diferente hoy de la que se habría dado hace unas décadas. En el pasado, los jesuitas norteamericanos no se enteraban de sus destinos en el transcurso de una conversación con sus superiores, sino cuando se hacía pública la lista de destinos (llamada *status,* pronunciado al modo latino) el 31 de julio, festividad de san Ignacio de Loyola.

Un jesuita anciano me contó el caso del *status* de una provincia a finales de los años cincuenta. Echó un vistazo a la lista y se sorprendió al ver que había sido destinado a dar clase de química. Bueno, pensó, se trata claramente de un error. No solo nunca había dado clase de química, sino que no había estudiado química. Y comprendió lo que había sucedido: había otro jesuita con el mismo nombre que se había licenciado en química en la Universidad. Aquel otro jesuita había sido destinado a dar clase de inglés, que era lo que mi amigo había estudiado. Así que mi amigo pidió cita al provincial para «representar».

«Padre provincial –dijo el joven jesuita–. Creo que ha cometido un error».

Cuando mi amigo me contó la historia, se interrumpió muerto de risa y me dijo: «¡Aquello fue lo último que él quería oír!». Molesto por la presunción del joven jesuita, el provincial dijo que no había habido ningún error: estaba destinado a dar clase de química en uno de los colegios de la provincia.

«¿Y qué hiciste?», le pregunté yo.

«Pues dar clase de química durante un curso –me dijo riendo–. ¿Y sabes qué? ¡Lo hice bastante bien!». Se trató de un abuso de poder que mi amigo supo manejar.

Algunos jesuitas han albergado rencor durante mucho tiempo por alguna decisión equivocada de los superiores. En el quincuagésimo aniversario de su ordenación, ante un grupo de jesuitas, amigos y familiares, el primer director de la revista *America* dijo audazmente: «Todo lo que he conseguido en la Compañía de Jesús ha sido a pesar de mis superiores».

Durante gran parte del siglo XX, se insistía más en el discernimiento del superior que en el del individuo; pero desde el Concilio Vaticano II, en el que se pidió a las órdenes religiosas que volvieran al espíritu original de su orden, los jesuitas se han reapropiado de esta pieza esencial de la sabiduría ignaciana: el Espíritu obra a través de todo el mundo. Hoy las decisiones llegan después de un largo proceso de conversación y oración.

Pero ¿qué sucede si *sigues* sin estar de acuerdo? Bueno, pues entonces puedes «representar» y explicar tus razones una última vez. En el raro caso de que surja una seria disputa, el superior puede ordenarte que aceptes su decisión «por orden de santa obediencia», en cuyo caso el desafío consiste en encontrar la paz y la confianza en que Dios actúa incluso en decisiones con las que no estás de acuerdo.

Bajo estas decisiones se encuentra la responsabilidad del superior de orar para descubrir los deseos de Dios y llevar adelante sus decisiones con amor por los jesuitas. Como dicen Barry y Doherty, «la práctica de la obediencia en el gobierno de los jesuitas obviamente no se piensa que sea autoritaria ni arbitraria... Ignacio quiere que los superiores actúen con amor, aun cuando deban hacer algo doloroso para otro». Por ejemplo, pedir a alguien que haga algo que preferiría no hacer.

Esto incluye la opción más dolorosa de todas: la decisión de expulsar a alguien de la Compañía. De hecho, Ignacio perfiló cuidadosamente los pasos que hay que dar después de tomar la decisión de pedir a alguien que se marche. Este ejemplo concreto de un superior compasivo podría ser utilizado provechosamente en el mundo empresarial.

Primero, dice Ignacio, el superior debe asegurarse de que el individuo puede dejar la casa con respeto por parte de sus compañeros, sin «vergüenza o afrenta». Segundo, el superior le despedirá «en amor y caridad de la Casa y cuan consolado en el Señor nuestro pudiere». Tercero, debe «procurar enderezarle para que tome otro buen medio de servir a Dios en la religión o fuera de ella..., ayudando con consejo y oraciones y con lo que más pareciere».

Paradójicamente, esta lista de cosas tan sensatas se cuenta entre los textos más conmovedores de Ignacio. En las *Constituciones* se revela más claramente que nunca el buen corazón de Ignacio, que ve incluso sus decisiones más dolorosas bajo el imperio del amor. (Compárese con el modo en que se practica el despido en el mundo empresarial).

Todos los jesuitas comprenden el propósito de la obediencia, pero hay ocasiones en que, aun comprendiéndolo, no deja de ser un reto. Permítaseme exponer dos breves casos.

Dos historias acerca de la obediencia

Por extraño que pueda parecer hoy, Robert Drinan, SJ, fue miembro de la Cámara de Representantes norteamericana durante muchos años, representando al distrito de Massachusetts. A finales de los años sesenta, su oración y su discernimiento llevaron a Drinan, por entonces catedrático de derecho en la Universidad de Boston, a concluir que entrar en la vida política sería el mejor modo de efectuar un cambio duradero en la sociedad, y recibió la aprobación de sus superiores para presentarse como candidato. Drinan sirvió hasta 1981 y se hizo famoso por ser el primer miembro del Congreso en pedir la recusación del presidente Richard M. Nixon en 1973, dada su actuación durante la guerra de Vietnam.

Pero, con el tiempo, el Vaticano decidió que los sacerdotes no debían implicarse en la vida política tan directamente, de manera que Pedro Arrupe, superior general de la Compañía de Jesús, obediente a su superior –el papa Juan Pablo II–, ordenó a Drinan que no se presentara a la reelección en 1980. Los comentarios de Drinan en una rueda de prensa fueron impresionantes. Allí estaba un jesuita renunciando a su importante trabajo y –lo más importante– confiando en la obediencia que prometió en sus primeros votos.

> «Me siento orgulloso y honrado de ser sacerdote y jesuita. Como persona de fe, debo creer que hay un trabajo para mí que, de alguna manera, será más importante que el trabajo que se me exige abandonar. Emprenderé este nuevo peregrinaje con dolor y oración».

Posteriormente, Bob se convirtió en un popular catedrático de derecho en la Universidad Georgetown y autor de muchos artículos y libros sobre los derechos humanos en la esfera internacional, y era respetado en los círculos religiosos y fuera de ellos. En años posteriores, antes de su muerte en 2007, fue criticado por algunos de sus escritos sobre el aborto. Yo mismo estaba en desacuerdo con él en esta materia. Sin embargo, siempre le respeté por haber mostrado lo que significa confiar en que Dios está en acción incluso en las decisiones más dolorosas.

Unas décadas antes, otro prominente jesuita, el teólogo John Courtney Murray, se encontró con una orden similar. Murray, gran erudito que, como decía un jesuita, «entraba en una habitación como un transatlántico», fue un brillante estudioso que apareció en una ocasión en la portada de la revista *Time*. Pero su renombre no le impidió aceptar una dura decisión de sus superiores.

En los años cincuenta, un grupo de teólogos de talento, incluido Murray, fueron «silenciados» por funcionarios vaticanos y por sus propias órdenes religiosas. Murray, catedrático de teología en la Universidad jesuita de Woodstock, Maryland, había escrito extensamente a propósito de la relación Iglesia-Estado, planteando que la libertad religiosa constitucionalmente protegida, es decir, la libertad de los individuos de profesar la religión que quieran, está de acuerdo con la doctrina católica. El Vaticano no estuvo de acuerdo, y en 1954 los superiores de Murray le ordenaron que dejara de escribir sobre el tema. Un jesuita recordaba haber visto a Murray devolviendo tranquilamente a la biblioteca de la Universidad de Woodstock todos los libros sobre el tema.

Unos años después, sin embargo, el cardenal Francis Spellman, poderoso arzobispo de Nueva York, se ocupó de que Murray fuera nombrado perito oficial del Concilio Vaticano II. Allí, el anteriormente silenciado Murray sería uno de los arquitectos de la «Declaración sobre la libertad religiosa», que se inspiraba en la obra previamente prohibida de Murray y afirmaba claramente la libertad religiosa como un derecho de toda persona. Hacia el final del Concilio, John Courtney Murray, junto con otros estudiosos que habían sido también silenciados, fue invitado a celebrar misa con el papa Pablo VI, como muestra pública de su «rehabilitación» oficial. Murray murió unos años después, en 1967.

Puede que, al leer lo que hemos referido acerca de estos dos jesuitas, el lector esté pensando: *Es ridículo;* o *¿Por qué Drinan no prosiguió su carrera política?;* o *¿Por qué Murray no escribió lo que quería escribir?* De hecho, algunos jesuitas han decidido que no pueden cumplir sus votos y han abandonado la Compañía para decir o hacer lo que sentían que era su deber.

Lo que permitió a hombres como Drinan y Murray aceptar tan duras decisiones fue la confianza en que Dios estaba de algún modo actuando a través de su voto de obediencia. Mediante sus votos, ofrecidos libremente a Dios, creían que Dios actuaría aun cuando las decisiones de sus superiores parecieran ilógicas, injustas o incluso estúpidas.

La postura es similar a la seriedad con que las parejas se toman sus votos matrimoniales en momentos difíciles. A menudo, en el matrimonio hay que afrontar y modificar situaciones insanas, perjudiciales o destructivas; pero a través de todo ello la pareja confía en que, aunque su matrimonio sea turbulento (o esté aparentemente muerto) y parezca tener poco sentido terrenal, sus votos siguen siendo un signo de la alianza de Dios con ellos, un símbolo de la sacralidad de su compromiso y una razón para confiar en que Dios les ayudará a superar la situación. Los votos son parte de la relación con Dios, y se confía en que Dios cumplirá su parte del trato.

El voto de obediencia rara vez conduce a situaciones tan dolorosas. Casi siempre, este voto es fácil de cumplir, y la mayoría de los jesuitas emprenden sus nuevas misiones con entusiasmo. E incluso en los casos en que, en un primer momento, no están de acuerdo con la decisión, posteriormente, aunque sea muchos años después, consideran que fue una decisión válida y sabia.

En un determinado momento de mi formación, como ya he mencionado, me enamoré. Sucedió en el África oriental, no mucho antes de tener que proseguir los estudios de teología. Había ya completado todo el papeleo y había sido aceptado en un programa de teología, como les había ocurrido a mis compañeros.

Cuando le dije a mi provincial, por teléfono, lo desconcertante que había sido enamorarme, y cómo ello había hecho que durante un breve tiempo me cuestionara mi vocación, él decidió que sería mejor retrasar mis estudios de teología un año más.

Fue una decepción tremenda, porque mis amigos sabían que ya había sido aprobado para realizar los estudios de teología. La decisión de mi provincial significaba que tendría que admitir el retraso. Lo que más me preocupaba era si ello era señal de que querían que dejara la Compañía. ¿Les había fallado a los jesuitas?

Fue lo más cerca que he estado de dejar de ser jesuita. ¿Por qué quedarme, si no podía hacer lo que quería?; ¿por qué quedarme frente a aquella humillación?; ¿por qué quedarme, si los jesuitas (aparentemente) no me querían? Así de equivocadamente interpreté las cosas: después de todo, el provincial no había dicho ni una palabra sobre mi marcha.

Confuso, fui a ver a mi director espiritual, un jesuita piadoso y amable. George había pasado muchos años siendo profesor de ciencias y, a una edad bastante avanzada, había redescubierto los *Ejercicios Espirituales*. Con setenta años, aceptó un nuevo destino en la casa de Ejercicios de los jesuitas en Nairobi, donde yo le veía una vez al mes como mi director espiritual. Era un hombre paternal, de cabello blanco, amplia sonrisa y una declarada preferencia por las chaquetas azul marino. Simplemente, estar en su presencia constituía un bálsamo para mi espíritu. Pocas personas ha habido a las que yo haya respetado más.

O a las que haya estado más agradecido. Cuando contraje la mononucleosis y me encontraba demasiado enfermo para poder salir de mi comunidad, George conducía una hora desde su casa de Ejercicios hasta mi comunidad para no privarme de su dirección espiritual. «Estoy haciendo una visita a domicilio», me decía alegremente. Pasábamos la tarde sentados bajo una palmera en el patio trasero de la residencia jesuítica.

Después de haber hablado con mi provincial, tenía una preocupación más apremiante que mi mononucleosis: mi futuro como jesuita. Al día siguiente fui a la casa de Ejercicios y le di a George la mala noticia. ¿Cómo podía yo aceptar la ridícula decisión del provincial?; ¿qué podía decir a mis amigos y a mi familia, y en especial a mis amigos jesuitas, que sabían que estaba listo para empezar mis estudios de teología?; ¿era señal de que tenía que abandonar la Compañía?

George, pacientemente, me hizo revisar todas las cosas buenas que habían sucedido durante mi estancia en Kenia. El Servicio Jesuita a Refugiados había ayudado a gran número de estos a iniciar sus propios negocios; habíamos patrocinado a tallistas, pintores, cesteros, ganaderos; los refugiados habían creado talleres de costura, panaderías, carpinterías e incluso unos cuantos restaurantes etíopes y una granja avícola. Después de un año, habíamos abierto una pequeña tienda para comercializar algunos artículos de artesanía de los refugiados. En los primeros meses, la tienda había ganado cincuenta mil dólares para ellos. En los dos años anteriores, yo había hecho muchos amigos entre los refugiados y había dado y recibido mucho amor. Y mi oración como jesuita se había enriquecido y había sido satisfactoria en Kenia. George me recordó incluso aquella consoladora experiencia espiritual de la pequeña colina, en el camino a casa desde el trabajo, y la sensación de estar en el lugar debido.

«¿Cómo puedes dudar de tu vocación después de esto?», me dijo George.

Pero yo me mantenía inflexible. La decisión del provincial era señal de que debía dejar la Compañía. Echando la vista atrás, parece claro que me estaba alejando rápidamente de Dios y encaminándome hacia la desesperación, pasando de un retraso en mi formación a dejar a los jesuitas por completo. El «enemigo», como dice Ignacio, estaba en acción, trabajando en mi orgullo y llevándome rápidamente a la desesperación y a una decisión precipitada.

«Jim –me preguntó George–, ¿cómo ves tú tu formación como jesuita?».

No entendí en absoluto lo que quería decir. Entonces dijo algo que cambió mi idea de la vida espiritual.

«¿Es solo una serie de aros por los que saltar? –me preguntó– ¿Es una escala por la que estás subiendo para alcanzar el éxito?». Hizo una pausa.

«¿O es Dios que está formándote?».

Avergonzado, tuve que reconocer que había visto mi formación como una serie de aros por los que saltar, a fin de alcanzar el gran objetivo: la ordenación sacerdotal. La veía más como trabajo (con el objetivo de la promoción) o como escuela (graduación). Pero puede que estuviera teniendo lugar algo mayor. Puede que realmente estuviera siendo «formado» por Dios.

Con la ayuda de George reconocí algo: la alegría que había experimentado como jesuita en aquellos dos últimos años había sido real; estaba llamado a ser jesuita en medio de todo aquello, y por eso estaba también llamado a aceptar la decisión del provincial. La mano de Dios, que tanto me costaba ver, debía de estar actuando. Así que decidí quedarme.

Después de unas cuantas conversaciones más, el provincial me destinó un año a una nueva tarea: trabajar en la revista *America*.

La «mala» decisión del provincial me llevó a mi carrera de escritor. De no haber sido por esa decisión, a la que me opuse vehementemente, el lector no estaría leyendo este libro. Echando la vista atrás, puedo ver lo distinta que habría sido mi vida de no haber sido fiel a mi voto de obediencia.

Años después, vi al exprovincial en una reunión navideña de jesuitas. Para entonces éramos amigos, pero nunca había hablado con él de mi estancia en Kenia.

«¿Sabes? –le dije–, tuviste razón hace años».

«Acerca de qué?, me preguntó.

«Acerca de retrasar mis estudios de teología –le dije–. Echando la vista atrás, veo que no estaba preparado. Estaba demasiado inestable y confuso, y no habría podido emprender los estudios de teología ni pensar en la ordenación. Además, aquel año en *America* cambió verdaderamente mi vida. Así que, visto desde ahora, tenías razón».

Esperaba que él dijera que ahora, con la ventaja de ver las cosas en retrospectiva, podía finalmente ver la sabiduría de su decisión. En cambio, se echó a reír.

«Jim –dijo afablemente–, yo sabía que tenía razón incluso entonces».

La realidad de la situación

Así pues, los jesuitas hacen voto de obediencia. ¿Y qué? Probablemente el lector se esté preguntando qué tiene eso que ver con él, porque muy posiblemente no pertenece ni piensa pertenecer a ninguna orden religiosa. Probablemente, no va a hacer nunca «voto de obediencia» a nadie, a no ser en una ceremonia matrimonial tradicional, aunque es una «obediencia» distinta, en cualquier caso. Así que tal vez piense que esas historias a propósito de la obediencia jesuítica son ridículas. En suma, puede seguir creyendo que la obediencia es «deseable en los perros, pero sospechosa en las personas».

Puede resultar difícil ver cómo se relaciona con tu vida este aspecto de la espiritualidad jesuítica. La pobreza y la castidad tienen aplicaciones más obvias: la pobreza proporciona ideas respecto de la libertad de la vida sencilla. La castidad ofrece perspectivas respecto de cómo amar libremente y ser un buen amigo. Pero ¿qué decir de la obediencia?

Pues bien, la obediencia es algo que todo el mundo tiene que afrontar en la vida espiritual, porque, se pertenezca o no a una orden religiosa, hay que entregarse a la «voluntad de Dios» o a los «deseos de Dios» o, simplemente, a Dios, pero no del modo que cabría pensar.

A menudo, cuando pensamos en la voluntad de Dios, pensamos en tratar de comprenderla. ¿Qué es la voluntad de Dios? ¿Qué se supone que tengo yo que hacer? Uno de los temas de este libro es el modelo ignaciano de «discernimiento», en el que tus deseos ayudan a revelar los deseos de Dios con respecto a ti. Nosotros buscamos signos de esos deseos en nuestra vida.

Pero existe un peligro: podemos pasar por alto el hecho de que el «plan» de Dios no suele necesitar mucha comprensión ni discernimiento. A veces está justo enfrente de nosotros. Y eso es lo que uno de mis héroes jesuitas comprendió en un campo de trabajo de la Unión Soviética.

Al principio del libro me referí a la historia de Walter Ciszek, sacerdote jesuita de origen norteamericano que fue enviado por sus superiores a trabajar en Polonia a finales de los años treinta. (Hablando de obediencia: se había ofrecido voluntario). Originalmente con la esperanza de trabajar en la misma Unión Soviética, a Ciszek le resultó imposible conseguir entrar y acabó en una iglesia de rito oriental de Albertin, Polonia. Cuando el ejército alemán tomó Varsovia en 1939 y el ejército soviético invadió la Polonia oriental y Albertin, Ciszek huyó con otros refugiados polacos a la Unión Soviética, esperando servir allí (ocultamente) como sacerdote.

En junio de 1941, Ciszek fue detenido por la policía secreta soviética como sospechoso de espionaje. Pasó cinco años en la infame Lubianka, la tristemente célebre cárcel de Moscú, y fue después sentenciado a quince años de trabajos forzados en Siberia. Además de realizar tales trabajos forzados, sirvió como sacerdote a sus compañeros presos, arriesgando su vida para ofrecer consejo, escuchar confesiones y, lo más peligroso de todo, celebrar misa.

> «Decíamos misa en tugurios que servían de almacén o apretujados y rodeados de barro en la esquina de los cimientos de una obra... Sin embargo, en esas primitivas condiciones, la misa te acercaba más a Dios de lo que nadie puede imaginar».

Ciszek regresó a los Estados Unidos en 1963. Para entonces, muchos jesuitas pensaban que había muerto. ¿Cómo no pensarlo? La Compañía de Jesús lo declaró oficialmente muerto en 1947, pero hacia el final de su cautiverio, de pronto y sorprendentemente, a Ciszek se le permitió escribir cartas a su casa. Y únicamente entonces su familia y sus amigos supieron de su «renacimiento».

Después de un complicado intercambio diplomático que tuvo lugar con la ayuda del presidente John F. Kennedy, Ciszek regresó a los Estados Unidos el 12 de octubre de 1963, yendo directamente a la comunidad jesuítica de la revista *America* en Nueva York. Thurston Davis, SJ, editor jefe en aquel momento, escribió en el ejemplar que salió a continuación: «Con su gabardina verde, su traje gris y su gran sombrero ruso, parecía la versión cinematográfica de un miembro soviético de una misión agrícola».

Ciszek se puso a redactar la historia del tiempo pasado en Rusia, titulada *With God in Russia,* detallando las extremas condiciones en que había vivido, su repentina captura por los soviéticos, los penosos interrogatorios, el largo viaje en tren a Siberia, el miserable campo de internamiento y su liberación entre la población rusa como exconvicto bajo vigilancia. El libro, que aún sigue reimprimiéndose, fue un gran éxito. Pero unos años después comprendió que el libro que realmente quería escribir era la historia de algo distinto: su trayectoria espiritual. Este libro se titula *He Leadeth Me.*

Ciszek escribió que quería responder a la pregunta que todo el mundo le hacía: «¿Cómo se las arregló para sobrevivir?». Su respuesta breve era: «La Divina Providencia». La respuesta completa la constituye su libro, que muestra cómo encontraba a Dios en todas las cosas, incluso en el campo de trabajo soviético.

En uno de los más hermosos capítulos de su libro, Ciszek describe una asombrosa epifanía acerca de lo que significa seguir la «voluntad de Dios».

Durante mucho tiempo, cuando trabajaba duramente en los campos de trabajo, se preguntaba cómo podría soportar su futuro. ¿Cuál era la voluntad de Dios? ¿Cómo podía descubrirla? Un día, junto con otro amigo sacerdote, tuvo una revelación. En lo que respecta a la vida cotidiana, la voluntad de Dios no es una idea abstracta que haya que comprender ni desentrañar, ni siquiera discernir, sino que la voluntad de Dios es lo que se presenta ante nosotros cada día.

«La voluntad de Dios para nosotros eran las veinticuatro horas de cada día: las personas, los lugares, las circunstancias que él ponía ante nosotros en cada momento. Esas eran las cosas que Dios sabía que eran importantes para él y para nosotros *en ese momento,* y esas eran las cosas sobre las que él quería que nosotros actuáramos, no por ningún principio abstracto ni por deseo subjetivo alguno de "hacer la voluntad de Dios". No, esas cosas, las veinticuatro horas de cada día, eran su voluntad; y nosotros teníamos que aprender a reconocer su voluntad en la realidad de la situación».

Esta verdad fue tan liberadora que Ciszek vuelve sobre el tema una y otra vez en su libro. Este reconocimiento le sostuvo a lo largo de los muchos años de penalidades, sufrimiento y dolor.

«La verdad pura y simple es que su voluntad es lo que, de hecho, nos envía Él cada día en forma de circunstancias, lugares, personas y problemas. El truco consiste en aprender a verla no solo en teoría ni solo ocasionalmente, en un "flash" de iluminación concedido por gracia de Dios, sino día a día. Ninguno de nosotros tiene necesidad de preguntarse cuál será la voluntad de Dios para él; su voluntad se revela claramente en cada situación de cada día, con tal de que aprendamos a ver todas las cosas tal como él las ve y nos las envía a nosotros».

¿Cuál es la respuesta de Ciszek a la pregunta acerca de cómo sobrevivió? Obediencia a lo que la vida ponía ante sus ojos. «El desafío consiste en aprender a aceptar esta verdad y actuar en función de ella», dice Ciszek. Esto es algo que todo el mundo experimenta: nuestra vida cambia de modos que no podemos controlar.

Ahora bien, cuando la vida cambia a mejor, no hay problema en aceptarlo. Conoces a un nuevo amigo; asciendes en el trabajo; te enamoras; te enteras de que pronto serás madre o padre o abuela o abuelo... En estos casos, la aceptación es fácil. Lo único que hace falta es ser agradecido.

Pero ¿qué sucede cuando la vida te presenta un sufrimiento inevitable o abrumador? Aquí es donde el ejemplo del enfoque jesuítico de la obediencia puede resultar útil. Lo que permite a los jesuitas aceptar las decisiones difíciles de su superior es lo mismo que puede ayudarte a ti: caer en la cuenta de que eso es lo que Dios está invitándote a experimentar en ese momento. Es la idea de que, de alguna manera, Dios está contigo en acción y revelándose de un nuevo modo en esa experiencia.

Permítaseme ser muy claro: no estoy diciendo que Dios desee el sufrimiento o el dolor, ni que ninguno de nosotros vaya a comprender nunca plenamente el misterio del sufrimiento, ni que tengas que ver en cada dificultad la voluntad de Dios. Algunos sufrimientos *deben* ser evitados, aminorados o combatidos: las enfermedades tratables, los matrimonios en que se dan abusos, las situaciones laborales injustas, las relaciones sexuales disfuncionales...

No obstante, Ciszek comprendió que Dios nos invita a aceptar las realidades ineludibles que se presentan ante nosotros. Podemos, o bien apartarnos de esa aceptación de la vida y continuar por nuestra cuenta, o bien sumirnos en la «realidad de la situación» y tratar de encontrar a Dios en ella de modos nuevos. La obediencia, en este caso, supone aceptar la realidad.

Abandonarse al futuro

Esto me lo hizo ver hace unos años mi íntima amiga Janice, una religiosa católica. La hermana Janice fue una de mis profesoras durante mis estudios de teología en la Facultad de Teología Weston que los jesuitas tenemos en Cambridge, Massachusetts, donde era muy querida por los estudiantes. Miembro de las religiosas de Jesús y María, de origen francés, Janice, pequeña de estatura, con el cabello gris muy corto y un comportamiento alegre, daba clase de historia de la Iglesia y espiritualidad cristiana. Al final de mi segundo año de estudios, en mi ordenación como diácono, conoció a mis padres, con los que enseguida trabó amistad.

Unos años después de que acabara mis estudios de teología, mi familia recibió la terrible noticia de que mi padre tenía cáncer. Como ya he dicho anteriormente, se había caído en un aparcamiento, lo que alertó a los médicos de que había algún problema. Las pruebas mostraron que en su cerebro había metástasis de un cáncer de pulmón y que tenía que comenzar de inmediato el tratamiento con quimioterapia y radioterapia.

Cuando me enteré de la noticia, me quedé helado. ¿Cómo podría yo hacer lo que parecía que Dios me pedía: ayudar a mi madre en Philadelphia, acompañar a mi padre en los que podrían ser sus últimos meses y proseguir mi trabajo cotidiano habitual?

Además de estas nuevas responsabilidades, yo estaba afrontando algo más: una tristeza que superaba todo cuanto yo había experimentado. Durante los años anteriores, mi padre había ido pasando de un trabajo a otro, sin encontrarse a gusto en ninguno de ellos. Y el imaginarlo desvanecido en un aparcamiento, en medio de la oscuridad y la lluvia, me resultaba infinitamente triste. Y parecía seguro que su futuro sería aún más triste.

En un determinado momento, confesé a Janice mi miedo a afrontar todo aquello. «Sé que tengo que emprender este camino –le dije–, pero no sé si puedo».

Janice me dijo: «¿Eres capaz de entregarte al futuro que Dios te tiene preparado?».

Aquellas palabras me ayudaron a entender la obediencia en la vida cotidiana. Es la aceptación de lo que la vida pone frente a mí, la «realidad de la situación», como decía Ciszek. Para la mayoría de la gente, la obediencia no consiste en ser enviado a trabajar en un país lejano, sino en emprender el camino de la vida diaria y proseguirlo.

Todo es precioso

«Quienes se han abandonado en manos de Dios han llevado siempre una vida misteriosa y han recibido de Dios dones excepcionales y milagrosos por medio de experiencias de lo más ordinarias, naturales y casuales, en las que no parece haber nada inusual. El sermón más simple, las conversaciones más banales, los libros menos eruditos se convierten para esas almas en fuente de conocimiento y sabiduría, en virtud del propósito de Dios. Por eso ellos recogen cuidadosamente las migajas que mentes más inteligentes pisotean; para ellos todo es precioso y fuente de enriquecimiento».

– JEAN-PIERRE DE CAUSSADE, SJ (1675-1751)
El sacramento del momento presente

Hay una posible opción: en lugar de la aceptación, es posible evitar sumirse en la «realidad de la situación». Puede uno mantenerse a distancia y verla como una distracción de la vida, y no como la vida misma. Se recorre el camino de puntillas, andando cautelosamente por las orillas, o se evita por completo.

El consejo de Janice me permitió emprender el camino que Dios me invitaba a recorrer. Esto es algo que Walter Ciszek comprendió:

la obediencia consistía en aceptar lo que se le presentaba en cada momento. El jesuita del siglo XVIII Jean-Pierre de Caussade escribió dos libros sobre el tema: *El sacramento del momento presente* y *El abandono en la Divina Providencia*. «Cuando comprendamos que cada momento contiene algún signo de la voluntad de Dios —decía—, encontraremos en él todo cuanto podamos desear».

Mi padre murió en el hospital nueve meses después, perdiendo la batalla contra el cáncer de cerebro y de pulmón. Unos días antes de su muerte, Janice emprendió un viaje de seis horas en tren para venir a Boston, quedarse por la noche en un convento cercano y pasar dos horas hablando con mi padre, que yacía en la cama en el hospital; un acto inolvidable de caridad y amor.

La muerte de mi padre abrió un pozo sin fondo de tristeza en mí. Sin embargo, fui capaz de presidir su funeral y predicar acerca de su vida, que fue muy humana, llena de alegrías... y de tristezas. Al final, me sentí agradecido por haber podido ayudar a mi madre, acompañarla e incluso continuar con mi trabajo como jesuita. Y no podría haber hecho nada de ello si me hubiera resistido a emprender ese camino.

Encontrar a Dios en medio del sufrimiento

Todo ello suscita una cuestión esencial en la vida espiritual: ¿cómo encontrar a Dios en el sufrimiento? Lo cual, a su vez, suscita otra difícil cuestión: ¿por qué sufrimos? Sobre esto vamos a reflexionar brevemente antes de pasar a lo que la espiritualidad ignaciana tiene que decir al respecto.

La inmensa cuestión de por qué sufrimos, o el «problema del mal», lleva miles de años atormentando a teólogos, santos y místicos. ¿Cómo puede un Dios bueno permitir el sufrimiento?

Primero, tenemos que admitir que ninguna respuesta puede satisfacernos por completo cuando afrontamos un sufrimiento real, propio o ajeno. La mejor respuesta puede ser: «No lo sé».

Segundo, puede que tengamos que admitir que creemos en un Dios cuyos caminos son misteriosos. En un artículo en la revista *America*, el rabino Daniel Polish, autor de *Talking About God*, lo expresaba sucintamente: «Yo no creo en un Dios cuya voluntad o cuyos motivos sean cristalinos para mí. Y como persona de fe, tengo profundas sospechas respecto de quienes afirman que para ellos sí lo son».

Polish continúa citando al rabino Abraham Joshua Heschel: «Para el hombre piadoso, el conocimiento de Dios no es un pensamiento a su alcance». Este es el mayor desafío de la fe, dice Polish: «vivir con un Dios al que no podemos comprender plenamente, cuyas acciones explicamos bajo nuestra entera responsabilidad».

Tercero, aunque no hay respuestas definitivas a las preguntas acerca del sufrimiento y aunque no podemos comprenderlo plenamente, sí hay algunas perspectivas tradicionales que ofrecen las tradiciones judía y cristiana y que sirven de ayuda a los creyentes que atraviesan momentos de sufrimiento y dolor.

Durante mis estudios de teología, seguí un fascinante curso titulado «Sufrimiento y salvación» y que impartía Daniel Harrington, el experto en Nuevo Testamento mencionado anteriormente. En ese curso, posteriormente transformado en un libro titulado *Why Do We Suffer?*, el padre Harrington examinaba las explicaciones tradicionales presentadas en la Escritura. Ninguna de estas explicaciones responde a la pregunta, y todas y cada una de ellas, de hecho, suscitan nuevas preguntas; sin embargo, consideradas en conjunto, pueden, como dice sabiamente Harrington, proporcionar «recursos» al creyente.

Por lo tanto, nuestra clase leía en el Antiguo Testamento los salmos de lamentación, el libro de Job, pasajes del libro de Isaías a propósito del «siervo sufriente», extractos del Nuevo Testamento acerca de la pasión y muerte de Jesús, así como meditaciones sobre el significado de la Cruz en los escritos de san Pablo.

Estudiábamos los principales enfoques del sufrimiento que se encuentran en la Escritura: el sufrimiento como castigo por los pecados propios o de un antepasado; el sufrimiento como misterio; el sufrimiento como purificación; el sufrimiento que nos permite participar en la vida del Jesús sufriente. Análogamente, el Cristo que comprende el sufrimiento puede ser nuestro compañero en el dolor; el sufrimiento como parte de la condición humana en un mundo imperfecto; y el sufrimiento que puede capacitarnos para experimentar a Dios de modos nuevos e inesperados.

Algunas de estas perspectivas a mí me han parecido, como poco, deficientes e incluso inútiles. Por ejemplo, la noción de que el sufrimiento es un castigo de Dios no tiene sentido ante el sufrimiento del inocente, en especial en el caso de una enfermedad terrible o de un desastre natural. ¿Alguien puede creer que un niño pequeño con cáncer esté siendo castigado por sus «pecados»? Es una imagen monstruosa de un Dios vengativo y cruel.

Jesús mismo rechaza esta imagen de Dios en el evangelio de Juan, cuando se encuentra con un hombre que es ciego de nacimiento (9,2). Sus discípulos le preguntan: «Maestro, ¿quién pecó, él o sus padres, para que haya nacido ciego?».

Jesús replicó: «Ni él pecó ni sus padres; es para que se manifiesten en él las obras de Dios» (v. 3), y le sanó.

Pero muchos de estos recursos tradicionales bíblicos y teológicos han sido de inestimable ayuda en mi vida durante diferentes periodos de sufrimiento. Destaca un incidente, no por su severidad, sino por su duración, porque a día de hoy aún no ha desaparecido. Y las intuiciones que tuve siguen proporcionándome una perspectiva del sufrimiento.

Al comienzo de mis estudios de teología, empecé a experimentar dolor en las manos y en las muñecas. Inicialmente, pensé que se pasaría solo, pero al cabo de unas semanas me encontré con un dolor constante que me impedía escribir en el ordenador, apenas podía hacerlo a mano, e iba perdiendo poco a poco la capacidad de hacer cosas tan sencillas como girar el pomo de una puerta o sostener un bolígrafo.

Después de seis meses de visitas a todo tipo de médicos –internistas, neurólogos, ortopedas e incluso especialistas en la mano–, obtuve un diagnóstico genérico: luxación repetitiva. Deje de escribir de inmediato, me dijo el médico, porque corre el riesgo de un daño mayor. Por cierto, añadió, probablemente es incurable.

Desesperado, visité a un montón de sanadores holísticos: masajistas, quiroprácticos, practicantes de la acupuntura, e incluso un hombre católico que podría ser llamado «sanador por la fe» y que oró sobre mí en su despacho. Pero todo ello no sirvió de nada.

Con el tiempo, aprendí a manejar el dolor: los estiramientos, el ejercicio y el masaje, además de limitar el tiempo dedicado a escribir, parecieron funcionar. El dolor continuó a lo largo de mis estudios de teología y posteriormente; de hecho, todavía lo tengo, y sigo limitado en cuanto a lo que puedo escribo cada día.

Unos años después de los estudios de teología, cuando trabajaba en la revista *America,* empecé a sentirme cada vez más frustrado por mi dolor, menor pero constante. ¿Por qué me hacía Dios aquello?; ¿cuál era el sentido de un escritor que no podía escribir?; ¿de qué servía?... Un día confesé mi frustración a Jeff, mi director espiritual entonces.

«¿Está Dios de algún modo en ello?», me preguntó.

«¡No!», le dije. ¡Cómo había llegado a odiar esa pregunta...! Yo trataba de encontrar a Dios en todas las cosas, pero aquello resultaba desconcertante. El dolor me impedía escribir los trabajos durante los estudios de teología y complicaba mi trabajo como editor en la revista. ¿Por qué iba a impedir Dios la tarea que se me había encomendado? De modo que, abatido, tuve que reconocer a Jeff que no podía encontrar a Dios en ningún aspecto de esa situación.

«¿De verdad? –dijo Jeff– ¿En ninguno?».

Entonces, casi a mi pesar, empecé a explicar cómo me había cambiado la enfermedad. Dado que solo podía escribir un breve rato al día, le dije a Jeff, estaba más agradecido por lo que podía escribir, porque sabía que solo era merced a la gracia de Dios y al don de la salud, aunque fuera temporalmente. También tenía más cuidado con lo que escribía. Puede que también estuviera volviéndome más paciente, porque no podía hacerlo todo al momento. Y era menos probable que las cosas se me subieran a la cabeza, porque ya no podía hablar de mis grandiosos planes de escritos futuros. Y era más consciente de las personas con limitaciones físicas y con enfermedades mucho más graves. Puede que me estuviera volviendo más compasivo.

Jeff sonrió. «¿Algo más?».

«Soy más consciente de cuánto confío en Dios –dije–, porque no puedo hacerlo todo por mí mismo. Es menos probable que olvide mi pobreza de espíritu».

Jeff sonrió y dijo: «Pero ¿no está Dios *en nada* de ello».

De pronto caí en la cuenta de dónde estaba Dios. Lo cual no significa que estuviera contento con mi situación ni que la hubiera elegido ni que no deseara que desapareciera, ni siquiera que la entendiera por completo.

Pero vi *algunos* signos de Dios, muchos de los cuales eran parte de las perspectivas tradicionales cristianas sobre el sufrimiento. Y estaba bien, y era incluso sano, que me lamentara de estas cosas ante Dios, como hacen muchos salmos. Era verdaderamente misterioso, algo que nunca podría comprender, como las preguntas de Job en el Antiguo Testamento, pero seguía pudiendo estar en relación con Dios. Podía intentar (aunque a veces no lo lograra) emular el paciente modo en que Jesús afrontó el sufrimiento. Ese Jesús, que sufrió intensamente en su vida, podría ser, a través de mi relación con él, quien comprendiera mis pruebas, por pequeñas que fueran. Ese sufrimiento podría abrirme nuevos modos de experimentar a Dios. Sobre todo, Dios estaba conmigo en esto, y los pequeños signos de resurrección solo se harían visibles cuando yo aceptara lo que Walter Ciszek llamaba la «realidad de la situación».

En la vulnerabilidad, en la pobreza de espíritu, en la desgracia, a menudo podemos encontrar a Dios de manera nueva, tal vez porque hayamos bajado la guardia y estemos más abiertos a la presencia de Dios. Esto no explica el sufrimiento, pero puede a veces ser parte de la experiencia en su conjunto.

Pero mi sufrimiento es muy pequeño. Cuando estaba en el África oriental, conocí a refugiados cuyos hermanos y hermanas habían sido asesinados ante sus ojos. En Boston conocí a una mujer que llevaba más de veinte años confinada en una cama del hospital. Y, hace poco, a la joven esposa de un amigo íntimo le diagnosticaron de pronto un tumor cerebral inoperable, y después de volver del hospital lloré por los dos y vi al instante lo poco que yo había sufrido en comparación con ellos y con otras personas. Mi sufrimiento es muy pequeño.

Además, mi sufrimiento no es el tuyo, ni tampoco mi perspectiva del sufrimiento. Del mismo modo que cada creyente debe encontrar su camino personal hacia Dios, también debe encontrar su perspectiva personal del sufrimiento. Y aunque la sabiduría colectiva de la comunidad religiosa es un gran recurso, los lugares comunes y trivialidades que algunos creyentes, bien intencionados por lo demás, ofrecen como respuestas-parche suelen resultar inútiles. A veces esas respuestas fáciles cortocircuitan el proceso de profundización de la reflexión individual.

Los creyentes sospechan muy acertadamente de las soluciones fáciles en relación con el sufrimiento. Mi madre me habló en cierta ocasión de una anciana religiosa que vivía en la residencia de ancianos con mi abuela de noventa años. Un día, la superiora de la religiosa fue a visitarla. La anciana religiosa comenzó a hablar del gran dolor que padecía. «Piense en Jesús en la Cruz», le dijo la superiora. Y la anciana religiosa repuso: «Jesús solo estuvo en la cruz tres horas». Las soluciones fáciles pueden hacer más mal que bien.

Mi amigo Richard Leonard, jesuita australiano, escribió recientemente sobre su experiencia con esas soluciones fáciles en su libro *Where the Hell Is God?* («¿Dónde diablos está Dios?»).

La familia de Richard se había visto afectada por un gran sufrimiento. Su padre había fallecido de un derrame masivo a los treinta y seis años, dejando a su madre al cuidado de Richard, por entonces de dos años de edad, y sus hermanos. El día en que Richard cumplía veinticinco años, su superior jesuita le despertó al amanecer para que se pusiera al teléfono para atender una llamada urgente de su madre. Su hermana Tracey, enfermera que trabajaba en un centro de salud para aborígenes, había tenido un terrible accidente de coche. Cuando Richard y su madre llegaron al hospital, se confirmaron sus peores temores: Tracey había quedado tetrapléjica. Anegada en lágrimas, la madre de Richard empezó a hacerle preguntas sobre el sufrimiento que pusieron a prueba su fe. Richard lo llamaba «la discusión teológica más dolorosa e importante de mi vida».

«¿Dónde diablos está Dios?», preguntó su madre.

Tiempo de sembrar, no de cosechar

Alfred Delp, SJ, sacerdote y escritor alemán, fue ejecutado por los nazis en 1945 por su oposición a Adolf Hitler. Fue un mártir improbable, terco en su juventud, pero sereno al afrontar la muerte. En la cárcel escribió sobre su destino:

> «Una cosa va aclarándose poco a poco: debo entregarme por completo. Este es un tiempo de sembrar, no de cosechar. Dios siembra la semilla, y en algún momento recogerá la cosecha. Lo que yo debo hacer es asegurarme de que la semilla cae en terreno fértil. Y debo armarme contra el dolor y la depresión, que a veces casi me vencen. Si este es el camino que Dios ha elegido –y todo indica que lo es–, entonces debo hacer de él mi camino voluntariamente y sin rencor. Ojalá que a otros en el futuro les sea posible tener una vida mejor y más feliz porque yo muera en esta hora de prueba».

La solución que Richard ofreció a su madre fue, en esencia, que Dios estaba con ellos en su sufrimiento. «Yo creo que Dios está destrozado –dijo Richard–. Como el Dios que gime por la pérdida en Isaías y como Jesús, que llora ante la tumba de su mejor amigo, Dios no permanece al margen de nuestro dolor, sino como un compañero dentro de él, sosteniéndonos en sus brazos, compartiendo nuestra pena y nuestro dolor».

Además de la idea de que el sufrimiento nos abre a veces nuevos modos de experimentar a Dios, esta es la intuición teológica que encuentro más útil en tiempos de dolor: la imagen del Dios que ha sufrido, el Dios que comparte nuestro dolor, el Dios que comprende. Del mismo modo que te vuelves instintivamente hacia un amigo que ya ha pasado por la misma prueba que tú estás atravesando, puedes volverte más fácilmente hacia Jesús, que sufrió. «Pues no tenemos un sumo sacerdote que no pueda compadecerse de nuestras flaquezas», como dice la Carta a los Hebreos (4,15).

Richard ve con malos ojos a quienes ofrecen respuestas simplistas. «Algunas de las cartas más horribles y aterradoras –escribe Richard– procedían de algunos de los mejores cristianos que yo conocía». Tracey debe de haber hecho algo para ofender a Dios, decía alguno. Otros sugerían que su sufrimiento era un «glorioso bloque... para edificar su mansión [en el cielo] cuando muera». Otros escribían que su familia había sido verdaderamente «bendecida», porque «Dios solo envía cruces a quienes pueden llevarlas». O, más sencillamente, que todo es un «misterio» que simplemente debe ser aceptado casi sin pensar.

Richard rechazaba estas respuestas en favor de una mirada realista a la realidad del sufrimiento, esa mirada que solo llega con la larga lucha por embarcarse en una «discusión inteligente acerca de las complejidades que supone el percibir dónde y cómo encaja la presencia Divina en nuestro mundo frágil y humano».

Cuando sufrimos, nuestros amigos, como es natural, quieren ayudarnos a dar sentido a nuestro dolor y suelen ofrecer respuestas como las descritas por Richard. Algunas respuestas pueden resultarnos válidas; otras pueden dejarnos fríos o incluso parecernos ofensivas. Y aunque nuestras tradiciones religiosas nos proporcionan importantes recursos, en último término debemos encontrar un enfoque que nos permita afrontar sinceramente con Dios el dolor y la pérdida.

El sufrimiento es un misterio para la mayoría de los creyentes, pero es un misterio en el que debemos sumirnos con toda nuestra mente, nuestro corazón y nuestra alma. Y el método de Ignacio puede ayudarnos a hacerlo. Permítaseme sugerir cómo.

Algunas perspectivas ignacianas sobre el sufrimiento

La cosmovisión ignaciana acepta y destaca las perspectivas tradicionales de la Escritura y de la tradición cristiana. Pero personaliza esas perspectivas invitándote a meditar en profundidad sobre la vida de Cristo, a ponderar cómo podría Dios acompañarte en tu dolor y a desarrollar nuevas perspectivas por ti mismo.

La realidad del sufrimiento es destacada en uno de los primeros apartados de los *Ejercicios,* el llamado «Principio y Fundamento». Después de poner de relieve la finalidad de la vida de los seres humanos («alabar, hacer reverencia y servir a Dios nuestro Señor y, mediante esto, salvar su ánima»), Ignacio nos recuerda que debemos esforzarnos por alcanzar la indiferencia con respecto a todas las cosas creadas. Lo cual significa no retraernos de aceptar la enfermedad, la pobreza, el deshonor e incluso una vida corta. A través de una variedad de meditaciones, Ignacio nos recuerda que la vida a menudo nos presentará penalidades: esto se da por supuesto en los *Ejercicios,* como se da por supuesto en toda la tradición cristiana.

De hecho, dos de las meditaciones más famosas de los *Ejercicios* incorporan algunos enfoques cristianos tradicionales del sufrimiento. Al inicio de la Segunda Semana, que se centra en la vida de Cristo, Ignacio pide al ejercitante que medite sobre lo que él llama el «Llamamiento del rey eternal». En esta meditación se nos sugiere que imaginemos a un líder carismático que nos pide que le sigamos.

Primero se nos pide que imaginemos a «un rey humano» que nos llama a trabajar junto a él. Actualmente, la imaginería monárquica puede dejar frías a muchas personas. La idea de seguir, por ejemplo, a Ricardo Corazón de León al combate puede no resultar tan atractiva hoy como en la época de Ignacio. Por consiguiente, muchos directores espirituales sugieren imaginar algo más próximo a un héroe o una heroína actual: yo elegí a Thomas Merton en mis primeros Ejercicios de mes, y a la Madre Teresa en los segundos.

Imagina, sugiere Ignacio, a tu héroe pidiéndote que le sigas. Imagina lo emocionante que sería recibir una llamada personal de tu héroe invitándote a unirte a una gran aventura. La mayor parte de la gente, si fuera llamada personalmente por su héroe –Martin Luther King, Mahatma Gandhi, Dorothy Day, la Madre Teresa, el papa Juan Pablo II, el Dalai Lama...–, diría de inmediato que *sí.* Pero tu héroe te recuerda que debes hacer exactamente lo que él hace: comer la misma comida, llevar la misma ropa, trabajar donde él o ella trabaja..., por difícil que sea.

A continuación, Ignacio nos invita a imaginar a Jesús llamándonos a trabajar a su lado. Si nos emocionaba la perspectiva de la llamada de un héroe, ¡cuanto más no querremos seguir a Jesús...! Pero, dice Ignacio, debemos contentarnos con experimentar lo que Jesús experimenta. «Por tanto, quien quisiere venir conmigo ha de trabajar conmigo, porque siguiéndome en la pena también me siga en la gloria».

El «Llamamiento del rey eternal» recuerda, como hacen los evangelios, que la vida cristiana siempre llevará implícito algún sufrimiento, algo que Ignacio, Walter Ciszek y todos los santos han comprendido.

Esto pone también implícitamente de relieve la imagen de un Jesús que comprende plenamente el sufrimiento humano, y esta imagen puede ayudarnos a sentirnos menos solos cuando afrontamos el dolor.

A propósito, el sufrimiento de Jesús no se reduce simplemente a su pasión. Durante su vida en Nazaret, caería enfermo como cualquier persona de su época, soportaría la pobreza y sentiría dolor por la muerte de sus amigos y familiares, en especial la de José, su padre putativo, que muy probablemente murió antes de la crucifixión de Jesús. Durante su ministerio, soportó penalidades físicas cuando viajaba por el país, topó con el rechazo de las autoridades religiosas y es muy probable que experimentara la soledad, debido a una misión que, después de todo, ninguna otra persona podía comprender. Jesús entendió la condición humana. Estas son nuevas intuiciones que se alcanzan meditando imaginativamente sobre su vida.

Más avanzada la Segunda Semana, Ignacio presenta las «Dos Banderas» que mencionábamos en el capítulo 8, concretamente en el apartado «De las riquezas a los honores y a la soberbia». Aquí están los dos bandos de una batalla titánica entre el bien y el mal, dispuestos el uno frente al otro. «El sumo capitán general de los buenos es Cristo nuestro Señor...; el caudillo de los enemigos es Lucifer». En la cosmovisión ignaciana, se libra en nosotros una batalla entre la atracción que suponen, respectivamente, el hacer el bien y el hacer el mal. Pero Ignacio confía en la creencia cristiana de que las fuerzas del acabarán venciendo a las del mal.

Además, las «Dos Banderas» te recuerdan que, aunque la opción vivificante es clara –elegir a Cristo–, conllevará sufrimiento, concretamente «pobreza», «oprobios» y «menosprecios». Ignacio dice que, si quieres emular a Cristo, querrás ser más como él y, por lo tanto, elegirás el camino más difícil.

La idea de elegir el camino más duro aparece varias veces en los *Ejercicios.* Su lógica es la siguiente: si quiero seguir a Jesús, entonces elegiré ser como él. Y si hacerse como Jesús significa aceptar penalidades, entonces *buscaré* esas cosas, siempre que ello no vaya contra la voluntad de Dios.

Como ocurre con el resto de los *Ejercicios,* nada de esto tiene sentido sin tener presente el objetivo de seguir a Dios. La persona que espera emular a Cristo en su sufrimiento (recuérdese el «Tercer Grado de Humildad») no lo hace porque desee el sufrimiento en sí, ni porque sea bueno sufrir, ni porque desee castigarse, sino por parecerse más a su héroe, Jesús, que eligió aceptar el sufrimiento que le deparó su estilo de vida.

Esta puede ser la parte más difícil de comprender de la espiritualidad ignaciana: la elección del camino más difícil. Pero para muchos creyentes es liberadora, porque al hacerlo pueden emular a su líder y seguirle por el mismo camino que él recorrió y experimentar libertad y gozo: la libertad procedente del desapego del interés personal excesivo, y el gozo proveniente del seguimiento de su héroe.

Donde Ignacio nos ayuda a comprender de un modo único el sufrimiento es en su invitación a imaginar el sufrimiento de Cristo a través de la oración imaginativa, que constituye la mayoría de las meditaciones de la Tercera Semana de los *Ejercicios Espirituales.* El sufrimiento es un misterio que hay que ponderar en el contexto de una relación entre Dios y tú, y algo de esto puede hacerse en la oración, especialmente meditando sobre las experiencias de Jesús de Nazaret.

En la Tercera Semana, los ejercitantes se imaginan siguiendo a Jesús de Nazaret en la Última Cena, en su agónica lucha en el huerto de Getsemaní, en su detención y el maltrato de que fue objeto, en el rechazo de Pedro, en su crucifixión, en su sufrimiento en la cruz y en su muerte. «Considerar lo que Cristo nuestro Señor padece –escribe Ignacio–, o quiere padecer, según el paso que se contempla».

El ejercitante trata de aceptar la invitación a estar con Cristo en estas meditaciones. Pedimos empatía con el Cristo sufriente. En un determinado momento, Ignacio nos pide que oremos pidiendo «dolor con Cristo doloroso, quebranto con Cristo quebrantado, lágrimas, pena interna». Vamos a estar presentes con Jesús cuando sufre, lo cual es difícil, porque a la mayoría nos resulta muy arduo afrontar el sufrimiento que no podemos reducir o eliminar.

David Fleming dice que es como si Jesús nos dijera: «Déjame que te cuente cómo fue, lo que vi y lo que sentí... Limítate a estar conmigo y a escuchar».

Aceptación voluntaria

Debido a su intenso deseo de seguir a Cristo e identificarse con él, aunque algunos santos jesuitas no buscaron activamente el martirio por sí mismo, sí le daban la bienvenida cuando era inevitable. Veían en el martirio el ofrecimiento último de sí mismos a Dios, su obediencia definitiva. Aunque esta espiritualidad puede ser difícil de entender, fue la que inspiró a los mártires su modo de ver los peligros que tuvieron que afrontar. En el siglo XVII, san Isaac Jogues y sus compañeros fueron martirizados por los iroqueses entre los que realizaban su trabajo. Esta noción de aceptación aparece una y otra vez en muchas de las cartas enviadas. Veamos cómo relata Isaac el último día de René Goupil, un compañero laico de los jesuitas:

> «En el camino estaba siempre ocupado con Dios. Sus palabras y los discursos que pronunciaba manifestaban siempre su sumisión a los mandatos de la Divina Providencia, y mostraba una aceptación voluntaria de la muerte que Dios le enviaba. Se entregó como sacrificio, para ser reducido a cenizas por el fuego de los iroqueses... Buscó los medios de complacer [a Dios] en todas las cosas y en todo lugar».

Antes de su muerte en 1642, René Goupil pronunció sus votos como jesuita. Unos días después, lo mataron de manera espantosa. Su cuerpo fue ocultado por los iroqueses en un profundo barranco, e Isaac únicamente pudo localizar el cráneo y unos cuantos huesos. El propio Jogues fue martirizado cuatro años después. En el Santuario Nacional de los Mártires Norteamericanos en Auriesville, New York, el barranco sigue intacto, con la hierba crecida, y el cuerpo de san René sigue sin aparecer.

Cristo es el ejemplo *por excelencia* de «abandono al futuro» que Dios le tenía reservado, como dice la hermana Janice; de aceptación de la «realidad de la situación», como dice Walter Ciszek; y de «obediencia hasta la muerte», como dice san Pablo. Meditando imaginativamente sobre su vida, podemos tener una percepción de lo que significa «aceptar», qué es lo que ocurre cuando lo hacemos y cómo puede Dios sacar nueva vida incluso de las situaciones más tenebrosas.

Además, entrando en la escena, a menudo se obtiene una perspectiva muy personal del sufrimiento; perspectiva que ni siquiera los mayores teólogos pueden ofrecer. Como observa David Fleming en *What Is Ignatian Spirituality?*, esta forma de oración «hace del Jesús del evangelio *nuestro* Jesús», ayudándonos a comprender mejor los sufrimientos de Jesús y los nuestros.

He aquí lo que Fleming considera que las personas pueden aprender durante estas meditaciones:

«Las meditaciones de la Tercera Semana nos enseñan también lo difícil que es la aceptación. Cuando no podemos cambiar una situación, sentimos la tentación de distanciarnos de ella. Podemos distanciarnos literalmente: estamos demasiado ocupados para sentarnos tranquilamente con un amigo que sufre. O apartarnos emocionalmente: nos endurecemos y mantenemos una distancia emocional. Ante los relatos evangélicos de la pasión y muerte de Jesús, podemos reaccionar de este modo. Esos pasajes describen algo terrible y espantosamente doloroso; sin embargo, podemos escudarnos del dolor. Ya *conocemos* la historia de la Pasión. Pero Ignacio quiere que la *experimentemos* como algo nuevo e inmediato. Aprendemos a sufrir con Jesús, y así aprendemos a sufrir también con las personas que hay en nuestra vida.

Al final, aprendemos que la compasión ignaciana es esencialmente presencia amorosa. No podemos hacer nada, y apenas podemos decir algo; pero sí podemos *estar* ahí».

¿Recuerda el lector la sencilla técnica del «coloquio», en la que el ejercitante habla con Dios en la oración «como un amigo habla a otro»? Al meditar sobre la Pasión, a menudo los ejercitantes se sienten movidos a hablar con Jesús del sufrimiento que ellos padecen. «Ver» a Jesús sufriendo es un recordatorio de que, para el cristiano, somos acompañados por un Dios que, aunque por alguna misteriosa razón no elimina nuestro dolor, sí lo comprende, porque vivió como un ser humano. En los momentos de peor angustia de mi vida, la oración que más me ha consolado ha consistido en hablar con el Jesús que conoce el sufrimiento.

Permítaseme poner un breve ejemplo de mis propias experiencias con los *Ejercicios,* a modo de ilustración de lo que digo; y no porque piense que mi experiencia pueda ser normativa, ni siquiera importante, sino porque hablar del sufrimiento exige, en mi opinión, una narración personal. También es una oportunidad de explicar cómo la contemplación ignaciana puede ofrecer ayuda para encontrarse con Dios de un modo personal, íntimo y sorprendente.

Jesús de Los Ángeles

Recientemente hice los *Ejercicios* de treinta días en una residencia de los jesuitas de Los Ángeles. Ha sido la segunda (y puede que la última) vez que he hecho los *Ejercicios Espirituales* completos. Aunque estaba prevenido contra la posibilidad de esperar demasiado de esta experiencia, seguía preocupado por el «rendimiento» y por sacar unos espléndidos frutos de la oración, depositando en mi persona determinadas expectativas acerca de lo que debía «hacer» en la oración, en lugar de dejarlo todo en manos de Dios.

Si el lector está pensando: *Después de veinte años, deberías haber sabido que no se trataba de eso,* tiene toda la razón.

Los Ejercicios de treinta días forman parte del estadio final de la formación jesuítica, que tiene lugar casi veinte años después de haber ingresado en la Compañía, y yo iba a hacerlos con algunos viejos amigos del noviciado y de los estudios de filosofía y teología.

Me pareció fácil entrar en la Primera Semana de los *Ejercicios,* con su insistencia en que somos «pecadores amados»; y más fácil aún me resultó entrar en la Segunda Semana, centrada en la vida pública de Jesús. Dado que el océano Pacífico no estaba lejos de la casa, decidí salir a correr por la playa un día sí y otro no. Entrar de lleno en los pasajes evangélicos en los que Jesús llama a sus discípulos desde la orilla era muy fácil: acababa de estar allí unas horas antes.

Cuando llegó la Tercera Semana y empecé a meditar sobre los últimos días de Jesús, la oración siguió yendo como la seda. Mociones, recuerdos, emociones, sentimientos y deseos fluían fácilmente en cada meditación.

El meditar sobre Jesús en el huerto de Getsemaní, por ejemplo, me abrió nuevas perspectivas sobre la aceptación, la obediencia y los tipos de tentaciones que Jesús habría afrontado. Al verse ante la posibilidad del rechazo, Jesús pudo haber sentido la tentación de no ofender a nadie con su predicación y, por tanto, escapar a su destino. Podríamos llamarlo la «tentación de la acomodación». Cuando tuvo que hacer frente a la oposición de sus adversarios, podría simplemente haber sentido la tentación de aniquilarlos, bien con medios humanos (como incitar a sus discípulos a alzarse en furiosa rebelión), bien con medios divinos (que seguramente era lo que sus seguidores esperaban): la «tentación de la aniquilación». Finalmente, Jesús pudo haberse visto tentado de olvidarse de su ministerio, sin más, y eludir, en aras de una vida más convencional, el camino por el que Dios quería llevarlo: la «tentación del abandono».

Acomodación, aniquilación y abandono. ¿Cuántas veces no nos sentimos tentados de evitar el sufrimiento? Podemos acomodarnos no aceptando plenamente la realidad del sufrimiento; por ejemplo, no implicándonos en la vida de los seres queridos que sufren, sino manteniéndonos al margen. Podemos aniquilar y hacer añicos las esperanzas de amigos y familiares de que compartamos su sufrimiento, arrojando fuera de nuestra vida a cualquiera que pretenda que hagamos frente al dolor. Y podemos abandonar, ignorando nuestras responsabilidades frente al sufrimiento.

Sin embargo, Jesús acepta la «realidad de la situación».

Finalmente, vi llorar a Jesús encerrado en la húmeda y malsana celda de Pilato. En mi imaginación, Jesús lloraba no simplemente por él mismo y por el tormento físico que le aguardaba, sino por algo más: por el fracaso de su gran proyecto. ¿Cuántas veces no habrás esperado algo grande, no habrás tenido sueños maravillosos o no habrás planeado algo magnífico... únicamente para ver cómo tus planes se venían abajo estrepitosamente?

En mi oración, Jesús recordaba todas las veces que había predicado, a todas las personas a las que había curado, a todos cuantos se habían congregado en torno a él, dispuestos a comenzar algo nuevo, a realizar grandes cambios, a traer la alegría al mundo. Sentado en su celda, todo aquello parecía ahora perdido. Su gran obra, a la que había dedicado años, parecía haber concluido abruptamente. Sus amigos, a los que había prodigado su amor, le habían abandonado. Su proyecto, aparentemente, había fracasado.

Más que nunca

Pedro Arrupe escribió esta oración después de una trombosis que padeció a raíz de sus dificultades con el Vaticano. Forma parte de su discurso de despedida a los jesuitas en la Congregación General reunida en 1983 para elegir a quien había de sucederle como superior general. Para entonces, Arrupe no podía hablar. Estas palabras tuvieron que ser leídas en voz alta por otro jesuita.

«Me siento más que nunca en las manos de Dios. Es lo que he deseado toda mi vida, desde joven. Y es también lo único que sigo queriendo ahora. Pero con una diferencia: hoy toda la iniciativa la tiene el Señor. Les aseguro que saberme y sentirme totalmente en sus manos es una profunda experiencia».

Jesús creía en lo que había hecho y confiaba en su Padre; pero ¿cómo no iba a sentir tristeza? Puede que en sus momentos de mayor oscuridad –al menos así lo imaginaba yo en mi oración– se preguntara si todo aquello merecía la pena. Por eso lloraba Jesús.

Para los cristianos, estos son puntos de acceso a la vida misma de Jesús: en los momentos de tristeza, soledad y desaliento en tu vida, puedes conectar con la experiencia humana de Jesús y, lo que tal vez sea más importante aún, Jesús puede conectar contigo.

Ahora permítame el lector que le haga partícipe de algo muy personal y explícito, como modo de ilustrar lo que sucede a veces en estas meditaciones de la Tercera Semana mientras se contempla el sufrimiento.

Curiosamente, todas las meditaciones que acabo de mencionar comenzaron y concluyeron con una notable falta de sentimiento. «Gran frialdad», escribí en mi diario. Cuando se lo dije al ejercitador, un anciano jesuita llamado Paul, lo hice también con escaso sentimiento. Paul, experto director espiritual, me escuchó atentamente y me dijo: «Creo que estás bloqueando algo».

«No estoy bloqueando nada –le dije yo–. Le he contado a usted todo lo que he experimentado».

Paul se mostró sorprendido por el escaso sentimiento con que había realizado estas meditaciones y me animó a volver de nuevo a la Pasión de Jesús. Esta vez, me dijo, siéntate en el sepulcro en el que fue depositado el cuerpo de Jesús. Pide la gracia de ser liberado de cuanto te impida estar más cerca de Dios. ¿Hay algo a lo que tengas que «morir» en ese sepulcro?

Cuando, a regañadientes, volví a la oración al día siguiente, sucedió algo sorprendente. Me imaginé a mí mismo sentado en el sepulcro, vi a María, vestida de negro de la cabeza a los pies, sentada silenciosamente a mi lado, y le pedí a Dios que me liberara de cuanto pudiera estar agobiándome.

De pronto, fui consciente de las cargas que gravitaban sobre mi vida y que quería dejar en aquel sepulcro. Todas las cosas que inconscientemente había mantenido ocultas durante las anteriores semanas –las cosas que no quería examinar, porque podrían perturbar la calma del retiro; las cosas que no quería sacar de la «caja», como diría David Donovan– salieron al exterior. Para empezar, la soledad. No la soledad derivada de una inexistente falta de amigos, sino la soledad existencial de la vida religiosa: la soledad de la castidad. (Los hombres y mujeres solteros, divorciados y viudos saben de esta soledad). A continuación, el cansancio. No el cansancio de la vida de cada día, sino lo que parecía ser producto del estrés continuo ocasionado por dos, tres y hasta cuatro trabajos al mismo tiempo. (Quienes son padres saben también de este cansancio).

De modo que le dije a Jesús: «Me siento solo y estoy cansado». Al decir esto, brotó de pronto lo que Ignacio denomina «don de lágrimas».

Inmediatamente me vi a mí mismo al pie de la cruz, en una experiencia de oración más vívida que nunca. Justamente aquel día había terminado de leer un libro titulado *The Day Christ Died,* de Jim Bishop, en el que se dice que las cruces romanas probablemente no eran demasiado altas, y en mi mente me vi al pie de los dos toscos maderos que formaban la cruz. Al nivel de mis ojos estaban los pies de Jesús atravesados por un herrumbroso clavo.

Me imaginé mirando el rostro de Jesús, el cual me dijo: *Esta es tu cruz. ¿Puedes aceptarla?*

Yo sabía lo que me estaba pidiendo que aceptara. La soledad y el cansancio son el sino de mucha gente –no solo de los jesuitas–, pero no dejan de ser «cruces». ¿Podía yo aceptar la «realidad de la situación»? ¿Podía abandonarme al futuro que Dios me reservaba?

«*¿Puedes aceptarlo?*», imaginé que me decía Jesús.

Yo sabía cuál debía ser la respuesta, pero quería ser sincero.

«No lo sé», respondí anegado en lágrimas.

«¿Quieres seguirme?», me dijo.

«Sí, pero muéstrame el resto», le respondí.

Cuando la meditación finalizó, estaba totalmente exhausto. Este tipo de intensas experiencias de oración no son habituales en mí. (Mi oración suele ser tranquila y no tan vívida. Como la de casi todo el mundo, es fecunda unas veces, y otras veces es árida).

Al día siguiente volví a la escena y le pedí a Jesús una vez más que me mostrara el resto: en otras palabras, la Resurrección. Y comprendí con tristeza que no tenía madera de mártir: pedía pruebas de la «nueva vida» antes de aceptar mi cruz. Aunque sabía que no podía compararme con los mártires jesuitas, me parecía que ya había fracasado. Y me sentía deprimido.

A mediodía, entré en el comedor, donde alguien había puesto un CD con la música de la película *Memorias de África.* Aquella música me transportó a mis años en Kenia. Una hora después, en la capilla, mi mente estaba llena de recuerdos del tiempo que pasé en el África oriental y me imaginé con María, aún vestida de negro, en la colina que tanto me gustaba, cerca del Servicio Jesuita a Refugiados, el lugar en el que había sentido una gran consolación años atrás y que simbolizaba para mí una gran liberación y un enorme gozo.

María y yo caminamos por los lugares en los que había trabajado durante mis dos años en Nairobi: la tienda que habíamos creado para los refugiados, las casas débilmente iluminadas de los refugiados, los caminos cubiertos de hierba por los que regresaba del trabajo, las extensiones salpicadas de míseras chabolas en las que vivían los refugiados... Yo veía sus rostros brillantes, podía oír sus acentos africanos y sentir su cálido afecto.

Es una resurrección muy agradable, pensé. Pero ¿eso era todo? ¿Era suficiente para mí?

Entonces, de repente, Jesús se hallaba ante mí, radiante y gozoso con su deslumbrante túnica blanca. Aquello era algo que no tuve necesidad de imaginar: simplemente, apareció en mi mente. Jesús me tendió la mano y me dijo: *«¡Sígueme!».* Los dos volvimos a los mismos lugares, uno a uno, pero ahora con Jesús llevándome de la mano. Fue un vívido recordatorio de que había estado conmigo a lo largo de toda mi estancia.

Jesús apareció en el lugar en el que más libre me había sentido en toda mi vida. Fue un modo sorprendente, personal e íntimo de experimentar una resurrección. Porque en un instante caí en la cuenta de que solo aceptando la soledad y el cansancio iba a poder experimentar lo que había encontrado en Kenia. Dios parecía decirme: *«Sí, debes aceptar la soledad y el cansancio; pero aquí tienes lo que te espera cuando lo hagas; aquí está lo que sucede cuando dices* sí. *Y lo sabes por experiencia. Aquí está la nueva vida».*

Esta experiencia fue un recordatorio de lo útil que puede ser la oración ignaciana, que proporciona un momento que es a la vez personal, transformador y lleno de sentido, e incluso difícil de comunicar a otros. Fue también un recordatorio de por qué es útil la dirección espiritual: sin la guía de Paul, simplemente habría evitado entrar en aquella meditación.

Desde entonces no he temido tanto la soledad ni el exceso de trabajo, pues sé que forman parte de lo que se me ha pedido que aceptara en mi vida. Pero también sé que la aceptación significa que a menudo puedo ver signos de nueva vida. La cruz conduce a la resurrección.

Todo esto nos retrotrae a la obediencia. A veces, Dios nos pide que aceptemos ciertas cosas que en ese momento parecen inaceptables, insoportables y hasta imposibles. Para mí fue la soledad y el cansancio; para otro puede ser una enfermedad terrible; para otro, la pérdida del trabajo; para otro, la muerte de su cónyuge; para otro, una situación familiar estresante...

Ello no significa que puedas «coquetear» con esas cosas, ni que algunas otras no deban cambiar («No trabajes más horas todavía a causa de los Ejercicios», me dijo mi amigo Chris cuando acabaron estos), sino que algunas cosas en la vida son inevitables, y el aceptarlas, al menos en mi caso, puede llevarte a veces a nuevos modos de encontrar a Dios.

Esta insignificante idea puede palidecer ante algún sufrimiento que tú estés experimentando. Pero a mí me ha ayudado en mi vida, y quiero hacerte partícipe de ella en la esperanza de que pueda servirte también de ayuda en los momentos difíciles.

La idea puede designarse de muchas maneras: aceptar la «realidad de la situación», como diría Walter Ciszek; abandonarse «al futuro que Dios te tiene reservado», como diría la hermana Janice; tomar «tu cruz cada día», como diría Jesús. Aceptación. Abandono. Humildad. Pobreza de espíritu. Hallar a Dios en todas las cosas.

Todo ello se refiere a lo mismo, y todas esas expresiones apuntan a una sola palabra, la palabra que puede haber parecido un tanto extraña al comienzo del capítulo y que, sin embargo, se encuentra en el corazón mismo de este vivificante proceso: «obediencia».

12
¿Qué debo hacer?
(El modo ignaciano de tomar decisiones)

Probablemente, la decisión más difícil que he tenido que tomar como jesuita ha sido la de optar por permanecer en la Compañía o abandonarla, después de que me retrasaran mis estudios de teología. Yo había hecho un voto perpetuo a Dios, pero, de alguna manera, la vida parecía estar apartándome de mi compromiso original. (La decisión ahora parece fácil; pero, como muchas otras, a mí no me lo pareció en su momento). Y yo sabía que era una decisión que cambiaría mi vida. Afortunadamente, mi director espiritual era experto en lo que los jesuitas llamamos «discernimiento».

«Discernimiento» es el término genérico para la práctica de toma de decisiones esbozada por san Ignacio en los *Ejercicios Espirituales*. Se considera que un superior jesuita es bueno discerniendo no solo cuando se toma en serio la necesidad de orar antes de tomar cualquier decisión, sino también cuando domina las técnicas específicas que Ignacio establece para llegar a una buena decisión.

Como he dicho en el capítulo anterior, los jesuitas creemos que cuando hay que tomar decisiones, especialmente en lo que se refiere a los destinos, es esencial realizar un buen proceso. También creemos que, si tanto el superior como el súbdito tratan de escuchar la voz de Dios, entonces pueden confiar en que este habrá de ayudarles en dicho proceso. Por lo tanto, incluso cuando un jesuita es enviado adonde preferiría no ir, su disgusto se ve atemperado si el discernimiento ha sido cuidadoso. Análogamente, cuando va adonde sí *desea* ir, si el discernimiento ha sido superficial, puede subsistir la duda acerca de si la decisión ha sido tomada debidamente.

Nuestras técnicas de toma de decisiones proceden principalmente de las prácticas esbozadas en los *Ejercicios Espirituales*. Ignacio, partiendo de la base de que quienes hacen los Ejercicios llegan a un punto crucial de su vida, incluye algunas técnicas excelentes para adoptar buenas decisiones que examinaremos en este capítulo. El método de Ignacio nos ayudará a responder a la pregunta «¿Qué debo hacer?».

Las prácticas maneras ignacianas de tomar decisiones han demostrado ser de gran utilidad para millones de personas que las han adoptado. Pero pueden parecer un tanto abstractas, por lo que recurriré a algunos ejemplos de la vida real para ilustrar lo que dice Ignacio.

Indiferencia

Antes de entrar en el proceso de toma de decisiones, Ignacio nos pide que tratemos de ser «indiferentes». Dicho de otro modo, que tratemos de enfocar el proceso de toma de decisión lo más libremente posible. «Te ruego, Señor, que elimines todo cuanto nos separa a mí de ti, y a ti de mí», como decía Pedro Fabro.

La «indiferencia» puede fácilmente malinterpretarse. Cuando la mayoría de la gente oye esta palabra, no la relaciona con la libertad, sino con el aburrimiento o el desinterés. Hace unos años, un joven realmente angustiado, que acababa de comprometerse con una muchacha, acudió a mí con un problema: no estaba seguro de estar preparado para un compromiso de por vida. Obviamente, el dilema era bastante doloroso. Durante nuestra primera entrevista, le dije: «Bueno, ante todo, tienes que empezar por la indiferencia».

«¿Indiferencia? –me respondió– ¡Es de mi *vida* de lo que estamos hablando!».

En lo que piensa Ignacio cuando habla de «indiferencia» es en la libertad. La libertad para enfocar cada decisión de manera nueva. La capacidad de distanciarse de las propias tendencias iniciales y recapacitar; la disposición a sopesar cuidadosamente las alternativas. Es decir, la apertura a la intervención de Dios en la propia vida. George E. Ganss, SJ, uno de los traductores modernos de los *Ejercicios Espirituales,* dice que «indiferente» significa

«...no determinado por una cosa u opción más que por otra; imparcial; sin prejuicios; con la decisión en suspenso hasta conocer las razones para optar con sabiduría y conocimiento de causa; aún no decidido».

Ganns concluye con lo que, con bastante menos elocuencia, le dije yo al joven que pensaba en posponer su boda: «No significa en modo alguno desinterés o falta de importancia, sino que implica libertad interior».

Toda decisión importante tiene algún gravamen. Detrás de la pregunta «¿Debería casarme con esta persona?» o «¿Debería seguir con mis planes de boda?» puede estar, como obstáculo o impedimento para decidir, tu prometido/a, o tus padres, o tu mejor amigo/a... presionándote para que te cases o para que no modifiques tus planes.

Pero aunque el consejo de los amigos y de la familia puede ayudarnos a tomar una decisión acertada, Ignacio nos pide que empecemos el proceso de toma de decisiones del modo más imparcial posible. Y esa pizca de sentido común se olvida con frecuencia.

Por emplear una conocida imagen ignaciana, deberíamos tratar de ser como el «fiel de una balanza». Si el lector ha visto alguna vez una esas antiguas balanzas de platillos que se utilizaban en las carnicerías para pesar la carne, recordará que tenían una flecha metálica que apuntaba directamente hacia arriba –hacia el cero– cuando la balanza estaba vacía y en absoluto reposo, sin que nada la inclinara hacia uno u otro lado.

A esto es a lo que se refiere Ignacio. Cuando nos disponemos a tomar una decisión, debemos emular al fiel de la balanza y no inclinarnos hacia ningún lado. No imitar al carnicero sin escrúpulos que presiona disimuladamente el platillo con el pulgar para engañar en el peso. Eso es estafar. Comenzar pensando que debes decidirte por una opción determinada significa que tú mismo falseas la decisión.

La indiferencia en la toma de decisiones es difícil de lograr. El joven que planeaba su matrimonio se encontraba en medio de una seria crisis emocional en la que la indiferencia parecía casi imposible. Pero es un objetivo importante. Como todas las cosas en la vida espiritual, aunque trates de ir hacia ella y te esfuerces por ser lo más libre posible, la indiferencia es producto de la gracia de Dios.

Ignacio se corta el pelo

Muchas de las famosas prácticas de Ignacio para tomar las decisiones correctas se basan en la experiencia de su propia vida. El ejemplo más temprano, como ya he dicho, fue la iluminación que recibió cuando leía la vida de Cristo y las vidas de los santos. Después de pensar en emular a estos últimos, se sentía lleno de paz. Cuando pensaba en hacer cosas más mundanas («imaginando lo que había de hacer en servicio de una señora»), experimentaba aridez. Poco a poco, fue viendo que ese era el modo en que Dios estaba guiándolo.

Ignacio comprendió que, si actúas de acuerdo con los deseos que Dios tiene respecto de ti, experimentarás de manera natural una sensación de paz. Esta idea –que aceptar la invitación de Dios conduce a la paz– es central en el discernimiento ignaciano. Si estás en sintonía con la presencia de Dios dentro de ti, experimentarás una sensación de adecuación y de paz que Ignacio denomina «consolación» y que es un indicio de que estás en el buen camino.

Por el contrario, los sentimientos de «desolación» espiritual, que Ignacio describe como «inquietud de varias agitaciones y tentaciones», indican que estás en el *mal* camino. Los pensamientos y sentimientos que brotan de la consolación y de la desolación son opuestos. Unos te llevan al buen camino, a la acción debida, a la relación con Dios; los otros, en la dirección opuesta.

De los Ejercicios Espirituales

Dado que la consolación y la desolación son centrales en el discernimiento ignaciano, veamos las definiciones originales de Ignacio. Por «consolación» se refiere no solo a sentimientos que hacen al alma «inflamarse en amor» de Dios e incluso verter lágrimas por el amor de Dios, sino también

«...todo aumento de esperanza, fe y caridad, y toda leticia interna que llama y atrae a las cosas celestiales y a la propia salud de su ánima, quietándola y pacificándola en su Criador y Señor».

Por «desolación» se refiere Ignacio a sentimientos que son «contrarios» a la consolación, es decir,

«...*escuridad* del ánima, turbación en ella, moción a las cosas bajas y terrenas, inquietud de varias agitaciones y tentaciones, moviendo a infidencia, sin esperanza, sin amor, hallándose toda perezosa, tibia, triste y como separada de su Criador y Señor».

Estos sentimientos, que Ignacio conocía desde su conversión inicial, así como por sus años de oración posteriores y por la dirección espiritual de innumerables personas, permiten discernir qué decisiones nos ayudarán a acercarnos a Dios.

Este elemento básico del discernimiento ignaciano hunde sus raíces en las experiencias de Ignacio, así como en sus observaciones acerca de cómo actuaba Dios en la vida de otras personas. David Lonsdale, que enseña espiritualidad en el Heythrop College de Londres, aborda el discernimiento en su libro *Ojos para ver, oídos para oír.* El discernimiento, dice Lonsdale, consiste en una «interpretación y evaluación espiritual de los sentimientos, y en particular de la dirección en que nos movemos en virtud de ellos». Michael Ivens, SJ, en *Understanding the Spiritual Exercises,* dice que es «el reconocimiento de la acción del Espíritu Santo en la conciencia humana». David Fleming lo llama «toma de decisión de un corazón amante».

El discernimiento tiene una finalidad práctica. No es un simple medio para tratar de descubrir la voluntad de Dios, ni es tampoco únicamente un modo de acercarse más a Dios en la oración. El discernimiento ayuda a decidir cuál es el mejor modo de *actuar.* No tiene que ver simplemente con la relación con solo Dios, sino con el hecho de vivir tu fe en el mundo real. Ignacio era un místico que buscaba resultados prácticos.

Y como hombre práctico, no era contrario a cambiar de opinión ante la aparición de nuevos datos.

No mucho después de su conversión, como ya he dicho, se retiró a una fría y húmeda cueva situada en las afueras de Manresa. Con su entusiasmo característico, Ignacio decidió que, al objeto de renunciar a su antigua vanidad, tomaría la dirección opuesta. Aquel hombre, anteriormente vano y presuntuoso, dejaría de preocuparse por su apariencia, dejándose crecer los cabellos y negándose a cortarse las uñas de los pies y de las manos. El que había sido un elegante cortesano debía de tener un aspecto espantoso.

Pocos meses después, invirtió su decisión. ¿Qué había sucedido? Simplemente, había llegado a la conclusión de que su austeridad apenas le ayudaba a lograr su objetivo último de «ayudar a las almas». Aunque había adoptado aquella penitencia por una buena razón, la abandonó para cumplir sus propósitos. Las razones son difíciles de discernir: tal vez comprendiera que su estrafalario aspecto repelía a la gente. Pero, fuera cual fuese su motivación, escribió: «Dejó aquellos extremos que de antes tenía».

Consiguientemente, emprendió el camino de la moderación, atemperando las severas penitencias religiosas tan populares en su tiempo. Años después, aconsejaba a los jesuitas que no emprendieran semejantes prácticas austeras si les impedían trabajar eficazmente. En las *Constituciones* aconsejaba a los jesuitas que fueran moderados en todas las cosas y conservaran la salud: comer comida sana, hacer ejercicio y gozar del descanso necesario, con el fin de poder realizar su trabajo: «El cuidado competente de mirar cómo se conserve para el servicio divino la salud y fuerzas corporales es loable, y todos deberían tenerlo», decía muy sensatamente.

Una decisión aparentemente menor, como la de cortarse el pelo, constituyó una de las primeras ocasiones en que Ignacio sopesó los pros y los contras de una acción determinada y fue capaz de comprender la necesidad de una evaluación constante.

Años después de su conversión, mientras celebraba la misa, a menudo se sentía embargado de emoción, al punto de que en muchas ocasiones derramaba lágrimas en abundancia. Pero esto se convirtió en una carga física enorme, y las lágrimas le afectaron a la vista, de modo que decidió dejar sus misas por algún tiempo, a fin de recuperar la salud y poder trabajar mejor. Para Ignacio, el discernimiento implicaba con mucha frecuencia un cambio de dirección.

Ignacio era lo bastante «indiferente» como para aprender de sus experiencias. El peregrino asceta que descuidaba su salud pudo, con gran libertad, cambiar de curso y, posteriormente, aconsejar a los jesuitas que cuidaran su salud. Y uno de los mayores místicos de la historia cristiana pudo reducir su tiempo de oración y prevenir a los jesuitas contra la oración excesiva, con el fin de que esta no les apartara de su trabajo. Ignacio comprendió que alcanzar el objetivo significa a veces cambiar de rumbo, y a veces incluso virar en redondo.

Uno de sus primeros compañeros, Jerónimo Nadal, escribió que, incluso cuando se trataba de planificar la dirección de la Compañía de Jesús, «era llevado gentilmente adonde no sabía».

Una última digresión antes de examinar su práctica en la toma de decisiones: para Ignacio, cualquier elección madura ha de ser entre cosas buenas. Dicho de otro modo: no ha de tomarse en consideración nada que sea manifiestamente malo. Por tanto, la pregunta «¿Debería darle un puñetazo a mi jefe por ser un imbécil?» no merece ser considerada, como tampoco merece serlo esta otra: «¿Debería talar el arce de mi vecino si sigue dejando caer sobre mi cuidado césped esas asquerosas hojas que tengo que recoger todos los sábados?». Ambas son, obviamente, malas opciones y, por más justificado que uno se sienta para desear tomarlas, no son las opciones que Ignacio piensa que han de tenerse en consideración. (Obviamente, no olvido que Ignacio era su propio jefe y que nunca vivió en un chalet).

Algunos asuntos no son negociables. Según Ignacio, si has tomado una decisión «inmodificable», debes atenerte a ella. Los compromisos han de ser cumplidos. Si has tomado una decisión «modificable» por buenas razones, y estás cómodo con ella, y no ves razón alguna para cambiar las cosas, no te molestes en tomar una nueva decisión.

Por eso yo no acudo a mis Ejercicios anuales con la duda de si debo o no seguir siendo jesuita. De vez en cuando, puedo buscar más claridad e incluso sentirme tentado a pensar en abandonar (o, como bromea mi amigo Chris, puedo sentirme tentado a «pensar en pensar en abandonar»). Pero eso no es algo que requiera una decisión. Ignacio diría: no pierdas el tiempo; ya has adoptado un compromiso.

Y si has tomado una buena decisión y de pronto te sientes abatido, no es una señal de que debas reconsiderarla. Supongamos que has decidido ser una persona más generosa y perdonar a alguien con quien has estado enemistado durante meses. Entonces hablas con él. Si tu perdón no parece sanar la relación inmediatamente, no significa que debas dejar de ser una persona que desea perdonar. «Cuando has tomado una buena decisión para servir a Dios mejor, y al cabo de un tiempo entras en desolación, no debes modificar tu decisión; difícilmente será el buen espíritu el que te impulse a ello», dice

Joseph Tetlow en *Making Choices in Christ.* Y añade: «Cuando te sientas abatido, harías bien en orar un poco más y tratar de ayudar aún más a quienes te rodean».

Por otro lado, si no has tomado debidamente una decisión modificable, puedes volver sobre ella, porque «aprovecha hacer la elección debidamente», dice Ignacio. Y si has tomado una mala decisión que aún puede modificarse, ¿por qué no mirar las cosas de una nueva manera?

En los *Ejercicios,* Ignacio enumera tres «tiempos para hacer elección» que podrían también describirse como tres situaciones en las que nos encontramos frente a una decisión. Ahora bien, la argumentación subsiguiente puede parecer artificiosa en algunos momentos, e incluso el lector puede sentirse inicialmente un tanto desconcertado por la terminología y los distintos pasos. Tal fue al menos mi primera reacción cuando fui introducido a esta práctica siendo novicio.

Pero no hay que preocuparse. Tal vez porque provenía de una estirpe militar, o quizá por la necesidad de manejar una orden religiosa bastante numerosa, a Ignacio le gustaba que las cosas estuvieran cuidadosamente ordenadas. Por consiguiente, en los *Ejercicios Espirituales* abundan las listas, la mayoría de las cuales con tan solo dos o tres items: las Dos Banderas, las Tres Maneras de Humildad, los Tres Tiempos para Hacer Elección... A veces no parece tratarse tanto de oración cuanto de álgebra.

Y no se preocupe el lector si le resulta confusa la argumentación con respecto al tiempo (de elección) o a la manera (de humildad) en que se encuentra. Más importante es aún descubrir algunas técnicas, o combinaciones de técnicas, que se le adapten. Al final, si uno practica lo bastante, comprobará que esas técnicas se convierten en una segunda naturaleza.

Y descubrirá también algo más acerca de estas técnicas para la toma de decisiones: que funcionan.

Los Tres Tiempos

El Primer Tiempo

A veces no hay la menor duda acerca de lo que hay que hacer. Se trata entonces de una toma de decisión en el Primer Tiempo. Tu decisión llega, dice Ignacio, «sin dubitar ni poder dubitar».

Un ejemplo: has estado buscando empleo en una ciudad concreta con una empresa concreta y a partir de un momento concreto. Después de meses de entrevistas, das con el trabajo. Estás loco de contento con tu buena suerte y seguro de que tomas la decisión correcta. Entonces aceptas el nuevo trabajo de inmediato, sin pensarlo apenas.

Ignacio compara el Primer Tiempo con la historia de san Pablo, que se vio cegado por una luz celestial y escuchó la voz de Jesús. No cabía duda: a Pablo se le pedía que fuera a Damasco, y así lo hizo.

Hace poco, un actor me contó que se había enamorado de la profesión de actor en la escuela. Decidió que era lo que siempre había querido después de interpretar su primera obra, y nunca había mirado atrás ni había lamentado su decisión: «Me gustaba tanto actuar que me dolía», me dijo. Estaba claro: Primer Tiempo.

El libro *The Spiritual Exercises Reclaimed* refiere un maravilloso ejemplo del Primer Tiempo a propósito de una mujer conocida por uno de los tres autores, la cual le había dicho:

> «He pasado los últimos veinte años llevando a mi marido al trabajo, y después a mis hijos a la escuela. Me he sentido feliz de llevar a los niños a la liga de béisbol infantil, pero ahora ha llegado mi momento. Hay un centro de estudios comunitario cerca, y mi hijo acaba de sacar el carné de conducir, así que no tengo necesidad de ir a buscarlo a la escuela. Ahora soy yo la que está estudiando. Es el momento oportuno y es lo que debo hacer. No me cabe la menor duda».

En todos estos casos, se toma una decisión, y aunque algunos quizá no comparen su experiencia con la de san Pablo, no hay lugar para la duda. En cierto sentido, la respuesta llega en cuanto se hace la pregunta.

La decisión de entrar en una orden religiosa fue para mí algo similar. En un capítulo anterior he referido cómo una noche, al regresar del trabajo, di con un documental sobre Thomas Merton que me movió a entrar en una orden religiosa. Mirando atrás, aquella fue una decisión tomada en el Primer Tiempo.

Por entonces, yo estaba trabajando para la General Electric en Stamford, Connecticut, en recursos humanos. Cuando llegué a mi piso aquella noche –piso que compartía con dos amigos–, eran casi las nueve. Después de cambiarme de ropa, rebusqué en la nevera a ver si había algunas sobras, metí un plato de spaghetti en el microondas, me senté frente a la televisión y empecé a hacer «zapping».

Y en una de esas di con un documental acerca de un monje trapense del que nunca había oído hablar. Toda clase de gente –músicos, escritores, eruditos...– aparecían en la pantalla para dar testimonio de la influencia que había tenido en su vida. El programa explicaba el largo proceso de conversión de Thomas Merton, desde que era un niño solitario, pasando por su etapa de universitario rebelde, posteriormente licenciado sin rumbo, católico recién convertido, hasta llegar a ser al fin monje trapense. Pero la parte más atrayente del programa no era la historia de Merton, sino sus fotos. Su rostro irradiaba una serenidad desconocida para mí y que me atraía mucho.

Al día siguiente, compré y empecé a leer la autobiografía de Merton, *La montaña de los siete círculos*. Una noche, cuando terminé de leer el libro, se me ocurrió que quería hacer lo que Merton había hecho en los años cuarenta: dejar atrás una vida de confusión y entrar en una orden religiosa. (Apenas sabía yo que la vida en una orden religiosa no está exenta de confusión). Con el tiempo, me enteré de más cosas acerca de los jesuitas, la orden religiosa en la que me parecía encajar mejor.

Sin embargo, aunque el deseo de entrar en una orden religiosa nació aquella noche, me resistí a él. Pasarían dos años antes de que pudiera verlo con absoluta claridad. Después de sumirme de nuevo en el trabajo, la idea de entrar en la vida religiosa permaneció latente en mi espíritu, como una semilla lista para brotar en cuanto recibiera algo de agua.

Finalmente, una persona –un psicólogo al que acudía, debido al estrés que padecía en el trabajo– regó esa semilla. Me hizo una pregunta que me ayudó a poner nombre a mi deseo. Estaba yo un día quejándome de mi trabajo, porque no me satisfacía, no me resultaba agradable y no era algo que pudiera pensar en seguir haciendo muchos más años.

Finalmente, él me dijo: «¿Qué harías si pudieras hacer lo que quisieras?».

La respuesta llegó como si hubiera estado esperando allí toda mi vida. «Es fácil –le dije–. ¡Me haría jesuita!».

Y él me dijo: «Bueno, ¿y por qué no lo haces?».

«Sí –dije yo–, ¿por qué no?».

De pronto, el camino hacia los jesuitas se me hizo claro. Aunque yo sabía poco acerca de los jesuitas, y menos aún acerca del proceso necesario para ingresar en la Orden, estaba seguro de que quería hacerlo inmediatamente. Era un momento de auténtica certeza. Al igual que le ocurrió a san Pablo, fue como si una especie de escamas se me desprendieran de los ojos. Como dice Ignacio, ni dudé ni podía dudarlo. Todo encajó en su sitio, y unos meses después entré en el noviciado jesuita. Fue la mejor decisión que he tomado nunca, y fue también una de esas pocas ocasiones en que he experimentado la toma de decisión en el Primer Tiempo.

El Segundo Tiempo

El Segundo Tiempo es menos claro. No es amor a primera vista. No es como verse arrollado por una claridad irresistible, al estilo de san Pablo. No es certeza en un momento. Requiere una cierta deliberación.

En el Segundo Tiempo puedes no estar completamente seguro, al menos inicialmente. Fuerzas y deseos contrarios tiran de ti en un sentido y en otro. Por volver a nuestro ejemplo de la carrera, has encontrado un trabajo con un buen sueldo, pero no empieza en el momento oportuno. O es un sueldo muy atractivo, pero no así el trabajo. Aunque la decisión puede no resultar clara inicialmente, con el tiempo, después de pensar en ella, hablar de ella y orar al respecto, esa decisión se va haciendo más clara. Te ves empujado a aceptar el trabajo.

En este punto, dice Ignacio, es bueno meditar acerca de qué opción te produce mayor consolación. Y pide que observemos las «mociones» interiores como una señal de que Dios está ayudándonos en nuestra decisión. Para las personas que tratan de discernir las esperanzas y los sueños de Dios con respecto a su vida, la presencia de Dios se reflejará fundamentalmente en la consolación.

La consolación, de nuevo, es la sensación de presencia de Dios y esos sentimientos internos que conducen a la paz, la tranquilidad y la alegría. Aquí, en un tiempo de decisión, la consolación es una sensación de paz y de acierto en dicha decisión. La consolación te hace sentirte animado, confiado y tranquilo en tu decisión.

Durante muchos años estuve preguntándome por la conexión existente entre el hecho de tomar una buena decisión y el sentir consolación. Me parecía casi una superstición. ¿Acaso Dios nos maneja con la consolación como un truco mágico para ayudarnos a tomar la decisión apropiada?

No. Como dice David Lonsdale, sentimos paz por el hecho de tomar una decisión concreta cuando esta es «coherente» con los deseos de Dios con respecto a nuestra felicidad. Ignacio comprendió que Dios actúa a través de nuestros deseos más profundos. Cuando estamos siguiendo el camino de Dios, las cosas parecen bien. Sentimos las cosas en sincronía, porque nosotros mismos lo estamos.

La explicación que Lonsdale ofrece de la consolación es espléndida. La principal característica de los sentimientos de consolación es que «están orientados hacia el crecimiento, la creatividad y una genuina plenitud de vida y amor que nos llevan a un más pleno, efectivo y generoso amor a Dios y a los demás y a amarnos como es debido a nosotros mismos».

Lo opuesto a la consolación es la desolación. Con este término se refiere Ignacio a cualquier cosa que te conduzca a la desesperanza. Estás agitado o inquieto o, como dice Ignacio, con el alma «perezosa, tibia, triste». Estos sentimientos significan que estás apartándote de la decisión correcta.

El discernimiento ignaciano supone confiar en que Dios, a través de estas experiencias espirituales, ha de hablarte acerca de las opciones que estás considerando. Como dice Fleming, nuestro corazón nos irá enseñando, poco a poco, qué opciones nos acercan más a Dios. Todo ello, basado en la convicción de que Dios mueve nuestro corazón y de que podemos mejorar nuestra receptividad a la voz de Dios en nuestro interior.

Mientras se recuperaba de las heridas sufridas en Pamplona, Ignacio sentía consolación cuando pensaba en imitar a los santos. Pero cuando imaginaba «lo que había de hacer en servicio de una señora», experimentaba desolación. Poco a poco, fue cayendo en la cuenta de que esos eran los modos que tenía Dios de invitarle a hacer lo más apropiado. Son estos los tipos de sentimientos que sopesas en la oración durante el Segundo Tiempo.

Una madre que discierne

He aquí un chiste acerca del discernimiento: una mujer pide consejo a su párroco: «Padre, tengo un bebé de seis meses y siento curiosidad por saber lo que será cuando sea mayor».

El sacerdote le dice: «Pon delante de él tres cosas: una botella de whisky, un billete de un dólar y una Biblia. Si se queda con la botella de whisky, será propietario de un bar. Si se queda con el billete de un dólar, será un hombre de negocios. Y si se queda con la Biblia, será sacerdote». La madre le da las gracias y vuelve a su casa.

A la mañana siguiente, regresa, y el sacerdote le pregunta: «Bueno, ¿qué escogió el niño: el whisky, el billete o la Biblia?».

Y la señora le dice: «¡Se quedó con las tres cosas!».

«¡Ah –dice el sacerdote–, un jesuita!».

Además de orar en relación con las decisiones y examinar si tienes un sentimiento de consolación, hay otra práctica que puede utilizarse durante el Segundo (y el Tercer) Tiempo. Consiste en imaginar que vives cada una de las opciones durante un determinado periodo de tiempo y examinar cuál de ellas te proporciona mayor sensación de paz.

Durante unos días, actúa como si fueras a optar por una alternativa. Aunque no hayas tomado la decisión, *imagina* que lo has hecho y vive durante unos días como si ya hubieras decidido. Pon a prueba la decisión, como si se tratara de un jersey nuevo. ¿Cómo te hace sentir? ¿Te sientes en paz o agitado? Después, durante otros cuantos días, prueba la decisión opuesta. ¿Cómo te hace sentir?

Se trata de un recurso muy eficaz. Por lo general, nuestra mente se mueve sin cesar de una alternativa a otra, brincando como un saltamontes nervioso, no dándose nunca tiempo suficiente para considerar cada alternativa. Pero tras haber vivido imaginativamente con una línea de acción, y posteriormente con la otra, percibirás algunas cosas que antes no habías percibido. Las ventajas y las desventajas se hacen más evidentes con el tiempo. En cierto sentido, verás las consecuencias de la decisión antes de tomarla. Y al final del proceso, pregúntate qué opción te procura una mayor paz. Después, confía en tus sentimientos y toma la decisión.

Pero el discernimiento, como observa Fleming, no es meramente cuestión de sentirse en paz. Debes evaluar cuidadosamente lo que ocurre en tu interior. «La complacencia y la satisfacción por una decisión pueden enmascararse como consolación. A veces la desolación puede ser una oportuna sensación de inquietud que apunta en una nueva dirección». Es de suma importancia la sinceridad acerca de lo que se está sintiendo realmente y por qué.

En lo que respecta a la toma de decisiones, el Primer y el Segundo Tiempo presentan relativamente pocas dificultades. El Primer Tiempo es claro como el agua. El Segundo puede ser menos claro al principio; pero, después de orar sobre ello y considerarlo debidamente, se vuelve lo bastante claro a través de los mencionados sentimientos de consolación y desolación y conduce a lo que Ignacio denomina «asaz claridad y conocimiento».

El Tercer Tiempo

Para muchas personas, la situación de toma de decisión más común es el Tercer Tiempo. Tienes ante ti dos o más buenas alternativas, pero ninguna de ellas constituye la opción inequívocamente obvia. No se da un momento de absoluta certeza, y apenas se obtiene claridad en la oración.

«El ánima –dice Ignacio– no es agitada de varios espíritus». Es en este tiempo de oscuridad cuando las prácticas claramente definidas de san Ignacio pueden resultar más útiles. Sus técnicas pueden también proporcionar algo inesperado: calma. Hace poco acudió a mí un joven en busca de dirección espiritual, el cual me dijo que el mero hecho de conocer estas técnicas le hacía sentirse menos agobiado ante la perspectiva de tener que tomar una decisión importante.

Para el Tercer Tiempo, Ignacio proporciona dos métodos. Empleemos un ejemplo familiar: comprar una casa nueva o seguir ocupando el pequeño piso en el que vives. Como sabe cualquiera que haya tomado una decisión como esta, se trata de una decisión bastante compleja, porque suscita interrogantes tanto económicos como emocionales.

El Primer Método se basa en la razón. Una vez más, hay que comenzar por la indiferencia. No debes inclinarte ni por una cosa ni por la otra, por más agotadora que pueda haber sido la lucha que has librado antes de tomar una decisión.

Esta es una idea clave. No podemos considerar libremente una decisión si ya la hemos tomado o si hemos llegado a ella por exclusión. Ignacio dice que «no esté más inclinado ni afectado a tomar la cosa propuesta que a dejarla, ni más a dejarla que a tomarla; mas que me halle como en medio de un peso».

En el Primer Método, Ignacio nos indica seis pasos:

Primero, examinar la opción en la oración: en este caso, comprarte una casa o permanecer en el piso que ya tienes.

Segundo, identificarte con el objetivo último, que para Ignacio es el deseo de complacer a Dios, así como la necesidad de ser indiferente.

Tercero, pedir la ayuda de Dios para que mueva tu corazón hacia la mejor decisión posible.

Cuarto, hacer una lista, mentalmente o por escrito, de los posibles resultados positivos y negativos de la primera opción. Después, elaborar otra lista con los posibles resultados positivos y negativos de la segunda opción.

Se enumeran, pues, los beneficios de comprar una casa nueva: más espacio; más libertad para hacer lo que a uno le apetezca; el dinero, que ahora se esfuma al pagar el alquiler, irá a engrosar el patrimonio; etc., etc. Después se hace la lista de los aspectos negativos de la compra de una casa: la hipoteca, la necesidad de cuidar la propiedad, el segar el césped, el preocuparse por las reparaciones, etcétera.

Después se piensa en la alternativa. ¿Cuáles son los aspectos positivos? Seguir en el piso que ahora ocupas significa no tener que perder tiempo en el traslado, sentirte cómodo en tu lugar acostumbrado y mantener el horario de siempre. ¿Y cuáles son los negativos? Incrementos del alquiler, un entorno atestado de gente, un vecindario ruidoso...

El Primer Método nos recuerda que no hay decisión que conduzca a un resultado perfecto. Cada resultado es una mezcla. Enumerar los aspectos positivos y los negativos te libera de la idea de que una buena decisión supone elegir la perfección.

Quinto, ahora que tienes tus listas, ora acerca de ellas y mira hacia dónde se inclina tu razón. Con el tiempo, llegarás a una decisión que te proporcione alguna paz. Pero hay otro paso.

Sexto, pide algún tipo de confirmación de Dios de que esa es la decisión adecuada.

La confirmación debe buscarse en toda decisión. E Ignacio *espera* que se experimente la confirmación de que «es la decisión debida», como dice Lonsdale. Esto puede significar experimentar consolación, como se ha descrito anteriormente, o simplemente la sensación de estar en paz con uno mismo y con Dios. Una mala decisión es más probable que lleve a sentimientos de desolación o agitación, como si de alguna manera se hubiera tomado un mal rumbo. Como observa Michael Ivens, «oramos pidiendo confirmación a fin de estar seguros de hacer la voluntad de Dios tal como nos es dada; y también para contrarrestar la tendencia que hay en nosotros a optar por concluir las cosas rápidamente».

Ivens nos recuerda que debemos sentirnos satisfechos con cualquier confirmación que recibamos, aunque sea muy simple. «Puede consistir, en definitiva, en la simple confirmación negativa de que nada pone en entredicho nuestra decisión».

Lo cual no equivale a decir que una buena decisión no pueda inquietar. Si decides cambiar de vivienda, tendrás muchas cosas que hacer. Y todo el mundo siente el remordimiento propio de cualquier comprador. Puedes sentir una cierta ansiedad si piensas en las responsabilidades que conlleva la nueva casa; pero si en lo más profundo de ti sientes consolación, sientes paz, sientes que estás en la buena dirección..., probablemente se trata de una buena decisión.

A veces la confirmación llega de un modo más dramático, y en ocasiones su claridad puede incluso hacerte sonreír. Mi amigo de siempre, Chris, estaba pensando en dejar su antiguo trabajo de director de inversiones en una gran empresa. Le habían ofrecido un nuevo puesto en una Universidad de tamaño medio, su «alma mater», para gestionar la cartera de inversiones. Chris estaba a punto de aceptar el nuevo trabajo, pero algo parecía impedírselo.

La mañana en que tenía que comunicar su decisión a la Universidad, encendió el ordenador. Chris es un fiel miembro de la Iglesia Unida de Cristo y todos los días lee «online» una breve reflexión sobre la Escritura y la fe. Aquella mañana entró en el ordenador y buscó la página web de siempre. El encabezamiento de aquel día era: «Hora de partir».

«Tal vez el Señor haya enviado este mensaje a tu vida en este momento para animarte a obedecerle en que dejes algo seguro y le sigas a algo mayor y mejor, pero en gran parte desconocido».

Chris ya tenía su confirmación. Cuando contaba la historia, se reía y decía: «¿No es genial cuando Dios no se anda con rodeos?».

Pero la mayoría de las veces Dios no se muestra tan claro. De modo que conténtate con la clase de confirmación que Dios quiera darte.

La confirmación también has de encontrarla *fuera de ti*. No tiene que ver solo con lo que sientes, ni siquiera con la sensación de que es «lo correcto». En la vida jesuítica, si tomas una decisión que no es la misma a la que llega tu superior, puedes decir que, en última instancia, tu decisión no se ha visto confirmada. Para la mayor parte de la gente, la confirmación llega también sometiéndola a prueba.

Pongamos un ejemplo. Supongamos que has decidido hacer frente al director de tu empresa a propósito de los reproches que te hace en tu trabajo. Tú has discernido cuidadosamente que hablarás con él durante la evaluación anual de tu rendimiento en el trabajo. Pero esa misma mañana descubres que tu jefe está de muy mal humor y que acaba de explotar airado con un compañero tuyo. No parece que tu decisión de encararte con él hoy haya recibido confirmación. Pero puede que baste con algo tan sencillo como esperar unos días. El mero hecho de que hayas discernido no significa que no debas analizar la realidad en busca de una confirmación en la vida real. Como decía un jesuita, «confía en tu corazón, pero utiliza también tu cabeza».

Todo ello no significa que hayas tomado una mala decisión. Puede, simplemente, ser el momento de discernir de nuevo basándote en los nuevos datos. Esta es la pauta de «reflexión-acción-reflexión» que los jesuitas enseñan a sus alumnos. Reflexionas sobre una decisión, actúas en función de ella, ves lo que sucede, y después reflexionas sobre esa experiencia, lo cual conduce a otra decisión, impulsándote hacia adelante. Esto forma parte del ser «contemplativo en la acción», es decir, una persona que está siempre reflexionando sobre su vida activa, como hacía Ignacio.

Ahora podrías decir que el Primer Método es un modo obvio de tomar una decisión de Tercer Tiempo. ¡Gran cosa, una lista de pros y contras...!

Pero Ignacio subraya unos pasos que normalmente ignoramos cuando tomamos una decisión.

Primero nos recuerda el valor de la indiferencia. Muchas veces entramos en el proceso de toma de decisión cuando ya hemos decidido, o bien demasiado preocupados por el modo en que los demás juzgarán nuestra decisión. Trata de evitar ambas trampas.

Segundo, el Primer Método se interesa más por la razón que por la emoción. Lo cual ayuda a eliminar la tremenda ansiedad que normalmente afecta a una toma de decisión importante. Las emociones son cruciales cuando tomamos una decisión. Pero a menudo las decisiones importantes nos afectan emocionalmente de tal manera que, aunque *sabemos* que elaborar una lista sería lo sensato, no lo hacemos, debido a todo el estrés emocional que padecemos. El Primer Método nos recuerda el valor de la razón.

Tercero, Ignacio nos recuerda que toda línea de acción será imperfecta. Toda solución tiene aspectos positivos y aspectos negativos. Como le gusta decir a un amigo jesuita, «en ambos lados hay pros y contras». Lo cual nos ayuda a evitar la trampa de buscar el resultado «perfecto».

En la toma de decisiones es habitual utilizar listas. Lo que Ignacio añade a este enfoque es la indiferencia, orar a propósito de la lista buscando confirmación y confiar en que Dios es parte del proceso, porque Dios desea tu felicidad y tu paz.

A veces el Primer Método puede resultar difícil. Un hombre me dijo que con todas estas listas le resultaba todo demasiado analítico, demasiado similar a un «proceso de datos», como él lo expresó. No hay problema, le dije, porque Ignacio propone también otro método.

El Segundo Método se basa menos en la razón y más en la imaginación. Emplea algunas técnicas creativas para ayudarnos a pensar en la decisión de un modo nuevo. Recuérdese que Ignacio era flexible. Aquí ofrece una variedad de modos de tomar una decisión en función de la psicología de la persona: algunos se basan en la oración, otros en la razón, y unos terceros en la imaginación. Una vez más, Ignacio nos muestra su aguda visión de la naturaleza humana.

Primero sugiere que imagine «mirar a un hombre que nunca he visto ni conocido» e *imagine qué consejo daría a esa persona* en lo que respecta a la misma decisión que él está ahora afrontando. Esto puede contribuir a liberarse de centrarse excesivamente en *uno mismo*.

Hace unos años, por ejemplo, yo me sentía obligado a hablar sin tapujos acerca de un tema eclesial controvertido. El único problema era que mi superior jesuita me dijo que no quería que lo hiciera. Era una situación difícil: mi sentido de la integridad tiraba de mí en una dirección, y mi voto de obediencia en otra. Si me dejaba llevar por mi sentido de la integridad, tenía que desobedecer a mi superior. Y si obedecía a mi superior, ponía en compromiso mi integridad. Llegar a una decisión acertada me parecía imposible. En la oración, me sentía atraído por la imagen de Jesús predicando audazmente la verdad. En otras ocasiones, me imaginaba a Jesús recordándome mi voto de obediencia. Mis emociones no conseguían ofrecerme una respuesta clara: por un lado, sentía la necesidad de hablar; por otro, el deseo de ser un buen jesuita. Mi razón tampoco lograba llevarme a una respuesta clara: por una parte, debía decir la verdad; por otra, debía cumplir mis votos.

En medio de mi confusión, recordé el Segundo Método. Por lo tanto, imaginé a alguien en mi situación: un jesuita que se sentía obligado a hablar claramente, pero que quería cumplir su voto de obediencia. Al instante, vi con claridad lo que le diría, porque me liberé de centrarme en *mí mismo*.

En mi imaginación, aconsejé a aquella persona hipotética que consiguiera la aprobación de sus superiores, aunque pudiera necesitar años. De este modo sería honrado, porque trataría de decir lo que su conciencia le movía a decir, y también sería fiel a sus votos de jesuita. Después de terminar mi oración, sentí que me desprendía de una tremenda carga. El Segundo Método me había liberado para ver claramente. Ya sabía lo que tenía que hacer, porque sabía lo que *él* tenía que hacer.

Segundo, Ignacio dice que puedes imaginarte a ti mismo *al borde de la muerte.* Suena mórbido, ya lo sé, pero resulta clarificador. Piensa en ti mismo en tu lecho de muerte, en un futuro lejano, e imagínate preguntándote: ¿qué debería haber hecho?

Es fácil ver por qué este sistema resulta tan efectivo. A menudo escogemos algo que es más conveniente *ahora,* el curso más fácil, que sabemos podría ser una decisión que lamentáramos. Algo de esta idea se refleja en el dicho de que nadie en su lecho de muerte dice: «Me gustaría haber pasado más tiempo en la oficina».

Tercero, podemos imaginarnos en el *Juicio Final.* ¿Qué opción querríamos presentar ante Dios?

Por utilizar el ejemplo anterior del que anda buscando una nueva casa, Dios no va a reñir a nadie por quedarse en un piso antiguo en lugar de comprar una casa nueva; pero, especialmente tratándose de opciones morales, este método puede ayudar a centrarse en las exigencias de la fe.

Por ejemplo, puede que estés dudando aceptar un nuevo trabajo con un sueldo más alto, pero que supone que pasarás mucho menos tiempo con tu familia. Puedes imaginar a Dios, al final de tu vida, entristecido por esa decisión.

Y permítaseme añadir una sugerencia adicional a las de Ignacio, una *cuarta* técnica: *imagina lo que haría «tu mejor yo»*.

Probablemente tienes una idea de la persona en que te gustaría convertirte, la persona que piensas que Dios quiere que seas o, lo que es lo mismo, tu «mejor yo», tu «auténtico yo» o tu «verdadero yo». Para mí es una persona libre, confiada, madura, independiente y amable. ¿Puedes imaginar tu mejor yo, la persona que esperas ser algún día? Al considerar tu decisión, pregúntate: *¿Qué haría mi mejor yo?* A veces la respuesta llega de inmediato: *Si fuera una persona más libre y más capaz de amar, es obvio que elegiría esta opción.*

Tomar decisiones con esta cuarta técnica puede parecer raro al principio. Quiero decir que actuar como si fueras tu mejor yo puede resultar desacostumbrado; pero, con el tiempo, actuar de ese modo te ayudará a avanzar en la dirección de ser, de hecho, tu mejor yo. Como decía Gerard Manley Hopkins, una persona puede «actuar a los ojos de Dios tal como a los ojos de Dios es». Tomar decisiones como si fueras tu mejor yo te ayudará a serlo.

La mula que discernió

En su autobiografía, Ignacio cuenta la aterradora historia de uno de sus primeros y más descaminados discernimientos. Poco después de su conversión, Ignacio se encontró con un hombre que viajaba por su mismo camino y que insultó a la Virgen María. El impulsivo Ignacio se enfureció y se puso a considerar si debía acabar o no con su vida. Cuando llegó a una bifurcación del camino, decidió que, «si la mula fuese por el camino de la villa, él buscaría al moro y le daría de puñaladas». Afortunadamente para todos los implicados, la mula tomó el otro camino. Al contar esta historia a un grupo de jóvenes jesuitas, un provincial hizo que todo el mundo prorrumpiera en carcajadas cuando dijo: «¡Y desde entonces, los asnos han estado tomando decisiones en la Compañía de Jesús!».

La reglas del discernimiento

Además de estos métodos y prácticas, Ignacio especifica lo que podríamos llamar «sugerencias útiles» para tomar grandes decisiones. Y muestra también cómo reconocer cuándo está en acción el «enemigo de natura humana» y cuándo está en acción el «buen espíritu» en tus decisiones.

Puede que el lector se sienta incómodo por los anticuados términos que emplea Ignacio; pero no nos engañemos: Ignacio creía que el «buen espíritu» es el Espíritu de Dios, que nos guía hacia una vida sana y santa. Y el «mal espíritu», o el «enemigo», en la cosmovisión de Ignacio, es el espíritu de Satanás. Esto es también lo que yo creo, aunque no pienso necesariamente en un Satanás con cuernos y rabo. (Aunque, de nuevo, ¿quién sabe...?).

Otro modo de pensar al respecto consiste en considerar esos sentimientos que nos apartan de Dios como opuestos al Espíritu de Dios, o distinguir entre lo que es «de Dios» y lo que «no es de Dios». La mayoría de nosotros nos sentimos en tensión en nuestra vida entre el bien y el mal, lo sano y lo insano, el egoísmo y la generosidad. Ignacio plasma esto en términos de una batalla y, empleando diversos medios, nos ayuda a identificar qué espíritu es el que está presente. En *The Discernment of Spirits,* Timothy Gallagher, OMV, dice: «Ignacio reconoce que, cuando tratamos de introyectar el amor de Dios y seguir su voluntad de acuerdo con la plena verdad de nuestra naturaleza humana, encontramos algo hostil a nuestra pretensión; nos encontramos con un *enemigo*».

Pero prescindiendo de cómo imagine el lector que actúa el mal, el modo que tiene el «enemigo» de obrar en las personas es identificable instantáneamente y parece tener ciertos rasgos que lo hacen reconocible. Sin embargo, el lector verá que aquí, en especial, Ignacio es perfectamente comparable a Freud o Jung en su perspicaz comprensión de la psique humana. «Un tipo listo», me dijo en cierta ocasión un psicólogo refiriéndose a Ignacio, después de que yo le describiera algunas de estas ideas.

Estos consejos, llamados «Reglas del Discernimiento», al contrario que las que hemos examinado anteriormente, no son tanto técnicas cuanto ideas.

Permítame el lector que le haga partícipe de las que yo he considerado más útiles.

La gota de agua

Si estás constantemente yendo de una cosa mala a otra, en un camino descendente, el enemigo te animará a continuar haciéndolo: «Acostumbra comúnmente el enemigo proponerles placeres aparentes, haciendo imaginar delectaciones y placeres sensuales, por más los conservar y aumentar en sus vicios y pecados», dice Ignacio. De manera que, si estás observando una conducta pecaminosa, el mal espíritu te hará considerar que es *bueno* cuanto haces. Si estás metido en algún negocio sórdido, el mal espíritu te dirá: «*Sigue adelante. No te preocupes. Imagina la cantidad de dinero que harás. Nadie se enterará. Todo el mundo lo hace. Te lo mereces. Todo irá bien*».

En la película *Rebeca,* de Alfred Hitchcock (1940), basada en una novela de Daphne Du Maurier, hay una maravillosa escena en la que la señora Danvers, la malvada sirvienta de la casa (interpretada por Judith Anderson) está mirando por la ventana junto a la señora Winter, la nueva esposa del dueño de la casa. La celosa sirvienta desprecia a la nueva esposa y ha logrado hacer que su vida en la mansión sea infeliz. Solitaria y desamparada, la nueva señora Winter mira hacia abajo mientras la señora Danvers la anima a suicidarse.

«En realidad, no tiene nada por lo que vivir, ¿no es así? –le susurra–. Mire abajo. Es fácil, ¿verdad? ¿Por qué no lo hace? ¿Por qué no lo hace? Vamos... vamos... no tenga miedo».

Así es como actúa el mal espíritu: animándonos a proseguir en nuestros malos pensamientos o malas acciones, impulsándonos hacia abajo. «*Vamos* –dice–. *Es fácil, ¿verdad?*».

Para las personas que se encuentran en ese camino descendente, el *buen* espíritu actúa de manera opuesta. En tal caso, se siente el aguijón de la conciencia con remordimiento, dice Ignacio. Si estás defraudando dinero a tu empresa, sentirás que tu conciencia te aguijonea diciéndote, en esencia: «*¡Despierta! ¡Lo que estás haciendo está mal!*».

Aquí emplea Ignacio una metáfora muy sencilla: la gota de agua. Para quienes van de mal en peor, el mal espíritu es percibido como una gota de agua en una *esponja*: suavizante, calmante, estimulante. O, como dice Ignacio: «dulce, leve y suave». Pero el buen espíritu, en estos casos, es como la gota de agua que cae sobre una *piedra:* alarmante, duro e incluso estrepitoso. Cae «agudamente y con sonido y inquietud», dice Ignacio. Como diría mi amigo David, «presta atención».

A propósito, cuando vamos de mal en peor, la gota alarmante que cae sobre una piedra puede llegar interior y exteriormente: puede adoptar la forma del duro consejo de un amigo que nos saca de nuestra complacencia espiritual.

Para quienes se mueven en la dirección opuesta –que somos la mayoría de nosotros–, tratando de llevar una vida como es debido, esforzándose por proceder de bien en mejor, los sentimientos son lo *contrario.* En este caso, el buen espíritu es como la gota de agua en la esponja, y el mal espíritu como la gota de agua en la piedra.

Supongamos que has decidido ofrecerte voluntariamente para trabajar en un comedor de transeúntes. En tal caso, el buen espíritu te anima suavemente a que emprendas ese buen camino. Aquí, dice Ignacio, el buen espíritu da «ánimo y fuerzas, consolaciones, lágrimas, inspiraciones y quietud, facilitando y quitando todos impedimentos, para que en el bien obrar proceda adelante». Te sentirás consolado, inspirado y animado cuando pienses en ofrecerte voluntario y en avanzar por el camino del amor.

El enemigo te empujará en la otra dirección, actuando como la gota de agua en la piedra. *¡Vaya!* –piensas de repente–. *Nunca he hecho nada de ese tipo. ¡Es demasiado duro!* A menudo, esto llega como un miedo súbito y desorientador. Es característico del mal espíritu, dice Ignacio, «morder, tristar y poner impedimentos, inquietando con falsas razones para que no pase adelante».

¿Por qué el buen espíritu y el malo trabajan de modos opuestos, en función del estado de ánimo? He aquí la sencilla explicación de Ignacio: «Cuando [la disposición del ánima] es contraria, entran con estrépito y con sentidos, perceptiblemente; y cuando es símile, entra con silencio, como en propia casa a puerta abierta».

Otro discernimiento dúplice que a mí me gusta emplear es el «¿Y si...» / «Si...». A la persona que trata de obrar bien, el mal espíritu la desanima a base de hacerle dudar: «¿Y si...». Supongamos que has empezado a colaborar como voluntario en un refugio de transeúntes, y de pronto te asalta un pensamiento aterrador: *¿Y si cayera enfermo por trabajar con estas personas? ¿Y si uno de ellos me atacara? ¿Y si el personal piensa que soy demasiado inexperto?* Estos «¿Y si...» conducen a un callejón sin salida. El enemigo presenta únicamente lo peor del posible futuro, que es impredecible. Es el mal espíritu poniendo impedimentos, y debe ser evitado.

Los «Y si...» se centran en las preocupaciones por el pasado. Podrías verte inducido a pensar: *Si hubiera empezado esto hace años... Si no hubiera malgastado tanto el tiempo... Si hubiera pensado antes en los pobres...* El mal espíritu está poniendo impedimentos, esta vez centrados en el pasado. Esto es también un callejón sin salida, porque el pasado no puede cambiarse. Ignora también este sentimiento.

A veces los «¿Y si...?» y los «Si...» pueden ayudarnos a soñar o hacernos sentir pesar por nuestros pecados; pero cuando nos inducen al temor, impidiéndonos seguir adelante de manera sana, llevándonos a callejones sin salida y poniéndonos impedimentos, lo más probable es que no procedan de Dios.

Finalmente, puedes analizar cuidadosamente también los «impulsos» y «atracciones». Damian, uno de mis directores espirituales, decía que cuando te sientes impulsado a hacer algo —*Debo hacer esto, debo hacer aquello...*— por un sentido de la obligación que es agobiante y carece de vida, o por un deseo de complacer a todo el mundo, tal vez provenga de Dios. Donovan lo denominaba «cargar con todo».

Las «atracciones» de Dios —amables invitaciones que llaman al amor— se sienten de distinta manera. A veces una obligación es una obligación, y debes hacer algo para ser una persona buena y moral; pero ten cuidado, porque tu vida no consiste simplemente en responder a deberes o impulsos que tal vez no procedan de Dios.

En tiempo de desolación nunca hacer mudanza

Otro consejo: «En tiempo de desolación nunca hacer mudanza», dice Ignacio. ¿Por qué? Porque cuando te sientes distante de Dios y experimentas desolación, estás más inclinado a ser guiado por el mal espíritu. Cuando te sientes abandonado por Dios, es más probable que digas: «Esto es inútil», y cambies de rumbo. O que te preguntes desesperanzado: «¿Para qué?», y abandones. No lo hagas. Permitir que te guíe la desolación —dice Michael Ivens— significa dejarte arrastrar a un «dinamismo descendente».

Lo cual tiene sentido, ¿no? Si alguien te dice que se siente infeliz, que no puede pensar con claridad y que está completamente desesperanzado, ¿dirías que es un buen momento para que tome una decisión importante? Por supuesto que no. No piensa con claridad. «No tomes decisiones cuando estás en crisis» es otra manera de decirlo. Lo más probable es que te veas guiado por motivaciones insanas. Sin embargo, la gente lo hace continuamente por desesperación. Resiste ese impulso.

Es más, dice Ignacio, cuando estás en desolación, debes hacer lo siguiente: orar y meditar aún más; hacer más autoexamen; recordar que no eres todopoderoso; y tratar de ser paciente. Y cuando te encuentres en estado de consolación, puedes cobrar «nuevas fuerzas» para el futuro, como la ardilla, que almacena nueces para el invierno. Aquí es donde resulta útil llevar un diario, porque, cuando te sientes distante de Dios, puedes rememorar los tiempos en que sentías a Dios cercano. (El diario puede también recordarte la necesidad de mantenerte fiel a las buenas decisiones que has tomado).

Mi mala decisión: ejemplo práctico

Pongamos un ejemplo de la «gota de agua» y de «toma de decisiones en tiempos de desolación» y veamos cómo pueden armonizar ambos conceptos. Para ello quisiera exponer al lector una de las peores decisiones que yo he tomado nunca.

Una mañana llegué a nuestro centro de refugiados de Nairobi y descubrí que alguien había robado nuestra pequeña caja de caudales, en la que había decenas de miles de chelines (unos cientos de dólares norteamericanos), el equivalente a casi una semana de ingresos de nuestra tienda de artesanía. Furioso, convoqué al personal –dos refugiados y dos keniatas–, les dije lo traicionado que me sentía y exigí que el culpable confesara de inmediato. Todos ellos negaron vehementemente haberlo hecho.

Enfurecido, fui a la casa de cada uno de ellos a buscar el dinero, un acto gravemente vejatorio en la cultura del África oriental... y en cualquier cultura. (Como ya he dicho, los jesuitas no somos ángeles).

Durante unos días, traté de orar acerca de lo que debía hacer. Pero estaba demasiado furioso. Cada vez que me sentaba a orar, me ponía de nuevo en pie de un salto y caminaba a zancadas por mi habitación. En lugar de centrarme en Dios y en la dinámica de mi espíritu, lo único que hacía era enfurecerme por aquella traición. (Era tal mi egocentrismo que estaba más enfadado por el hecho de que alguien me hubiera traicionado que por la pérdida de los fondos para los proyectos de los refugiados). Aunque mis amigos jesuitas me aconsejaban paciencia, yo los ignoraba y estaba cada vez más decidido a castigar a alguien. De manera que me estaba cerrando a Dios y a mis amigos, siguiendo un camino descendente que invitaba a la desolación y prescindiendo de las dos maneras en que Dios se comunica: la oración y los amigos.

Finalmente, alguien me sugirió que el mejor modo de solucionarlo consistía en echarlos a todos. Despídelos. Envía un mensaje a todo el mundo de que el robo no será tolerado, me dijo. ¡Sí!, pensé alegremente. Eso haría las cosas más fáciles. Aquí el mal espíritu estaba *animándome,* como la gota de agua en la esponja. «*Adelante* –decía–. *Es fácil, ¿verdad?*».

Así que despedí a todo el mundo. ¡Qué injusto fue aquello: castigar a todos por los pecados de uno solo...! Fue una escena espantosa. Los cuatro lloraban y me suplicaban que no les despidiera, porque todos ellos se encontraban al borde de la pobreza más absoluta. Aquella tormentosa reunión hizo que llorara de frustración cuando salí de la oficina, y por un momento me pregunté si estaba haciendo lo correcto, pero me esforcé por reprimir tales sentimientos. Después dije a todo el mundo lo que había hecho, orgulloso de lo enérgicamente que había plantado cara a aquellos ladrones.

A la mañana siguiente, desperté sobresaltado. ¿Qué había hecho? Y reconocí aquel timbre de alarma como mi conciencia. Había ido de mal en peor, de la ira a la venganza, del orgullo a la injusticia. Y veía con espanto que había cometido un error terrible. Era la gota de agua sobre la piedra, «violenta, ruidosa e irritante», que trataba de despertarme y atraer la atención de mi conciencia.

Al igual que hacía Ignacio en muchos casos, cambié de rumbo. En las semanas siguientes, readmití a dos empleados, encontré un nuevo trabajo para otro de ellos y empecé a prestar apoyo económico al último (que probablemente era el culpable). En definitiva, busqué el perdón y la reconciliación con todos ellos. Una vez que hice esto, experimenté una sensación de paz.

¿Qué habría dicho Ignacio? Pues que había tomado una mala decisión en un tiempo de desolación. El mal espíritu me había animado a seguir un camino equivocado, pero afortunadamente el buen espíritu me había despertado «con estrépito». Y después de cambiar de rumbo, sentí consolación, la confirmación de una buena decisión.

Tres modos de actuar del «enemigo»

Hemos hablado de la cosmovisión de Ignacio, con sus imágenes del buen y el mal espíritu. Puede parecer anticuado, pero refleja una impecable comprensión de los modos concretos en que el «enemigo», el «mal espíritu» o nuestro «peor yo» –elija el lector la denominación que prefiera– actúa en nuestra vida. E identifica tres modos principales.

En mis veinte años de jesuita, esta ha sido la parte de la espiritualidad ignaciana que más fácil me ha resultado ver en acción. Y una vez que te has familiarizado con ella, comienzas a verla en ti mismo.

Estos son los tres modos principales en que actúa el mal espíritu, ligeramente adaptados de las Reglas para el Discernimiento de Ignacio.

Primero, el enemigo se conduce como un *niño malcriado*. En este caso, el niño es «flaco por fuerza y fuerte de grado». A menudo nos vemos acosados por lo que sentimos como si fuéramos niños. Pensamos: «*Quiero eso ¡y lo quiero ya!*», como un niño que exige a gritos otra chocolatina. Si este arrollador deseo se refiere a algo insano, egoísta o incluso inmoral, entonces es importante reconocerlo como lo que es. Si una parte de ti quiere irse a la cama con una compañera de trabajo, aunque ambos estéis casados, y escuchas una y otra vez en tu mente esa voz infantil, exigente y petulante, estás oyendo la voz del niño malcriado: «*Tengo que tener sexo con ella, y he de tenerlo ya*».

¿Cuál es el antídoto? Haz lo que harías con un niño malcriado: no cedas a semejante tipo de tentaciones. Ya verás cómo resulta efectivo. «Es propio del enemigo enflaquecerse y perder ánimo, dando huida sus tentaciones, cuando la persona que se ejercita en las cosas espirituales pone mucho rostro contra las tentaciones del enemigo».

Compadezco al progenitor que dé al niño malcriado lo que no deja de exigir. Y compadezco a la persona que ceda a esos deseos egoístas. El hombre (o la mujer) casado que escucha continuamente esa voz que dice: «*Tengo que tener sexo con esa persona*», se arriesga a tomar una decisión muy destructiva. Si empiezas a sentir «temor y perder ánimo», como dice Ignacio, las tentaciones no harán más que intensificarse. De modo que no cedas.

Segundo, el enemigo actúa como un *amante falso*. En esencia, el enemigo preferiría que las tentaciones, dudas y desesperaciones se mantuvieran en secreto, lo cual no hace más que empeorar las cosas para la persona.

Ignacio compara al enemigo con un sinvergüenza que trata de «ser secreto y no descubierto». En un pasaje muy vívido, compara al enemigo con un hombre que intenta seducir a una buena esposa apartándola de su marido. (¡Esperemos que Ignacio no esté hablando de una antigua experiencia!). El sinvergüenza quiere que «sus palabras y suasiones» permanezcan secretas, para que el marido no se entere y ponga las cosas en su sitio.

Del mismo modo, escribe: «Cuando el enemigo de natura humana trae sus astucias y suasiones a la ánima justa, quiere y desea que sean recibidas y tenidas en secreto. Mas cuando las descubre a su buen confesor, o a otra persona espiritual..., mucho le pesa; porque colige que no podrá salir con su malicia comenzada, en ser descubiertos sus engaños manifiestos».

¿Cuál es el antídoto en este caso? Sacarlo todo a la luz; todos esos sentimientos negativos y tentaciones e impulsos de hacer el mal, o desesperar, o apartarse de Dios. Sacarlos de la «caja», como diría mi amigo David. Hablar de ellos con un amigo de confianza, un consejero o un director espiritual. Y verás cómo esas tentaciones, que parecen tan poderosas cuando permanecen ocultas en el interior, pierden enseguida gran parte de su poder al ser expuestas a la luz del día.

¡Qué frecuente es esto en la dirección espiritual...! Alguien parece estar dando vueltas alrededor de un tema incómodo, algo que teme revelar, precisamente porque sabe que, una vez que salga a la luz, se verá obligado a reconocer lo nocivo que es.

Una vez revelados, el impulso, la decisión o la tendencia insana pueden ser examinados, regenerados o rechazados. Cuando un joven jesuita siente, por ejemplo, la tentación de quebrantar sus votos de algún modo, a menudo suprime el deseo de hablar de ello con su superior o su director espiritual, y sus frustraciones, sus miedos, el secretismo y los problemas no hacen más que agudizarse.

«Cuando el enemigo de natura humana trae sus astucias y suasiones a la ánima justa, quiere y desea que sean recibidas y tenidas en secreto», decía Ignacio. O, como dicen los miembros de *Alcohólicos Anónimos,* «no estás más enfermo de lo que lo están tus secretos». Digamos, a propósito, que el director espiritual de Bill Wilson, uno de los fundadores de A.A., era el padre Edward Dowling, jesuita, lo cual puede explicar por qué algunas de las ideas de Ignacio les resultan familiares a los adictos que intentan recuperarse.

Finalmente, el enemigo actúa como un *caudillo*. Esta es mi imagen favorita y una de las que muy probablemente proceden del pasado militar de Ignacio. El caudillo sabe exactamente dónde se encuentran nuestros puntos débiles y apunta hacia ellos. El caudillo, al prepararse para atacar una fortaleza, establece su campamento, estudia cuidadosamente los puntos débiles y fuertes de su objetivo, y después ataca el punto más débil.

Del mismo modo, el mal espíritu «ronda como león rugiente» (1 P 5,8) y estudia en qué aspectos somos más débiles y es más probable que nos sintamos tentados, *incluso en los buenos tiempos*. «Por allí nos bate y procura tomarnos», escribe Ignacio. Dicho de otro modo, el mal espíritu atacará donde seamos más vulnerables. ¿Es el orgullo tu punto débil? En tal caso, cuando todo vaya bien en tu vida, el mal espíritu tratará de atacarte por ahí. «El enemigo de natura humana –dice Ignacio en otro lugar– ...mira en torno ...y por donde nos halla más flacos y más necesitados para nuestra salud eterna, por allí nos bate y procura tomarnos».

Supongamos que, en un acto de generosidad, acabas de empezar a cuidar de tu anciano progenitor. Poco a poco, otras personas empiezan a decirte lo noble que eres. Entonces tú empiezas a pensar: *Estoy haciendo una buena obra*. Hasta aquí todo va bien. Pero el caudillo está buscando el modo de entrar. Así que, poco a poco, pasas del *Estoy haciendo algo bueno* al *Soy una buena persona*. Y de ahí pasas al *Soy un santo* y, finalmente, al *Soy mucho más santo que los demás*. Te vuelves un fariseo, orgulloso y arrogante. Y a partir de ahí puedes empezar a juzgar, condenar e incluso odiar a otros que no son tan «santos» como tú.

¿Qué ha sucedido? Puede que te preguntes: *¿cómo he llegado aquí?* El mal espíritu ha logrado encontrar tu punto débil y está ganando la partida.

¿Cuál es la mejor defensa contra esto? Reforzar las partes débiles de tu castillo espiritual. Presta especial atención a los modos en que eres tentado en tus puntos débiles y actúa contra esas tendencias.

Con el tiempo, serás capaz de predecir los modos en que serás tentado. En mi caso, las tentaciones normalmente llegan de dos maneras: haciendo que me sienta solo o que me preocupe en exceso por mi salud física. El mes anterior a mi ordenación, por ejemplo, me sentía consumido por el deseo sexual. Después, justamente una semana antes, atrapé un horrible virus que me sumió en la desesperación. Era casi cómicamente fácil ver cómo mis puntos más débiles estaban abiertos a todo tipo de ataques. De manera que reforcé esos puntos de mi vida cerciorándome de pasar más tiempo con amigos íntimos y recordándome que la salud no era lo más importante en la vida, y el día de mi ordenación avancé felizmente por el pasillo.

Con el tiempo, conseguirás reconocer esos sentimientos. Llegarás a *saber* cuándo estás siendo tentado a tomar un mal camino.

El ángel de luz

Esto nos lleva a otra intuición ignaciana: el mal espíritu puede enmascararse como buen espíritu. Lo cual suena a mala película de terror, pero es una clara intuición de la naturaleza humana. Dicho sencillamente, significa que ciertas cosas que nos *parecen* buenas pueden dar un giro radicalmente malo y enmascarar algo más oscuro. El mal espíritu, como dice Ignacio, adopta la apariencia de un «ángel de luz».

Pongamos el caso de un padre que decide orar más. Él piensa que va a hacerlo para ser más un hombre contemplativo y un padre y marido más amante; pero tal vez sus motivos no sean tan puros, sino que inconscientemente esté tratando de huir de su familia. Poco a poco, va viéndose tan absorbido por su deseo de orar que comienza a descuidar a su esposa y a sus hijos. Y no tarda en mostrarse indignado y resentido cuando su precioso tiempo de oración es interrumpido. «¡Marchaos! –grita a sus hijos– ¡Estoy rezando!». El mal espíritu ha adoptado sutilmente el disfraz de buen espíritu para arrastrar a esa persona a una actitud amargada.

Ignacio lo expresa de este modo: «Propio es del ángel malo, que se forma sub angelo lucis, entrar con la ánima devota y salir consigo. Es a saber, traer pensamientos buenos y santos conforme a la tal ánima justa, y después, poco a poco, procura de salirse, trayendo a la ánima a sus engaños cubiertos y perversas intenciones».

John English, jesuita canadiense, observa en *Spiritual Freedom* que el mal espíritu puede utilizar también el pretexto del comienzo de la vida espiritual de una persona, y después sugerir: «*Bueno, todo depende de Dios, así que vamos a tomárnoslo con calma*». English dice que entonces la persona «se vuelve perezosa, regodeándose en el descontento, y abandona» su entusiasmo por el amor y el servicio.

Es una experiencia muy sutil. Cuando tal cosa sucede –dice Ignacio–, debemos examinar los modos en que hemos sido llevados por el mal espíritu, a fin de guardarnos de ello en el futuro. Es una buena práctica reconocer cómo hemos sido inducidos a seguir ese camino regresivo.

Con el tiempo, después de poner en práctica estas ideas, empezarás a saber, y a saber verdaderamente, cuándo estás siendo llevado por el mal camino, porque tendrás la experiencia de haberlo seguido ya. En la película *The Matrix,* en la que Keanu Reeves interpreta el papel de Neo, un tipo normal que se ve invitado a ver la verdad radical de este mundo, hay una ilustración precisamente de este tipo de conocimiento del mal camino por experiencia. En una escena, Neo va en coche con una mujer que ya sabe la verdad del mundo de Neo. (Ni que decir tiene que esta es una mera simplificación de una trama diabólicamente compleja). Reticente a aceptar su invitación a una nueva vida, Neo abre la puerta del coche, dispuesto a volver a su antigua vida. Ve la calle lluviosa y oscura. La mujer le aconseja que no siga ese camino, y él pregunta por qué.

«Porque ya has estado ahí, Neo –le dice ella–. Ya conoces el camino. Sabes con exactitud donde termina, y sabes que no es ahí donde tú quieres estar».

Es una buena ilustración del discernimiento. Si sabes que el camino te llevará a un mal fin, ¿por qué tomarlo? (A propósito, el nombre de la mujer de la película es Trinity).

Examinando nuestros modos de fracasar en el pasado, podremos tomar mejores decisiones y llevar una vida feliz y satisfactoria, fortaleciendo nuestro verdadero yo y resistiendo nuestras tendencias más egoístas. Podremos tomar el camino apropiado y llegar adonde queremos.

Decir *sí* a todo

Un comentario final acerca del discernimiento: tomar buenas decisiones supone aceptar que aun las mejores decisiones tendrán sus inconvenientes. A menudo, sin embargo, creemos que, si tomamos la decisión adecuada, no habrá ningún problema. Entonces, cuando vivimos esa opción y descubrimos sus inconvenientes, nos desanimamos. Un hombre recién casado cae en la cuenta de que ha renunciado a una parte de su libertad, porque, por ejemplo, ya no puede disfrutar de unas cervezas con sus amigos tan a menudo como antes; y una mujer recién casada no puede salir con sus amigas con la frecuencia con que solía hacerlo. Y ambos empiezan a dudar de lo acertado de su decisión de casarse.

Las buenas decisiones significan un *sí* incondicional a los aspectos tanto positivos como negativos que conlleva cualquier opción. Decir *sí* a entrar en la Compañía, por ejemplo, no significa decir *sí* únicamente a los aspectos positivos de la espiritualidad ignaciana, a los amigos jesuitas, a un trabajo apasionante, a unas comunidades acogedoras, a unas personas maravillosas a las que servir, a un estímulo intelectual... También significa decir *sí* a los aspectos negativos: soledad ocasional, frecuente exceso de trabajo, problemas en la Iglesia, etcétera.

Todo estado de vida y toda decisión incluyen algún dolor que debe ser aceptado si se quieren asumir plenamente esas decisiones y una nueva vida. «Todas las sinfonías quedan inacabadas», decía Karl Rahner. No hay decisión perfecta ni resultado perfecto ni vida perfecta. Asumir la imperfección nos ayuda a vivir con calma la realidad. Cuando aceptamos que todas las opciones son condicionales, limitadas e imperfectas, nuestra vida, paradójicamente, se vuelve más satisfactoria, gozosa y pacífica.

Todo ello nos orienta hacia el Incondicionado, Ilimitado y Perfecto al que decimos *sí:* Dios. Todas nuestras decisiones deben centrarse en esta realidad. Como dice la paráfrasis que David Fleming hace de los *Ejercicios Espirituales,* «nuestro único deseo y nuestra opción debe ser esta: quiero y elijo lo que mejor conduzca a la profundización de la vida de Dios en mí».

El discernimiento ignaciano, como ya he dicho al principio de este capítulo, puede parecer complicado, con sus definiciones de la consolación, la desolación y la confirmación, por no mencionar los Tres Tiempos y los Dos Métodos, así como al niño malcriado, al falso amante y al caudillo.

Pero en esencia es sencillo. El discernimiento ignaciano significa confiar en que, a través de tu razón y tu vida interior, Dios te ayudará a llegar a buenas decisiones, porque Dios *desea* que tomes decisiones buenas, amorosas, sanas, positivas y vivificantes. De manera que encuentra lo que a ti te vaya bien, lo que te acerque a Dios y lo que te ayude a tomar buenas decisiones. Y, sobre todo, confía en que Dios está contigo cuando eliges tus caminos en esta vida.

13
¡Sé quien eres!

(Trabajo, cargo, carrera, vocación... y vida)

Cuando le conocí, John era ya un director espiritual jesuita muy respetado en Nueva Inglaterra. De unos setenta años, rubicundo y con barba blanca, la de John era una presencia amigable en la casa de Ejercicios de Eastern Point en Gloucester, Massachusetts.

John era una de esas personas serenas en cuya presencia siempre te sentías especialmente en calma. George, mi director espiritual en África, que me había ayudado en mi lucha con la obediencia, era también así. Lo mismo que Joe, el anciano sacerdote que vivía en nuestro noviciado y cuyo lema era «¿Por qué no?». Si yo me encontraba preocupado por algo, unos breves minutos con cualquiera de estos hombres hacían que pareciera que mis problemas tenían solución.

¿Por qué ocurría esto? Primero, porque, debido a su avanzada edad, tenían mucha experiencia y poseían una gran sabiduría... y compasión. Segundo, porque todos eran directores espirituales y habían pasado largos años inmersos en la espiritualidad ignaciana, de manera que encarnaban las lecciones del método de Ignacio: compasión, generosidad y, en especial, libertad.

Y porque, finalmente, sabían quiénes eran. Después de décadas de formación, Ejercicios, oración y lectura espiritual, y después de afrontar las lógicas dificultades de la vida, se conocían a sí mismos y sabían cuál era su lugar en la creación. E irradiaban una sensación de paz.

Un día, en la casa de Ejercicios, John pronunció una homilía sobre el tema de la vocación. El pasaje evangélico de aquel día era el de Bartimeo, el mendigo ciego al que Jesús pregunta: «¿Qué quieres que haga por ti?». John hablaba de cómo nuestros deseos nos ayudan a encontrar nuestra vocación, es decir, a ser quienes somos.

Al final de su homilía, John lo resumió todo claramente con un dicho que había escuchado a un anciano caballero que vivía en el Sur profundo: «¡Sé quien eres, no quien no eres! –dijo soltando una risa estruendosa–. Porque si no eres quien eres, entonces eres quien no eres. ¡Y eso no es bueno!».

Llamados

En el capítulo anterior hablábamos de tomar decisiones según el método de Ignacio. Hablábamos de las buenas decisiones de cada día. Ahora vamos a hablar de dos grandes decisiones:

1. ¿Qué debo hacer?
2. ¿Quién debo ser?

En otras palabras, vamos a hablar de la vocación. Vamos a ver cómo nos ayuda la espiritualidad ignaciana a saber lo que estamos llamados a *hacer* en la vida y a convertirnos en las personas que estamos llamadas a *ser*. Por citar al amigo de John, vamos a ver cómo te ayuda el método de Ignacio a «ser quien eres».

«Vocación» es una palabra que se malinterpreta fácilmente. En algunos círculos católicos, «tener vocación» sigue significando casi exclusivamente sentirse «llamado» al sacerdocio o a la vida religiosa. Algunos católicos pensaban que la *verdadera* vocación estaba limitada a esas dos áreas, mientras que el resto de las opciones vitales –casarse, permanecer soltero, ser padre, trabajar como médico, como abogado o como hombre de negocios, etcétera– eran «inferiores».

Ello es vestigio de una antigua teología que consideraba que la vida de los sacerdotes, las religiosas y los religiosos era superior a la de los laicos, casados o solteros. En mi clase de catequesis nos dieron en una ocasión un dibujo en color. En la parte superior de la hoja estaba escrita la palabra *Vocaciones*. En el lado izquierdo había una imagen de una pareja casada, y debajo un rotulo que decía: *Buena*. En el lado derecho estaba la imagen de un sacerdote y una monja, y debajo la palabra *Mejor*.

Pero desde el Concilio Vaticano II a comienzos de los años sesenta del pasado siglo, que insistió en la «llamada universal a la santidad», a los católicos se nos ha recordado que todo el mundo tiene una vocación. Esto es algo que podríamos haber aprendido fácilmente de otras denominaciones cristianas, porque sus Iglesias han buscado siempre la participación activa de los miembros laicos y han puesto comparativamente menos énfasis en los ministerios ordenados. Todo el mundo tiene una vocación.

La raíz de la palabra apunta a ello, pues tiene poco que ver con el sacerdocio o con la vida religiosa. Procede de la palabra latina *vocare,* «llamar». La vocación es algo a lo que eres llamado.

La vocación es diferente del trabajo, del cargo e incluso de la carrera. Podría decirse que el trabajo es la labor requerida para realizar una tarea. El cargo es la situación en la que desempeñas dicho trabajo. Y la carrera es la trayectoria a largo plazo o pauta de diversos cargos. Pero la vocación es mucho más profunda que cualquiera de estos conceptos.

Recientemente he hablado acerca de ello con Chris Lowney, autor de *El liderazgo al estilo de los jesuitas,* libro que emplea las intuiciones de Ignacio aplicándolas a las organizaciones. Lowney es un exjesuita que trabaja en el mundo empresarial y aporta una gran experiencia al respecto. ¿Cómo ve él estos términos?

«Trabajo, carrera, vocación –me dijo, considerando la cuestión– son términos que llevan aparejadas algunas ideas problemáticas. *Trabajo* tiende a ser interpretado como la labor que se realiza a cambio de un salario; sin embargo, el trabajo es cualquier actividad que tenga sentido, de manera que es útil tener un concepto más amplio del mismo. *Carrera* tiende a significar que estudias para una profesión que desempeñas durante el resto de tu vida. Pero para muchas personas las cosas ya no son así. En un sentido moderno, la carrera tiene menos que ver con un lugar de trabajo e incluso con una profesión específica, y más con el modo de desarrollar tus habilidades y talentos».

¿Y qué ocurre con la vocación?

«La gente tiende a asociar la *vocación* con un trabajo, un empleo o una carrera específicos –me dijo Chris–. Los reformadores protestantes hablaron de una llamada general a ser santos y de una llamada específica a diferentes clases de ministerios y trabajos, lo cual es más exacto».

En los últimos capítulos me he referido brevemente a mi vocación, que se vio impulsada después de ver un documental en televisión sobre el monje trapense Thomas Merton. Ello me llevó a leer su libro *La montaña de los siete círculos,* lo cual, a su vez, me hizo entrar en contacto con los jesuitas, lo cual me animó a leer más acerca de su programa formativo, lo cual me persuadió de la necesidad de considerar mi ingreso en la Orden, lo cual me decidió a solicitarlo y, en último término, logró que los jesuitas me aceptaran.

Pero ¿cómo sucedió? A través del deseo. En cada coyuntura me veía arrastrado por el deseo, la atracción o el interés por ese tipo de vida. Este es el modo primario de descubrir lo que estamos destinados a hacer y quiénes somos: el deseo.

El modo más fácil de pensar en esto consiste en recurrir a un ejemplo familiar: el matrimonio. La mayoría de los creyentes estarán de acuerdo en que Dios llama a la pareja casada conjuntamente. Aun cuando no entiendan el matrimonio como un sacramento, como hacemos los católicos, la mayoría dirían que Dios, de alguna manera, los ha unido. Esto sucede en parte a través de una amplia variedad de deseos. El hombre y la mujer se ven unidos por el deseo –físico, emocional y espiritual– y descubren su vocación de pareja casada. Así es como une Dios a las personas y como se manifiesta la llamada al matrimonio.

El deseo funciona de manera similar en la vida de quienes se sienten atraídos por una profesión concreta. Contables, escritores, físicos, artistas, abogados y profesores, entre otros, descubren una atracción por su trabajo, puede que oyendo hablar de esas carreras a una edad temprana, conociendo a personas que desempeñan esos trabajos o leyendo sobre quienes ejercen esas profesiones. Descubren su vocación mediante sus anhelos naturales. El deseo funciona igual en la vida de los santos, atrayéndolos a diferentes tipos de servicio en la Iglesia.

Permítaseme poner un ejemplo al margen del seminario, el noviciado o el convento. Cuando yo trabajaba en la General Electric, a uno de mis compañeros le encantaba leer prensa económica en su tiempo libre. Mientras que para mí el trabajo era algo que hacía para ganarme la vida, él no encontraba nada mejor al final de un largo día que sentarse a leer el *Wall Street Journal.* «¿Cómo puedes leer eso después del trabajo?», le pregunté una vez.

«¿Estás de broma? –me dijo–; a mí me *encanta*».

Trabajar en el mundo de las finanzas no era para mí más que un empleo, pero para él era una verdadera vocación. Fluía de un claro deseo, de una atracción por el mundo empresarial, de la necesidad de sumergirse en él y alcanzar el éxito. Era también un claro indicio de que tal vez yo podría no estar en el lugar apropiado: porque los que triunfan son aquellos que aman lo que hacen, aquellos que encuentran en ello su verdadera vocación.

Como hemos visto en capítulos anteriores, el deseo es un elemento esencial en la vida espiritual. Por eso Ignacio te pide que ores por lo que deseas al principio de cada oración en los *Ejercicios Espirituales*. El primerísimo ejercicio incluye la invitación a «demandar a Dios nuestro Señor lo que quiero y deseo». Por eso también escribe Barry: «Los directores de Ejercicios, en mi opinión, realizan su labor más importante cuando ayudan a sus dirigidos a descubrir lo que realmente quieren».

Dios llama a cada uno de nosotros a diferentes vocaciones. Mejor aún, Dios introduce en nosotros esas vocaciones, que se revelan en nuestros deseos. De este modo, cuando vivimos nuestros deseos más profundos, se cumplen los deseos de Dios para el mundo. La vocación consiste menos en *encontrar* que en que nos sea *revelado* cuando oramos para comprender «lo que quiero y deseo».

El deseo, por supuesto, tiene mala prensa en los círculos religiosos; pero no es de los deseos egoístas de los que habla Ignacio. Como observa Margaret Silf en *Wise Choices,* «hay deseos profundos y hay caprichos superficiales».

Un modo de distinguir entre deseos profundos y caprichos superficiales y entender más plenamente nuestra vocación consiste en reflexionar sobre aquello por lo que te sientes atraído desde hace largo tiempo. Puedes utilizar las técnicas del examen para ver por qué te sientes atraído. Puedes preguntarte: *¿Qué deseos albergo desde hace mucho en mi corazón? ¿Qué es lo que más disfruto haciendo? ¿Con qué trabajos sueño?*

> «Latente y a veces encerrado dentro de cada corazón humano hay un sueño esperando nacer».
>
> – Jacqueline Syrup Bergan y Marie Schwan, csj,
> *Birth: A Guide for Prayer*

Si tu trabajo te exige estar sentado ante un escritorio manejando cifras, pero llevas mucho tiempo soñando en trabajar más directamente con personas, tu deseo puede apuntar a tu verdadera vocación. Puede que estés destinado a trabajar en recursos humanos o como asesor. Por el contrario, si eres un profesor insatisfecho que sueña con hacer algo más solitario, tu deseo puede apuntar a tu vocación. Puede que estés destinado a ser escritor o, si ello no es posible, a pasar *algún* tiempo escribiendo. Hace poco, un amigo me dijo que había empezado a ejercer el voluntariado en una cárcel como capellán laico, aunque trabaja como director financiero de una gran empresa. Su trabajo voluntario le proporciona enormes reservas de gozo y energía, y se entusiasma con solo hablar de ello. Es evidente su gran alegría cuando habla de su voluntariado.

A veces una imagen puede ayudarte a descubrir esos deseos. Permítaseme sugerir una que a mí me ha ayudado a lo largo de los años.

Cuando yo estaba en la escuela, nuestro profesor de ciencias nos pidió en una ocasión que acudiéramos a un arroyo cercano y llenáramos de agua un vaso, cuyo contenido llevaríamos a clase para verlo al microscopio. Pero el profesor nos dijo que antes de poder utilizar el microscopio deberíamos dejar el vaso en la repisa de la ventana durante toda la noche, porque el agua necesitaba aclararse. Introducir el vaso directamente en un charco lo llenaba de toda clase de suciedad, pequeños pedazos de hojas y de ramas. Incluso después de unas horas, el agua aún estaría turbia. Pero si se le deja reposar, las cosas se aclaran.

¿Eres capaz de sentarte contigo mismo y dejar que algo de la suciedad, los fragmentos de hojas y ramas de tu vida –tus deseos egoístas– reposen en el fondo para que las cosas se aclaren? O bien otra imagen: piensa en limpiar las cosas de la superficie de tu espíritu, en desprenderte de lo que te impide ver con claridad lo que hay en lo más hondo de ti.

Me sorprendió encontrar esta metáfora concreta –que yo pensaba que era mía– en *A Time to Keep Silence,* publicado en 1953 por el escritor británico Patrick Leigh Fermor, que escribió muchos libros de viajes y visitó la Gran Trapa, la abadía trapense original de Normandía, Francia. En su solitaria celda escribió: «Las aguas turbias de la mente se quedan inmóviles y claras, y mucho de lo que está oculto y todo cuanto la enturbia flota en la superficie y puede ser eliminado; y después de un tiempo se alcanza un estado de paz impensable en el mundo ordinario».

Análogamente, ¿puedes tú esperar que algo aflore a la superficie? A veces, cuando el vaso está inmóvil, algo surge del fondo: una pequeña burbuja, una hojita o incluso un pececillo. Puede que esto sea lo que Dios quiere ver. ¿Eres capaz de dejar que tus sueños y deseos asciendan a la superficie?

Empleando también la analogía del arroyo, David Lonsdale nos recuerda en _Eyes to See, Ears to Hear_ que a menudo lo más importante no está en la superficie del arroyo. «La superficie de un río de montaña se ve a menudo perturbada por olas y remolinos en los que el agua parece ir en todas direcciones e incluso en contra de la corriente; mientras que debajo de toda esa agitación hay una corriente constante y continua que puede percibirse con mayor claridad bajo la superficie, donde el río es más profundo».

Mirar atrás en tu vida para ver dónde te has visto atraído, puede llevar también a los deseos ocultos. O puedes tomar la dirección opuesta: la pregunta que me permitió ver mi vocación se orientaba _hacia adelante,_ no hacia atrás. Después de meses dando vueltas al tema de los jesuitas, el psicólogo me pidió que imaginara para mí una vida completamente nueva, _sin_ pensar en el pasado. «Si pudieras hacer lo que quisieras —me dijo—, ¿qué es lo que harías?». Esta pregunta orientada hacia adelante hizo que saliera a la luz una respuesta que se hallaba enterrada bajo un montón de sedimentos vitales. Cuando el vaso se aclaró, la respuesta ascendió a la superficie.

¿Cuál sería tu respuesta a esa pregunta? ¿Y hay un modo realista de aproximarse al menos un poco más a la respuesta?

Una manera menos metafórica de pensar acerca de estas cuestiones consiste en utilizar algunas de las imágenes clave del discernimiento ignaciano que hemos visto en el capítulo anterior: imagínate en tu lecho de muerte; imagínate ante Dios; imagínate aconsejando a alguien en una situación similar.

Prueba con estas preguntas

Empleando temas ignacianos, Margaret Silf te pide que consideres las siguientes preguntas al intentar averiguar «qué quieres realmente». Es un extracto de su libro _Wise Choices:_

«Examina ahora un nivel más profundo del deseo: ¿hay algo que siempre has querido pero nunca has podido hacer?; ¿cuáles son tus sueños no cumplidos?; si pudieras recomenzar tu vida, ¿qué cambiarías?; si solo te quedaran unos meses de vida, ¿cómo emplearías el tiempo?; si te encontraras con una suma importante de dinero, ¿cómo la gastarías?; si se te concedieran tres

> deseos, ¿qué pedirías?; ¿hay alguien o algo por lo que
> darías realmente la vida?
> Tómate tu tiempo para sopesar una o más de estas
> preguntas. Las respuestas que des –siempre que sean sin-
> ceras y no simplemente las respuestas que piensas que *de-
> bes* dar– apuntarán hacia tus deseos más profundos.
> Analízalas con detenimiento, tomándote tiempo
> para reflexionar sobre ellas. En tu deseo puede haber
> pautas que te ayuden a comprender mejor quién eres».

Como todos los deseos, estos deben ponerse a prueba. El mero hecho de que yo desee ser una estrella de la ópera no significa que pueda
serlo, ¡sobre todo si no sé cantar! Aquí es donde interviene el objetivo
ignaciano de la confirmación, que hemos visto en el capítulo anterior.
No solo tienes que analizar tus deseos, tu oración y los frutos de tu discernimiento, sino también la «realidad de la situación».

De modo que reflexiona sobre tus deseos en términos de tu vida
cotidiana. Como me dijo Chris Lowney, «a veces se ofrece a la gente
una orientación demasiado idealizada en lo que respecta a su carrera
o su vocación. Ideas tales como "sigue la luz que te guía" o "tu vocación está allí donde coinciden la necesidad profunda del mundo y tu
deseo profundo" pueden resultar engañosas. Estas ideas son valiosas,
pero no son el único ingrediente para planear lo que hay que hacer.
Toda decisión tiene que ver con intereses y necesidades, pero también
con circunstancias y talentos».

La vocación no tiene simplemente que ver con el deseo personal
o con la idea que uno tenga de las necesidades del mundo, sino que
es también una realidad que a veces no se conforma exactamente con
nuestros deseos. Confía en tu corazón, pero usa tu cabeza.

«Puede que me sienta atraído por ser jugador de fútbol, pero no
hay modo de que lo sea –dice Lowney–. Y esto sucede en todos los
ámbitos. Tal vez no seas capaz de lograr como profesor el equivalente a un gol. Las decisiones de este tipo tienen en cuenta nuestros talentos, necesidades, intereses y circunstancias, y en todas estas cosas,
no solo en nuestros deseos, está impresa la huella de Dios. Sentirse
bien a propósito de estas cosas es un dato importante, pero también
lo es el hecho de poder o no hacer algo, que debería verse igualmente como huella de Dios».

Una espiritualidad del trabajo

Aun cuando tengas una idea acertada de tu vocación, quizá te siga resultando difícil encontrar a Dios en el trabajo, sea este cual sea. ¿Qué tiene que decir el método de Ignacio acerca de encontrar a Dios en el trabajo?

Antes de hacerme jesuita, pasé seis años en una gran empresa, de manera que algo sé acerca del «mundo real». Pero cuando entré en la Compañía de Jesús, no dejé de trabajar. Durante mi formación, trabajé en un gran hospital en Cambridge, Massachusetts; di clases en una escuela de un barrio deprimido de Nueva York; dirigí una tienda y una operación de microcréditos en Nairobi durante dos años; y trabajé como capellán en una cárcel de Boston.

Y los últimos diez años he trabajado en una revista semanal, trabajo profesional que incluye reuniones, fechas límite, presupuestos, evaluaciones del trabajo y una ecléctica mezcla de colegas con una amplia variedad de personalidades y temperamentos que a veces plantean dificultades y disputas. Y aunque los jesuitas no tenemos que preocuparnos demasiado por los incrementos salariales, los expedientes de regulación de empleo ni el ascenso en la escala empresarial, se espera de nosotros que trabajemos duro.

Como la inmensa mayoría de los trabajadores, yo intento ser un buen empleado, un buen compañero y un buen director, así que en muchos aspectos mi situación puede no ser muy diferente de la tuya. Y a través de la vida de mis amigos no jesuitas que trabajan en muy diversas profesiones, trato de mantenerme en contacto con los retos que plantean otros sectores del mundo del trabajo. En suma, creo que tengo una idea bastante aproximada de los desafíos que supone el vivir una vida espiritual en el trabajo.

Y son muchos. Vivir una vida espiritual en el mundo del trabajo se ha ido haciendo cada vez más difícil, a medida que a los empleados se les han ido planteando cada vez mayores exigencias. Por lo tanto, aquí están los que yo considero los principales desafíos para mantener una vida espiritual en el horario laboral, y algunas perspectivas que nos ofrecen algunas de las prácticas ignacianas que hemos venido examinando.

Encontrar tiempo para Dios y para ti

¿De nueve a cinco o, más bien, veinticuatro horas durante siete días a la semana? Para la mayoría de los trabajadores, el tiempo es un lujo. A pesar de los incrementos en la productividad y la tecnología (¿se acuerda alguien de que el ordenador personal iba a dar lugar a semanas laborables de cuatro días?), la cantidad de tiempo exigida por las empresas a sus trabajadores no ha hecho más que incrementarse. Mercados que funcionan veinticuatro horas sobre veinticuatro. Y lo mismo ocurre con las noticias económicas y con la disponibilidad mediante el correo electrónico, los teléfonos móviles, las Blackberries y los ordenadores portátiles, lo que a menudo se traduce en veinticuatro horas de trabajo. Además, cada vez hay menor seguridad en el trabajo, y va creciendo el número de hogares en los que ambos cónyuges trabajan, lo que significa más estrés y menos tiempo para desarrollar la relación de pareja y la paternidad.

Así que este es el primer desafío: ¿cómo dar cabida a una vida de oración?

Cuando, hace poco, pregunté a algunos amigos acerca de esto, algunos sugirieron que el único modo de hacerlo consistía en sacrificar parte del tiempo de trabajo. «Es una opción consciente», me dijo un amigo que trabaja en una gran empresa. Aunque lo encontraba difícil, dijo que él únicamente podía evitar lo que llamaba la «trampa del trabajo constante» sacrificando la movilidad ascendente y optando por pasar tiempo con su familia y dedicar tiempo a su vida espiritual. De lo contrario, me decía, la vida personal se ve informada únicamente por el trabajo; y sin el sustento que proporciona la oración individual o comunitaria, la vida espiritual se va atrofiando poco a poco.

Pero aunque mi amigo es un hombre ocupado y con una familia en crecimiento, también es acomodado y puede permitirse sacrificar en alguna medida su movilidad ascendente. Es mucho más difícil para quienes luchan por llegar a fin de mes: la madre soltera con dos trabajos, o el empleado mal pagado, desesperado por proporcionar una vida mejor a su familia y condicionado por su seguro de salud.

Hace unos años, coedité un libro con Jeremy Langford titulado *Professions of Faith,* en el que pedíamos a varios católicos que reflexionaran sobre su trabajo. Amelia Uelmen, exabogada empresarial y actualmente profesora en la Universidad de Fordham, en Nueva York, escribió: «El mayor desafío de la práctica legal en una gran empresa no es la falta de ganas de entrar en debates acerca de la responsabilidad social, sino insistir en la necesidad de llevar el tipo de vida equilibrada que permita mantener esa perspectiva».

El tiempo es un problema para quienes se encuentran en el mundo del trabajo y para cualquier persona atareada. En este aspecto, el examen de conciencia puede ser extremadamente útil. Para quienes se ven agobiados por las exigencias del tiempo, el examen, que solo requiere de diez a quince minutos al día, puede ser un salvavidas espiritual. Un amigo mío que es un atareado asesor de inversiones y tiene tres hijos, hace el examen en su mesa de trabajo por la mañana, pensando en los acontecimientos del día anterior. Si está demasiado ocupado por la mañana, hace la *lectio divina* a la hora de comer, cerrando la puerta de su despacho durante unos minutos para sumergirse en las lecturas del día.

Equilibrar el trabajo y la oración, la acción y la contemplación, era esencial para los primeros jesuitas. Y lo sigue siendo. Una de nuestras Congregaciones Generales recientes escribió que los jesuitas deben ser «enteramente apostólicos y religiosos». La conexión entre trabajo y oración «debe animar todo nuestro modo de vivir, orar y trabajar». El trabajo sin oración se distancia de Dios. La oración sin trabajo se distancia de los seres humanos.

El exceso de trabajo es un peligro para los jesuitas, por las mismas razones que para todo el mundo. Primero, nos vamos distanciando de Dios, fundamento de nuestra vida; a continuación, nos sentimos frustrados cuando las cosas no salen como las hemos planeado, porque tal vez olvidamos que debemos confiar en Dios; luego pasamos menos tiempo con los amigos o la familia y empezamos a sentirnos aislados; y, finalmente, empezamos a creer que somos lo que hacemos, y al final de nuestra vida, cuando tenemos poco que «hacer», nos sentimos inútiles.

Para aquellos a quienes les resulta absolutamente imposible encontrar tiempo –padres con hijos pequeños o personas que tienen dos o tres trabajos– el objetivo de ser «contemplativos en la acción» es especialmente relevante. ¿Puedes hacerte consciente de la presencia de Dios en torno a ti?

Ignacio no solo buscaba tiempo para orar, sino que mantenía una actitud contemplativa a lo largo del día. Uno de sus primeros compañeros, Jerónimo Nadal, escribió lo siguiente acerca de su amigo: «En todas las cosas, acciones y conversaciones contemplaba la presencia de Dios y experimentaba la realidad de las cosas espirituales, de modo que era, asimismo, contemplativo en la acción (cosa que solía expresar diciendo: "Dios debe ser encontrado en todas las cosas")». El método de Ignacio es una invitación a quienes sienten que están fallándole a Dios si no pueden encontrar tiempo para orar en su estresada vida.

Como observa David Lonsdale: «Reservar tiempo para la contemplación es un modo de ser contemplativo; pero la plena inmersión en una vida atareada puede ser también otro modo, y las personas que son "contemplativas en la acción" aprenden a encontrar a Dios de estos dos modos diferentes, de acuerdo con lo que deciden que es necesario y posible».

Encontrar a Dios a tu alrededor

En el capítulo 1 mencioné uno de los mejores consejos que he recibido en mi vida: «No puedes poner parte de tu vida en una caja», me dijo David Donovan, que era mi director espiritual. En la espiritualidad ignaciana, nada se oculta; todo puede ser abierto como modo de encontrar a Dios. «Dios debe ser encontrado en todas las cosas», como observaba Nadal resumiendo a Ignacio.

Cuando desempeñas un trabajo con el que disfrutas, eso es fácil; el trabajo mismo es un modo de encontrar a Dios: la satisfacción emocional, mental y a veces física que conlleva el trabajo es un modo de experimentar el gozo de Dios y su deseo de crear junto a ti. Uno de los personajes principales de la película de 1981 *Carros de fuego,* que trata de unos participantes en los Juegos Olímpicos de 1924, es un ministro escocés que es también atleta. Cuando le preguntan por qué corre, dice: «Cuando corro, siento el placer de Dios». Es una buena descripción de la vivencia de la vocación. El trabajo en sí mismo es placentero.

Es evidente que hay personas que pueden encontrar a Dios en su trabajo; pero ¿qué sucede si te ves atrapado en una carrera insatisfactoria, si realizas un trabajo que no parece tu vocación o que no disfrutas? Seamos realistas: algunas personas no pueden seguir lo que consideran su camino vocacional por las más diversas razones: condicionamientos económicos, exigencias familiares, limitaciones en su educación, limitaciones físicas o un mercado de trabajo que no lo permite. ¿Cómo pueden encontrar a Dios utilizando la tradición ignaciana?

Permítaseme sugerir que lo hagan tratando de encontrar a Dios en todas las cosas, no solo en el trabajo. Para empezar, *a través de las personas que las rodean,* lo que quizá sea el camino más fácil.

Cuando estaba yo en secundaria y en la Universidad, para ganar dinero para mis estudios trabajé en diversos empleos veraniegos, en los cuales conocí a mucha gente que detestaba su trabajo. Durante unos veranos, desempeñé los típicos empleos veraniegos para un adolescente de los setenta: repartir periódicos, segar el césped, lavar platos y servir mesas en una serie de restaurantes, servir de «caddy» en un campo de gol y trabajar como acomodador de cine. Pero un empleo me enseñó más acerca de la infelicidad en el trabajo que todo lo demás junto.

El verano después de mi primer año de Universidad tuve tres trabajos. Por las tardes trabajaba de acomodador en un cine; los sábados y domingos trabajaba de camarero en un pequeño restaurante; y los días laborables trabajaba en la cadena de montaje de una planta de empaquetamiento. Este último era el peor trabajo que he tenido en mi vida, pero me consideraba afortunado por haberlo conseguido, pues ganaba más que en los otros dos.

Este era mi horario: me levantaba a las 6 de la mañana y me daba una ducha. Devoraba unos cereales y me iba a la puerta principal a esperar a un amigo que me recogía, porque yo no tenía coche. A las 7 tenía que estar en la cadena, enfrente de una ensordecedora máquina del tamaño de una habitación que metía píldoras en cajas y echaba las cajas llenas en una línea de transporte que corría muy velozmente.

Mi trabajo consistía en tomar las cajas pequeñas que salían de la línea, ponerlas en cajas más grandes y recubrirlas de plástico. Más adelante en la cadena, otra persona las metía en cajas aún más grandes. Finalmente, alguien las cargaba en un «pallet». En la cabecera de la cadena, los trabajadores rasgaban grandes sábanas de «blisters» de píldoras y los cargaban en el contenedor que los vertía en la línea.

Yo odiaba aquel trabajo. Todo el mundo lo odiaba. Cada diez minutos miraba el reloj de pared para ver cuánto quedaba para la hora de comer. Después de comer, miraba el reloj y rezaba pidiendo que llegara pronto el final del turno, que tenía lugar a las cuatro de la tarde. A la hora de comer, algunos trabajadores universitarios, para aliviar el aburrimiento, fumaban marihuana en el aparcamiento lleno de basura. Al menos una vez por semana, alguien metía una regla de madera en la máquina para acallarla temporalmente; entonces teníamos un descanso mientras llamaban para que la reparasen. Era el momento cumbre de la semana, porque el resto del tiempo todo el mundo se sentía infeliz.

Pero, sorprendentemente, tres mujeres que trabajaban en la cadena se pasaban riendo casi el día entero. Después de llevar varios años trabajando en la planta, se conocían bien y pasaban el día hablando de sus hijos, de sus maridos, de sus casas y de sus planes para el fin de semana. Poco a poco, me fueron incluyendo en su círculo, donde la conversación se centraba principalmente en cuánto odiábamos aquel trabajo. Para el final del verano se reían de mí por toda clase de cosas: lo lento que era, lo joven que era, lo flaco que era, todo el polvo que tenía en el pelo y, especialmente, el miedo que me daba meter la mano en la máquina para arreglarla cuando se trababa. (Los engranajes metálicos podían fácilmente cortarte un dedo). «¿Eres un hombre o un ratón?», me decían bromeando.

Ellas odiaban aquel trabajo, pero se querían mucho entre sí.

Desde entonces he trabajado en varios lugares donde la gente tal vez no disfrutara de su trabajo, pero sí de su mutua compañía. Celebrar los cumpleaños, compartir intereses con respecto a los programas de la televisión, salir a tomar algo juntos, consolarse en la desgracia, enseñarse fotos de los hijos y los nietos...; estos son los modos de conectar en un nivel a menudo íntimo. Esta importante faceta del centro de trabajo suele pasarse por alto en los debates sobre la espiritualidad del trabajo: encontrar a Dios en los demás, incluso en medio de un trabajo desagradable.

El segundo modo de encontrar a Dios en medio de un trabajo difícil consiste en comprender que tu trabajo está dirigido a un *objetivo mayor*. Algo parecido suele ocurrir con quienes cuidan de sus hijos pequeños o de sus padres ancianos: tal vez no les guste el trabajo físico requerido, quizá les repugne limpiar los vómitos o cambiar los pañales sucios, pero saben que es por una razón importante. En cierto modo, ven esa parte de la tarea como un medio dirigido a un fin.

Cuando estaba yo empezando en el mundo empresarial, trabajé con un hombre que era notable por la aversión que sentía hacia su trabajo. Después de décadas en el departamento de contabilidad, fue despedido. Durante su última semana, lamentaba su despido, pero admitía que nunca había disfrutado de su trabajo. Como licenciado reciente e ingenuamente idealista acerca de la empresa, yo estaba horrorizado. Aunque había conocido a trabajadores de una cadena de montaje que odiaban su trabajo, aquello era la Norteamérica empresarial, donde yo esperaba que la gente se sintiera más feliz y más realizada.

«¿Cómo te las arreglabas, entonces?», le pregunté.

Él sacó su billetero y lo desplegó. «Con esto», me dijo tranquilamente, a la vez que me enseñaba una foto de su familia: su esposa y unos niños. Con aquel gesto me mostró la razón de sus esfuerzos.

Esto no hace el trabajo mismo más agradable. Hay una tira cómica del *New Yorker* que muestra a unos esclavos egipcios acarreando enormes bloques de piedra para construir una pirámide. Uno de ellos dice al que está a su lado: «¡Deja de quejarte! Es un honor estar asociado a una empresa de esta magnitud». Algunos trabajos son simplemente horribles. Y algunas veces es necesario dejar el trabajo. Pero también algunas veces es imposible hacerlo.

Incluso en medio de trabajos desagradables, sin embargo, puede ser útil centrarse en objetivos mayores. Lo cual no equivale a minimizar el carácter terrible de algunos trabajos; pero, para algunas personas, unir el trabajo personal a un objetivo mayor puede dar sentido a su trabajo. El creyente puede también unir ese trabajo a un bien mayor que *Dios tiene en su mente;* por ejemplo, cuidar de sus hijos o sustentar a su familia.

Incluso para Walter Ciszek, el jesuita condenado a trabajar en un campo de concentración soviético, el verse forzado a construir alojamientos para los trabajadores era más tolerable cuando imaginaba los resultados finales. Aunque no estaba ayudando a su familia, decía a sus amigos del campo de trabajo que estaba haciendo algo importante:

«Yo trataba de explicar que el orgullo que me producía mi trabajo era diferente del orgullo que un comunista podía sentir al construir una sociedad nueva. La diferencia radica en la motivación. Como cristiano, podía compartir su preocupación por construir un mundo mejor. Podía trabajar tan duramente como ellos por el bien común. Las personas que se beneficiarían de mi trabajo serían justamente eso: personas. Seres humanos. Familias que necesitaban protegerse del frío ártico».

El tercer modo de encontrar a Dios puede consistir en actuar como *levadura* en condiciones de trabajo malsanas. En el evangelio de Mateo (13,33), Jesús recuerda a sus discípulos que tienen que ser como «levadura» en la masa, es decir, esa pizca de fermento que ayuda al pan a elevarse. Un pequeño agente de cambio puede alterar las situaciones drásticamente. Aunque estaban atrapadas en un trabajo que pagaba unos salarios terribles, las mujeres de aquella cadena de montaje se ayudaban mutuamente a afrontar el día con algo de felicidad.

Cuando te encuentras en una situación deshumanizadora, puedes encontrarle algún sentido si sabes que estás actuando contra esas tendencias y contribuyendo a que el entorno sea mejor, aunque sea en pequeña medida.

En la época de la Reforma protestante, Pedro Fabro tuvo que hacer frente casi constantemente a católicos que decían cosas virulentas a propósito de los reformadores (y viceversa). «Si queremos resultarles útiles –decía Fabro sobre los reformadores–, debemos tener el cuidado de mirarlos con amor, amarlos de hecho y en verdad, y desterrar de nuestra alma cualquier pensamiento que pueda aminorar nuestro amor o estima por ellos». Sus diarios muestran que Pedro Fabro oraba todos los días por una larga lista de aquellos que se encontraban en el lado opuesto de su vertiente teológica. Pero fue capaz de actuar como levadura en medio de un «trabajo» difícil.

Encontrar tiempo para estar en soledad

Ya sea camino del trabajo o de casa en horas punta, relajándose en casa por la noche o en los fines de semana, o incluso viajando en vacaciones, un número cada vez mayor de hombres y mujeres trabajadores nunca prescinden de su correo electrónico ni de su teléfono móvil. La imagen de una persona apretando nerviosamente un móvil contra su oído mientras corre para tomar un taxi es habitual en muchas ciudades, al igual que la imagen de un viajero enviando un correo electrónico desde su ordenador portátil mientras espera su vuelo en un aeropuerto atestado de gente.

Aunque estos aparatos son excelentes para mantenernos en contacto con nuestro trabajo, nuestra familia y nuestros amigos, nos arrebatan los escasos momentos que nos quedan de tiempo de soledad para la reflexión, el silencio y la quietud interior. ¿Dónde está el tiempo de «recogimiento», como dicen los autores espirituales?

De modo que este es el segundo desafío: ¿Cómo puede un trabajador equilibrar la necesidad de estar «conectado» con la necesidad de soledad, que es una exigencia de una vida espiritual sana?

A veces parece como si ya no pudiéramos soportar estar solos o «desconectados»; pero sin un mínimo de silencio interior resulta más difícil escuchar esos deseos de los que hablábamos. Es difícil escuchar el «susurro de una brisa suave», que es como el Primer Libro de los Reyes (19,12) describe la voz de Dios. Si tienes los ojos pegados a tu BlackBerry, y los oídos obstruidos por tu iPod, es difícil que escuches lo que puede estar ocurriendo en tu interior. Distanciarse de estos aparatos y no responder a cada correo electrónico y a cada llamada telefónica puede procurar tranquilidad y sosiego.

«La profundidad llama a la profundidad», dice el Salmo 42 (v. 8); pero ¿qué ocurre si no puedes oír esa profundidad?

La soledad y el silencio pueden también permitirnos conectar con los demás en un nivel más profundo, porque nos hemos puesto en contacto con la parte más profunda de nosotros: Dios. Y al conocer a Dios somos más capaces de encontrarlo en los demás y nos sentimos liberados de nuestra soledad. De manera que algunas veces tienes que desconectar para conectar.

Análogamente, si estás completamente absorbido por el mundo electrónico, comprobando obsesivamente el correo y devolviendo constantemente llamadas telefónicas, es imposible que experimentes las extrañas sorpresas del mundo que nos rodea. El examen nos permite no solo hacernos más conscientes de Dios en el pasado, sino también, cuando practicamos esta disciplina, en el presente; pero si estás *constantemente* conectando con amigos, puede que no lo logres.

El otro día caminaba yo por un parque de Nueva York; al cruzar rápidamente Union Square para llegar a tiempo a una cita, me topé con un par de jóvenes desaliñados, uno de los cuales tocaba el acordeón, y el otro el violín. Interpretaban esa clase de música folklórica del este de Europa que suena vivaz, intrincada y embriagadora. Fascinado, me detuve a escuchar las furiosas melodías y los cambiantes ritmos. Se congregó un grupo de gente, y observé que estábamos en medio del mercado semanal al aire libre, con los vendedores exponiendo cuidadosamente sus frutas, verduras y plantas.

Mientras escuchaba a aquellos dos hombres, uno de ellos peinado a lo rastafari, y el otro luciendo una enmarañada barba, percibí un inusual olor a melocotones frescos detrás de mí. ¡Qué momento más glorioso: la música, el sol, la gente, los compradores y los vendedores en el mercado... y aquel olor a melocotones maduros!

Justamente entonces, alguien pasó por en medio del grupo de gente: una mujer empuñando su BlackBerry y escuchando su iPod.

Pasó entre nosotros y se alejó deprisa. Se había perdido toda aquella experiencia, porque estaba totalmente absorta en su propio mundo.

Ignacio y la «sobrecarga de trabajo»

En 1547, un grupo de jóvenes jesuitas de un colegio de Coímbra, Portugal, trataban de superarse unos a otros en un exceso de prácticas religiosas. Ignacio les advirtió con respecto a dicho exceso empleando algunas sencillas metáforas. «Que vuestro servicio sea un servicio razonable», aconsejó serenamente a los jesuitas.

> «Lo primero, que no puede servir a Dios a la larga, como suele acontecer al caballo que hace largas jornadas, que siendo muchas no las puede acabar... Lo segundo, que no suele conservarse lo que así se adquiere con demasiado fervor y apresuramiento... Lo tercero es, que no se cura de evitar el peligro de cargar mucho la barca; y es así, que aunque es cosa peligrosa llevarla vacía, porque andará fluctuando con tentaciones, más lo es cargarla tanto que se hunda».

La soledad incluye también el cuidado de la salud física. Regalarte a ti mismo el don de la soledad puede significar concederte tiempo para descansar y hacer ejercicio, ingredientes necesarios en una vida sana. Esto puede incluir, como ya mencionábamos en nuestro examen de la «pobreza de espíritu», decir *no* a cosas que no puedes hacer. Decir *no* a algunas cosas no esenciales y evitar la prisa constante que a veces caracteriza nuestra vida (incluida la mía) es un modo de decir *sí* a un modo de vivir más equilibrado.

En sus *Constituciones,* sorprendentemente, Ignacio insiste mucho en la necesidad de atender a la conservación de la salud. En una sección titulada «De la conservación del cuerpo», muestra cómo entiende la necesidad de equilibrio entre trabajo, oración y descanso, basándose en su propia primera experiencia, cuando se entregó a penitencias extremas que dañaron su salud. Posteriormente reconoció la necesidad de moderación. «Con un cuerpo sano, podrá hacer mucho», escribió a su amiga Teresa Rejadell.

Para Ignacio, los requerimientos de una vida sana para los jesuitas incluían el mantenimiento de un horario «regular» y la atención al «alimento, vestido, aposento y otras necesidades corporales». Reconocía también la necesidad de ejercicio, incluso para los jesuitas sedentarios:

«Como no conviene cargar de tanto trabajo corporal que se ahogue el espíritu y reciba daño el cuerpo, así algún ejercicio corporal para ayudar lo uno y lo otro, conviene ordinariamente a todos, aun a los que han de insistir en los mentales».

Estos modos de cuidado personal deben ser practicados por todos. Todo ello constituye una advertencia contra el exceso de trabajo.

En su libro *CrazyBusy: Overstretched, Overbooked, and About to Snap,* el psiquiatra Edward M. Hallowell observa que el exceso patológico de trabajo puede no limitarse a reflejar las demandas reales de nuestro tiempo, sino que puede enmascarar problemas subyacentes. Estar excesivamente atareado, sugiere Hallowell, actúa como una forma de euforia y sirve también de símbolo de *status.* Podemos temer tambiénquedarnos atrás si reducimos el ritmo; además, evitamos abordar algunas de las realidades de la vida –la pobreza, la muerte, el calentamiento global...– corriendo frenéticamente de tarea en tarea. Y, apunta él, puede que no sepamos cómo *no* estar ocupados.

Tener regularmente tiempo para la oración y la soledad, unido a una mezcla de trabajo y descanso, incluso en medio de una vida atareada, es un paso importante para convertirse en «contemplativo en la acción». Ello no significa en absoluto que tengas que ser un holgazán; pero la posibilidad de la contemplación se reduce si estás siempre estresado, agotado o a punto de colapsarte por la fatiga.

Trabajar (y vivir) éticamente

Cuando yo estudiaba ética empresarial antes de graduarme en la Wharton School, la mayoría de los casos que figuraban en el libro de texto eran planteamientos del tipo blanco/negro, con respuestas muy simples. ¿Sobornarías a quien te lo pidiera? (No). ¿Contaminarías el medio ambiente con productos químicos nocivos? (No). ¿Discriminarías a las personas por su raza o su sexo? (No).

Cuando entré en el mundo empresarial, me sorprendió comprobar que los dilemas éticos eran mucho más sutiles y que rara vez se presentan en términos de blanco o negro.

Lo cual no significa que los dilemas blanco/negro no surjan nunca. A un buen amigo mío que trabaja como contable, el director de su empresa le pidió en cierta ocasión que falsificara unas cifras en un informe. Él se negó cortésmente, y el director vio que estaba equivocado y se disculpó.

Pero son problemas más sutiles los más habituales. Por ejemplo, ¿cómo reaccionar al descubrir que trabajas en una empresa donde los valores morales no siempre son lo más importante? Durante el tiempo que pasé en el departamento de recursos humanos, me pidieron que me enfrentara a un directivo que planeaba despedir a un empleado de muchos años. Aquel empleado acababa de recibir un incentivo como premio por la calidad de su trabajo. Al parecerme extraño que se despidiera de repente a un empleado tan destacado, le dije al directivo que no creía yo que fuera una buena idea.

«No me importa –me replicó–. Quiero que se vaya a la calle. No me gusta».

Yo le recordé que aquel empleado de mediana edad llevaba veinte años en la empresa, que siempre había hecho un buen trabajo y que el hecho de que alguien no le gustara a uno no era una razón válida para echarlo. Nada de aquello le importaba, me repitió. Finalmente, le dije desesperado: «Tenga compasión. Tiene una familia...». La respuesta del ejecutivo fue breve y memorable: «¡Al diablo con la compasión!». (De hecho, utilizó un lenguaje aún más fuerte). Afortunadamente, su jefe no aceptó su postura, y el empleado se quedó; pero el episodio me dejó con un amargo sabor de boca.

De manera que el tercer desafío para el trabajador es cómo permanecer fiel a sus valores morales, éticos o religiosos.

Para muchas personas, esto significa buscar conscientemente una empresa cuyos valores sean congruentes con los suyos. Un amigo mío que dirige las inversiones de una empresa multinacional me dijo que estaba contento de que los valores que él más apreciaba –integridad, honradez y rectitud– fuesen precisamente los más valorados en su mundo de inversiones a largo plazo. «Si no eres honrado, sufrirá tu reputación y, por tanto, tu eficacia», me explicó mi amigo.

Pero ¿qué ocurre cuando trabajas en un entorno en el que, por ejemplo, la compasión no es valorada o, peor aún, es ignorada? Encontrar trabajo en una nueva empresa o en un puesto distinto en tu empresa actual tal vez no sea factible y ni siquiera posible.

Parte de la solución puede consistir en mantener el distanciamiento ignaciano de los valores negativos del lugar de trabajo. Si trabajas en un entorno que valora el comportamiento agresivo o claramente mezquino, no tienes por qué tener tú esos defectos. (Las instituciones religiosas no son del todo inmunes a ese tipo de comportamiento). Con frecuencia, un nivel superior de trabajo puede hacer superar la necesidad de participar en actividades que van en contra de tu naturaleza moral. El talento puede a veces triunfar sobre la agresión y la mezquindad.

Puedes también actuar, como he dicho anteriormente, como fermento de cambio en un entorno no ético, haciendo cuanto esté en tu mano con la esperanza de que tu levadura pueda fomentar el cambio. «No hay duda de que un pequeño grupo de ciudadanos interesados y comprometidos puede cambiar el mundo –decía la antropóloga Margaret Mead–. En realidad, ninguna otra cosa lo ha conseguido nunca».

Análogamente, tal vez seas totalmente incapaz de cambiar nada, pero sí puedes ayudar a otros en sus luchas. Por poner un ejemplo extremo, san Pedro Claver, el jesuita que atendió a los esclavos en la Cartagena de Indias del siglo XVII, no acabó con el comercio de esclavos, pero sí cuidó de quienes estaban atrapados en aquel pecaminoso sistema, distribuyendo alimentos y aconsejando a los esclavos que se encontraban a bordo de los barcos llegados al centro del comercio de esclavos africanos del Nuevo Mundo.

En otras palabras, uno de los modos más sencillos de encontrar sentido al trabajo consiste en ser bondadosos con quienes se están debatiendo con él: la madre trabajadora con dos empleos pagados con el salario mínimo; la secretaria hostigada por su tiránico jefe; el conserje al que nadie valora... Dicho con el lenguaje ignaciano: ¿puedes verte a ti mismo como alguien que «ayuda a las almas» en el trabajo?

O podrías también considerar que es tu deber actuar proféticamente, oponiéndote a la injusticia que te rodea. ¿Hay ocasiones en que debes hacer acopio de coraje para hacer lo correcto? En este caso, el creyente recuerda el deber de cuidar de todas las criaturas de Dios, se encuentren donde se encuentren en la escala empresarial. El cristiano recuerda el llamamiento de Jesús a cuidar de «los más pequeños» de nuestros hermanos y hermanas. El católico recuerda las encíclicas sociales de la Iglesia, que nos exigen defender los derechos de los pobres y los marginados. Y el seguidor del camino de Ignacio recuerda el Tercer Grado de Humildad, donde uno elige estar con quienes son perseguidos.

Tal vez tengas que sacrificar algo de movilidad ascendente a cambio de una conciencia limpia, dado que la mayoría de las empresas rara vez recompensan al profeta. Un abogado amigo mío lo expresa sin ambages: «No espero que me hagan socio de la empresa, porque no juego a los juegos que los demás juegan; pero realmente no quiero hacerlo: no es bueno para mí». Si trabajas en una empresa que premia el egoísmo, puede que tengas que elegir entre ascenso y valores. Si eres más afortunado, encontrarás una empresa cuyos valores coincidan con los tuyos.

Algunas de las preguntas ignacianas del capítulo anterior pueden ayudarte a discernir tu respuesta a las cuestiones éticas: ¿qué recomendarías a alguien en una situación similar?; ¿qué habrías querido hacer desde el punto de vista de tu lecho de muerte?; ¿qué haría tu «mejor yo»?

La triada ignaciana «de las riquezas a los honores, y de estos a la soberbia» puede arrojar también alguna luz en este terreno. El salario y la riqueza son lo que, en último término, mide la valía personal en nuestra cultura. Esta es una de las razones por las que el salario constituye un tema tabú en la mayoría de las reuniones sociales. Una vez revelado, sitúa brutalmente a la gente en una jerarquía social.

De manera que tienes que tener cuidado con aquellas riquezas (un salario elevado) que conducen a los honores (la estima de los colegas), no sea que estos te lleven a la soberbia (la creencia de que eres mejor que los demás por el mero hecho de que tu nómina es más alta).

Acordarse de los pobres

Si entras en cualquier librería de un aeropuerto, verás una sección denominada *Negocios,* llena de libros acerca de cómo progresar en la vida. Esos libros reproducen animadas conversaciones entre antiguos directivos de grandes empresas, hombres de negocios que han triunfado y escritores sobre el mundo empresarial acerca de cómo obtener más éxito, cómo derrotar a tus competidores y cómo permanecer en la cumbre, con el objetivo de ser cada vez más rico.

Pero en esos debates falta un grupo: el de los pobres. Al menos por dos razones: primera, su presencia es un recordatorio de la incapacidad del sistema capitalista para atender a todos y, por lo tanto, representan un silencioso reproche al «modo de proceder» capitalista; segunda, las necesidades materiales de los pobres nos recuerdan nuestra responsabilidad de cuidar de ellos. Por ambas razones, los pobres aparecen, en palabras del papa Juan Pablo II, como «una carga, unos molestos intrusos que tratan de consumir lo que los demás han producido».

Y se ven cada vez más oscurecidos por comunidades que silencian cada vez más a los pobres, programas de televisión que se centran en las celebridades, y hábiles anuncios de costosos bienes de consumo de todo tipo. ¿Dónde están los pobres? Como dice Dick Meyer en su libro sobre la cultura norteamericana, *Why We Hate Us,* «hemos utilizado nuestra riqueza y nuestra abundancia para construir pantallas y falsos ídolos que oscurecen lo más importante, lo auténtico, lo no mediado». Y entre lo más auténtico se incluyen los pobres.

El desafío final, por tanto, consiste en saber cómo recordar constantemente la necesidad de ocuparse de los pobres.

Uno de mis amigos, abogado de empresa, me dijo que había descubierto tres cosas que le ayudaban: primera, estar agradecido por lo que se tiene; segunda, colaborar en una comunidad eclesial; y tercera, ser verdaderamente generoso al practicar la caridad.

Otro objetivo podría ser el de pasar tiempo con los pobres. Conocer a los pobres verdaderamente, no como objetos de nuestra caridad. De lo cual no se benefician únicamente los pobres, sino también los ricos, porque descubren uno de los secretos del reino de Dios: que los pobres son capaces de invitar a los ricos a pensar en Dios de manera nueva, como los refugiados hicieron por mí en África. Como dice Jon Sobrino, jesuita y profesor de teología en El Salvador, en su libro *The True Church and the Poor,* «los pobres son aceptados como los primeros receptores de la Buena Nueva y, por tanto, como poseedores de una capacidad innata de comprenderla mejor que los demás».

HASTA AQUÍ, UNA SERIE de sugerencias para vivir una vida espiritual en el mundo del trabajo basadas en el método ignaciano. En conjunto, ello exige encontrar tiempo tanto para la oración como para la soledad, encontrar a Dios a tu alrededor, practicar un determinado grado de desapego de ciertos valores «empresariales» y recordar la necesidad de solidarizarse con los pobres de Dios.

Cómo poner lo mejor de ti a trabajar

Hay un antiguo chiste acerca de los jesuitas que dice que el signo más claro de la presencia del Espíritu Santo en la Compañía de Jesús es que, a pesar de todas nuestras locuras y de nuestra confusión, aún seguimos aquí. ¡Solo ha podido ser obra de Dios!

Es un modo humilde de ver nuestros éxitos y nos recuerda que, en último término, nuestro futuro depende de Dios.

En su confianza en la providencia de Dios es en lo que pensaba Pedro Arrupe cuando un periodista le hizo ingenuamente esta pregunta: «¿Dónde estará la Compañía de Jesús dentro de veinte años?». Arrupe se echó a reír y dijo: «¡No tengo ni idea!». Al igual que la Iglesia, la Compañía podrá ser gestionada por seres humanos, pero nosotros creemos que es Dios quien en última instancia nos guía. ¿Y quién sabe adónde nos llevará Dios en el futuro...?

Sin embargo, tal vez haya una serie de razones concretas que pueden aducirse en lo que respecta al éxito de muchas de nuestras empresas: los jesuitas tenemos una misión común; tratamos de trabajar duro; estamos disponibles para muchas clases de trabajos; y nos inspira, como a todos los cristianos, el ejemplo de Jesús de aceptar cualesquiera sacrificios necesarios en la búsqueda del bien común.

Hoy podríamos añadir a esta lista de razones otra muy importante: los jesuitas trabajamos con colegas laicos de talento que comparten la visión ignaciana. Es más, los jesuitas trabajamos a menudo *a las órdenes* de esos colegas laicos que comparten nuestra visión.

Pero puede haber más aspectos concretos de «nuestro modo de proceder» que han ayudado a la Compañía de Jesús a sobrevivir durante más de cuatrocientos cincuenta años, ideas que pueden ser útiles para quienes viven en el mundo de los negocios. El libro de Chris Lowney *El liderazgo al estilo de los jesuitas* tiene como subtítulo *Las mejores prácticas de una compañía de 450 años que cambió el mundo*, y examina las características de «nuestro modo de proceder» que han ayudado a la *Compañía de Jesús* a prosperar, tras de lo cual propone algunas de esas ideas como modelo de metodología apropiada para trabajadores, directivos y empresas.

Antiguo jesuita, y actualmente director de inversiones, Lowney compendia los «secretos del liderazgo jesuita» en lo que él denomina los «cuatro pilares», que son: conciencia de sí mismos, inventiva, amor y heroísmo.

Veamos los cuatro pilares de Lowney, añadamos algunos más y pensemos cómo podrían aplicarse al mundo del trabajo.

El *primer pilar* es la *conciencia de sí mismos*. «Los líderes se esfuerzan por comprender quiénes son y cuál es su valor –dice Lowney–, tomando conciencia de los puntos ciegos o debilidades que pueden hacerles fracasar y cultivando el hábito de la auto-reflexión y el aprendizaje continuos».

A estas alturas, este debería ser un aspecto bien conocido de la espiritualidad jesuítica. El método de Ignacio está concebido para ayudarnos no solo a acercarnos más a Dios, sino también a entendernos a nosotros mismos –nuestros puntos fuertes y nuestras debilidades– y todo cuanto nos impide ser libres. El examen, por ejemplo, nos invita continuamente a reflexionar sobre lo que hemos hecho, lo que estamos haciendo y lo que vamos a hacer. Parte de la espiritualidad ignaciana es ese proceso constante de reflexión-acción-reflexión.

Esta práctica espiritual es aplicable a la vida profesional. Los buenos trabajadores o líderes estarán familiarizados con las debilidades y obstáculos que pueden hacerles fracasar y son capaces de abordar esos problemas y reflexionar además sobre lo que les motiva para alcanzar la excelencia.

El *segundo pilar* es la *inventiva*. «Los líderes consiguen que los demás y ellos mismos se sientan cómodos en un mundo en constante cambio–escribe Lowney–. Exploran con entusiasmo las nuevas ideas, enfoques y culturas, en lugar de encogerse defensivamente ante lo que les aguarda en la próxima esquina de la vida. Firmemente anclados en principios y valores no negociables, cultivan la "indiferencia" que les permite adaptarse confiadamente».

Esto se ve claramente en la vida de Ignacio, que decidió que los tiempos exigían que los suyos no fueran monjes enclaustrados, sino que estuvieran «en el mundo». Su indiferencia le permitió ser siempre adaptable y no preocuparse excesivamente por cuestiones accesorias.

Esta forma de inventiva encuentra también expresión en la vida de los grandes misioneros jesuitas. San Francisco Javier, por ejemplo, empleaba cualquier medio posible para difundir el Evangelio, incluyendo el hecho de hacer sonar una campanilla para atraer la atención y entonar canciones en las lenguas nativas.

Tal vez el más notable ejemplo de esta inventiva sea el de Mateo Ricci, jesuita italiano del siglo XVI que se dedicó al estudio del idioma chino y adoptó la vestimenta de un mandarín erudito para poder presentarse ante la nobleza china como un hombre profundamente versado. Y en este sentido escribió a sus superiores:

«Nos hemos dejado crecer la barba y los cabellos más abajo de las orejas, a la vez que hemos adoptado la especial vestimenta que llevan los intelectuales... de seda violeta, y las ropas y la gola están bordeadas con una banda de seda azul de una anchura poco menor de un palmo».

La casa de Ricci no tardó en convertirse en lugar de reunión de los intelectuales y pensadores chinos. «Su gran prestigio intelectual –dice William Bangert en su *Historia de la Compañía de Jesús*– se vio magnificado por sus más de veinte obras en chino sobre apologética, matemáticas y astronomía, algunas de las cuales ocupan un lugar de honor en la historia de la literatura china».

En último término, la empresa de Ricci se vio comprometida después de que la Santa Sede desaprobara la aceptación por parte de los jesuitas de la idea de que el «culto a los antepasados» y la veneración de Confucio en la cultura china fueran compatibles con el cristianismo. (Ricci no veía en ello más que simple y puro respeto por la familia y la persona de uno de los hombres más importantes de la historia china y –según sus propias palabras– «ciertamente no idólatras, y tal vez ni siquiera supersticiosos»). Con el tiempo, Ricci establecería una residencia jesuita en Pekín, con la aprobación del emperador, y a su muerte, acaecida en 1610, dos mil quinientos chinos se habían hecho católicos.

Estas innovaciones era fruto de la insistencia de los jesuitas en el estudio, cuya importancia comprendió Ignacio basándose en su propia vida, y fruto igualmente de la inventiva. A ello se sumaba la «indiferencia» jesuítica ante las cuestiones accesorias y su deseo de intentar algo nuevo.

La inventiva supone también flexibilidad y adaptabilidad: lo que funciona bien en un lugar puede no funcionar en otro. Ignacio se dejó el pelo largo como un modo de intentar ser más ascético. Cuando vio que aquello tenía poco que ver con su progreso espiritual, se lo cortó. Ricci, por su parte, comprendió que para ser aceptado tendría que dejarse crecer el cabello. La flexibilidad ignaciana puede ser también un elemento constitutivo del éxito en el centro de trabajo moderno.

Pero de todas las historias de la inventiva de los jesuitas, la que más me gusta es la historia del teatro jesuítico, largo tiempo olvidada.

En los siglos XVI y XVII, los sacerdotes y hermanos jesuitas eran muy conocidos en toda Europa por su pericia en producir obras de teatro enormemente populares, sobre todo a través de sus colegios, que en muchas ciudades eran instituciones cívicas y culturales muy destacadas. La Enciclopedia Católica, por ejemplo, estima que entre 1650 y 1700 se produjeron alrededor de cien obras de teatro, algunas estrenadas con motivo de visitas regias. En 1574, una obra representada en Munich transformó casi toda la ciudad en un elaborado telón de fondo, y en dicha obra tomaron parte mil actores. En una representación en la Viena del siglo XVII, la audiencia fue tan numerosa que hubo que llamar a la policía de ciudades cercanas para mantener controlada a la multitud.

Lo que distinguía a las producciones teatrales de los jesuitas era su inventiva: el uso creativo del escenario y del aparato escénico, incluyendo complicados telones de fondo, realistas andamiajes y sofisticados instrumentos mecánicos. René Fülöp-Miller dice en _The Power and Secret of the Jesuits_:

> «En toda ocasión imaginable, los productores jesuitas hacían aparecer a las divinidades sobre las nubes, alzarse a los fantasmas y volar por los cielos a las águilas, y el efecto de estos trucos escénicos se veía realzado por máquinas que producían truenos y el sonido del viento. Incluso encontraron el modo de reproducir con un alto grado de perfección técnica el paso del mar Rojo por los Israelitas, tempestades marinas y otras similares escenas llenas de dificultad».

Por añadidura, los jesuitas inventaron o perfeccionaron la pantalla conocida como «scrim», elemento fundamental en el teatro de hoy, así como la trampilla. (La próxima vez que veas desaparecer a alguien por una, recuerda la inventiva jesuítica).

El _tercer pilar_ del liderazgo heroico, según Lowney, es el _amor_. «Los líderes afrontan el mundo con un confiado y sano sentido de sí mismos en cuanto personas dotadas de talento, dignidad y capacidad de liderar. Perciben exactamente estos mismos atributos en otras personas y se comprometen con auténtica pasión a maximizar y liberar el potencial que descubren en sí mismos y en los demás, creando un entorno amalgamado y robustecido por la lealtad, el afecto y el apoyo mutuos». Lowney contrasta el método de Ignacio con el de su casi contemporáneo Maquiavelo, que aconsejaba en el sentido de que «es más seguro ser temido que amado».

La indicación más clara al respecto procede de las instrucciones de Ignacio para el maestro de novicios, a menudo considerado el hombre más importante de la provincia, el cual no debe limitarse a «amonestar amorosamente» a los jóvenes jesuitas, sino que debe ser –lo cual resulta más llamativo– alguien a quien los novicios «amen» y ante el cual «se descubran confiadamente». Al comienzo mismo de la formación jesuítica, Ignacio desea instilar una sensación de amor que engendre la confianza necesaria para ayudar a los jóvenes a progresar.

¡Qué diferente de mi experiencia en el mundo del trabajo, donde a veces parecía que eran precisamente las personas airadas, mezquinas y malhabladas las que llegaban más alto...! (He de reconocer, eso sí, que mi lugar de trabajo no constituía en modo alguno la norma: la mayoría de la gente en el mundo del trabajo es solícita, decente y compasiva). No obstante, imagine el lector mi sorpresa al observar que los jesuitas parecían volverse *más amables* cuando asumían puestos de gobierno. Lo cual no solo fomentaba en mí el deseo de ser como ellos, sino también de seguirlos gozosamente.

En las *Constituciones,* Ignacio insiste en el papel decisivo del amor durante cada uno de los estadios de la formación jesuítica, comenzando por el noviciado, y lo incluye entre las cualidades que deben exigirse a un buen superior general, un tema al que dedica varias páginas. (Muchos jesuitas de la época creían que Ignacio estaba inconscientemente describiéndose a sí mismo). El superior general necesita estar estrechamente unido a Dios –dice Ignacio–, por lo cual «debe resplandecer en él la caridad para con todos prójimos, y señaladamente para con la Compañía, y la humildad verdadera, que de Dios nuestro Señor y de los hombres le hagan muy amable».

Obsérvense las palabras de Ignacio que acabamos de citar en los últimos párrafos: *amorosamente, amen, caridad, amable.* Ignacio pretendía que la Compañía se caracterizara por el amor y el apoyo mutuos. ¿No es obvio que un entorno amoroso y comprensivo, en el que se respeten los talentos y habilidades de todos, ha de ser un excelente lugar de trabajo? Y esto vale tanto para una orden religiosa como para una empresa.

El *cuarto y último pilar* que menciona Chris Lowney es el *heroísmo*. «Los líderes imaginan un futuro inspirador y se esfuerzan por configurarlo, en lugar de observar pasivamente cómo sucede el futuro a su alrededor. Los héroes extraen oro de las oportunidades que tienen a mano, en lugar de esperar que les caigan del cielo oportunidades doradas», dice Lowney.

Lowney apunta a una carta a la comunidad jesuita de la ciudad italiana de Ferrara, donde Ignacio aconsejaba a sus superiores «se esfuercen por hacer grandes propósitos y cobrar iguales deseos». Una vez más, Ignacio subraya el lugar del deseo, esta vez como modo de alentar los sueños de las personas.

Y los grandes sueños también. Una de las características más importantes de la espiritualidad jesuítica, que aún no hemos visto, es la elusiva idea del *magis,* la palabra latina que podemos traducir como «más» o como «mejor». Esta compleja noción probablemente se aborde mejor en este punto del libro, después de haber examinado la humildad y la pobreza espiritual. El *magis* significa hacer más, lo mejor, por Dios. Cuando trabajes, entrégate por completo; cuando hagas planes, planifica audazmente; y cuando sueñes, ten grandes sueños. Pero, como me escribía recientemente David Fleming, el *magis* es comparativo. Más, no lo máximo. Mejor, no lo supremo. «Ignacio nunca trabaja con superlativos –decía Fleming–. Cuando queremos hacer lo máximo, nos quedamos paralizados. Si deseamos hacer lo que podría ser mejor, tenemos siempre la capacidad de elegir».

El *magis* no supone que actúes de manera alocada o no realista, ni que hagas esas grandes cosas por ti mismo o por la gloria de la Compañía de Jesús, sino que te esfuerces por hacer grandes cosas por Dios. De ahí la frase utilizada por Ignacio como criterio para elegir, que se ha convertido en el lema oficioso de los jesuitas: *Ad Majorem Dei Gloriam*. Para la mayor gloria de Dios.

Integrado en el método ignaciano se encuentra, pues, el deseo del *magis*. En último término, «cobrar grandes deseos» e invitar a la gente a pensar a lo grande es el germen de la realización de grandes cosas por Dios.

Un ejemplo histórico del modo de hacer realidad el *magis* sirvió de inspiración para la película de 1986 *La misión,* protagonizada por Jeremy Irons, Robert de Niro y Liam Neeson, que interpretaban a unos sacerdotes y hermanos que trabajaban en las «Reducciones» jesuíticas de la Sudamérica del siglo XVII. En aquella época, los sacerdotes y hermanos jesuitas comenzaron a reunir a los pueblos nativos, a menudo blanco de despiadados traficantes de esclavos, en aldeas organizadas. El término «Reducciones» procede del deseo de «reducir» la dispersión de los asentamientos a un área más pequeña, con el fin de protegerlos de los traficantes de esclavos e introducirlos más fácilmente al cristianismo.

«Hemos trabajado duramente para disponer todo esto –escribía el auténtico Roque González, SJ, en 1613 con respecto a su trabajo con los guaraníes–, pero incluso con mayor entusiasmo y energía –de hecho, con todas nuestras fuerzas–; hemos trabajado para edificar templos a nuestro Señor, y no solo los construidos con nuestras manos, sino también templos espirituales, es decir, las almas de estos indios».

En aquellas aldeas, esparcidas por los territorios que hoy configuran Argentina, Bolivia y Paraguay, los jesuitas enseñaron una diversidad de oficios que dieron como resultado un florecimiento sin precedentes del arte cristiano indígena, inspirado por jesuitas europeos, pero traducido creativamente al idioma artístico de los pueblos indígenas. En su *Historia de la Compañía de Jesús,* William Bangert describe una aldea típica en su apogeo:

«A partir de una plaza central que señalaba el norte, sur, este y oeste, construida con material procedente de la región, incluso piedra y adobe, se extendían las casas de la gente, que a veces alcanzaban el número de diez mil. Muy cerca se levantaba el conjunto de talleres, con las herramientas para la carpintería, albañilería y metalurgia. Más allá de las casas se extendían, a su vez, los huertos los frutales, los prados de pasto para el ganado vacuno, los campos que proveían de trigo, arroz, caña de azúcar y algodón. En la iglesia, el más noble edificio de todos y centro de la vida comunitaria, los indios, instruidos en la dignidad de la liturgia e inspirados por la belleza del altar, de las estatuas y de las vestimentas, cantaban sus himnos y tocaban sus instrumentos musicales... Para establecer estos vibrantes centros de fe..., los jesuitas aportaron, además de los sacramentos y la Palabra de Dios, sus habilidades como metalúrgicos, ganaderos, arquitectos, agricultores y albañiles».

Algunas de estas inmensas iglesias de piedra, o sus ruinas, localizadas en el interior de las selvas sudamericanas, son hoy atracciones turísticas populares; otras sirven todavía de parroquias a los pueblos locales, que siguen la fe ofrecida a sus antepasados hace tres siglos. Es un claro legado del *magis:* personas que trataban, en circunstancias difíciles, de hacer más, lo mejor, por Dios y por el pueblo de Dios.

El *magis* también se encuentra detrás de otra serie de logros no debidamente ensalzados: el profesor de secundaria que pasa horas corrigiendo cuidadosamente exámenes; el capellán universitario que conduce un autobús lleno de bulliciosos alumnos en un viaje para colaborar como voluntarios en los Apalaches; el sacerdote que orienta cuidadosamente a una pareja en la preparación de su matrimonio... Estos modos de hacer realidad el *magis* pueden ser menos espectaculares que, por ejemplo, las reducciones jesuíticas, pero no menos importantes.

Ahora bien, el *magis* no está circunscrito en absoluto a las realizaciones de los jesuitas o miembros de órdenes religiosas o sacerdotes. *Cualquiera* que sueñe con hacer grandes cosas por Dios puede vivir el *magis,* ya se trate de un padre que se ocupa de su hijo pequeño, o de una mujer de mediana edad que cuida de su padre anciano, o de un profesor que da clases en un barrio deprimido en su tiempo extra para ayudar a algún alumno. Las grandes tareas suelen ser tareas ocultas.

Además de los cuatro pilares de Lowney para las organizaciones, instituciones y empresas, yo añadiría otras tres a esta lista de «mejores prácticas» para un grupo más específico: creyentes en el mundo del trabajo.

La primera es la *valoración de la dignidad del trabajo.*

Uno de los aspectos más descuidados de la espiritualidad cristiana es el hecho de que Jesús trabajó. Y no me refiero simplemente a que predicara, sanara enfermos e hiciera milagros, como calmar la tempestad, transformar el agua en vino y resucitar a los muertos, sino a algo que tuvo lugar anteriormente en su vida.

No sabemos casi nada de la vida de Jesús entre los doce y los treinta años de edad. Lo único que el evangelio de Lucas tiene que decir es que «Jesús crecía en sabiduría y edad» (2,52). ¿Qué hacía Jesús? Trabajar. De acuerdo con Lucas, Jesús siguió a su padre adoptivo en su oficio de *tekton*, normalmente traducido como «carpintero», pero también como «artesano». (Los expertos dicen que incluso podría haber sido jornalero). En su época, esto podría haber significado no solo trabajar la madera, que era escasa en la zona, sino también haciendo «chapuzas»: construir muros, cavar campos, etcétera. De niño, probablemente fue aprendiz con José en la carpintería de Nazaret. Dado lo poco que sabemos al respecto, aquellos años suelen ser conocidos como la «vida oculta» de Jesús.

Jesús era un artesano y un hombre de negocios. Trabajar como carpintero habría supuesto seleccionar la clase adecuada de madera, negociar un precio justo con sus clientes, trasladarse a diferentes casas y ciudades y tener un día de trabajo continuo. No es de extrañar que muchas parábolas tengan que ver con campesinos, pescadores, granjeros y jornaleros. Jesús sabía lo que significa trabajar.

Todo trabajo tiene su dignidad. Ningún trabajo, cuando se hace libremente, es innoble. Parte de nuestra formación en el noviciado jesuita consistía en hacer «oficios domésticos y humildes» en la casa, como limpiar los baños, fregar los suelos y lavar los platos. Dos de los mayores santos jesuitas, amigos íntimos a los que ya hemos conocido, hacían esta clase de trabajos: Alonso Rodríguez atendía a la portería en el colegio de Mallorca, España, y su amigo Pedro Claver, el «esclavo de los esclavos», trabajó hasta la extenuación llevando alimentos a los barcos de esclavos en Cartagena de Indias. Ningún trabajo hecho libremente y con buena intención es indigno. ¿Acaso era Jesús menos Hijo de Dios cuando realizaba trabajos manuales?

Comprendemos la dignidad del trabajo cuando caemos en la cuenta de que, como dicen los teólogos, somos «co-creadores» con Dios. En los Ejercicios Espirituales, Ignacio nos pide que nos imaginemos «trabajando» con Dios, y a Dios «trabajando» por nosotros. Trabajamos con Dios para construir un mundo mejor. Y Dios ve el fruto de nuestro trabajo, aunque otros no lo vean. Pensemos en José, el carpintero que enseñó a Jesús su oficio, un hombre al que apenas se dedican un par de líneas en el Nuevo Testamento y cuya vida permanece completamente oculta, pero que con su trabajo silencioso contribuyó a moldear, como dice el teólogo jesuita John Haughey, «el instrumento más necesario para la salvación del mundo».

El trabajo de José fue de vital importancia, aunque otros no lo vieran así en su momento. Lo cual nos hace evocar el trabajo oculto de tantos millones de personas que pasan hoy largas horas trabajando para enviar a sus hijos al colegio, que se buscan un trabajo extra con el fin de ahorrar dinero para cuidar de un anciano padre o pariente, o que trabajan hasta la extenuación por su familia limpiando suelos, haciendo horas en una lavandería o atendiendo un horno. Aunque su esfuerzo permanezca oculto a los ojos de la gente, son vistos por Aquel que realmente importa.

He aquí una parábola a este respecto que a mí me gusta mucho: un anciano escultor estaba trabajando en una catedral medieval labrando la estatua de mármol de un santo. Llevaba muchos días esculpiendo cuidadosamente los intrincados pliegues de la túnica en la espalda de la estatua. Primero utilizaba un cincel grande, después uno más pequeño, y después la lijaba con gran cuidado. Otro escultor se fijó en lo que hacía y cayó en la cuenta de que la estatua sería situada en un nicho oscuro, con la espalda contra el muro, de manera que el trabajo de su amigo quedaría oculto. «¿Por qué haces ese trabajo tan duro? –preguntó a su amigo–. No lo verá nadie».

«Dios sí», le dijo el anciano.

La dignidad del trabajo

El jesuita alemán Karl Rahner se refirió al valor del trabajo oculto en una meditación titulada «¿Por qué hacerse jesuita o seguir siéndolo?».

«Pienso en hermanos a los que yo mismo he conocido: en mi amigo Alfred Delp, que con las manos encadenadas [en una cárcel alemana, por oponerse a Hitler] firmó su declaración final de pertenencia a la Compañía; en un jesuita que en un pueblo de la India desconocido para los intelectuales indios ayuda a los pobres a excavar pozos; en otro que durante largas horas en el confesionario presta oídos al dolor y la angustia de personas corrientes que son mucho más complejas de lo que parece a primera vista. Pienso en un jesuita que en Barcelona es golpeado por la policía junto con sus alumnos sin la satisfacción de ser, de hecho, un revolucionario y saborear su gloria; en otro que atiende diariamente en el hospital a los enfermos en su lecho de muerte, hasta que ese acontecimiento único se convierte para él en una aburrida rutina; en otro que en la cárcel debe proclamar una y otra vez el mensaje del Evangelio sin recibir jamás una muestra de gratitud y que es más apreciado por dar cigarrillos que por las palabras de la Buena Nueva que anuncia; en otro que

> con dificultad y sin ninguna clara probabilidad de éxito se esfuerza denodadamente por encender en unos cuantos hombres y mujeres una pequeña chispa de fe, esperanza y caridad...».

La segunda idea ignaciana respecto del trabajo es la *aceptación del fracaso*. Aunque debemos emplear nuestra conciencia de nosotros mismos, ingenio, amor y heroísmo, no hay garantía de alcanzar siempre el éxito. Aceptar esto –en el trabajo, en casa o en la vida– es un importante modo de abrazar lo que Walter Ciszek denominaba la «realidad de la situación» y de comprender nuestra propia humildad y pobreza de espíritu.

Una de las historias más impactantes que he oído sobre este tema me la contó Jim, un amable hermano jesuita de Kentucky que da clases de trabajo social en la Loyola University de Chicago. En cierta ocasión, Jim me contó la historia de Carol, a la que conoció en un centro de servicios sociales que él había fundado en una parroquia de Los Ángeles.

Carol, una exmodelo que estaba atravesando unos momentos difíciles, visitó el centro una mañana y se encontró con Jim. Cuando pidió un pantalón vaquero, él la llevó a otra voluntaria, que acompañó a Carol a la habitación donde se distribuía la ropa. Unos minutos después, Jim oyó un alboroto. Carol estaba corriendo borracha por el edificio, medio desnuda, con los pantalones cayéndosele, quejándose de los vaqueros y lanzando palabrotas al personal del centro.

Jim llevó a Carol afuera y le explicó tranquilamente que era bienvenida, pero que tenía que permanecer sobria. Le ofreció una taza de café y le preguntó si había comprendido el «trato». Ella se le quedó mirando y dijo: «¡El café está frío, y tú eres un miserable!».

Durante los tres años que Jim estuvo en el centro, Carol le visitó al menos en treinta ocasiones, unas veces bebida, otras veces iracunda, y de vez en cuando sobria. Cuando estaba lúcida, decía Jim, se manifestaba su antigua belleza (tanto interior como exterior) y estaba llena de humor y de buenas ideas. Con el tiempo, llegó a conocer bien a Carol: ambos hablaron sobre su familia, su pasado, su batalla contra el alcoholismo y sus sueños frustrados de tener una carrera profesional.

Un día, Jim recibió una llamada de la hermana de Carol preguntándole si la había visto últimamente. Le dijo que no. «Usted sabe que ella considera su centro como su hogar, ¿verdad?», le dijo la hermana de Carol.

Después de tres años, el trabajo de Jim en el centro llegó a su término. A modo de conclusión, trató de decir adiós a tantas personas que acudían al centro como le fue posible. El último día, fue a la oficina de correos a enviar un paquete.

En el camino, vio a Carol. Estaba con su «amigo», un hombre que la había maltratado en el pasado. Jim me dijo que se «quedó helado». Pensó en cruzar la calle para decirle adiós, pero se quedó paralizado. Finalmente, Carol le hizo un ligero gesto con la mano a Jim y siguió caminando con su compañero.

Jim me contó recientemente en una carta el final de la historia: «Yo quería dejar la parroquia "a las mil maravillas", sabiendo que había hecho cosas buenas y había intentado ayudar a las personas necesitadas. Cuando Carol dio la vuelta a la esquina y la perdí de vista, mi preocupación por ella se transformó en lágrimas que se deslizaban por mis mejillas. Estaba triste, porque mi esperanza era que Carol encontrara el camino hacia una vida más sana y más plena, y me sentía decepcionado y frustrado porque estaba en compañía de un hombre al que me juró que nunca volvería a ver, y estaba encolerizado con él por haberla engañado de nuevo».

Lo único que Jim pudo hacer al regresar a la rectoría fue decir silenciosamente adiós a Carol. «Cuando me senté en los escalones de la rectoría, sentí que lo único que podía ofrecerle eran oraciones por su felicidad y su bienestar».

Por más duro que trabajemos, hay cosas que no podemos cambiar en absoluto, y el fracaso no radica en nuestra haraganería, nuestra estupidez o nuestra mala planificación. El trabajo puede ser a veces causa de un gran sufrimiento.

Los hombres y las mujeres que se encuentran de pronto en el paro, o cuyo pequeño negocio se hunde, o que afrontan el fracaso en su trabajo, saben lo que es esto. El misterio del sufrimiento invade el mundo del trabajo, y esta idea puede ser una parte esencial de una espiritualidad del trabajo: en algunos aspectos, somos impotentes, y nuestros esfuerzos parecen inútiles. Aquí el misterio del sufrimiento pasa a primer plano.

Pero aunque el trabajo pueda parecer inútil, puede seguir estando dirigido a Dios. En su novela *Exiles,* acerca del jesuita Gerard Manley Hopkins, Ron Hansen incluye un hermoso pasaje de uno de los diarios de ejercicios de Hopkins. Es la oración en la que ofrece a Dios su trabajo, aunque lo que escribe en sí parezca inútil: «En alguna meditación de hoy también pedí ardientemente a nuestro Señor que vigilara mis textos para que no pudieran hacerme daño por la enemistad o la imprudencia de cualquiera o las mías propias; que se adueñara de ellos y los empleara o no los empleara, como mejor le pareciera. Y esto, creo yo, ha sido escuchado».

Fracaso cristiano

San Francisco Javier murió en una pequeña isla a seis millas de la costa de China, que podía divisar a lo lejos y adonde no pudo llegar. Al no haber alcanzado su objetivo, Javier se sintió fracasado. Veamos lo que dice Walter Burghardt en su libro *Saints and Sanctity*, al reflexionar sobre los fracasos aun después de haber trabajado duro.

«Es terriblemente difícil de aceptar para un ser humano, incluso para un Javier. El hecho de estar tratando de hacer la obra de Dios con cada partícula de mi ser no garantiza que mis planes prosperen. No hay garantía alguna de que un apóstol cristiano efectivo no vaya a fallecer en lo mejor de su vida... No hay garantía alguna de que, por haberte entregado a un matrimonio cristiano, vuestra unidad sea perpetua..., de que, porque ames a Dios profundamente, no pierdas tu trabajo, tu casa, tu familia tu salud... No hay garantía alguna de que, porque creas, no vayas a dudar; porque esperes, tu voluntad no se desanime; porque ames, tu amor no se enfríe. No hay garantía de que Javier llegue a China. En este sentido, hay frustración cristiana, fracaso cristiano...

Tú haz tu tarea cristiana tal como Dios te permite concebirla; el resto, el crecimiento, está en Sus manos. Dios sigue empleando lo que el mundo llama "locura" para confundir a los sabios; sigue empleando lo que el mundo llama "debilidad" para confundir a los fuertes; sigue empleando lo que el mundo llama "bajo" e "insignificante" e "irreal" para anular sus realidades... En este sentido, no hay frustración cristiana ni fracaso cristiano».

El tercer aspecto es la *confianza en Dios*.

San Ignacio era un gran trabajador que, no obstante, sabía que todo cuanto había realizado se debía a Dios. Esta actitud es liberadora, porque reconocemos que no estamos trabajando por nuestra cuenta, que tenemos un compañero de fatigas y, además, que no podemos hacerlo todo por nosotros solos. La experiencia de Jim con Carol es un recordatorio al respecto: Jim no podía «salvarla». Confiar en Dios proporciona tanto humildad como libertad. Como decía mi director espiritual, «hay un Mesías, y no eres tú».

> «Dios podría hacer extremadamente poco si no pudiera sostenerme un día más».
>
> — SAN CLAUDIO DE LA COLOMBIÈRE, SJ (1641-1682)

Estos son unos cuantos aspectos en los que el método de Ignacio puede ayudarte en tu trabajo mientras vives tu vocación en el mundo.

Pero la vocación no tiene que ver exclusivamente con trabajar, sino que tiene que ver también con ser. No tiene que ver únicamente con lo que haces, sino, lo que es más importante, con lo que eres. Por tanto, afrontemos esta pregunta: «¿Quién debo ser?».

¡Sé quien eres!

Todos y cada uno de nosotros estamos llamados a una vocación única en la vida, basada en los deseos que Dios siembra en nosotros, así como en nuestros talentos, habilidades y personalidad. Esta es una de las razones por las que Ignacio habla de un Dios que desea entrar en una relación profunda con nosotros, y del Creador relacionándose inmediatamente con la criatura. Dios sabe que nuestros deseos más profundos son los que nos aportarán gozo a nosotros y al mundo.

Pero esto es más que mero trabajo, cargo o incluso carrera. La vocación puede tener poco que ver con el trabajo que se realiza. Porque la vocación más profunda es ser quien eres, ser tu «verdadero yo», la persona que Dios creó y te llamó a ser.

Parte de ello consiste en aceptar que Dios nos ama, que Dios nos ama *tal como somos*. Hombres o mujeres, jóvenes o viejos, ricos o pobres; todos somos amados por Dios. No importa cómo te veas a ti mismo: Dios te ve como su amado. ¿Difícil de creer? Permíteme contarte una historia acerca de la aceptación.

Maravillosamente hecho

Rick Curry es un jesuita muy sociable e inteligente que fundó el Taller de Teatro Nacional de los Discapacitados. También recibió un doctorado en estudios teatrales (y fue él quien me contó la historia del «teatro jesuítico»). Rick, que nació sin el brazo derecho, se hizo jesuita al acabar la secundaria. Durante un tiempo fue actor. La génesis del Taller de Teatro Nacional se inició cuando Rick se presentó a un «casting» para un anuncio.

Cuando estuvo ante la encargada del «casting», ella vio que le faltaba un brazo y le dijo: «¿Es una broma? ¿Quién le ha enviado?». Él respondió: «¿A qué se refiere? Estoy aquí para una audición». Ella le dijo: «Por favor... Dígame quien le ha dicho que viniera. Es muy divertido». Aquella mujer no le veía como un actor ni apenas como un ser humano, sino, literalmente, como una broma. Esto le convenció a Rick de la necesidad de una escuela para actores discapacitados.

Durante muchos años, su teatro proporcionó audiciones a actores discapacitados. En una ocasión, un director de «casting» llamó y dijo: «Queremos un doble amputado para un papel en un programa de televisión». Rick preguntó: «¿Cómo lo quiere, sin brazos o sin piernas?». El director de «casting» dijo: «No estoy seguro, ¿tiene eso importancia?». Y Rick dijo: «¡Para él sí!».

Pero yo quiero contar al lector otra historia acerca de Rick. Cuando era niño en los años cincuenta, el relicario con el brazo derecho de san Francisco Javier fue llevado a Philadelphia. Por extraño que pueda parecer a los no católicos, esta reliquia es particularmente bien conocida: es el brazo que el jesuita utilizó para bautizar a miles de personas durante sus años de misionero en África, la India y el Japón.

La profesora de primer grado de Rick, que era una religiosa católica, pensó que sería una buena idea que Rick viera el brazo, aunque no esperaba que se produjera ningún tipo de resultado milagroso. Ni tampoco lo esperaba su madre, aunque escribió una carta para permitir a Rick excusarse de la clase para ir a ver la reliquia.

Pero sus compañeros de clase sí estaban rezando mucho para que ocurriera un milagro: quizá Rick fuera curado y se volviera como los demás niños de su clase. Así que, cuando la madre de Rick lo recogió para llevarlo a la catedral, la clase entera estaba sobre ascuas.

Una larga cola se extendía por los pasillos de la catedral. Debido a la multitud de gente, los encargados anunciaron que los visitantes podrían solo tocar el relicario, el recipiente de cristal que contenía el brazo de Francisco. No se podía besar el relicario, como algunos católicos piadosos esperaban. Pero cuando varios sacerdotes vieron al niño sin el brazo derecho, dijeron a su madre: «*Él* puede besarlo». Sin embargo, Rick no deseaba esa «curación».

De manera que besó el relicario, pero presionó el muñón de su brazo derecho contra su cuerpo, en la esperanza de que no creciese.

De vuelta a casa en el tranvía, no quitaba ojo a su brazo. No había ningún cambio. No había milagro. Cuando volvió a clase, sus compañeros le dijeron lo decepcionados que estaban. Quizá, dijeron, no era digno de un milagro.

Pero alguien tuvo una reacción muy distinta. Cuando volvió a casa por la noche, su hermana Denise, que posteriormente se haría monja, estaba escondida detrás de las cortinas del salón. Asomó la cabeza y, al ver a Rick, se quedó mostró encantada. «¡Magnífico! –dijo–. Estoy feliz de que no hay sucedido nada, porque me gustas tal como eres».

Rick no ha olvidado esa afirmación, porque le ha ayudado a ver su discapacidad como un don, como un acceso a la humanidad de otros y como un recordatorio de la llamada a estar agradecido por todo cuanto ofrece la vida. Recientemente me contó que una discapacidad era negativa «únicamente en la medida en que introyectes la impresión negativa de los demás».

Así que es posible que aquel día sí ocurriera un milagro.

La autoaceptación es el primer paso hacia la santidad, pero para muchas personas el camino hacia la autoaceptación puede ser duro. Hombres, mujeres y niños de minorías étnicas o sociales, con discapacidades físicas, con antecedentes familiares disfuncionales, con adicciones, o personas que se consideran poco atractivas, incultas o indeseables, tal vez necesiten muchos años de lucha antes de poder aceptarse a sí mismos como hijos amados de Dios.

Pero es esencial. Muchos gays y lesbianas, por ejemplo, me han dicho que el verdadero comienzo de su camino espiritual fue aceptarse a sí mismos como hombres y mujeres homosexuales, es decir, tal como Dios los había hecho. Conseguir verse a sí mismos de ese modo y, lo que es más importante aún, permitir que Dios los ame tal como son, no como la sociedad quiere que sean o piensa que deben ser, es un paso importante en su relación con Dios.

«Porque tú has formado mis riñones, me has tejido en el vientre de mi madre –dice el Salmo 139–; te doy gracias por tantas maravillas: prodigio soy, prodigios tus obras». Dios nos ama tal como somos, porque es así como Él nos ha hecho. Esto es lo que el salmista quería decir, y también la hermana de Rick.

Compara y desespera

La primera dificultad para aceptarnos a nosotros mismos y valorar nuestra individualidad es la falsa creencia de que para ser santos, o útiles, o felices, tenemos que ser distintos... o convertirnos en seres perfectos. La joven madre que cuida de sus hijos puede decirse a sí misma tristemente: «Nunca seré como la Madre Teresa», cuando su vocación es la de ser una madre solícita. El abogado o el médico o el profesor que leen acerca de san Francisco Javier pueden decir: «Nunca seré como él». Pero es que no están llamados a ser la Madre Teresa o san Francisco Javier, por admirables que estos fueran. Están llamados a ser ellos mismos.

Lo cual supone desprenderse del deseo de convertirse en alguien distinto y recordar que la propia vocación –no la de otra persona distinta– es el camino hacia la felicidad. No debes utilizar el mapa de otro para llegar al cielo, porque Dios ya ha depositado en tu espíritu todas las direcciones que necesitas.

Y esto supone también que aceptes alegremente tu personalidad y tus sueños. Uno de los mejores consejos que yo he recibido me lo dio un director espiritual jesuita. En aquella época (no concretaré) estaba yo trabajando con una persona bastante desagradable. A medida que pasaba el tiempo, fui viendo que me limitaba a *reaccionar* ante ella, de manera que me iba volviendo más precavido, estaba más a la defensiva y me mostraba más cauto y más suspicaz, como modo de protegerme de su mal carácter. Mis reacciones estaban empezando a hacerme insensible y duro. Un día confesé a mi director espiritual: «Tengo la sensación de que esa persona está transformándome en algo que no quiero ser».

Lo que yo hago es lo que soy

Tuve que leer muchas veces este poema de Gerard Manley Hopkins antes de comprender hasta qué punto habla de ser quien eres.

«*Al igual que el martín pescador resplandece ignífero, las libélulas lanzan ardientes llamaradas;*
al igual que al caer sobre la boca de los redondeados pozos, las piedras resuenan;
como expresa cada cuerda pulsada, cada campana pendiente que se balancea oscilante
encuentra lengua para lanzar su nombre;
cada cosa mortal hace una sola y misma cosa:
anuncia que al estar dentro cada uno allí mora;
yoes, dice el yo; yo mismo *dice y expresa,*
gritando Lo que hago es lo que soy: *para eso he venido.*
Digo más: el hombre justo hace justicia;
mantiene la gracia, lo que conserva la gracia en todos sus movimientos;
hace realidad, ante los ojos de Dios, lo que a los ojos de Dios es: Cristo,
porque Cristo representa en millones de lugares,
adorable en sus miembros y adorable a ojos que no son los suyos,
al Padre a través de los rasgos de los rostros de los hombres.

Pero demasiado a menudo no nos sentimos así... Tenemos la sensación de que otras personas, grupos o situaciones están convirtiéndonos en algo que no queremos ser.

Mi director espiritual me dijo: «No permitas que nadie te arrebate la libertad de ser quien Dios quiere que seas».

Esto significa ser tú, alguien único, alguien amado por Dios.

El Artesano todopoderoso

«Un leño basto e informe no tiene idea de que puede convertirse en una escultura que será considerada una obra maestra, pero el escultor sí ve lo que puede hacerse con él. Así, muchos... no comprenden que Dios puede moldearlos como santos, hasta que se ponen en las manos del Artesano todopoderoso».

– San Ignacio de Loyola

Es fácil ver esta maravillosa individualidad en la vida de los hombres y mujeres santos que nos rodean. En este libro ya he presentado al lector a muchos de mis amigos, y cada uno de ellos es muy distinto de los demás. John, mi amigo jesuita de Gloucester, Massachusetts, era distinto de mi primer director espiritual, David. John era más relajado e informal; David, más enérgico. John era feliz quedándose en casa y viendo la televisión por la noche; David era más un animal social.

Durante nuestro noviciado, realizamos varios tests de personalidad, destinados a ayudarnos a comprender lo diferentes que son las personas que interactúan con el mundo. Una serie de tests estaba estructurada para determinar si éramos extrovertidos o introvertidos. Resultado: yo era el único extrovertido de la casa. Lo cual explicaba muchas cosas; por ejemplo, por qué, después de una fiesta, yo me sentía lleno de energía, mientras los demás estaban agotados y necesitaban retirarse a sus habitaciones a recargar las pilas. O por qué ellos necesitaban procesar la información antes de hablar, en lugar de comentar algo, a fin de comprender lo que pensaban. Los tests me ayudaron a ver que quienes enfocaban la vida de manera distinta no estaban equivocados ni desencaminados, sino que, simplemente, eran distintos. O, más exactamente, que *yo* era distinto.

Cuando tuve los resultados, me sentí descorazonado. ¿Iba a ser un jesuita inadecuado por no ser introvertido? En absoluto, me dijo David. La Compañía de Jesús necesita también extrovertidos.

También es difícil evitar la comparación con los demás y pensar no solo que ellos lo tienen más fácil, sino que de alguna manera son más santos que tú. De modo que debes mantener una tensión sana entre la aceptación y el deseo. Por un lado, rindes honores a la persona que Dios creó, con tus antecedentes, tu personalidad, tus talentos, tus habilidades y tus puntos fuertes. Por otro, permites que Dios te impulse en nuevas direcciones, para cambiar, crecer y descubrir quién estás llamado a ser. Dios ha creado en ti algo maravilloso, pero Dios sigue creando.

Gran parte de mi camino hacia la autoaceptación me obligó a liberarme de la necesidad de ser distinto. No es que pretendiera ser una persona determinada, sino que simplemente tenía la sensación de que necesitaba ser distinto. Al principio del noviciado, pensaba que ser santo significaba suprimir mi personalidad, en lugar de edificar sobre ella. Pensaba que debía erradicar mis deseos e inclinaciones naturales, en lugar de pedir a Dios que los santificara. Yo sabía que no era un santo; por lo tanto, ser santo debía significar ser una persona diferente. Por extraño que parezca, yo pensaba que ser yo mismo significaba ser una persona distinta.

> «Es peligroso pretender que todos sigan el mismo camino, y peor aún es medir a los demás en función de ti mismo».
>
> — San Ignacio de Loyola

David no dejaba de recordarme que no necesitaba ser como ninguna otra persona, excepto como yo mismo. «No tienes que cambiar para que Dios te ame», como decía Anthony de Mello. Necesité algún tiempo para introyectarlo. Además de una sensación persistente de que no era digno de ser jesuita, había un componente de envidia. En varias ocasiones a lo largo de mi vida, en especial cuando las cosas no me han ido demasiado bien, he envidiado a otras personas. Básicamente, la envidia desembocaba en esto: todos los demás lo tienen más fácil que yo y por eso son, obviamente, más felices que yo.

Esto es falso. Y también peligroso. Uno tiende a comparar su vida, que es siempre una mezcla de cosas buenas y malas, con lo que falsamente percibe como la vida perfecta de los demás. De este modo, minimizamos nuestros talentos y gracias y maximizamos los de la otra persona.

Paradójicamente, a veces hacemos lo contrario con los problemas, los defectos y las luchas: maximizamos los nuestros y minimi-

zamos los de los demás. Estos nos parecen más inteligentes, atracti-
vos, populares, relajados, atléticos... y más lo que sea, que nosotros;
y, por lo tanto (al parecer), llevan una vida estupenda. Análogamente, las demás personas –suponemos nosotros– no afrontan verdaderos problemas en su vida. O si lo hacen –pensamos–, sus problemas
no son tan complicados como los nuestros.

Pero nadie vive una vida perfecta. La vida de todo el mundo es
una mezcla de gracias y bendiciones, así como de luchas y retos. «Toda casa tiene sus problemas», como decía mi madre cuando pasábamos por barrios elegantes y envidiábamos la vida de los ricos. Y si
comparamos sistemáticamente nuestra complicada realidad con la
supuesta perfección de la vida ajena, ¿acaso es extraño que deseemos
ser distintos de lo que somos?

Compara y desespera, como decía un amigo mío jesuita.

¿Cómo vas avanzando hacia convertirte en quien tú eres? He aquí
unos pasos importantes, con algunos acentos ignacianos, para este
viaje de descubrimiento que dura toda la vida.

Ser tú mismo

Primero, *recuerda que Dios te ama.* Como le gustaba decir a David,
parafraseando los salmos, «Dios se deleita en ti». O como sugiere el
teólogo James Alison, a Dios le gustas. Si lo dudas, un rápido examen
de las cosas por las que estás agradecido puede ayudarte a ver cómo
te ha bendecido Dios y cómo te ama. La lectura de los primeros ver-
sos del Salmo 139 –«Me has tejido en el vientre de mi madre»– suele también servir de ayuda.

Segundo, cae en la cuenta de que Dios te ama *como individuo,*
no simplemente en abstracto. Dios se preocupa de ti personalmente, como un amigo íntimo. Recuerda cómo te habla Dios de modo
personal e íntimo en tu vida cotidiana y en tu oración, algo que solo tú puedes apreciar y que es señal del amor *personal* que Dios siente por ti.

Tercero, acepta tus deseos, capacidades y talentos como cosas *que
Dios te ha concedido* para tu felicidad y la de los demás. Son dones del
Creador.

Cuarto, *evita la tentación de compararte* con otros y de denigrar-
te o subestimarte. Recuerda: compara y desespera.

Quinto, *apártate* de los actos pecaminosos o que te impiden ser compasivo, amar y ser libre. Y *realiza* actos que te hagan más compasivo, amante y libre. La meditación de las Dos Banderas de los Ejercicios puede ayudarte en este sentido.

Sexto, confía en que *Dios te ayudará,* porque Él desea que seas lo que estás llamado a ser. Y ora pidiendo la ayuda de Dios.

Séptimo, reconoce que el proceso de convertirte en la persona que estás llamada a ser es un *proceso largo* que puede llevar mucho tiempo.

TARDARÁS ALGÚN TIEMPO antes de poder integrar plenamente las mociones que tengas, y más aún antes de traducirlas en actos, y todavía más antes de descubrir que has cambiado interior y exteriormente.

Si lo dudas, recuerda la historia de Ignacio.

Cinco años después de haberme hecho jesuita, volví a Campion Center, en Weston, Massachusetts, donde había hecho mis primeros *Ejercicios.* Aquel año, el ejercitador era un jovial jesuita llamado Harry, que había vivido con nosotros como padre espiritual en el noviciado. Teniéndolo cerca, era casi imposible estar triste, porque se mostraba sistemáticamente alegre y divertido. Cuando uno de los tres miembros originales de nuestra clase del noviciado decidió marcharse, dejando solo a dos en el curso, al instante acuñó un lema para nuestra pequeña clase, tomado de una frase griega: *Ou polla, alla pollou,* No muchos, pero sí mucho.

Durante aquellos Ejercicios veraniegos, me lamenté con Harry de que no parecía yo cambiar lo bastante rápido. Sabía la clase de persona que quería ser: libre, abierta, relajada, compasiva, paciente, madura, generosa...; pero mis imperfecciones me lo impedían. ¿Cómo me cambiaría Dios?; ¿cuándo lo haría?; ¿por qué no sucedía todo *más deprisa*?

La lenta acción de Dios

La paciencia es una importante compañera en el camino del descubrimiento de tu vocación a convertirte en la persona que te gustaría ser y, de hecho, en cualquier cambio. Pierre Teilhard de Chardin, paleontólogo jesuita que sabía acerca de la lenta acción del tiempo, escribió en una carta a un amigo a propósito de la paciencia:

«Por encima de todo, confía en la lenta acción de Dios.

Nosotros esperamos impacientes que todo llegue a su fin de inmediato.

Nos gustaría saltarnos los pasos intermedios.

Estamos impacientes por estar en camino hacia algo desconocido, algo nuevo.

Y, sin embargo, la ley de todo progreso es que este se produce pasando por unos estadios de inestabilidad, lo cual puede llevar mucho tiempo.

Y esto, creo yo, es lo que te pasa a ti: tus ideas maduran poco a poco. Deja que lo hagan a su aire, deja que se configuren sin apresuramientos indebidos. No trates de forzarlas como si pudieras ser hoy lo que el tiempo (es decir, gracias a las circunstancias actuando sobre tu buena voluntad) hará de ti mañana.

Solo Dios puede decir lo que será ese nuevo espíritu que poco a poco está formándose en ti.

Concede a nuestro Señor el beneficio de creer que su mano está guiándote, y acepta la ansiedad de sentirte en suspenso e incompleto».

Harry sonrió y miró por la ventana el terreno que rodea la casa de Ejercicios. «¿Has visto aquel árbol de allí?», me dijo.

Yo eché un vistazo a un gran arce situado en un otero por el que pasaba frecuentemente cuando vagaba por el bosque. «Ahora está verde, pero en unos meses estará de un hermoso color rojizo». Hizo una pausa.

«Y nadie verá el cambio», finalizó diciendo.

La muñeca de sal

En última instancia, es en Dios en quien encontramos nuestra identidad y nuestra vocación. Nuestros deseos proceden de Dios y llevan a él.

Para concluir nuestro examen de la vocación, finalicemos con una de mis historias favoritas de Anthony de Mello, que ilustra perfectamente este concepto. Se llama «La muñeca de sal» y trata de... bueno... pues de una muñeca hecha de sal:

«Una muñeca de sal recorrió miles de kilómetros de tierra firme, hasta que, por fin, llegó al mar.

Quedó fascinada por aquella móvil y extraña masa, totalmente distinta de cuanto había visto hasta entonces.

"¿Quién eres tú?", le preguntó al mar la muñeca de sal.

Con una sonrisa, el mar le respondió: "Entra y compruébalo tú misma".

Y la muñeca se metió en el mar. Pero, a medida que se adentraba en él, iba disolviéndose, hasta que apenas quedó nada de ella. Antes de que se disolviera el último pedazo, la muñeca exclamó asombrada: "¡Ahora ya sé quién soy!"».

14
¡Contemplativos en la acción!
(Nuestro modo de proceder)

Uno de mis momentos cinematográficos favoritos pertenece a una película del año 2006 titulada *Paris, je t'aime,* que es una serie de veinte viñetas realizadas por un grupo de directores internacionales. Todas las historias tienen lugar en París. Una de ellas relata una relación amorosa; otra, un encuentro entre un padre y su hija; otra, un violento y sangriento asesinato... En una de las viñetas, Alexander Payne, director de la película *Sideways,* presenta la historia de Carol, una empleada de correos de Denver que ha ahorrado para disfrutar de las vacaciones de sus sueños en París. Incluso ha pasado dos años recibiendo clases de francés para preparar su gran viaje.

Carol, interpretada por Margo Martindale, parece una buena persona, una mujer de mediana edad que vive con dos perros y que ha ido sola a París. Aunque se describe a sí misma como feliz y habla de sus amigos, todas sus andanzas están impregnadas de soledad. Su historia, que adopta la forma de un relato oral ante sus compañeros de la clase de francés, una vez de regreso en casa, es narrada por una voz en off. Los pensamientos de Carol son transmitidos con palabras muy sencillas, porque son las únicas que ella conoce en francés.

Hacia el final de un largo día de visitas a lugares de interés y a diversos restaurantes, Carol deambula por un soleado parque y se sienta en un banco. Durante la mañana, estaba sorprendida de encontrarse tan pensativa –acerca de su trabajo, sus amigos, sus perros, su amor perdido y su madre, que había muerto de cáncer hacía poco–. Mientras está allí sentada en silencio, Carol ve signos de vida a su alrededor: parejas charlando animadamente, niños jugando, una mujer tumbada sobre la hierba... Una suave brisa revuelve sus cabellos castaños. Entonces sucede algo extraordinario.

En su vacilante francés, traducido al espectador en subtítulos en inglés, Carol dice lo siguiente:

> «Sentada aquí a solas en un país extranjero, lejos de mi trabajo y de todas las personas que conozco, me invadió un sentimiento.
>
> Fue como recordar algo nunca conocido o que siempre había estado esperando, pero no sabía qué era. Puede que fuera algo que había olvidado o algo que había echado en falta toda mi vida.
>
> Lo único que puedo decir es que me sentí, al mismo tiempo, alegre y triste. Pero no con demasiada tristeza.
>
> Porque me sentí viva.
>
> Sí, viva».

Mientras dice todo esto, sus cansados rasgos se van transformando hasta reflejar una gran paz.

No estoy seguro de que el director intentara reflejar una epifanía espiritual (aunque Alexander Payne estudió en un colegio de jesuitas). Tampoco estoy seguro de que Carol, que a fin de cuentas no es más que un personaje de una película de cinco minutos, estuviera pensada como una persona espiritual. Pero con palabras muy sencillas no solo expresa lo que en un capítulo anterior denominábamos un «anhelo poco común», sino que abre la puerta a uno de los objetivos del método de Ignacio: estar vivo.

Sí, vivo

En estas páginas hemos recorrido juntos el camino de Ignacio. Ahora el lector tiene derecho a preguntar: ¿adónde lleva este camino?; ¿cuál es su destino?

En el primer capítulo hablamos de cinco jesuitas hipotéticos que definían el método de Ignacio. Y sugeríamos cuatro respuestas: ser contemplativo en la acción; encontrar a Dios en todas las cosas; mirar el mundo desde una perspectiva encarnatoria; y buscar la libertad y el desapego. Estos son todos los objetivos del viajero que recorre el camino de Ignacio.

El primer objetivo lo ilustra la Carol ficticia, que, quizá por primera vez en su vida, se siente viva, percibe, es consciente. Mientras está sentada en aquel banco de un parque parisino, descubre una conexión. Y es muy significativo que las siguientes palabras en off sean: «Ese fue el momento en que me enamoré de París. Y sentí que París se enamoraba de mí». La consciencia la mueve al amor.

En la vida real, Carol habría tenido que tomar una decisión que habría ido más allá de limitarse a decidir si ampliaba sus reservas de hotel y se quedaba unos días más en Francia, incluso más allá de decidir que París era ahora su ciudad favorita. Podía aceptar sus experiencias como meros «sentimientos» o preguntarse si podrían tener otro origen.

El *contemplativo en la acción,* según san Ignacio de Loyola, no solo contempla el mundo activo y ve cosas maravillosas, sino que ve también en esas cosas maravillosas signos de la presencia y la actividad de Dios. El contemplativo en la acción es profundamente consciente de la presencia de Dios incluso en medio de una vida excesivamente ajetreada. Es una actitud de consciencia; consciencia de Dios.

Esto nos lleva al segundo objetivo: *encontrar a Dios en todas las cosas.* Para este momento, el lector ya habrá visto cómo todo puede ser un modo de experimentar a Dios. En los capítulos anteriores hemos hablado de encontrar a Dios en la oración, el culto, la familia, el amor, la música, la naturaleza, la toma de decisiones, el trabajo, la vida sencilla, la amistad..., incluso en las horas de sufrimiento. En todas las cosas. Y en todas las personas. Y hemos hablado de un modo fácil de suscitar esa consciencia para ayudarte a encontrar a Dios en todas las cosas: el examen. El contemplativo en la acción busca a Dios y trata de encontrarlo en la acción.

Esto significa que la persona contemplativa ve el mundo desde una *perspectiva encarnatoria,* tercera definición. Dios mora en las cosas reales, en los lugares reales y en la gente real. No solo «allí arriba», sino «alrededor». (Aunque no niego que Dios esté también «allí arriba», en el cielo, dondequiera que se encuentre o comoquiera que sea). Para los cristianos, Jesús es la encarnación de Dios, pero no hay que ser cristiano para tener una visión encarnatoria del mundo. Cuanto más recorres el camino de Ignacio, tanto más ves al Dios encarnado.

Y cuanto más avanzas por el camino ignaciano, tanto más quieres avanzar. Cuanto más experimentas a Dios, tanto más deseas experimentarlo. Cuanto más conoces a Dios, tanto más ansías conocerlo.

Para hacerlo necesitas mantener un cierto *desapego y libertad,* el cuarto objetivo. Deseas libertad respecto de cualquier cosa que te impida seguir el camino. Quieres liberarte del exceso de equipaje. Quieres, como decía Ignacio, ser libre de los «afectos desordenados». Y tienes que tener cuidado de no emprender caminos que te alejen de Dios. Como diría Ignacio, tienes que «discernir».

De manera que, enlazándolo todo, podríamos decir que *los contemplativos en la acción* tratan de *hallar a Dios en todas las cosas,* viendo el mundo de manera *encarnada;* y, en su búsqueda, caen en la cuenta de su deseo de *libertad y desapego,* lo cual les ayuda a acercarse más a Dios. Este es probablemente un buen resumen de la espiritualidad ignaciana.

Y esta también ha sido mi experiencia.

En los últimos capítulos he expuesto algunos ejemplos personales de la actividad de Dios en mi vida, no porque mi vida sea más importante ni más espiritual ni más normativa que la de los demás, sino para mostrar al lector que *cualquiera* puede experimentar a Dios si emprende el camino de Ignacio.

Cuando yo entré en el noviciado de los jesuitas con veintisiete años de edad, tenía muy poca experiencia de oración. No podía imaginar la posibilidad de mantener una «relación personal» con Dios. Tampoco podía imaginar que habría de liberarme de algunos comportamientos malsanos que me habían acompañado desde la infancia. Ni siquiera podía imaginar que habría de recorrer un nuevo camino (de hecho, no era capaz de imaginar la existencia de un nuevo camino en absoluto). En suma, no podía imaginar el cambio.

Pero Dios ya lo había imaginado.

El camino de Ignacio me ha invitado al crecimiento, la libertad y el movimiento continuo, en orden a ser más consciente, más amable, más auténtico... y estar «sí, vivo», por citar a Carol. He tratado de mostrar cómo sucede esto de maneras muy personales, porque ahí es donde Dios está normalmente más vivo: en nuestro yo más íntimo, *intimior intimo meo,* más cerca de mí de cuanto yo pueda estarlo. Si permitimos que esto suceda, Dios puede actuar de este modo en toda nuestra vida, razón por la cual incluyo algunas historias verídicas de santos jesuitas a los que yo he conocido (algunos de los cuales parecían realmente santos) y de muchos otros amigos y compañeros, hombres y mujeres, con quienes me he encontrado a lo largo del camino de Ignacio.

Pero estas cualidades –crecimiento, libertad, movimiento, amor, autenticidad e incluso sentirse vivo– no son los objetivos finales. El objetivo del método de Ignacio no es una cualidad, sino algo distinto.

El camino es nuestro hogar

El objetivo es Dios.

He tratado de escribir este libro en un estilo sencillo, con el fin de que pueda llegar al mayor número de lectores posible, desde la persona en búsqueda y llena de dudas hasta el creyente más devoto. La espiritualidad ignaciana es un gran recurso para una amplia variedad de personas, no solo jesuitas ni solo católicas ni solo cristianas. Del mismo modo que hay intuiciones del budismo zen que son útiles para mí como cristiano, también hay prácticas y técnicas de la espiritualidad ignaciana que pueden ayudar al budista zen, así como al judío o al musulmán. Cualquiera puede utilizar estas prácticas para mejorar su vida.

Pero para comprender plenamente el final del trayecto el lector tiene que comprender cuál es el punto de destino. Porque la espiritualidad ignaciana carece de sentido sin Dios. El final no es un lugar; es Dios.

¿Recuerda el lector la analogía que empleábamos a propósito de los *Ejercicios Espirituales* al comienzo del libro? Los *Ejercicios* no están pensados para ser leídos, sino para ser experimentados. Son similares a un libro de instrucciones acerca del baile. De poco serviría limitarse a leer el libro; hay que *bailar* antes de poder comprenderlo.

Bueno, pues en este baile contamos con una pareja: Dios. Ya sé que es una imagen muy mala (puede que en este momento el lector se esté imaginando a sí mismo bailando con un anciano de larga barba blanca; si no lo estaba imaginando, tal vez ahora sí lo haga). Pero es un recordatorio de que el objetivo del camino es la relación con Dios, que quiere estar en relación contigo, que quiere bailar contigo.

En mi caso, la espiritualidad ignaciana ha sido el modo privilegiado a través del cual me he encontrado con Dios en mi vida. Ha sido mi camino hacia Dios. Y hacia Jesucristo. Las prácticas e intuiciones de Ignacio han enriquecido mi valoración de mi tradición religiosa, de la Escritura, de la comunidad, de la oración..., de casi todo. El método de Ignacio me ha ayudado a entrar en relación con Dios, algo que yo habría considerado imposible a los veintisiete años.

Pero en esta vida nadie llega al final del trayecto. Después de nuestra muerte, creo yo, nos encontraremos con Dios «cara a cara», como dice san Pablo. Mientras tanto, siempre seremos peregrinos en camino.

Por eso la imagen del camino ha sido la imagen dominante que he empleado para la espiritualidad ignaciana. Por eso también me gusta lo que decía Jerónimo Nadal, uno de los primeros compañeros de Ignacio: «El camino es nuestro hogar». Se refería a que los jesuitas estaban siempre viajando, siempre en camino hacia una nueva misión, siempre dispuestos a moverse.

Pero el comentario de Nadal posee también otro significado. Significa que estamos siempre en camino hacia Dios, y cuanto más comprendemos este destino, tanto más a gusto nos sentimos en ese camino.

Dios es el objetivo. De ahí el ofrecimiento de nuestra persona a Dios. Esto forma parte de la amistad. En cualquier verdadera amistad hay, como dice Ignacio, un intercambio de dones: «Si el uno tiene ciencia, dar al que no la tiene, si honores, si riquezas, y así el otro al otro». Dios se ofrece a sí mismo (o a sí misma) a nosotros, y nosotros nos ofrecemos a Dios. Por eso me gustaría finalizar este libro con una oración que constituye un reto, tomada –¿de dónde va a ser?– de los *Ejercicios Espirituales*. El tema de esta oración es dar algo a Dios.

Tu persona.

Tomad, Señor, y recibid

A lo largo de estos capítulos finales he mencionado las cuatro semanas de los *Ejercicios Espirituales*. Según íbamos avanzando, he ido introduciendo al lector en determinados aspectos de cada semana relacionados con los temas que estábamos examinando. La Primera Semana te invita a ver con gratitud los dones de Dios en tu vida, y después tu pecaminosidad. Eres llevado a ser conscientemente agradecido por tu persona como pecador amado. En la Segunda Semana te imaginas acompañando a Jesús de Nazaret en su ministerio de predicación y sanación. La Tercera Semana te lleva imaginativamente a la historia de la pasión y muerte de Jesús, lo cual te proporciona nuevas perspectivas del sufrimiento.

Pero hay una semana más y de la que aún no hemos hablado: la Cuarta Semana, centrada en la Resurrección.

Para el final de los *Ejercicios Espirituales,* la mayoría de los ejercitantes están encantados de poder meditar sobre los gozosos pasajes de la Resurrección: Jesús apareciéndose a María Magdalena y a los discípulos; Jesús perdonando a Pedro su traición; Jesús preparando la comida para los discípulos junto al lago de Galilea... Y en una explosión de entusiasmo piadoso, Ignacio incluso *añadió* algo al Nuevo Testamento: una escena de Jesús encontrándose con su madre después de la Resurrección. «Aunque no se diga en la Escritura –escribe Ignacio–, se tiene por dicho en decir que apareció a tantos otros».

Al finalizar la Cuarta Semana, Ignacio nos invita a una contemplación maravillosa, por la que suelen pasar precipitadamente las personas ansiosas de concluir su retiro (las personas que hacen Ejercicios también son humanas). Se llama «Contemplación para alcanzar amor».

Dicho de otro modo, es una contemplación destinada a ayudarnos a comprender el amor que Dios siente por nosotros. Para ayudarnos en este terreno, Ignacio nos ofrece primeramente un ejercicio reflexivo, y después una variedad de ricas metáforas.

Primero sugiere que recordemos «ponderando con mucho afecto cuánto ha hecho Dios nuestro Señor por mí y cuánto me ha dado de lo que tiene». Esto se asemeja al tipo de gratitud incluida en el examen de conciencia.

Segundo –dice Ignacio–, piensa en el modo en que Dios «habita» en todas sus criaturas: «en los elementos dando ser, en las plantas vegetando, en los animales sensando, en los hombres dando ser». Y en mí mismo, en quien Dios habita, «dándome ser, animando, sensando y haciéndome entender; asimismo haciendo templo de mí, seyendo criado a la similitud y imagen de su divina majestad». ¿Cómo habita Dios en ti?

Tercero, considera cómo trabaja Dios en toda la creación. Esta ha sido siempre para mí una imagen muy poderosa. Dios trabaja por nosotros y por todas las criaturas «dando ser, conservando», ayudándolas a crecer y a ser ellas mismas.

Finalmente, piensa en cómo todos esos dones –y otros como la justicia, la bondad, la piedad y la misericordia– descienden de Dios «así como del sol descienden los rayos, de la fuente las aguas, etc.». Dios está en acción contigo y para ti.

Todas estas imágenes son hermosas invitaciones a pensar en el amor de Dios por ti y a experimentarlo.

Pero hay más. En esta contemplación final se encuentra una de las oraciones ignacianas más famosas y tal vez más difíciles. Suele llamársele *Suscipe*, que es la primera palabra latina de la oración. Al llegar al final de los Ejercicios, la oración *Suscipe* es un ofrecimiento a Dios. Después de cuatro semanas de Ejercicios, después de meditar sobre el amor incondicional de Dios por ti, las personas suelen sentirse movidas a responder incondicionalmente. Como muchos de los ideales ignacianos –incluidas la indiferencia, el desapego y la humildad–, esta oración es un objetivo:

> *«Tomad, Señor, y recibid toda mi libertad,*
> *mi memoria, mi entendimiento y toda mi voluntad,*
> *todo mi haber y mi poseer;*
> *Vos me lo disteis; a Vos, Señor, lo torno;*
> *todo es vuestro,*
> *disponed a toda vuestra voluntad;*
> *dadme vuestro amor y gracia,*
> *que esta me basta».*

Como ya he dicho, un planteamiento inusitado. Es una oración de entrega total. Te lo ofrezco todo, Dios. Lo único que necesito es tu amor y tu gracia. Esto es lo único que necesito para estar, «sí, vivo».

¿Por qué finalizo este libro con una oración tan «ardua»? Para recordarte que la vida espiritual es un peregrinaje constante. En mi caso, yo creo que nunca he sido capaz de decir esa oración con absoluta sinceridad. Es decir, yo sigo queriendo atenerme a todas esas cosas, pero no estoy seguro de poder decir ya que lo único que necesito es el amor y la gracia de Dios. Sigo siendo demasiado humano para hacerlo. Pero, como decía Ignacio, basta con tener el deseo del deseo; basta con querer esa libertad, y Dios se ocupará del resto.

De manera que tú y yo juntos estamos aún en camino de ser contemplativos en la acción, encontrar a Dios en todas las cosas, ver a Dios encarnado en el mundo y buscar la libertad y el desapego.

El camino de Ignacio ha sido recorrido por millones de personas en busca de Dios en su vida cotidiana. Y por ese camino –fácil en unas ocasiones, difícil en otras, pero que siempre nos acerca más a Dios– tenemos que dar las gracias a nuestro amigo san Ignacio de Loyola.

Agradecimientos

El examen ignaciano comienza por el agradecimiento. Este libro concluye de ese mismo modo. Permítaseme, pues, recordar a algunas de las personas a las que estoy agradecido.

En primer lugar, quiero dar las gracias a los directores espirituales que he tenido a lo largo de los últimos veinte años, los cuales me han enseñado más acerca de la espiritualidad ignaciana de lo que puede decirse en un libro, y en especial a los jesuitas que me han acompañado durante largos periodos de tiempo, a veces años, durante mi formación: David Donovan, Ken Hughes, J.J. Bresnahan, Jack Replogle, Dick Anderson, George Drury, Ozy Gonsalves, George Anderson, Jeff Chojnacki y Damian O'Connell. Gracias de todo corazón también a todos los hombres y mujeres que han dirigido mis *Ejercicios* anuales y me han ayudado a profundizar mi percepción de la actividad de Dios en mi vida: Ron Mercier, Joe McHugh, Jim Gillon, Phil Shano, Harry Cain, Jim Bowler, Bill Devine, Jim Keegan, Paul Harman, Dick Stanley, John Kierdejus, Paul Fitterer, Pan Lee (todos ellos jesuitas), así como a Gerry Calhoun y Maddy Tiberii, SSJ. Gracias, igualmente, a Bill Creed, SJ, y Martha Buser, OSU, que me han guiado a través de un programa de formación sobre los *Ejercicios Espirituales* en el Centro Espiritual de los Jesuitas en Milford, Ohio, así como a Maureen Steeley, SU, y Eleanora Murphy, SU, por su periodo de prácticas en dirección espiritual en el Centro Espiritual Linwood de Rhinebeck, New York.

En segundo lugar, muchas gracias al grupo de hombres y mujeres extraordinariamente ponderados, generosos y pacientes que han leído este libro en sus primeros estadios y me han ofrecido su sabiduría, sus ideas y sus correcciones. Algunas de esas personas son expertas en espiritualidad ignaciana; otras, en historia de la Compañía de Jesús; y otras, en Escritura, teología o psicología. A algunas de ellas les pedí que leyeran el manuscrito pensando en un público concreto. Todas ellas han empleado mucho tiempo leyendo con sumo cuidado lo que no era más que un borrador. Y todas han contribuido a hacer este libro más exacto y accesible.

Muchísimas gracias también a los jesuitas siguientes: Bill Barry, John O'Malley, John Padberg, David Fleming, John Donohue, Charles Shelton, Dan Harrington, Drew Christiansen, Richard Leonard, así como a Margaret Silf, Maureen Conroy, RSM, Ron Hansen, Robert Ellsberg y Matt Weiner, a mi madre, Eleanor Martin, y a mi hermana, Carolyn Buscarino. Gracias también a los siguientes jesuitas que me han ayudado en aspectos muy concretos del libro: Jim Siwicki, Joseph Koterski, Peter Schineller, Antonio Delfau y Bill Campbell.

En tercer lugar, gracias a mis queridos hermanos de la Compañía de Jesús, a los que este libro está dedicado –fratribus carissimis in Societate Jesu–, por acompañarme en el camino de Ignacio. Durante más de veinte años me han ofrecido su amor, su amistad, su apoyo y sus oraciones, así como sus ideas con respecto a la espiritualidad ignaciana y su ejemplo como fieles sacerdotes y hermanos. Gracias en especial a los miembros de los grupos con los que he compartido la fe a lo largo de los años, así como a George Williams, Steve Katsouros, Bob Reiser, Chris Derby, Dave Gosleski, Ross Pribyl, Kevin White, Matt Cassidy, Bob Gilroy, David McCallum, Tim Howe, Myles Sheehan, Jack McClain, Bill Campbell, Tom Reese, Brian Frain, George Witt y Kevin O'Brien.

En cuarto lugar, ha habido algunas almas generosas que me han ayudado a escribir este manuscrito cuando mi síndrome del túnel carpiano estaba en su apogeo, incluidos Veronica Szczygiel, P.J. Williams, Kaitlyn Rechenberg, Regina Nigro y Jim Keane, SJ.

En quinto lugar, gracias a Heidi Hill, posiblemente la mejor verificadora de datos del mundo, que me ha salvado de numerosos errores en la redacción del texto (entre ellos, una cita incorrecta de uno de mis propios libros).

En sexto lugar, gracias a mi agente literario, Donald Cutler, por ayudarme a llevar a feliz término este libro, y a Roger Freet, de HarperCollins, por su inicial y continuado entusiasmo con el proyecto y por sus espléndidas correcciones y sugerencias, que han contribuido en gran medida a enfocar el libro y hacerlo más riguroso. Gracias también a Carolyn Holland y Mary Ann Jeffreys, cuyo cuidadoso trabajo de edición ha mejorado considerablemente el libro y me ha librado de auténticos errores.

Finalmente, gracias –¿cómo no?– a san Ignacio de Loyola. Y, por supuesto, a Dios, con quien todas las cosas son posibles.

Bibliografía selecta

En lugar de incluir una larga lista de las obras empleadas para escribir este libro, he pensado que sería más útil recomendar algunos de mis libros favoritos en áreas muy concretas. Es también un modo de dar las gracias a los autores cuyo soberbio trabajo me ha ayudado a seguir el camino de Ignacio.

Vida de san Ignacio de Loyola

El punto de partida de cualquier estudio sobre la espiritualidad ignaciana es la *Autobiografía,* libro relativamente breve del que existen múltiples ediciones y traducciones, una de las cuales es la de Josep M. RAMBLA, *El peregrino: autobiografía de san Ignacio de Loyola* (Mensajero / Sal Terrae, Bilbao / Santander 2007). Para un relato pormenorizado de su vida, véase James BRODRICK, SJ, *St. Ignatius Loyola, the Pilgrim Years: 1491-1538;* Cándido DE DALMASES, SJ, *Ignacio de Loyola;* Mary PURCELL, *The First Jesuit;* Philip CARAMAN, *Ignatius Loyola;* John W. O'MALLEY, SJ, *Los primeros jesuitas* (Mensajero / Sal Terrae, Bilbao / Santander 1995), que relata la vida de Ignacio y de sus primeros compañeros como parte de la historia de los primeros años de la Compañía.

Las cartas y otros escritos de san Ignacio de Loyola pueden consultarse en las *Obras completas de San Ignacio de Loyola* (B.A.C., Madrid 1952).

Los Ejercicios Espirituales

Leer los *Ejercicios Espirituales* no es lo mismo que hacerlos; no obstante, constituyen una fuente esencial para el peregrinaje por el camino de Ignacio. Puede consultarse la edición revisada por Santiago ARZUBIALDE, SJ, para las Editoriales Mensajero y Sal Terrae (Bilbao / Santander 2010). Otros libros excelentes sobre los Ejercicios (útiles tanto para los directores como para los ejercitantes) son *Letting God Come Close* y *Finding God in All Things,* ambos de William A. BARRY, SJ; *Seek God Everywhere,* de Anthony DE MELLO, SJ; *Spiritual Freedom,* de John ENGLISH, SJ; George ASCHENBRENNER, SJ, *A mayor gloria: la experiencia de los Ejercicios Espirituales* (Mensajero, Bilbao 2005); *The Spiritual Exercises of Ignatius Loyola, with Commentary,* de Joseph A. TETLOW, SJ; y *Like the Lightning,* de David FLEMING, SJ.

Para quien esté interesado en un análisis línea por línea de los Ejercicios, puede que el mejor libro sea el de Michael IVENS, *Understanding the Spiritual Exercises.* Este es el libro sobre los Ejercicios más detallado de los incluidos aquí y puede ser utilizado con provecho por el principiante y por el experto, por no mencionar a los directores espirituales. Para la perspectiva de la mujer sobre los Ejercicios, véase *The Spiritual Exercises Reclaimed,* de Kathryn DYCKMAN, Mary GARVIN y Elizabeth LIEBERT. Finalmente, Paul MARIANI, laico casado y padre, que además es poeta, escribió su experiencia del tiempo pasado haciendo los *Ejercicios Espirituales* en la Casa de Ejercicios de Eastern Point en Gloucester, con el título de *Thirty Days.*

Espiritualidad y oración ignacianas

Inner Compass, de Margaret SILF, es una espléndida invitación a las prácticas espirituales ignacianas dirigida a los principiantes. William BARRY, SJ, ha escrito varios espléndidos libros que explícita e implícitamente utilizan temas espirituales ignacianos. Mis favoritos son: *Una amistad como ninguna* (Sal Terrae, Santander 2009), *Buscad mi rostro* (Sal Terrae, Santander 2010) y *God's Passionate Desire.* George TRAUB, SJ, ha recopilado artículos sobre una amplia variedad de temas en *An Ignatian Spirituality Reader.* Un libro maravillosamente conciso es el de David FLEMING, SJ, *What Is Ignatian Spirituality?*

Una aproximación más detallada e intensiva a la espiritualidad ignaciana es el de David LONSDALE, SJ, en *Ojos para ver, oídos para oír* (Sal Terrae, Santander 1992), que contiene capítulos especialmente buenos sobre el discernimiento y la contemplación ignacianos.

Para explorar la oración en general, un punto de partida excelente es el libro de William BARRY, SJ, *God and You: Prayer as a Personal Relationship.* También *Armchair Mystic,* de Mark THIBODEAUX, SJ, es una fácil introducción a la oración en general con sabor ignaciano. El libro del mismo autor, *God, I Have Issues,* estudia la oración durante diferentes estados emocionales. *The Discerning Heart,* de Maureen CONROY, RSM, habla tanto de la oración como de la práctica de la dirección espiritual.

Entre los libros recomendables acerca de la práctica del discernimiento y la toma de decisiones en la tradición ignaciana se cuentan: *Making Choices in Christ,* de Joseph A. TETLOW, SJ; *Wise Choices,* de Margaret SILF; y *The Discernment of Spirits,* de Timothy GALLAGHER, OMV.

Espiritualidad jesuítica

Cuando hablo de «espiritualidad jesuítica», me refiero a aspectos de la vida espiritual característicos de la vida jesuítica. Las *Constituciones de la Compañía de Jesús* (Mensajero / Sal Terrae, Bilbao / Santander 1993) son, por supuesto, un fundamento importante, aunque, a excepción de algunas partes, son de lectura muy árida para todo el mundo, menos los jesuitas. Un espléndido resumen de las *Constituciones* y una reflexión sobre su espiritualidad general es *Together for Mission,* de André de JAER, SJ.

El más destacable de los libros sobre la espiritualidad jesuítica es *La espiritualidad de la Compañía de Jesús,* de Joseph de GUIBERT, SJ (Sal Terrae, Santander 1955), que, aunque es absolutamente fascinante en algunas de sus partes, resulta de difícil lectura en otras. Puede que el mejor libro breve sobre espiritualidad jesuítica sea el de William BARRY, SJ y Robert DOHERTY, SJ, *Contemplativos en la acción* (Sal Terrae, Santander 2004), que describe la variedad de «tensiones» (entre actividad y oración, por poner un ejemplo) inherentes a la vida, la comunidad y el gobierno de los jesuitas. Chris LOWNEY, en *El liderazgo al estilo de los jesuitas* (Verticales de Bolsillo, Barcelona 2008), aplica las prácticas jesuíticas a las empresas; *Jesuit Saturdays,* de William A. BYRON, SJ, destinado a laicos que trabajan en instituciones jesuíticas, los introduce en nuestro «modo de proceder». Finalmente, *Ours,* de F.E. PETER, se asoma a la vida de los jesuitas norteamericanos a mediados del siglo XX.

La historia de la Compañía de Jesús

El modelo por excelencia de los estudios sobre la historia de los primeros jesuitas, que incluye también un resumen de la vida de Ignacio, es el libro de John O'MALLEY, SJ, *Los primeros jesuitas* (Mensajero / Sal Terrae, Santander / Bilbao 1968), que combina los grandes conocimientos del autor como historiador con una elegante prosa. (Un buen compañero es *Año a año con los primeros jesuitas,* un relato de primera mano escrito por Juan de Polanco, que entró en la Compañía en 1541). La *Historia de la Compañía de Jesús,* de William BANGERT, SJ (Sal Terrae, Santander 1981) es un análisis muy completo (aunque algo árido) de toda la historia de la Compañía desde sus primeros días hasta comienzos de los ochenta. James BRODRICK, SJ, ha escrito tanto *The Origin of the Jesuits* como *The Progress of the Jesuits.* Otros vívidos relatos de los casi quinientos años de historia de la Compañía de Jesús son: *Los jesuitas: una historia de los «soldados de Dios»* (Debate, Barcelona 2005), de Jonathan WRIGHT, que se centra en los primeros siglos; y *Jesuitas: los conquistadores y los continuadores* (Paidós, Barcelona 2007), de Jean LACOUTURE, que hace un magnífico trabajo en el que pone de relieve la historia de algunos destacados sacerdotes y hermanos jesuitas. También Thomas WORCESTER, SJ, ha editado una excelente colección de ensayos en *The Cambridge Companion to the Jesuits.*

Centrados en aspectos particulares de la historia jesuítica hay dos libros que quiero recomendar. El primero, *Journey to the East,* de Liam BROCKEY, es una mirada erudita y fascinante a la misión jesuítica en China de 1579 a 1724 (incluida la historia de Matteo Ricci). Y para los interesados en la herencia artística de los jesuitas (particularmente en la herencia característica de la «arquitectura jesuítica» y en cómo empleaban los jesuitas las artes en las «misiones»), véase *Jesuits and the Arts: 1540-1773,* libro hermosamente ilustrado, editado por John O'MALLEY y Gauvin BAILEY, que incluye unas maravillosas fotos de las «reducciones» jesuíticas en Sudamérica e ilustraciones de escenografías que ejemplifican la historia del «teatro jesuítico».

Santos jesuitas y otras vidas

Comencemos por *Jesuits Saints and Martyrs,* de Joseph TYLENDA, que recoge en unos cientos de páginas la historia de los miembros de la Compañía de Jesús que han sido canonizados y beatificados o que están camino de la santidad.

La lista de los libros sobre santos, beatos y otras vidas ejemplares de jesuitas llena (literalmente) bibliotecas. Algunos de mis favoritos, sin seguir un orden particular, son: *The Quiet Companion* (acerca del beato Pedro Fabro), de Mary PURCELL; *San Francisco Javier* (Espasa Calpe, Madrid), de James BRODRICK, SJ; *Jean de Brébeuf* (acerca de uno de los mártires norteamericanos), de Joseph P. DONNELLY, SJ; *With God in Russia* y *He Leadeth Me,* obras autobiográficas del Walter CISZEK, SJ; *Conquistador Without Sword* (acerca de Roque González, SJ, uno de los trabajadores en las «reducciones»), de C.J. MCNASPY, SJ; *Spirit of Fire* (acerca de Pierre Teilhard de Chardin, SJ), de Ursula KING; *Testimonio de la gracia* (Planeta, Barcelona 1963), memorias del cardenal Avery DULLES, SJ; *Gerard Manley Hopkins,* de Paul MARIANI; *Edmund Campion,* de Evelyn WAUGH; *With Bound Hands* (acerca de Albert Delp, SJ, asesinado por los nazis), de Mary Frances COADY; y *One Jesuit's Spiritual Journey,* una serie de entrevistas con Pedro Arrupe. Añadiré un libro muy difícil de encontrar: *Francis Xavier: The Apostle of India and Japan,* el resumen en un solo volumen de la gigantesca obra *Francisco Javier: su vida y su tiempo* (Mensajero, Bilbao), de Georg SCHURHAMMER, SJ.

Novelas, poemas, películas, páginas web y otras fuentes

Casi cualquier cosa de Anthony DE MELLO, SJ, merece la pena; mi recopilación favorita es *El canto del pájaro* (Sal Terrae, Santander

2012[31]), que incluye varios de los cuentos tipo parábola incluidos en este libro. *Hearts on Fire,* editado por Michael HARTER, SJ, es un breve compendio de oraciones jesuíticas escritas desde los tiempos de Ignacio. La novela de Ron HANSEN sobre Gerard Manley Hopkins, *Exiles,* hace buena pareja con la biografía especializada del poeta escrita por Paul MARIANI. Hablando de HOPKINS, léanse sus poemas «God's Grandeur», «The Windhover» e «In Honor of St. Alphonsus Rodríguez», para conocer a este gran poeta jesuita.

The Sparrow, de Mary Doria RUSSELL, es una popular novela de ciencia ficción que imagina a los jesuitas en un futuro próximo explorando otro planeta. Las películas *La misión* y *Blackrobe* son una buena manera de empezar a comprender la tradición misionera jesuítica: la primera está basada en las «reducciones» de Sudamérica; la segunda, con menos rigor, en la vida de los mártires norteamericanos, concretamente en san Isaac Jogues.

La página web <http://www.jesuitas.es> de los jesuitas españoles ofrece muchos recursos sobre temas jesuíticos e ignacianos; y <http://www.rezandovoy.org> proporciona meditaciones oracionales diarias en la tradición ignaciana.

Dos temas teológicos

Hay dos temas teológicos concretos tocados brevemente en este libro que, de haber sido tratados plenamente, habrían necesitado al menos varios cientos de páginas más: la existencia de Dios y el «problema del sufrimiento». Una útil visión de conjunto de las «pruebas» o «argumentos» a propósito de la existencia de Dios puede encontrarse en la magistral *Historia de la filosofía* (Ariel, Barcelona), de Frederick COPLESTON, SJ, que recoge los argumentos teológicos más importantes con respecto a la existencia de Dios, incluidos, como más destacados, los de san Anselmo y santo Tomás de Aquino. Una visión más centrada y más fácil de leer de esta cuestión específica está contenida en *The One and the Many,* de W. Norris CLARKE, SJ. El «problema del sufrimiento» y el modo en que lo enfocan el Antiguo y el Nuevo Testamento se presenta lúcidamente en *Why Do We Suffer?,* de Daniel J. HARRINGTON, SJ. Mientras que *Created for Joy,* de Sidney CALLAHAN, proporciona una amplia visión de las teologías cristianas sobre el sufrimiento.

Más del propio autor

In Good Company cuenta la historia de mi paso del mundo empresarial al noviciado de los jesuitas. *This Our Exile* refiere mis dos años trabajando con los refugiados en el África oriental como escolar jesuita. *Becoming Who You Are* habla de la vocación y de cómo el deseo desempeña un papel en cuanto a ser nuestro «verdadero yo». *A Jesuit Off-Broadway* recoge los seis meses que pasé trabajando con una compañía de teatro e incluye una breve historia del «teatro jesuítico». Y *My Life with the Saints* se centra en los hombres y mujeres santos que me han influido e inspirado, incluidos tres jesuitas: san Luis Gonzaga, Pedro Arrupe y –¿cómo no?– san Ignacio de Loyola.